K. Schenkl, W. v. Harte

Wiener Studien

Zeitschrift für klassische Philologie

K. Schenkl, W. v. Hartel

Wiener Studien
Zeitschrift für klassische Philologie

ISBN/EAN: 9783742890849

Hergestellt in Europa, USA, Kanada, Australien, Japan

Cover: Foto ©Thomas Meinert / pixelio.de

Manufactured and distributed by brebook publishing software (www.brebook.com)

K. Schenkl, W. v. Hartel

Wiener Studien

WIENER STUDIEN.

Zeitschrift für classische Philologie.

Supplement der Zeitschrift für österr. Gymnasien.

Verantwortliche Redacteure:

W. v. Hartel, K. Schenkl.

Sechster Band 1884.

WIEN.
Druck und Verlag von Carl Gerold's Sohn.
1884.

HERMANNO·BONITZ

ANTIQVITATIS·STVDIORVM·IN·AVSTRIA·INSTAVRATORI

DIEM·QVO·ANTE·HOS·ANNOS·LXX

IN·LVCEM·SVSCEPTVS·EST·CELEBRANTI

GRATVLANTVR

OPVS·AB·EO·EGREGIE·INSTITVTVM

PRO·VIRIBVS·CONTINVANTES

VENERABVNDI

GVILELMVS·HARTEL·CAROLVS·SCHENKL

Inhalt des sechsten Bandes
der Zeitschrift „Wiener Studien".

Seite

J. Zycha, Ist die XVI. und XX. Rede des Isokrates verstümmelt überliefert? . . . . 23—29

A. Baran, Die einheitliche Composition der ersten Philippica des Demosthenes . . . . 173—205

A. Kunz, Über die Echtheit zweier Psephismen in der Pseudo-Plutarchischen Schrift 'Leben der zehn Redner' . . . . 29—58

K. Schenkl, Herodianea . . . . 269—286

A. G. Engelbrecht, Beobachtungen über den Sprachgebrauch der lateinischen Komiker . . . . 216—248

A. Zingerle, Zu Ovids Metamorphosen . . . . 59—73

H. St. Sedlmayer, Beiträge zur Geschichte der Ovidstudien im Mittelalter . . . . 142—158

H. Schenkl, Zur Textesgeschichte der Eclogen des Calpurnius und Nemesianus (Schluss) . . . . 73—97

R. Beer, De nova Scholiorum in Juvenalem recensione instituenda. . 297—317

M. Petschenig, Emendationen zu Corippus (Dritter Beitrag) . . . 261—268

J. Huemer, Lateinische Rhythmen des Mittelalters. II. . . . . . 287—296

O. Hirschfeld, Die Annalen des C. Fannius . . . . 127—128

W. v. Hartel, Analecta (Frontini Stratagematum loci aliquot emendantur) 98—120

M. Petschenig, Über den Codex Casinensis der Schrift 'De aquis urbis Romae' nebst einer neuen Collation desselben . . . . 249—260

O. Hirschfeld, Bemerkungen zu der Biographie des Septimius Severus 121—127

J. M. Stowasser, Satura . . . . 206—215

F. Stolz, Angeblicher Ausfall des intervocalischen s im Lateinischen . 129—135

F. Stolz, Zur Lateinischen Declination . . . . 136—141

H. Swoboda, Die Überlieferung der Marathonsschlacht . . . . . 1—22

E. Szanto E., Plataeä und Athen . . . . 159—172

Miscellen:

Seite

F. Schubert, Eine Versversteilung in Sophokles Elektra . . . . 318—320

A. Bauer, Plutarch Themistocles c. 4 97

J. Huemer, Eine Handschrift des Geschichtsschreibers Herodian . . 320—322

J. Krall, Die Liste der ägyptischen Halbgötter in den Excerpta Barbari 315—317

W. v. Hartel, Phaedrus I 16, 1 158

J. Huemer, Zu Columbanus und zur Anth. lat. 676 R. . . . . . 324—32

C. Burkhard, Ad panegyricos Latinos . . . . 322—324

J. M. Stowasser, Eine Glosse und ihre muthmassliche Quelle . . . 172

J. Huemer, Ein Bücherverzeichniss aus dem XIII. Jahrhundert . . 326

Index.

(*S* = Seite, *A* = Anmerkung.)

Aegyptische Halbgötter *S. 315 ff.*
Aeschylus s. Plutarchus.
Alliteration s. Ovid.
Anth. Lat. (R.) 676 *S. 325.*
Athen s. Bürgerrecht, Demosthenes.
Barbari Excerpta *S. 315 ff.*
Belobungsdecrete, attische; nacheuklidische Formulare *S. 32 ff.*; Motivierung *S. 41 ff.*
Bücherverzeichnis, hdsch. *S. 326.*
Bürgerrecht, platäisches *S. 159 ff.*
Calpurnius u. Nemesianus, hdsch. Ueberlieferung *S. 73 ff.*; Verbreitung im Mittelalter *S. 85*; Auffindung durch Petrarca *S. 86*; Interpolation aus röm. Dichtern *S. 82 f.*; I, 5: *S. 75 f.*; 79: *S. 78*; II, 5: *S. 74*; 96: *S. 75*; III, 18: *S. 74 f.*; 22: *S. 76*; IIII, 76, 90; V, 6: *S. 81*; VI, 22 *S. 79.*
cerealis S. 134.
Charisius s. Gracchus.
Cicero de fin. I, 3, 9: *S. 207 f.*
Columbanus *S. 324 ff.*
Comparativ, Flexion *S. 140 f.*
Corippus, Joh. I 232, 520; II, 255, 297: *S. 261*; IIII, 652 *ff*: *S. 261 f.*; 899; VI, 82 *ff.*, 309, 389 f.: *S. 262*; VII, 180: *S. 262 f.*; 368 ff., 374 ff.; VIII, 92 ff.: *S. 263*; 115 ff.; *S. 263 f.*; 499 ff., 565 f., 618 f.: *S. 264.* — Paneg. Iust. praef. 16 f.: *S. 264*; I, 208 ff.: *S. 264 f.*; 223 ff., 242 ff.; II, 47 ff.: *S. 265*; 159 ff.: *S. 265 f.*; 228 f., 263 f., 278, 302: *S. 266*; 308 f.: *S. 266 f.*; 321; III, 292 ff., 399 ff.: *S. 267*; IIII, 20 ff., 179 ff., 256 ff., 347 ff.: *S. 268.*
Declination, lat. *S. 136 ff.*
Demochares, Decrete *S. 29 ff.*
Demosthenes, Feldzüge nach Euboea u. Trierarchie *S. 45 ff.*; Mauerbau *S. 49 f.*; peloponnesische Politik *S. 57 f.*; wirbt Bundesgenossen *S. 51 ff.*; Ehrenbezeug. nach dem Tode *S. 38 f.*; Einheit der I. Phil. *S. 173 ff.*; [Demosthenes] g. Neaera, c. 94 ff. aus Thucydides geschöpft *S. 160 ff.*
eo, ire, Perf. bei Plautus u. Terenz *S. 232 ff.*

Ephorus, Quelle des Nepos im Miltiades *S. 9 f.*; s. Herodot.
C. Fannius, *S. 128*; Umfang der Annalen *S. 127 f.*
Festus s. Lucilius.
Frontinus, Strateg. I, 1, 4: *S. 98*; 5: *S. 98 f.*; 6, 8 *S. 99*; 9 *S. 99 f.*; 10; 2, 6; 3, 9: *S. 100*; 4, 4: *S. 100 f.*; 7 9, 10: *S. 101*; 13: *S. 101 f.*; 5, 4, 6: *S. 102*; 9: *S. 102 f.*; 13, 16: *S. 103*; 20: *S. 111*; 21: *S. 103 f.*; 3: *S. 104*; 7, 7: *S. 105*; 8, 5: *S. 104*; 9: *S. 105*; 9, 1: *S. 105 f.*; 10, 1: *S. 106 f.*; 2: *S. 107 f.*; 12, 1: *S. 108*; 9: *S. 104.* — II, 2, 8: *S. 108*; 3, 17: *S. 108 f.*; 20, 23; 4, 1; 5, 24: *S. 109*; 35: *S. 109 f.*; 6, 10; 7, 14; 12, 1: *S. 110.* — III, 2, 11; 3, 4; 5, 1: *S. 111*; 9, 5, 6; 10, 8: *S. 112*; 11, 5; 13, 1; 14, 1: *S. 113*; 15, 3, 5; 16, 3: *S. 114.* — IIII, 1, 4 *S. 114 f.*; 8: *S. 115*; 39: *S. 115 f.*; 44; 5, 2: *S. 116*; 12: *S. 116 f.*; 15; 6, 2: *S. 117*; 7, 5: *S. 118*; 6: *S. 107 f.*; 7, 12: *S. 118*; 13: *S. 118 f.*; 18, 20: *S. 119*; 22, 29: *S. 120.*
[Frontinus] de aquis, hdsch. Ueberl. *S. 249 ff.*
ganeus S. 213.
Glossographisches *S. 172; 213.*
C. Gracchus (bei Charisius 190, 25 K.) *S. 206.*
Grammat. de dub. nominib. V, 587 K. *S. 211.*
Herodianus, hdschl. Überl. *S. 320 ff.*; p. 45, 1 (ed. Mendelssohn); 47, 8; 49, 15: *S. 269*; 74, 15; 75, 22; 77, 2; 78, 18: *S. 270*; 87, 26: *S. 270 f.*; 88, 10; 89, 26; 90, 9: *S. 271*; 91, 18; 95, 26; 102, 22; 104, 8; 112, 19: *S. 272*; 116, 9: *S. 272 f.*; 117, 5; 119, 24; 121, 22; 124, 21: *S. 273*; 125, 16: *S. 273 f.*; 127, 13, 14; 128, 1, 9, 15; 129, 14: *S. 274*; 130, 4: *S. 274 f.*; 130, 13; 134, 1; 135, 14; 136, 18, 21: *S. 275*; 137, 11, 22; 140, 15; 144, 3; 148, 3: *S. 276*; 148, 11, 23; 149, 18: *S. 277*; 150, 8: *S. 277 f.*; 150, 16, 19, 21: *S. 278*; 151, 9: *S. 278 f.*; 153, 9, 20, 27; 156, 28; 157,

15; 158, 4: *S. 279*; 158, 16; 167, 6;
169, 5; 171, 7; 172, 22: *S. 280*; 173,
5: *S. 280 f.*; 173, 10; 174, 2; 175, 1,
10: *S. 281*; 175, 18; 179, 4, 16; 180,
10; 181, 6; 182, 22: *S. 282*; 183, 26;
185, 7; 187, 21; 188, 27; 191, 14: *S.
283*; 192, 9, 23; 193, 9; 196, 27: *S.
284*; 199, 5: *S. 284 f.*; 199, 8, 25;
203, 20; 204, 26; *S. 285*; 206, 16:
S. 285 f.; 208, 1; 211, 12; 212, 18:
S. 286.
Herodot Quelle des Ephoros in den Perserkriegen *S. 2 f.*
Historiae Aug. Script.; Spart. Septim.
Severus *S. 121 ff.*; I, 3: *S. 121 f.*; II,
2: *S. 122*; 5: *S. 123, A. 4*; 6; XIII:
S. 124; XVIIII, 5: *S. 124 f.*; XXII,
1: *S. 125*; XXIIII: *S. 125 ff.*
I-Stämme in der lat. Decl. *S. 136.*
Inschriften: CIA II, 233: *S. 43*; 234 *S.
36, A. 3*; 264: *S. 35, A. 3.*
Isocrates XVI. Rede *S. 24 ff.*; XX. *S.
28 ff.*
Iustinus II, 91: *S. 15.*
Invenalscholien, hdsch. Überl. *S. 297 ff.*
Kephisodoros, Kephisodotos, Kephisophon
S. 47.
Lucilius (ed. L. Müller) XXVI, 52: *S.
209 f.*; XXVIII, 11: *S. 208*; XXVIIII,
17, 18: *S. 207*; incert. 40: *S. 172*;
„ 81: *S. 210*; bei Festus: *S. 172.*
Marathonschlacht, Überlieferung *S. 1 ff.*
Nemesianus s. Calpurnius.
Nepos s. Ephoros.
ninnarius S. 172.
Nonius s. Lucilius, Varro; 36, 25 *S. 208.*
Ovid, litterarhist. Studien im Mittelalter
S. 142 ff.; allitterierende Klangfiguren
im Versschlusse *S. 60*; Met. I, 340:
S. 62; 718: *S. 61*; II, 126: *S. 60 f.*;
313: *S. 62*; 376: *S. 62 f.*; III, 52;
VI, 605: *S. 63*; 660: *S. 63 f.*; VII,
314: *S. 64*; 464: *S. 64 f.*; 532;
741: *S. 61*; 777: *S. 65*; VIII,
117 f.: *S. 65 f.*; 145: *S. 66*; VIIII,
416: *S. 61 f.*; 492: *S. 66*; 712: *S. 69*;
X, 591: *S. 63, A. 17*; 637; XI, 367,
XIII, 51: *S. 67*; 619: *S. 61*; 851: *S.
67 f.*; 910: *S. 69 f.*; XIIII, 588: *S.
68*; 739 f.: *S. 72 f.*; 765: *S. 68*; XV,
122: *S. 70.*
Panegyrici lat. Plin. XXVII: *S. 322 f.*;
II, XXVI: *S. 323*; III, XLI: *S. 323 f.*

Perfectformen, syncopierte bei Plautus
u. Terenz *S. 219 ff.*
Petrarca s. Calpurnius.
Petronius c. 46: *S. 211*; 66: *S. 208
f.*; 74: *S. 209*; 123, 239, 241: *S. 211.*
Phaedrus I, 16, 1: *S. 158.*
Pithoeus (Petrus) *S. 305 f.*
Placidi glossae *S. 207.*
Platäer s. Bürgerrecht.
Plautus Asin. 273: *S. 247 ff.*; 910: *S.
223*; Bacch. 880: *S. 224*; Cas. 528
(G.): *S. 243*; Curc. 268: *S. 224 f.*;
Epid. II, 2, 49: *S. 213 ff.*; Mil. 382:
S. 224; Pers. 78: *S. 226*; 516: *S.
229*; 654: *S. 239*; Poen. 764: *S. 223
f.*; Pseud. 1090; Stich. 282: *S. 238*;
Truc. 726: *S. 229.*
Plutarch, Them. c. 4: *S. 97*; quaest.
conv. I, 10, 3 (Fragm. Aeschyli) *S.
19*; Vitae X orat. (Psephismen) *S. 29
ff.*; Form *S. 32*: Datierung *S. 37 f.*;
Motivierung *S. 41 ff.*; Aeschines Quelle
S. 55 f.
Prolepsis bei den röm. Komikern *S. 216 ff.
pruina S. 134.
rarefarere S. 208.
s*, intervocal.; Ausfall im Lat. *S. 129 ff.*
Septimius Serverus, Geburtstag *S. 121 f.*;
Ehebruchsprocess *S. 122*; Grabstätte
S. 125 ff.; s. Hist. Aug. Script.
cιτηcιc *S. 38 f.*
Sophokles Electra 1007 f., 1053 f. *S.
318 ff.*
Suidas s. v. Hippias *S. 14.*
Terentius Andr. 218 f.: *S. 226*; 483: *S.
217*; 850: *S. 232 f.*; Eun. 328: *S. 227
f.*; Haut. 527: *S. 227*; 884: *S. 221*;
Phorm. 584: *S. 225 f.*; 55: *S. 234*;
670: *S. 216 f.*; 686: *S. 234*; Hec.
313: *S. 230*; 332: *S. 232*; 347: *S.
234 f.*; 434: *S. 227*; 517: *S. 230*; Ad.
28: *S. 245 ff.*
Thukydides Bericht über Plataiä *S.
160 ff.*
Unedierte mittelalterl. Ged. *S. 149 ff.*;
287 ff.
Varro, Sat. men. 428 B.: *S. 206*; 590:
S. 211.
ver S. 133 f.
vis S. 131 f.
Walter Mapes *S. 287 ff.*
Weiber, Schmähgedicht auf dies. *S. 292 ff.*

Berichtigung.

S. 211 Z. 5 v. o. lies V. 587 K. statt XI. 857 K.

Die Ueberlieferung der Marathonschlacht.

Es mag auf den ersten Blick gewagt erscheinen, ein Thema zum Gegenstand eines Aufsatzes zu wählen, welches so oft und von so Vielen, man könnte fast sagen, bis zum Ueberdruss behandelt ist, wie die Schlacht von Marathon. Von dem Altertum bis in unsere jüngste Zeit herab sind die verschiedensten Ansichten über den Gang und die entscheidenden Momente dieses für die Geschichte der Menschheit so wichtigen Ereignisses aufgestellt worden und erst vor drei Jahren ist von dem verdienten Forscher auf dem Gebiete der Geschichte des Altertums, Max Duncker, eine neue und zusammenfassende Studie über dasselbe erschienen.[1]) Allein man kann nicht läugnen, dass gerade bei der wiederholten Bearbeitung des Stoffes eine wichtige Seite ausser Acht gelassen wurde; in dem berechtigten Streben, die historischen Thatsachen selbst festzustellen hat man sich viel weniger darum gekümmert, die Ueberlieferung, auf welche man sich stützen musste, zu prüfen und zu sichten, man hat ohne Wahl und Kritik die vorliegenden Zeugnisse verwendet, je nachdem sie zu der allgemeinen Ansicht, welche man sich über die Schlacht gebildet hatte, passten oder nicht, und sich dadurch den sicheren Boden entzogen, von welchem man ausgehen muss, soll das Gebäude, welches man errichtet, nicht von ephemerer Dauer, sollen dessen Stützen nicht blos subjective Erwägungen sein, welche je nach der Individualität des Einzelnen anders lauten können. Es mag daher nicht ohne Verdienst und die notwendige Ergänzung der bisherigen Forschungen sein, die bislang zu sehr vernachlässigte Ueberlieferung über die Marathonschlacht als solche in das Auge zu fassen und sie nach ihrem Werte zu scheiden und zu classificieren.

Ich habe die Absicht, dies im Folgenden zu thun; den thatsächlichen Vorgang kann ich dabei nur soweit in den Kreis meiner

---

[1]) In dem XLVI. Bande von Sybels Historischer Zeitschrift (N, F. X. Band) S. 231 ff., von da übergegangen in die 1882 ausgegebene dritte bis fünfte Auflage des siebenten Bandes seiner Geschichte des Altertums.

Betrachtung ziehen, als er durch diese Prüfung der Ueberlieferung den bisherigen Darstellungen gegenüber umgestaltet erscheint — alle die Fragen, welche auch nach der gereinigten Ueberlieferung über den Verlauf des Ereignisses zurückbleiben, durch eigene Combination lösen zu wollen würde den mir für diese Gelegenheit zugestandenen Raum weit überschreiten, abgesehen davon, dass man der begründeten Ueberzeugung sein kann, es werde wol niemals gelingen, alle Lücken, welche schon unser ältester Bericht zeigt, auszufüllen. Unser Problem ist noch von anderer Seite lohnend; im Wesentlichen liegen für die Schlacht von Marathon zwei Berichte vor, der aus dem fünften Jahrhunderte stammende des Herodot und der auf das vierte Jahrhundert v. Chr. zurückgehende des Ephoros (erhalten bei Cornelius Nepos in der Biographie des Miltiades) und wie selten einmal lässt sich an diesem Beispiele die Umgestaltung deutlich machen, welche die Ueberlieferung über die Ereignisse des fünften Jahrhunderts hundert Jahre später erlitten hat, und die veränderte Auffassung, mit welcher man damals die Vergangenheit betrachtete.

Es wird gut sein, bevor ich mich an die Einzeluntersuchung mache, die Ergebnisse anzudeuten, zu welchen die Forschung der letzten Jahre über die Art und den Wert der griechischen Geschichtschreibung des vierten Jahrhunderts, speciell über Ephoros, gekommen ist. Nachdem einmal erkannt worden war, dass Ephoros sowol Thucydides als Herodot benützt hatte, musste man natürlich zu der Frage fortschreiten, welchen Wert man den Abweichungen desselben von beiden Autoren beizumessen habe. Es gebührt Kirchhoff das Verdienst zum erstenmal in einem concreten Falle dieselbe beantwortet[2]) und bewiesen zu haben, dass Ephoros' Erzählung nur eine willkürliche Erweiterung und Umkehrung von Herodots Darstellung war. In grösserem Zusammenhange wurde die Untersuchung dann fortgesetzt von Adolf Bauer[3]), welcher gezeigt hat, dass für den Xerxeszug die Haupt-, fast die einzige Quelle des Ephoros das Herodotische Werk gewesen ist und dass die Abweichungen von demselben grösstenteils auf der schriftstellerischen Art des Autors beruhen, durchgehends sich rhetorische Erweiterungen des von Herodot Erzählten, Antithesen und ungehörige Hervorhebungen

---

[2]) In dem Berichte über die Aufnahme der Ionier in den hellenischen Bund nach der Schlacht bei Mykale und die beantragte Umsiedelung derselben (bei Diodor XI 34—37) im Hermes XI (1876) S. 5. 6.

[3]) Die Benützung Herodots durch Ephoros bei Diodor (X Suppl. der Jahrb. f. cl. Phil.)

einer Hauptpersönlichkeit finden, daneben eine weitgehende Rationalisierung und überhaupt eine Uebertragung der Anschauungen des vierten Jahrhunderts auf die Verhältnisse der vorhergehenden Zeit stattgehabt hat.[4]) Seine Darlegung wurde ergänzt durch Endemann[5]), welcher in einer Untersuchung der Fragmente des Ephoros zu wesentlich denselben Resultaten, auch für die Haltung gegen Thucydides gelangte (bes. S. 11 und 16). Gleichzeitig mit Bauer wies Holzapfel nach[6]), dass Ephoros sowol in der Geschichte der Pentekontaëtie als derjenigen des peloponnesischen Krieges einen Athen günstigen Standpunkt in dem weitgehendsten Masse eingenommen habe; er hat die objective Darstellung des Thucydides, besonders die Schlachtbeschreibungen, zu Gunsten der Athener umgestaltet und geradezu gefälscht, denn Niederlagen der Athener werden bei ihm zu Siegen oder doch unentschiedenen Schlachten, ihre Erfolge durch Erhöhung der Zahlen vergrössert. So sehr man sich an der manchmal überscharfen Formulierung dieser Ergebnisse stossen mag[7]) und so notwendig es ist, dass dieselben durch eine umfassendere Heranziehung und Verwertung des vorhandenen Materiales bestätigt und erweitert werden, im Wesentlichen dürften doch die Grundlinien für die Beurteilung des Ephoros richtig und von denselben für die Zukunft auszugehen sein.

Wie man sieht, fallen diese Forschungen in das letzte Decennium, ja die eigentlich wichtigen und massgebenden Folgerungen sind erst in jüngster Zeit gezogen worden. Es wird daher nicht befremden, wenn man diese wichtigen Sätze noch nicht auf unser specielles Thema angewendet hat; die jetzt noch zum Teil herrschende und bis auf Dunckers neuestes Auftreten wol von den meisten Fachgenossen geteilte Ansicht über den äusseren Verlauf der Marathonschlacht und damit verknüpft, wenn auch nicht ausdrücklich geäussert, über den inneren Wert der dieselbe schildernden Berichte, welche Ernst Curtius zum Urheber hat, reicht in eine Zeit zurück, in welcher man an diese Probleme, man darf es wol sagen, kaum noch gedacht und mit dem verschiedenen Material wie

---

[4]) Das Schlussurteil Bauers lautet (S. 342), dass Ephoros' Nachrichten nur dann Anspruch auf Berücksichtigung verdienten, „wenn sie nicht als ein Tribut erschienen, welchen der Autor seinen schriftstellerischen und menschlichen Schwächen darbrachte".

[5]) Beiträge zur Kritik des Ephoros (Marburger Inaugural-Dissertation 1881).

[6]) Untersuchungen über die Darstellung der griechischen Geschichte von 489 bis 413 S. 7 f.

[7]) Besonders Bauers ,Themistokles', dessen beachtenswerten Darlegungen ich sonst gerne folge, ist dies vielleicht nicht mit Unrecht vorzuwerfen.

mit gleichwertigen Grössen operiert hat. Am schlimmsten ist dabei Herodot weggekommen. Die Hauptzüge seiner Erzählung sind folgende: Herodot berichtet (von dem 102. Capitel des sechsten Buches ab), dass die Perser, welche diesmal den Weg quer über die Inseln eingeschlagen, dabei Naxos, dann Karystos auf Euböa und zuletzt Eretria erobert hatten, in der Marathonischen Ebene landeten, weil dieselbe der Verwendung der Reiterei überaus günstig war und der Peisistratide Hippias ihnen dazu den Rath gab. Auf die Kunde davon sendeten die Athener den Läufer Pheidippides mit der Bitte um Hülfe nach Sparta und zogen unter zehn Strategen, von welchen einer Miltiades war, ebenfalls nach Marathon, wo sie den Persern gegenüber lagerten; dort stösst das ganze Aufgebot der Platäer zu ihnen, die Spartaner weigern sich aus religiöser Bedenklichkeit vor dem Vollmond auszumarschieren. Im Lager selbst entspinnt sich zwischen den Strategen ein Streit, ob man mit den Persern schlagen solle oder nicht, die Stimmen sind gleich geteilt und ein offensives Vorgehen daher abgelehnt; da überredet Miltiades den Polemarchen Kallimachos, sein Votum für den Angriff abzugeben und so wird derselbe beschlossen. Diejenigen Strategen, welche dafür gestimmt hatten, übertragen den jeden Tag wechselnden Oberbefehl an Miltiades, welcher auf seinen eigenen Prytanie-Tag wartet und an diesem die Perser angreift. Die Athener gehen im Laufschritt gegen den Feind vor, ihr Centrum, welches, um die Flügel auszudehnen, wenig tief geordnet war, wird durchbrochen, auf beiden Flügeln siegen jedoch die Griechen und unterstützen alsdann, ohne den Feind weiter zu verfolgen, ihre unterlegene Mitte, bis auch hier die Perser zum Weichen gebracht sind. Der Kampf setzt sich bei den Schiffen fort; nach dem Verlust von sieben Fahrzeugen segeln die Perser ab und um Sunion herum, um den Athenern mit einer Landung noch zuvorzukommen, die Athener marschieren so schnell als möglich zurück, worauf die Perser von ihrem Beginnen abstehen und sich zur Heimfahrt wenden. So lautet die einfache und klare, wenn auch nicht lückenlose[8]) Erzählung Herodots. Es ist nun das merkwürdige Schicksal dieses Berichtes gewesen, dass er von Allen, welche je diesen Dingen näher getreten sind, zwar mit der grössten Anerkennung als zuverlässig hervorgehoben — schon von Leake[9]), dann wieder von Grote[10]), Lolling[11])

---
[8]) Die Lücken und das Unbefriedigende in Herodots Bericht sind gut hervorgehoben von G. Rawlinson, *History of Herodotus* (London 1862) III S. 426.
[9]) Demen von Attica (Deutsche Uebersetzung von Westermann 1840) S. 87.
[10]) *History of Greece* (Ausgabe von 1869/70) IV 272 u. 1.
[11]) Mitteilungen des d. Institutes in Athen 1, 90.

und Busolt —, wo es sich aber praktisch um seine Verwertung handelte, fallen gelassen und ganz oder teilweise aus den Späteren corrigiert wurde. Am weitesten giengen in dieser Beziehung zwei Gelehrte: Victor Campe, in dessen Greifswalder Dissertation *de pugna Marathonia* (1867) das richtige Verhältniss geradezu umgekehrt erscheint; denn er löst Herodots Erzählung in ein Sagengewebe auf (er sagt S. 6 Herodot habe die Perserkriege erzählt *ut fama ferebat non ut re vera gestum erat*) und bezeichnet es ausdrücklich als seine Aufgabe (S. 7), an Stelle derselben die Relation des Cornelius Nepos zu setzen, was er dann im Einzelnen unter steter Anwendung von aus der Wahrscheinlichkeit geschöpften Beispielen durchführt. Das von ihm gegebene Beispiel hat Wecklein in seiner "Tradition der Perserkriege" (1876) befolgt, der durch die Uebertreibung eines an sich berechtigten und richtigen Grundgedankens dahin gekommen ist, der späteren Tradition einen fast absoluten Wert beizumessen und Herodot den Angaben des Ephoros, Theopomp und Suidas unterzuordnen. Gegenüber diesen Abirrungen der Forschung — der Ausdruck ist nicht zu hart — ist es Pflicht, immer wieder auf Herodot zurückzuweisen. Es ist allerdings unläugbar, dass dieser im Wesentlichen die Ueberlieferung seiner Zeit über die Perserkriege wiedergegeben hat; mag er aber, wie Bauer darzuthun strebt, diesen Teil seines Werkes um 445/4 v. Chr. ausgearbeitet haben, oder wie Kirchhoff annimmt, von 431/30 bis 428/7, so stand er den Ereignissen noch so nahe, um sich in den Besitz guter Informationen setzen zu können, besserer jedesfalls als seine Nachfolger hundert Jahre später. Die Art und die Verwertung seines Materiales scheint K.W. Nitzsch[11]) glücklich dahin charakterisiert zu haben, dass Herodot hauptsächlich aus mündlichen Berichten geschöpft und denselben, im Gegensatz zu der modernen Kritik, wegen der ihnen innewohnenden Unmittelbarkeit einen grösseren Wert beigelegt habe, als Denkmälern oder Urkunden, ohne sich der Gefahren der mündlich fortgepflanzten Ueberlieferung recht bewusst zu werden. Wenn Nitzsch dann speciell für unsere Partie annimmt[12]), dass sie auf Familientradition der Philaïden zurückgehe, weil in ihr Miltiades in den Vordergrund gestellt wird, so fürchte ich, dass er hier in denselben Irrtum verfallen ist, welcher die Resultate seiner Untersuchungen über die römische Annalistik für die Wissenschaft leider zu Nichte gemacht hat. Gewiss haben sich in Herodots Erzählung

---

[11]) Ueber Herodots Quellen für die Geschichte der Perserkriege (Rhein. Mus. N. F. XXVII 226 sq.).

[12]) S. 243.

sagenhafte Züge eingeschlichen: ich verweise auf den Traum des Hippias (c. 107) und die sich anschliessende Anekdote, dass ihm, als er die Perser bei dem Landen ordnete, in Folge heftigen Niesens und Hustens ein Zahn aus dem Munde in den Sand fiel und er, da er denselben nicht finden konnte, ausrief, damit sei sein Anteil an Attika verloren und die Eroberung werde misslingen, ferner auf die wunderbare Erblindung des Epizelos während der Schlacht (c. 117); ja es ist nicht unmöglich, dass auch die grosse Schnelligkeit, mit welcher — im Verlaufe von zwei Tagen — Pheidippides nach Sparta seinen Botengang vollführt und eben so rasch zurückkehrt[14]), zu den Zuthaten einer ausmalenden Phantasie gehört[15]). Aber wie wenig bedeutet dies, wenn wir damit die sicherlich auf alte Ueberlieferung zurückgehenden, zum Teile durch das Gemälde in der Poikile als solche bezeugten attischen Sagen bei Pausanias (I 15, 4. 32, 4) vergleichen, welche von einem unmittelbaren Eingreifen der Götter und Heroen zu Gunsten der Athener, des Theseus, der Athene, des Herakles und Anderer zu erzählen wussten. Von einer solchen weitgehenden Mythenbildung hat Herodot seine Darstellung frei zu halten gewusst. Dann spricht es zu Gunsten dieses Autors, dass er die in seiner Erzählung entschieden vorhandenen Lücken nicht durch problematische Hypothesen zu verkleiden sucht; er selbst bekennt (c. 124) über das vielerörterte Zeichen mit dem Schilde, welcher als Signal eines verrätherischen Anschlages von der persisch gesinnten Partei Athens aufgesteckt wurde, da die Perser nach ihrer Niederlage bereits in den Schiffen waren, nichts Genaueres zu wissen und polemisiert nur mit Wahrscheinlichkeitsgründen gegen die Beschuldigung, welche daraus wider die Alkmäoniden geschmiedet wurde (c. 121 sq.). Eine unbestreitbare und vielbemerkte Lücke ist dann, dass Herodot, obwol er zu Anfang dieses Abschnittes (c. 102) hervorhebt, dass die Perser zur Wahl der Marathonischen Ebene für die Landung hauptsächlich durch deren Brauchbarkeit für Cavallerie bewogen wurden, doch einer weiteren Verwendung und eines Eingreifens dieser wichtigen Waffe in die Schlacht nicht mehr gedenkt, diese überhaupt nur jenes einzige Mal erwähnt. Dieses Schweigen Herodots ist nun zum Anstoss geworden und in neuerer Zeit — aber, wie wir sehen werden, auch schon im Altertum — hat man darauf die weit-

---

[14]) Ich halte daher auch die genaue Berechnung der Tage bei Duncker, die auf diese Angaben begründet ist (Gesch. VII 122. 126. 130 n. 1), für problematisch.

[15]) Einen hieher gehörigen Punkt von Herodots Darstellung habe ich noch später zu berühren.

gehondsten Hypothesen gebaut. Nachdem schon Finlay und Grote auf diese allerdings auffallende Thatsache aufmerksam geworden waren, ist Ernst Curtius in den *Göttinger Gelehrten Anzeigen* des Jahres 1859 mit einer neuen Ansicht über den Gang der Marathonschlacht hervorgetreten [16]). Er nimmt an, dass die Perser in Folge der festen Stellung der Athener den Plan aufgaben, durch den Marathonischen Pass gegen Athen vorzugehen und ihre Truppen einschiffen wollten, um sie an einer anderen Stelle Attika's zu landen. Die Reiterei hatte dies schon bewerkstelligt und das Fussvolk deckte die Einschiffung, als Miltiades diesen noch auf dem Lande befindlichen Teil der Truppen angriff und schlug. Damit erkläre sich neben dem mangelnden Eingreifen der persischen Cavallerie auch das mehrtägige Zögern des Miltiades mit dem Angriff. Curtius nimmt nun (und ich denke, dass er dadurch in Widerspruch mit sich selbst geräth) für die Einschiffung der Perser noch ein zweites, mit dem ersten nicht recht stimmendes Motiv an; er glaubt dieselbe durch das schon erwähnte Schildzeichen der persischen Partei Athens veranlasst, welches signalisieren sollte, dass die Perser nun ungehindert gegen Athen vorgehen könnten und da Herodot ausdrücklich bemerkt (c. 115), dass es gegeben wurde, „da die Perser schon in den Schiffen waren" (ἐοῦσι ἤδη ἐν τῆισι νηυσί), beseitigt Curtius dieses seiner Ansicht entgegenstehende Zeugniss durch die Annahme, dass der Schild nicht während, sondern vor der Schlacht aufgesteckt wurde. Wenn man der Ansicht von Curtius noch so günstig gestimmt ist, so muss man doch gestehen, dass er die ihm zu Gebote stehende Ueberlieferung in diesem Punkte ziemlich willkürlich umgestaltet hat. Curtius' Hypothese ist von Wecklein [17]) dahin fortgebildet worden, dass das Zeichen mit dem Schilde gegeben wurde, als die Athener ausmarschierten, damit das persische Heer die verlassene und wehrlose Stadt überfalle. Die Athener zogen geraden Weges in Eile nach Marathon, überraschten die Perser bei dem Einschiffen, schlugen sie und kehrten mit derselben Schnelligkeit in die Stadt zurück; zu dem endgiltigen Abzuge wurden die Perser durch die Annäherung der Spartaner bewogen. Mag man auch ganz absehen von der physischen Möglichkeit einer solchen sturmartigen Eile der Athener, das Eine ist doch zuzugeben, dass Wecklein den ältesten Bericht womöglich noch stärker corrigiert hat, als Curtius.

---
[16]) S. 2013/14. bei Besprechung von W. Vischers „Erinnerungen und Eindrücke aus Griechenland", von da übergegangen in die Griech. Geschichte
^{s} II 20 f.
[17]) a. a. O. S. 34 f.

Die neueste, von Busolt [18]) aufgestellte Hypothese verfährt im Vergleiche dazu noch mit anerkennenswerter Mässigung. Busolt nimmt an, dass sich die Griechen und die Perser einige Tage ruhig gegenüberstanden und die Perser daher, da ihre Cavallerie nicht zum Angriff zu verwenden war, dieselbe einschiffen liessen, damit sie, sobald das verabredete Schildzeichen gegeben würde, sofort nach Athen abfahren könne, um die Stadt durch einen Handstreich zu nehmen; währenddem sollte die Infanterie die Athener in Marathon festhalten. Miltiades erhielt jedoch durch die in dem persischen Heere befindlichen Ionier von dieser Absicht Nachricht, griff die Perser an, nachdem die Reiterei schon eingeschifft war und schlug sie rasch, so dass die Schlacht bereits entschieden war, als der Schild aufgesteckt wurde. Nicht während der Einschiffung der Reiterei also, sondern erst nach derselben fand die Schlacht statt. Das Gemeinsame dieser neueren Aufstellungen ist, dass sie sich des Unterschiedes der älteren und der jüngeren Berichte nicht bewusst sind und aus beiden die Züge zu der Ausfüllung ihres Bildes nehmen; es muss offen ausgesprochen werden, dass dem ein methodischer Fehler zu Grunde liegt und dagegen auf die präcise Formulierung hingewiesen werden, welche Nipperdey schon im Jahre 1849 dem Grundsatze der Quellenbenützung bei antiken Autoren gegeben hat. Er sagt in der Vorrede zu seiner grösseren Ausgabe des Cornelius Nepos [19]): "Hier bin ich mit der grössten Entschiedenheit dem Grundsatze gefolgt, dass man die Nachrichten derjenigen Quellen, welche im Allgemeinen für die besten erkannt sind [20]), stets für richtig halten muss, wenn man nicht ihre Unrichtigkeit beweisen kann, die Abweichungen der übrigen nur dann nicht für unrichtig, wenn sich ihre Richtigkeit nachweisen lässt. Dieser ganz einfache Grundsatz, der einzige, welcher uns auf einen festen und sicheren Boden führt, ist leider in der Behandlung der alten Geschichte noch nicht zu der Geltung gelangt, welche ihm für die Kritik der alten Texte seine Wahrheit zum Heile der Altertumswissenschaft errungen hat." Trotzdem, dass seit diesem Ausspruche über vieranddreissig Jahre verflossen sind, ist er, praktisch wenigstens, noch immer nicht allgemein anerkannt. Speciell in unserem Falle hat man ernstlich an die Prüfung der Frage heranzu-

---

[18]) Die Lakedämonier und ihre Bundesgenossen S. 360 f.
[19]) S. IX der zweiten Ausgabe von B. Lupus.
[20]) Wir dürfen hinzusetzen, dass dies in den meisten Fällen wol die ältesten Berichte sind.

treten: haben die jüngeren Berichte über die Schlacht von Marathon wirklich denjenigen Wert, welchen ihnen die neuere Forschung beimisst, sind sie zu der Ergänzung Herodots oder gar zu dessen Correctur herbeizuziehen? Erleichtert wird die Antwort durch das allgemeine, oben schon angeführte Resultat der jüngsten Forschungen über die Geschichtschreibung des vierten Jahrhunderts: ich halte dafür, dass auch hier das Ergebniss nicht viel anders lauten wird. Zur richtigen Würdigung der Ausführungen der Späteren muss man sich vor Augen halten, dass das Bedürfniss, an der nicht völlig befriedigenden Erzählung Herodots eine vermeintliche Verbesserung vorzunehmen, im Altertum ein nicht minder lebhaftes war, als, wie wir sahen, in jetziger Zeit; die Frage, wie man sich das Verschwinden der persischen Reiterei in Herodots Darstellung zu erklären habe, scheint die damaligen Geister nicht minder tief beschäftigt und angeregt zu haben, wie heute. Die Versuche, diese Lücke auszufüllen, waren freilich verschiedener Art; die Athen feindlich gesinnten Schriftsteller benützten sie, wie wir aus Plutarch *de malign. Herod.* c. 26 wissen, um die Bedeutung der Schlacht überhaupt herabzumindern, sie als einen „kurzen Zusammenstoss mit den gelandeten Barbaren" (πρόϲκρουϲμα βραχὺ τοῖϲ βαρβάροιϲ ἀποβᾶϲιν) hinzustellen. Speciell von Theopomp, dessen Zeugniss als eines notorischen Feindes von Athen Curtius und Wecklein nicht so entscheidendes Gewicht für ihre Combinationen hätten beilegen sollen, ist der Ausspruch bekannt, dass die Athener mit der Schlacht von Marathon prahlten und die Griechen irreführten (fgm. 167 Müller: ἔτι δὲ καὶ τὴν ἐν Μαραθῶνι μάχην οὐχ ἅμα πάντεϲ ὑμνοῦϲι τετενημένην, καὶ ὅϲα ἄλλα, φηϲίν, ἡ Ἀθηναίων πόλιϲ ἀλαζονεύεται καὶ παρακρούεται τοὺϲ Ἕλληναϲ). Anders hat sein Zeit- und Schulgenosse Ephoros, der Freund von Athen, die Sache gefasst. Wir sind in der glücklichen Lage bei ihm nicht wie bei Theopomp auf einen vereinzelten und aus dem Zusammenhange gerissenen Satz angewiesen zu sein, sondern seine wenn auch wahrscheinlich verkürzte Darstellung ist noch erhalten. Seit zuerst Rinck aus der Uebereinstimmung eines erhaltenen Fragmentes des Ephoros (fgm. 107 über die Parische Expedition) mit der Erzählung des Cornelius Nepos in der Biographie des Miltiades den Nachweis lieferte[21], dass die Hauptquelle des Nepos in der erwähnten Lebensbeschreibung

---

[21]) In den Prolegomena der Ausgabe des s. g. Aemilius Probus von Roth (Basel 1841). Ich konnte diese Ausgabe hier leider nicht benützen und entnehme die Thatsache den späteren Schriften, besonders Campe S. 8 und Duncker Hist. Zeitschr. 46, 235. Den Nachweis wiederholt Endemann in s. Dissertation S. 12.

Ephoros gewesen sei, ist diese Aufstellung von Allen, welche sich mit der Schlacht von Marathon beschäftigt haben, auch speciell für dieses Ereigniss angenommen worden. Es liegt daher in den Capiteln 4 bis 6 des Nepos die in den Grundzügen gewiss treu bewahrte Erzählung des Ephoros vor. Die hauptsächlichsten Abweichungen dieser Schilderung von der ursprünglichen Herodots sind nun die folgenden: Zunächst findet der Feldherrenrath, in welchem entschieden werden soll, ob mit den Persern in eine Schlacht eingegangen wird, nicht, wie bei Herodot, nach dem Auszuge in dem Lager statt sondern vor demselben in Athen und der Streit dreht sich um die Frage, ob man überhaupt ausmarschieren oder hinter den Mauern der Stadt sich vertheidigen solle. Gemeinsam ist beiden Autoren die hervorragende Stellung des Miltiades, dessen Einfluss für das Ergreifen der Offensive entscheidet. Der Zuzug der Plataeer erfolgt nicht nach Marathon, sondern direct nach Athen. Dann ziehen die Athener aus, lagern bei Marathon den Persern gegenüber, aber nicht längere Zeit (nach Herodot eine unbestimmte grössere Zahl von Tagen), sondern schon an dem nächsten Tage nach ihrem Anlangen (*postero die*) wird die Schlacht geliefert. Auch der Verlauf derselben ist ein ganz anderer. Denn während bei Herodot nichts darauf hindeutet, dass der Zusammenstoss beider Heere nicht in offener Gegend stattgefunden habe, ja der Angriff der Athener im Laufschritt, ebenes Terrain voraussetzt, heisst es bei Nepos, die Schlacht sei geliefert worden *sub montis radicibus* (was allerdings Herodot auch gemeint haben wird) *regione non apertissuma* und dass die Athener sich durch Verhaue von Bäumen geschützt hatten (*namque arbores multis locis erant stratae*)[12]), in der bestimmten Absicht, dadurch die Entfaltung der feindlichen Cavallerie zu hemmen (*ut et montium altitudine tegerentur et arborum tractu equitatus hostium impediretur*). Schon das Schlachttableau, wenn man diesen Ausdruck anwenden darf, ist ein gründlich verschiedenes. Die natürliche Folgerung davon ist, dass nicht die Athener, die in fester Stellung sind, sondern Datis die Offensive

---

[12]) Die Rechtfertigung dieser Lesart liefert Duncker Hist. Zeitschr. 46, 236. Aber selbst wenn Lohr, der in den Jahrb. f. cl. Phil. 1883 S. 523 Duncker bekämpft und die andere Lesart *rarae* vertheidigt, Recht haben sollte, ist dies für uns dasselbe: ob Miltiades nach Nepos die Stellung der Athener durch Verhaue schützte oder dieselben so aufstellte, dass sie durch Baumgruppen gedeckt waren, das Eine wie das Andere that er, um die Entfaltung der feindlichen Reiterei zu hemmen und das Resultat für die Kritik des Ephoros ist somit in beiden Fällen das gleiche.

ergreift; als Motiv dafür erscheint, dass er eine Entscheidung für gut hielt, bevor die Spartaner zu Hülfe kamen. Ueber das Weitere bietet wenigstens Nepos nichts mehr, es verschwimmt bei ihm Alles in einem Nebel rhetorischer Phrasen. Doch ist noch einer Besonderheit der Ephoreischen Darstellung zu gedenken; während Herodot, wol mit gutem Bedacht, die Stärke weder des athenischen Heeres noch der Persermacht angiebt, hat Nepos ganz genaue Zahlen, nach welchen die Athener mit den tausend Platäern zusammen zehntausend Mann zählten (c. 5, 1), während die persische Armee zweihunderttausend Mann an Fussvolk und zehntausend Reiter stark war (c. 4, 1), von welchen hunderttausend Infanteristen und die gesammte Cavallerie an der Schlacht teilnahmen. Charakteristisch ist auch, was wol nicht der epitomierenden Thätigkeit des Cornelius zuzuschreiben ist, dass Wunder und sagenhafte Züge in dieser Schilderung vollkommen fehlen; es stimmt dies zu der rationalistischen, alles Uebernatürliche ausschliessenden Art des Ephoros. Ob in der That bei ihm auch Kallimachos schon ausgefallen ist oder erst in der verkürzenden und ihren Helden naturgemäss in den Vordergrund stellenden Lebensbeschreibung des Nepos, ist für uns nicht mehr auszumachen. So gross ist also die Veränderung, welche der älteste Bericht durch den beliebtesten und besonders für die spätere Zeit massgebenden Geschichtschreiber des vierten Jahrhunderts erlitten hat[23]. Schon die bisherigen Forscher haben erkannt, dass wir es hier nicht mit einer gleichberechtigten Ueberlieferung zu thun haben; freilich haben sie sich auf einzelne Punkte beschränkt und sind viel zu wenig weit damit gegangen. Lolling ist gegen die rationalistische Haltung der Ephoreischen Darstellung misstrauisch geworden[24]) und Wecklein, welchem man einseitige Vorliebe für Herodot gewiss nicht vorwerfen kann, hat die wichtige Beobachtung gemacht[25]), dass die Angabe, die Athener hätten sich so aufgestellt, dass sie durch die Höhen gedeckt und durch die aus Bäumen gebildeten Verhaue gegen die feindliche Reiterei gesichert waren, nur die Nichtbeteiligung der persischen Cavallerie erklären soll. Es ist dies unzweifelhaft eine sehr glückliche Bemerkung; Ephoros war nicht damit zufrieden, auf die in Herodots Darstellung vorhandene Lücke hinweisen zu sollen, er gieng weiter und wollte dieselbe ausfüllen, in-

---

[23]) Dass Herodot auch hier die Quelle für Ephoros' Arbeit gewesen, ist nach der sonstigen Analogie unbedingt anzunehmen.
[24]) a. a. O. S. 90.
[25]) a. a. O. S. 86.

dem er natürliche Gründe für das Fehlen der persischen Reiter herbeizog. Das war also das Motiv für die Umgestaltung eines Teiles der älteren Darstellung; wie aber kommt Ephoros dazu, den Feldherrenrath in Athen stattfinden zu lassen, wie dazu, dass die Schlacht schon am nächsten Tage nach dem Auszuge geliefert wird? Der Beweggrund für diese Aenderung war wol zunächst ein ähnlicher wie derjenige, welcher Duncker [26]) und Busolt [27]) geleitet hat, in dem ersteren Punkte Nepos gegenüber Herodot Recht zu geben: an sich erscheint es viel natürlicher und wahrscheinlicher, dass die Entscheidung über die Frage ob man mit dem Feinde sich schlagen solle oder nicht, vor dem Auszuge, welcher mit dieser Entscheidung schon beschlossen oder abgelehnt schien, stattfand und nicht erst in dem Lager. Diese verstandesgemässe Reflexion kann aber Ephoros nicht allein bestimmt haben; denn wozu brauchte er im Zusammenhange damit die Schlacht dann schon an dem nächsten Tage liefern zu lassen? Dazu leitete ihn etwas Anderes. Wenn wir Herodot aufmerksam lesen, so erhalten wir den Eindruck, als ob es damals mit der Stimmung in Athen nicht zum Besten bestellt war [28]); wenn der Geschichtschreiber dies auch nicht ausdrücklich bemerkt, so lassen doch gewisse Vorgänge diese Ansicht als nicht unannehmbar erscheinen. Dass es in Athen eine förmlich organisierte Partei gab, welche bereit war die Vaterstadt den Barbaren zu überliefern, dass diese Partei mit dem Feinde in Einverständniss getreten war und alle Anstalten getroffen hatte, durch einen Handstreich das von seinen Vertheidigern entblösste Athen den Persern in die Hände zu spielen, lehrt die Geschichte mit dem mysteriösen Schildzeichen; aber auch sonst scheint die anfangs patriotisch entflammte Stimmung der Bürgerschaft umgeschlagen und einer verzagteren Platz gemacht zu haben. Ich vermag mir wenigstens den Streit der Feldherren in dem Lager nicht anders zu deuten, als dass, da die Athener den bis dahin unbekannten Feind zum erstenmale von Angesicht sahen und dessen ungeheure numerische, ihnen bisher nur durch das Gerücht überlieferte Ueberzahl deutlich erkennen konnten, selbst unter ihren Führern sich der Zweifel erhob, ob es gelingen werde, einer so starken Macht mit Aussicht auf Erfolg die Spitze zu bieten und die Mehrzahl der Strategen sich der Ansicht zuneigte, umzukehren und hinter den schützenden Mauern der Stadt Sicher-

---

[26]) Hist. Ztschr. 46, 246. Gesch. VII 122. 123.
[27]) Die Lakedämonier S. 360. Uebrigens hat dies schon Grote gethan *Hist. of Gr.* ² IV 269.
[28]) Eine ähnliche Bemerkung Grote's findet sich ² IV 268.

heit zu suchen. Nur der Energie und Beharrlichkeit des Miltiades gelang es, sie zum Ausharren und zur Annahme der offenen Feldschlacht zu bestimmen. Dass Ephoros, der, wie anfangs berührt, als notorischer Freund Athens die Geschichte in einem dieser Stadt günstigen Sinne behandelte und corrigierte, eine solche Thatsache nicht gefallen konnte, ist begreiflich; im Gegenteil, ihm war an der Verherrlichung der Athener gelegen. Daher hat er auch die unmittelbare Vorgeschichte der Schlacht umgestaltet. Nach ihm herrscht in Athen die grösste Kampfesbegeisterung, er sagt von dem Heere: *quae manus mirabili flagrabat pugnandi cupiditate* (c. 5, 1), und dieser Begeisterung, mit welcher die Athener die Perser so sehr schreckten, dass sie nicht zu dem Lager, sondern zu den Schiffen flohen (c. 5, 5: *adeoque eos perterruerunt ut Persae non castra sed naves petierint*) würde es wenig entsprochen haben, wenn die Athener nicht gleich an dem Tage nach dem Auszuge die Schlacht geliefert, sondern damit noch einige Zeit gezögert hätten. Freilich entsteht dadurch in Ephoros' Schilderung ein Widerspruch, auf welchen schon Duncker hingewiesen hat[19]; wenn die Athener wirklich so kampflustig waren, so ist wenig zu begreifen, dass nicht sie den Angriff auf den Feind machten, sondern Datis die Offensive ergriff; zu welch' letzterer Umgestaltung Ephoros, wie wir sahen, durch sein Bestreben gekommen ist, das mangelnde Eingreifen der persischen Reiterei in die Schlacht zu erklären. Was nun den hohen Kampfesmut der Athener bei Marathon anlangt, so entspricht derselbe einer constanten Tradition der attischen Redner des vierten Jahrhunderts; das ist auch die Quelle, aus welcher Ephoros schöpfte, wir können in diesem Falle deutlich beobachten, dass er einfach die zeitgenössische Rhetorik in Geschichte umgesetzt hat. In der Grabrede des Lysias findet sich (§. 21 bis 26) eine etwas langwierige Auseinandersetzung über den Zug des Datis, in welcher es heisst: unsere Vorfahren (οἱ ἡμέτεροι πρόγονοι) haben nicht die Gefahren und die Menge der Feinde erwogen, sondern ihrer Tapferkeit vertraut, sie haben nicht darauf gewartet, dass ihnen Jemand zu Hülfe kam (§. 23 οὐκ ἀνέμειναν πυθέσθαι οὐδὲ βοηθῆσαι τοὺς cυμμάχους, später §. 24 ἠξίουν δ', οὐς μὴ μόνοι νικῷεν, οὐδ' ἂν μετὰ cυμμάχων δύνασθαι), so sind sie ausgezogen und nhaben in aller Schnelligkeit die Schlacht geliefert" — dies ist der eigentlich springende Ausdruck — οὕτω δὲ διὰ ταχέων τὸν κίνδυνον ἐποιήcαντο (§. 26); und nun kommt eine Zurichtung der Geschichte,

---

[19] Hist. Ztschr. 46, 236. Was Lohr a. a. O. 524 gegen Duncker einwendet, will wenig bedeuten.

welche Ephoros noch als bescheiden erscheinen lässt, nämlich der Satz: ὥστε οἱ αὐτοὶ τοῖς ἄλλοις ἀπήγγειλαν τήν τ' ἐνθάδε ἄφιξιν τῶν βαρβάρων καὶ τὴν τῶν προγόνων νίκην, die Botschaft von der Landung der Barbaren und dem Siege über dieselben sei zu gleicher Zeit von den Athenern den übrigen Griechen zugesendet worden. Hier tritt also bereits die legendarische Schnelligkeit der Athener auf. Vielleicht noch wichtiger ist eine Aeusserung des Isokrates, weil er der Lehrer des Ephoros war (im *Panegyr*. §. 85—87). Er ist insoferne einsichtiger als Lysias, dass er nicht wie dieser jede Bitte der Athener um bundesgenössische Hilfe läugnet, was auch der panhellenischen Tendenz seiner Rede direct widersprochen haben würde; im Gegenteil hebt er sogar den Wetteifer der Spartaner und der Athener in der Bekämpfung der Barbaren hervor und sagt, diese warteten nicht auf die Bundesgenossen, sondern, rückten aus ὀλίγοι πρὸς πολλὰς μυριάδας, jene (die Spartaner) hätten aber kaum von der Kriegsgefahr gehört, als sie schon zur Hülfeleistung auszogen, als ob es sich um das eigene Land handle. Dann führt er fort §. 87: cημεῖον δὲ τοῦ τάχους καὶ τῆς ἁμίλλης· τοὺς μὲν γὰρ ἡμετέρους προγόνους φαcὶ τῆς αὐτῆς ἡμέρας πυθέcθαι τε τὴν ἀπόβαcιν τὴν τῶν βαρβάρων καὶ βοηθήcαντας ἐπὶ τοὺς ὅρους τῆς χώρας μάχῃ νικήcαντας τρόπαιον cτῆcαι τῶν πολεμίων, also: die Athener erfuhren die Landung der Barbaren, zogen sogleich aus und lieferten noch an demselben Tage dem Feinde die Schlacht (daran schliesst sich der Nachsatz, dass die Spartaner nur drei Tage Marsches gebraucht hätten, um nach Athen zu gelangen). Hier haben wir die Veranlassung für Ephoros' Umgestaltung, er setzte einfach die in seiner Zeit herrschende Anschauung an Stelle der älteren Ueberlieferung; nur sah er ein, dass es in einer historischen Darstellung 'ziemlich unwahrscheinlich erscheinen würde, wenn die Athener schon an dem Tage ihres Ausmarsches dem Feinde die Schlacht lieferten und wählte daher den dem Auszuge folgenden Tag[30]).

Von mindestens eben so grossem Interesse als Nepos' Darstellung ist eine Notiz bei Suidas, mit deren Behandlung allerdings besondere Schwierigkeiten verknüpft sind, da wir ihren Ursprung nicht feststellen können. Es finden sich in dem zweiten Artikel des Suidas s. u. Ἱππίας Einzelheiten, welche Herodot hat und dann wieder die charakteristischen Aenderungen, welche die rhetorische Tradition an ihm vornahm. Wir treffen hier die von Herodot er-

---

[30]) Ephoros zeigte sich in dieser Hinsicht einsichtiger als die neueren Kritiker, speciell als Wecklein, dessen Darstellung (Tradition der Perserkriege S. 38) viele Achnlichkeiten mit Isokrates aufweist.

zählten Sagen, die Sendung des Pheidippides nach Sparta, welchem auf dem Partheniongebirge Pan erscheint und die wunderbare Blendung des Polyzelos, auch Kallimachos' ruhmvoller Tod ist erwähnt. Andererseits ist Herodots Erzählung gesteigert, indem Pheidippides nicht in zwei Tagen sondern in einer Nacht den Weg nach Sparta zurücklegt, die Perser nach der Einnahme von Eretria eine Fangjagd (caγήνευcιc) auf die Einwohner veranstalten[31]); dann findet der Feldherrenrath wie bei Nepos in Athen statt — Miltiades und Kallimachos fällt das Verdienst zu, den Beschluss des Auszuges durchgesetzt zu haben — und noch an demselben Tage, da sie ausmarschieren, liefern sie die Schlacht (καὶ ἐν αὐτῇ φαcι τῇ ἡμέρᾳ ἐνίκηcαν), wie bei Isokrates. Auch die Stärke der Athener (neuntausend und dazu tausend Platäer) ist die von Nepos angegebene. Der Wert dieser Nachrichten für unsere Vorstellung von der Fortbildung der älteren Ueberlieferung würde ein bedeutender sein, wenn wir mit einiger Sicherheit feststellen könnten, ob dieser Artikel in seinen Ausläufern bis in das vierte Jahrhundert zurückreicht; wir hätten dann in ihm ein ursprünglicheres Stadium der Ueberlieferung zu erkennen als das bei Ephoros (beziehungsweise Cornelius Nepos) vorliegende ist, ein Stadium, in welchem mit Festhaltung hervorragender Züge des Herodotischen Berichtes, die wie es scheint bei Ephoros ausgemerzt sind, doch schon eine Weiterbildung desselben im Sinne der späteren Anschauung verknüpft ist. Allein man kann nicht unterscheiden, ob man es hier nicht mit einer späteren Contamination von Herodots Erzählung mit der rhetorischen Tradition des vierten Jahrhunderts zu thun hat und das einzige Kriterium, welches für die chronologische Bestimmung unseres Zeugnisses verwendet werden könnte, das eingefügte, auch sonst noch überlieferte Epigramm ist ohne Wert, da dessen Zurückführung auf Platon zweifelhaft, somit auch das Alter desselben unsicher ist[32]). — Festeren Boden bietet die Darstellung des Trogus in der Epitome des Justinus (Buch 2, c. 9), welche den früheren sehr ähnlich ist. Auch hier beschliessen die Athener auf den Rath des Miltiades die Hülfe der Bundesgenossen nicht zu erwarten (*Miltiades et dux belli erat et auctor non exspectandi auxilii*) und wie in seinem Plane die Schnelligkeit, so spielt in der Stimmung der Athener deren Kampfes-

---

[31]) Vorbild war die Fangjagd auf den Inseln Chios, Lesbos und Tenedos (Herod. VI 31).

[32]) Bergk (*Poët. lyr. Gr.* ¹ 2, 295 sq.) hält das Epigramm für antik, aber nur für sicher dass es vor 100 v. Ch. verfertigt wurde; dagegen lässt er unentschieden ob es wirklich Platonisch ist, obwol er die Möglichkeit zugiebt.

freudigkeit die bekannte Rolle; von Miltiades heisst es: *quem tanta fiducia ceperat ut plus praesidii in celeritate quam in sociis duceret*, von den Athenern: *magna igitur in pugnam euntibus animorum alacritas fuit* cet. Doch ist hier der Ephoros eigentümliche Widerspruch verschwunden, dass trotz dieser Kampfesfreudigkeit die Athener nicht der angreifende Teil sind, vielmehr stürzen sie sich wie bei Herodot im Laufschritt (*citato cursu*) auf den Feind.[33]) Was Justin sonst noch bietet, besonders die in das Ungemessene gesteigerten, aber, wie es zu gehen pflegt, damit an die Grenze des Lächerlichen streifenden Heldenthaten des Kynegeiros, ist recht späte und schlechte Zuthat, auch der Tod des Hippias in der Schlacht wol nichts Anderes. Dieser Darstellung mit den übrigen jüngeren gemeinschaftlich sind die Angaben über die Stärke der griechischen Streitkräfte; und dies bietet einen weiteren, nicht unwichtigen Zug zu der Ergänzung des Bildes, welches wir uns von der jüngeren Ueberlieferung gemacht haben. Es muss sich im vierten Jahrhunderte eine ganz feste Tradition über die Zahl der Athener bei Marathon gebildet haben, die von da ab in die späteren Geschichtsbücher übergieng; nach derselben war ihre Stärke zehntausend Mann. Nun konnte man schwanken, ob in diese Zehntausend schon die auf Tausend bezifferte Streitmacht der Platäer eingerechnet oder dieselbe besonders zu zählen sei. Die Mehrzahl entschied sich für ersteres, so Cornelius Nepos, Plut. *Parallel.* 1, Paus. X 20, 2 und ähnlich IV 25, 2, Suidas s. u. Ἱππίας II, welche alle neuntausend Athener zählen; nur bei Trogus (Justin) findet man die Auffassung, dass die Gesammtzahl elftausend, die Zahl der Athener also zehntausend betragen habe. So sicher auch diese Ueberlieferung auftritt, so wird ihr doch keine hohe Glaubwürdigkeit beizumessen sein. Ich halte das Schweigen Herodots dafür beweisend, dass zu seiner Zeit genaue Nachrichten über die Stärke der Griechen nicht vorhanden waren; für das Contingent der Platäer speciell gebrauchte er den Ausdruck, dass sie den Athenern mit dem ganzen Aufgebot (πανδημεί) zugezogen waren. Wie sich die oben angeführten Zahlen gebildet haben, ist schwer zu sagen; man könnte vermuten, dass man einfach an die Zehnzahl der Phylen anknüpfte und jeder eine runde Summe zuteilte, doch ist dies ganz unsicher.

---

[33]) Wol ein Fingerzeig, dass Trogus doch wahrscheinlich nicht, wie Wolffgarten will (*De Ephori et Dionis historiis a Trogo Pompeio expressis*, bes. S. 43) die Perserkriege ausschliesslich nach Ephoros erzählt, sondern hier vielleicht Herodot beigezogen hat.

Damit ist der Hauptbestand der Ueberlieferung erschöpft; in die gesammte Masse der vereinzelten Notizen einzugehen ist hier nicht möglich und zur Erkenntniss der Sache auch nicht nötig. Ich will nur noch hinweisen auf die vielbesprochene Notiz bei Suidas s. u. χωρὶς ἱππεῖς, weil dieselbe, seit Curtius sie aufgriff, so grosse Beachtung gefunden hat und eigentlich zu dem Angelpunkt geworden ist, von welchem aus alle die Hypothesen über den Verlauf der Schlacht construiert wurden. In diesem Artikel wird gesagt, dass die Ionier auf die Bäume stiegen und den Athenern Zeichen gaben, dass die persische Reiterei fort sei (ὡς εἶεν χωρὶς οἱ ἱππεῖς), worauf Miltiades angegriffen und gesiegt habe. Nach dem, was Duncker jüngst über diese Nachricht gesagt hat [34]), kann ich mich kurz fassen. Es wäre gewagt, dieser Notiz ganz unbekannten Ursprunges so viel Gewicht beizulegen, um auf Grund derselben unsere älteste Quelle zu emendieren, umsomehr als dieselbe nur zu dem Zwecke erfunden zu sein scheint, um den Uebertritt der Ionier, welcher später bei Mykale wirklich erfolgte, schon hier zu anticipieren und damit dieselben in ein besseres Licht zu setzen. Noch eines Zuges der späteren ausmalenden Tradition ist zu gedenken: er betrifft den Rückmarsch der Athener. Hier muss allerdings die Kritik schon mit Herodot beginnen, dessen Darstellung in diesem Punkte zum mindesten dem Zweifel Raum giebt. Nach ihm (c. 115. 116) fuhren die geschlagenen Perser, nachdem sie die Eretrischen Gefangenen von der Insel, wohin dieselben gebracht waren, eingeschifft hatten, um Sunion herum in der bestimmten Absicht, früher als die Athener nach der Stadt zu kommen; letztere marschierten aber so schnell als möglich (ὡς ποδῶν εἶχον τάχιστα) nach Athen zurück und langten daselbst eher an, so dass die Perser auf der Höhe des Phaleron ihr Vorhaben aufgaben und umkehrten. Obwol Herodot nicht ausdrücklich angiebt, dass dies noch an dem Tage der Schlacht geschehen sei, so zeigt die ganze Darstellung desselben, dass er dieser Ansicht gewesen sein muss; und doch spricht die einsichtige Erwägung, wie sie in jüngster Zeit von Müller-Strübing und Duncker [35]) vorgebracht wurde, nicht blos gegen die Wahrscheinlichkeit, vielmehr gegen die einfache physische Möglichkeit einer solchen Leistung. Es scheint dies der einzige Fall zu sein, wo

---

[34]) Hist. Ztschr. 46, 233. Auch Lohr l. l. S. 525.

[35]) Jahrb. f. cl. Phil. 1879 S. 442 f., Hist. Zeitschr. 46, 250. 251. Der Weg von Marathon nach Athen auf der Landstrasse über Pikermi beträgt heutzutage für einen Fussgänger mindestens acht Stunden.

Herodots Erzählung wirklich in einem wesentlichen Punkte sich von der verschönernden Tradition, welche schon damals sich an die Thaten der Marathonkämpfer angesetzt haben mag, nicht freigehalten hat. Immerhin wird seine, wenn man sich so ausdrücken darf, zeitlose Darstellung[36]) auf Nachsicht rechnen dürfen. Die Späteren sprachen dagegen das, was bei ihm noch nicht bestimmt gesagt wurde, ganz scharf aus; bei Plutarch *Aristid.* c. 5 findet sich die Steigerung, dass die Athener αὐθημερόν nach der Stadt zurückgekehrt seien.[37])

Trotz des eben gemachten Vorbehaltes wird man mir, wenn ich nun die Summe meiner Erörterungen ziehe, darin hoffentlich Recht geben, dass wir für die Kenntniss der Schlacht von Marathon, der ihr voraufgehenden Ereignisse und ihres Verlaufes allein von Herodots Bericht als Grundlage ausgehen müssen. Er ist und bleibt die älteste und zuverlässigste Quelle, die jüngeren bieten in dem, was sie mehr haben, nur der eigenen Combination oder allenfalls der späteren, von rhetorischen Zwecken beeinflussten Tradition Entsprungenes. Umsomehr kann man sich an Herodots Darstellung halten, als sie eine gewisse urkundliche Bestätigung durch das Bild der Poikile, wie Pausanias (I 15) es schildert, erhält; die einzelnen Momente der Schlacht: zuerst der noch stehende, unentschiedene Kampf, dann die Flucht der Perser und endlich der Kampf an den Schiffen, sowie die hervorragende Stellung, welche Miltiades und Kallimachos angewiesen wird, stimmen vollkommen zu Herodot. Man darf dieser Schilderung daher auch ohne Bedenken die Thatsache entnehmen, dass die Barbaren auf der Flucht in einen Sumpf geriethen[38]) und ein grosser Teil derselben darin umkam (cf. auch Paus. I 32, 6). Sonst bietet die spätere Literatur zur Ergänzung Herodots verschwindend wenig; herbeizuziehen sind noch einige andere Angaben des Pausanias, die mit der Schilderung des Schlachtfeldes verknüpft und grösstenteils topographischer Natur sind: über das jetzt noch vorhandene Grabdenkmal der Athener (den Soros), das Denkmal des Miltiades und das Tropaion (sämmtlich Paus. I 32, 3—5), sowie die glaubwürdige Bemerkung (ibid.), dass damals zum ersten-

---

[36]) Der merkwürdige Umstand, dass bei Herodot alle Zeitangaben fehlen, kehrt auch sonst öfter wieder und verdient für dessen Kritik mehr als bisher in das Auge gefasst zu werden.

[37]) Woher die rationalistische Darstellung ebendaselbst stammt, dass die persische Flotte von dem Winde und den Fluten gegen Athen getrieben wurde, ist nicht zu sagen.

[38]) Nach Lolling a. a. O. S. 93 der Sumpf von Kato Suli.

mal mit den Athenern Sclaven mitfochten. Als ein in frühere Zeit wie Herodot heraufreichendes Zeugniss, welches an die Spitze der Ueberlieferung zu stellen wäre, würde Beachtung beanspruchen die von Plutarch berührte, aber nicht citirte Elegie des Aeschylus (Plut. *Quaest. conv.* I 10, 3 = Fg. 1 bei Bergk, *Poët. lyr. Gr.* ⁴ 2, 240), aus welcher hervorgegangen sein soll, dass die Phyle Aiantis auf dem rechten Flügel der Athener gestanden habe. Es ist um diese Elegie jüngst viel gestritten worden; wenn ich mich auch Müller-Strübings Argumentation nicht anschliessen kann[39]), so bin ich doch derselben Ansicht wie er, dass dieses Zeugniss seines ungewissen Ursprunges halber keine Glaubwürdigkeit verdienen dürfe. Was ausschlaggebend erscheint, ist Herodots Bemerkung, dass in der Schlachtlinie die Phylen nach ihrer officiellen Reihenfolge aufgestellt waren (VI c. 111: ἡγεομένου δὲ τούτου ἐξεδέκοντο ὡς ἠριθμέοντο αἱ φυλαὶ ἐχόμεναι ἀλληλέων, τελευταῖοι δὲ ἐτάσσοντο ἔχοντες τὸ εὐώνυμον κέρας Πλαταιέες), dass also dieser älteste Bericht die angebliche Nachricht des Aeschylus vollkommen ausschliesst.[40]) Prüfen kann man noch die Angaben in Plutarchs Leben des Aristides cap. 5; freilich scheint der Biograph, welcher seinen Helden möglichst in den Vordergrund zu stellen bemüht war, die Rolle, welche Aristides vor der Schlacht spielte, weit vergrössert zu haben, wenn er ihm das Verdienst vindiciert, dass er durch sein Auftreten die übrigen Strategen bewogen habe, dem Miltiades den ihnen zukommenden Oberbefehl zu übertragen.[41]) Die Angabe, dass Aristides und Themistokles während der Schlacht mit den Phylen Leontis und Antiochis in dem Centrum der Athener sich befanden, ist unverträglich mit der eben berührten Nachricht Herodots[42]); allenfalls acceptieren kann man das

---

[39]) Jahrb. f. cl. Phil. 1879 S. 434 f. Wenn auch das erwähnte Citat in einer scherzhaften Beweisführung vorgebracht wird, so würde dies an sich nichts an dessen Zuverlässigkeit ändern. Mit Recht hebt dies hervor Bauer, Themistokles S. 2 Note.

[40]) Die Wichtigkeit von Herodots Bericht betont mit Recht Bauer l. l., dem ich aber nicht beistimmen kann, wenn er (ebendaselbst und S. 167) annimmt, dass Aeschylus' und Herodots Nachrichten sich gegenseitig bestätigten. Steins Erklärung von Herodots Stelle (im Commentar) ist durch das Bestreben hervorgerufen, zwischen Herodot und der gleich zu erwähnenden Erzählung Plutarchs zu vermitteln.

[41]) Plutarch macht hier schon den Fehler, dass alle Strategen ihren Oberbefehl an Miltiades übertragen, während Herodot VI 110 bemerkt, dass dies nur diejenigen Feldherren thaten, welche gleich Miltiades für die Schlacht gewesen waren. Von Neueren verfielen in denselben Fehler Grote ³ IV 270 und Curtius Gr. Gesch. ⁵ II 21.

[42]) Mit Recht bemerkt von Bauer l. l.

Folgende, dass Aristides nach der Entscheidung mit der Leontis auf dem Schlachtfelde zurückblieb, um die Gefängenen und die Beute zu bewachen, wenn auch die Ausmalung der letzteren einen etwas bedenklichen Charakter an sich trägt. Dass die Hypothesen der Neueren der Sonderung der Ueberlieferung gegenüber, wie wir sie eben versuchten, keinen Bestand haben, leuchtet wol ein, denn sie gründen sich, wie bemerkt, alle auf jüngere Quellen, welche nicht den Wert selbständiger Zeugnisse beanspruchen dürfen, sondern nur als solche ähnlicher Gedankenoperationen gelten können, wie sie unsere zeitgenössischen Forscher vornahmen. Aber auch die bis jetzt fast allgemein herrschend gewesene Contamination der älteren und jüngeren Angaben, von welcher sich weder Grote noch Curtius[43]), G. Rawlinson, Busolt und Wecklein freigehalten haben, ist nach unserem Resultat aufzugeben. Selbst gegen Duncker, welcher unsere Frage jedesfalls am kritischesten behandelt und die eben betonten Grundsätze praktisch schon zum grossen Teil für seine historische Darstellung der Schlacht verwertet hat, müssen wir in einem Punkte in welchem er von Herodot abweicht, uns an Letzteren anschliessen. Es ist dies die schon berührte Frage, ob der Feldherrenrath nach Nepos in der Stadt oder, wie Herodot will, in dem Lager stattgefunden habe; Duncker entscheidet sich für das Erstere[44]) und nimmt bei Herodot eine Verschiebung in der Reihenfolge der Ereignisse an. Die Gründe, welche ihn dabei leiten, sind schon oben (S. 12) angegeben; es ist die Erwägung, dass man die Antwort der Spartaner abwarten musste um zu einem definitiven Entschlusse zu kommen und dass mit dem Ausmarsche die Frage, ob man den Feind angreifen werde oder

---

[43]) Zu welchen Unmöglichkeiten das Bestreben zwischen den älteren und den jüngeren Berichten zu vermitteln führt, dafür zeugt besonders ein Punkt in Curtius' Darstellung. Er folgt Cornelius Nepos darin, dass die Athener sich verschanzten (Gr. Gesch.⁵ II 22: „er stand ... vor ihren Angriffen durch den rauhen Fuss der Felshöhen und aufgeworfene Schanzen hinlänglich geschützt", später spricht er von „Gräben und Verhacken ihrer Lagerstätte"), andererseits entnimmt er aber Herodot, dass die Athener der angreifende Teil waren; so läst er sie ihre feste, wolverschanzte Stellung verlassen und „von den Höhen herunterstürmen" (!) S. 23. Wer nur einige Einsicht in militärische Dinge besitzt, wird über diese sonderbare Annahme erstaunt sein; in diesem Falle hätten die Athener wahrhaftig verdient, was nach Curtius die Perser von ihnen dachten (l. l. „Die Perser glaubten Wahnsinnige vor sich zu sehen ...."). '— Auch die Studie von Lloyd (*Journal of Hellenic Studies* 2, 380 f.), die wegen der guten Würdigung von Miltiades' strategischen Gedanken Beachtung verdient, hält sich von dem erwähnten Fehler nicht frei.

[44]) Hist. Zeitschr. 46, 242 ff., Gesch. VII 122 f.

nicht, schon gelöst war, daher nicht später nochmals discutiert werden konnte. So ansprechend Dunckers Gedankengang ist, so halte ich es doch für misslich, in einer so wichtigen Einzelheit von Herodot zu Gunsten der Späteren abzuweichen, wenn man dessen Bericht einmal zur Grundlage genommen hat. Wie man sich diese Vorgänge ganz gut aus den Verhältnissen erklären kann, habe ich schon angedeutet (S. 12). Anfangs waren die Athener entschlossen sich zu schlagen; sie sendeten daher auch sogleich nach der Landung der Perser um Zuzug nach Sparta. Dass dies nicht schon früher geschah, woran Busolt Anstoss nimmt [45]), ist erklärlich, denn sie konnten nicht vorher wissen, ob die Perser eine offene Feldschlacht anbieten oder, wie vor Eretria, eine Einschliessung und Berennung der Stadt versuchen würden; erst die Landung in Marathon — im anderen Falle wären die Perser von Euböa gleich um Sunion herumgefahren — löste ihren Zweifel, die Hülfe der Spartaner konnte ihnen aber nur für eine Schlacht, nicht für den Fall einer Belagerung von Nutzen sein. Allein da sie ausgezogen waren und die kolossale Ueberzahl des Feindes sahen, erfolgte ein Umschlag der Stimmung und die Mehrzahl der Feldherren war für die Umkehr, bis Miltiades dazwischen trat und sie zu der Annahme der Schlacht bestimmte. Die übrigen thatsächlichen Fragen, soweit sie sich an die Ueberlieferung knüpfen, zu lösen, unterliegt den grössten Schwierigkeiten. Wie es sich mit dem geplanten Verrath und dem darauf in Bezug stehenden Schildzeichen in Wirklichkeit verhalten habe, dies heutzutage nach mehr als zweitausend Jahren wissen zu wollen, da Herodot, welchem doch ein ganz anderes Material zu Gebote stand, dies zu thun verzweifelt (c. 124), ist wol ganz aussichtslos. Eher geht dies mit einem anderen Punkte, dem mangelnden Eingreifen der Reiterei, wo sich aus allgemeinen historischen Analogien immerhin eine Vermutung aufstellen lässt; und da hat Duncker, wie ich meine, das Richtige getroffen [46]), wenn er annimmt, dass der rasche Angriff der Griechen es den persischen Feldherren unmöglich gemacht habe, die Cavallerie zu verwenden, der richtige Zeitpunkt für das Einhauen verpasst worden sei; sobald das Handgemenge eintrat, war eine Action der persischen Reiter nicht mehr möglich, da sie in dem Getümmel das eigene Fussvolk gefährdet hätten. Auch bezüglich der Fahrt der Perser um Sunion bis zu der Höhe des Phaleron kann man, glaube ich, zu

---

[45]) Die Lakedämonier S. 357.
[46]) Hist. Zeitschr. 46, 260.

einer Ansicht kommen; ich halte nicht dafür, dass sie damit eine
ernstliche Bedrohung Athens beabsichtigt hatten und sehe in derselben nur eine Demonstration, welche Datis unternahm, vielleicht
um seinem königlichen Herrn gegenüber darauf hinweisen zu können, dass er, selbst nachdem er eine Niederlage erlitten, nichts unversucht gelassen hatte, um den ihm gewordenen Befehl der Bezwingung Athens zu verwirklichen.

Mit diesen letzten Bemerkungen habe ich allerdings schon in
ein Gebiet übergegriffen, welches ich für diesmal nicht behandeln
wollte, in die Kritik von Herodots Erzählung selbst. Dass ich mit
der wiederholten Betonung, wir müssten uns einzig und allein an
Herodots Bericht als den ältesten und zuverlässigsten anschliessen,
nicht gesagt haben will, seine Darstellung sei völlig befriedigend,
wird man mir wol zugeben; denn dass dies nicht der Fall ist,
lehren einfach die bis in das Altertum zurückreichenden Bemühungen, den Gang der Marathonschlacht aufzuhellen. Aber hoffentlich werde ich im Vorhergehenden die Leser von der Unzulässigkeit überzeugt haben, für die Ergänzung und die Correctur Herodots die jüngeren Quellen heranzuziehen; anstatt aufzuklären sind
sie nur dazu angethan uns irrezuführen.

Wien.   HEINRICH SWOBODA.

Ist die XVI. und XX. Rede des Isokrates verstümmelt überliefert?

Während bei den Gerichtsreden regelmässig auf die Einleitung die Erzählung folgt, beginnt die XVI. und XX. Rede des Isokrates in der überlieferten Gestalt mit dem Hinweis auf Zeugenaussagen. Um diese scheinbare Abgerissenheit des Anfangs beider Reden zu erklären, fasste man zwei Möglichkeiten in das Auge. Man nahm entweder nach H. Wolf's (Ed. Bas. 1594 p. 825 und p. 945) Vorgange an, beide Reden seien zwar vollständig erhalten, seien aber sogenannte Deuterologien: Exordium habet abruptum, quod praecedenti alicui orationi velut transitione quadam coniungi et oratio secundo loco habita esse videtur. Dieser Voraussetzung widerspricht aber der Anfang beider Reden und bei der XX. R. auch §. 5 so sehr, dass man sie jetzt mit Recht allgemein fallen liess. Oder man hielt mit Auger III p. 310 an der Ansicht fest, dass wir in den erhaltenen Stücken nur Epiloge im weiteren Sinne zu erblicken haben, während der grössere Proömium und Narratio enthaltende Theil beider Reden verloren gegangen sei.

An Verstümmlung dachte auch Blass A. B. II. S. 206 und 199 und in der 2. Aufl. von Benselers Textausgabe; in III. Abth. 2. Absch. S. 353 modificirt er seine Ansicht dahin, dass nicht die Handschriften Ursache ihrer Unvollständigkeit seien, sondern dass Isokrates selbst aus uns unbekannten Gründen den vorausgehenden Theil nicht habe veröffentlichen wollen. Allein man sucht vergebens nach Gründen, welche Isokrates veranlassen konnten, die Rede unvollständig herauszugeben, und — wenigstens in Bezug auf die XVI. R. — fragt man vergebens, was denn der Redner in dem angeblich verlorenen Theile hätte erzählen können.

Sieht sich doch auch Blass (II. S. 206) zu dem Geständnis gezwungen, dass füglich nicht viel habe gesagt werden können, da ja z. B. der Olympische Sieg erst in dem erhaltenen Theile besprochen werde.

Allein davon abgesehen, stehen einige Aeusserungen im Anfang der XVI. R. — ich scheide hier die XX. R. wegen der Verschiedenheit der einleitenden Paragraphe vorläufig aus — mit beiden Annahmen in directem Widerspruche. Dies mag eine nochmalige Prüfung der Ueberlieferung rechtfertigen.

Die Annahme unvollständiger Ueberlieferung stützt sich eigentlich nur auf den Umstand, dass man nach gewöhnlicher Erklärung die bei Gerichtsreden üblichen vier Theile vermisste. Ich sehe ganz davon ab, dass darüber, ob jede Rede die üblichen vier oder fünf Theile haben müsse, schon Alexander und Neokles mit den Apollodoreern heftig stritten, und dass einer ihrer Gründe auch für unsere Rede geltend gemacht werden könnte, und frage nur endlich einmal: Ist es wahr, dass unsere Rede jene vermissten Theile nicht enthalte, wie immer behauptet wird? Betrachten wir die Sachlage und prüfen dann wir die Ueberlieferung.

Der jüngere Alkibiades wird um das Jahr 397 auf fünf Talente als Ersatz für das angeblich von seinem Vater widerrechtlich behaltene Gespann von Teisias geklagt. Mit diesem Gespann hatte der ältere Alkibiades im Jahre 416, also ungefähr im Geburtsjahre des Angeklagten, den berühmten Sieg in Olympia davongetragen. In welcher Weise nun auch der Kläger den Vorgang erzählt haben mochte, Alkibiades der Sohn war nach den Zeitverhältnissen nicht in der Lage ihm irgendwie zu widersprechen, da er wahrscheinlich von dem ganzen Handel wenig erfahren hat.

Konnte unter solchen Umständen ihm der Advocat Isokrates den Rath geben, in einer besonderen narratio den Vorgang vorzubringen? Musste nicht selbst die gelungenste Erzählung auf Zuhörer und Richter den Eindruck des Unwahrscheinlichen machen? Klugheit und Vorsicht gebot in diesem Falle den Vorgang, der eingehalten ist von Isokrates.

Die Beschuldigung widerrechtlicher Aneignung wird durch glaubwürdige Zeugen, durch officielle Vertreter von Argos, sowie durch andere Kundige entkräftet. Von der Aussage dieser Zeugen allein und von dem nachhaltigen Eindruck ihrer Aussagen auf die Richter hing in diesem Falle der günstige Erfolg des Alkibiades ab.

Und dieses Erfolges scheint er sicher gewesen zu sein: nur so lässt sich der keck herausfordernde Muth begreifen, mit welchem er die Thaten seines grossen Vaters trotz der Ungunst der Zeit preist, ein Muth, den Lysias in der später gegen ihn gehaltenen Rede λειποταξίου als Alkibiades charakterisirend mit deutlicher Beziehung auf unsere Rede hervorhebt. Bei dieser Gelegenheit füge ich bei, dass Blass' Bemerkung (A. B. II. S. 207) 'beide Reden enthalten auffällige wechselseitige Beziehungen, so dass es nach diesen nicht möglich wäre zu entscheiden, welches die frühere ist' mir nicht gerechtfertigt erscheint. Wenn durch die Aehnlichkeit der Stellen Isok. §. 11 : πάντων δ' ἂν εἴη δεινότατον εἰ τοῦ πατρὸς μετὰ τὴν φυγὴν δωρεὰν λαβόντος ἐγὼ διὰ τὴν ἐκείνου φυγὴν ζημιωθείην und Lys. R. XIV §. 31: καίτοι cφόδρα εἴθιcται λέγειν ὡc οὐκ εἰκόc ἐcτι τὸν μὲν πατέρα αὐτοῦ κατελθόντα δωρεὰc παρὰ τοῦ δήμου λαβεῖν, τοῦτον δ' ἀδίκωc διὰ τὴν φυγὴν|τὴν ἐκείνου διαβεβλῆcθαι, und anderer die Wechselbeziehung constatirt' wird, so wird durch die folgenden Stellen die Priorität der Isok. Rede evident. Isok. R. 16 §. 37 und 38: .... καὶ πρώτου τῶν πολιτῶν αὐτοῦ φυγὴν κατέγνωcαν. οὕτω cφόδρ' ἥ τε πόλιc τῶν τοῦ πατρὸc κακῶν ἀπέλαυcε .... und Lys. R. XIV §. 35 .... ἐπὶ τῇ τοῦ πατρὸc πονηρίᾳ φιλοτιμεῖται καὶ λέγει ὡc οὕτωc ἐκεῖνοc μέγα ἐδύνατο ὥcτε τῇ πόλει πάντων κακῶν αἴτιοc γεγένηται. Hieraus ersieht man auch, wie wenig berechtigt der Zweifel war, ob diese Rede vor Gericht gehalten worden, und dass Nabers Versuch (Mnem. Nov. Ser. vol. VII. 1 p. 49 ff.), die bisherige Grundlage zu erschüttern, trotz der divergirenden Angaben hier und bei Andokides und Diodor in Betreff der im Process vorkommenden Persönlichkeiten sowie des Strafausmasses als ein gänzlich verunglückter bezeichnet werden muss. Doch nun zur Sache.

In welcher Weise, müssen wir weiter fragen, führte der Kläger Teisias seine Sache vor Gericht? So viel steht aus Isokrates' Rede fest, dass er über den jüngeren Alkibiades so wie über den Gegenstand der Klage nur wenig und nebenbei gesprochen, dagegen in unverhältnismässig ausführlicher Weise die politische Wirksamkeit des älteren Alkibiades einer Kritik unterzogen und diese als verhängnisvoll für Athen dargestellt hat. Wenn sich der Angeklagte beklagt, dass seine Gegner jedesmal nicht so sehr die ihm schuldgegebene That zum Gegenstande ihrer Reden machen als vielmehr die Thätigkeit seines Vaters, und obwohl sie gleichsam im Namen der Staatsanwaltschaft den Staat als geschädigt hinstellen, doch die eventuelle Geldbusse für sich beanspruchen, so ist dieser Vorwurf im vorliegenden Falle nur zum Theile zutreffend. Es mag sein, dass sich Teisias der Anfechtbarkeit seiner Gründe bewusst war und mehr auf die dem Geklagten feindliche Stimmung pochte; aber so ganz mala fide bediente er sich jenes Kunstgriffes nicht. Teisias hat mit der Person des Angeklagten eigentlich wenig zu thun; er erhebt die Beschuldigung gegen dessen Vater. Dies zu beweisen, musste er naturgemäss sein Leben und Wirken im Staate einer Kritik unterziehen, und dieses bot denn auch der Angriffspunkte genug. Er hat, wie wir aus ähnlichen Reden wissen, den Beweis etwa in der Form geführt: Alkibiades hat mein Gespann widerrechtlich behalten; denn er trug kein Bedenken, selbst den Staat zu verrathen u. s. w. oder umgekehrt.

Der angeklagte Alkibiades geht nun auf die Methode des Klägers ein: er widerlegt, wie oben erwähnt, kurz, aber wirksam die Beschuldigung durch Zeugenaussagen und macht wie der Kläger die Politik seines Vaters zum Hauptgegenstande, ja zum einzigen Gegenstande der Vertheidigung. Hier beginnt nach seiner Intention die Vertheidigungsrede. Die Behauptung also, dass die Rede ohne Einleitung und Erzählung sei, ist unrichtig; beides ist vorhanden, nur die Anordnung ist abweichend. Das Stück von §. 1 τὸν αὐτὸν δὲ τρόπον bis §. 3 ἐπειδὴ δὲ Τεισίας ist als Proömium zu betrachten und rechtfertigt seinen Vorgang; es ist, wie H. Wolf sagt p. 827 eine benevolentiae captatio ab adversariorum et sua persona. Bekanntlich liebt es unser Redner in den Gerichtsreden, die Einleitungen kurz zuzuschneiden. §. 3 ἐπειδὴ δὲ u. s. w. bis §. 4 ist die πρόθεσις, Angabe des Themas. Alles, was auf §. 4 folgt bis zur ἐλέου εἰσβολή §. 45, bildet narratio und probatio in derselben Weise, wie beide in epideiktischen Reden regelmässig verknüpft sind, worüber Aristot. Rh. III c. 16 Anfang zu vergleichen ist. Die einzelnen Thaten werden erwähnt, die vom Gegner behauptete Schädlichkeit derselben bekämpft, und so die Verdienste und andere wichtige Momente in panegyrischer Weise verherrlicht. Man sieht, dass alles, was in §. 4—45 enthalten ist, streng zum Thema gehört.

Gegen den möglichen Vorwurf, als suche ich einer a priori construirten Ansicht die Rede mit Gewalt anzupassen, schützt mich der Wortlaut der ersten §§. Nachdem nämlich der Redner den Vorwurf, dass die Kläger zwar ihn verfolgen, aber eigentlich die Politik seines Vaters anklagen, allgemein ausgesprochen, fährt er in §. 3 fort: 'Weil mir Teisias die Verbannung meines Vaters vorrückt und mehr über die dadurch dem Staate erwachsenen Nachtheile spricht als über den ihm zugefügten Schaden, so muss ich dagegen meine Vertheidigung richten: ἀνάγκη πρὸς ταῦτα τὴν ἀπολογίαν ποιεῖσθαι. Diese Worte sprechen auf das entschiedenste gegen die Annahme, dass Einleitung und Erzählung u. s. w. verloren gegangen sei, so wie auch gegen die andere, dass Isokrates diesen Theil der Rede absichtlich nicht habe veröffentlichen wollen. Hätte die eine oder die andere eine Berechtigung, so musste der Redner etwa sagen: βούλομαι καὶ περὶ τούτων εἰπεῖν oder in ähnlicher Weise. Sind meine Beobachtungen richtig, so pflegen die Redner in dem Falle, dass der Geklagte einen weiteren Punkt der Anklage widerlegt, καὶ entweder schon in dem zu widerlegenden Gedanken anzuwenden, oder an die Spitze der Widerlegung zu stellen: καὶ περὶ τούτων εἰπεῖν, καὶ πρὸς ταῦτα ἀπολογίαν ποιεῖσθαι, τὴν ἄλλην ἀπολογίαν ποιεῖσθαι Isaios 11, 32 u. s. w. Man vergleiche die analoge Stelle R. 15, 101 ff. Dagegen der Ausdruck τὴν ἀπολογίαν ποιεῖσθαι wird nur mit Rücksicht auf die ganze Vertheidigungsrede angewendet, nicht auf einen einzelnen Theil; man vgl. Andokides π. μυcτ. §. 6; Isokr. R. 17, §. 24 Isokr. 15, 56; Demosth. g. Androt. §. 8 R. 57, 5; R. 33 §. 22; R. 22, 8, Aeschines π. παρ. §. 5; Lys. R. 9. §. 3, R. 12 §. 3, R. 14 §. 8, R. 16 §. 8, R. 19 §. 3, R. 22 §. 7, R. 25 §. 7, R. 31, §. 2 Isaios 6, 62. Und er erklärt sich nur dann, wenn man die Worte als das nimmt, was sie sind, das ist als Einleitung zur nachfolgenden Vertheidigungsrede. Zu dieser Auffassung passt ferner auch die Begründung seiner Vertheidigung. 'Ich halte es mehr für meine Pflicht, für die Ehre meines Vaters einzustehen als meine Sicherheit und Existenz zu retten'. Sodann die Rechtfertigung des Redners in §. 4, er müsse um der jüngeren Athener willen, welche die Ereignisse nicht erlebt haben, aber die Verläumdungen immer hören, etwas weiter ausholen und ausführlicher sprechen, hätte gar keinen Sinn, wenn die folgende Besprechung des Lebens und Wirkens des Alkibiades nur eine Episode neben dem eigentlichen, verloren gegangenen Theile bilden soll. Begreiflich und nothwendig wird die Rechtfertigung und die breite Ausführung bei der Auffassung, wie ich sie aufgestellt habe. Und damit steht endlich in Einklang die Art und Weise, wie in §. 45 ff. im Epiloge der Angeklagte seine Gefahr immer mit der Thätigkeit seines Vaters in Zusammenhang bringt.

Das Eine kann nicht geleugnet werden, dass eine ganz analog durchgeführte Gerichtsrede von Anderen nicht vorhanden ist. Aber ebenso muss zugestanden werden, dass bei keiner anderen Rede die Verhältnisse so abnorm sind wie bei dieser; und diese Eigenthümlichkeit rechtfertigt auch die singuläre Behandlungsweise. Uebrigens kann in einer Beziehung, nämlich wegen des Anfangs, die XI. R. des Isaios passend verglichen werden. Auch hier beginnt der Redner abweichend von der gewöhnlichen Art, mit dem Citat eines Gesetzes und motivirt in weiterem Verlaufe diesen Vorgang um in passender Weise auf die narratio zurückzukommen. Freilich bot auch diese Rede deshalb eine Handhabe zum Verdachte. Nicht so günstig stehen die Verhältnisse bei der XX. Rede. Indessen so viel kann auch bezüglich dieser Rede behauptet werden: lässt sich auch nicht überzeugend beweisen, dass sie vollständig überliefert sei, so macht doch die Rede diesen Eindruck, je öfter man sie liest; so wenig entspricht sie der Annahme unvollständiger Ueberlieferung. Man sucht vergebens nach einer analogen Rede in beiden Beziehungen. Und so begnüge ich mich im Folgenden mit dem Versuche einer Erklärung, wie man sie als vollständig betrachten könnte.

Was zunächst die Person des Klägers anlangt, so erfahren wir, dass er der niederen Volksclasse angehört. In Bezug auf die vorgebrachte Beschwerde, dass er von dem Geklagten schimpflich geschlagen worden sei, müssen wir aus §. 1 ἄρχων χειρῶν ἀδίκων annehmen, dass Lochites aus einem weiter nicht bekannten Anlass vom Kläger provocirt sich an diesem vergriffen hat und bei der daraus entstandenen Rauferei letzterer unterlegen ist. Findet man es auch begreiflich, dass der Geschlagene für die Misshandlung und den ihm angethanen Schimpf Genugthuung sucht, so lässt sich doch auch nicht verkennen, dass wir es mit einem processsüchtigen Athener zu thun haben, der um jeden Preis den jungen und reichen Lochites verurtheilt wissen wollte. Hält man sich also einerseits gegenwärtig, dass der Kläger der provocirende Theil war — denn wäre er ohne Grund geschlagen worden, er hätte es in §. 5 neben dem bekannten Einwand gewiss angebracht — und nimmt man andererseits hinzu, dass der Vorgang selbst keinerlei Momente bot, die für ihn günstig, für den Gegner erschwerend waren, wie z. B. in der Midiana oder in der Rede gegen Konon, so liesse sich wohl begreifen, warum Isokrates ohne Einleitung und Erzählung die That sofort durch Zeugen bestätigen liess und im weiteren Verlaufe in fast ermüdend gleichförmiger Weise in Gemeinplätzen das Beschimpfende der That schilderte, um am Schlusse in passender Weise die Richter aufzufordern, sie möchten durch Bestrafung des Lochites ein heilsames Beispiel für die Zukunft statuiren. Was hätte er unter solchen Umständen erzählen sollen? Spuren oder gar ernste Folgen der Schläge waren nach seinem eigenen Geständnis nicht vorhanden §. 5.

Befriedigt diese Erklärung nicht, so gelingt es vielleicht Anderen besser; so viel steht andererseits fest, dass sich diese Rede mit keiner anderen, nachweisbar verstümmelt überlieferten Rede nach ihrer ganzen Anlage und Ausführung vergleichen lässt.

Aus diesen Gründen halte ich mich überzeugt, dass beide Reden vollständig erhalten sind, wie sie der Logograph verfasst hat. Will der Herausgeber etwas ergänzen, so setze er, was Benseler bei der XX. Rede gethan, Blass aber mit Unrecht in der II. Aufl. beseitigt hat, an die Spitze beider ΜΑΡΤΥΡΙΑΙ.

Währing, den 10. Mai 1883.   JOSEF ZYCHA.

Ueber die Echtheit zweier Psephismen in der Pseudo-Plutarchischen Schrift 'Leben der zehn Redner.'

Am Schlusse der Pseudo-Plutarchischen Schrift 'Leben der zehn Redner' (p. 290 ff. West.) stehen ohne jeden Zusammenhang mit dem an letzter Stelle überlieferten Leben des Deinarchos unter der Ueberschrift Ψηφίσματα drei Actenstücke, von denen namentlich die beiden ersten, obwohl in mehrfacher Beziehung von höchstem Interesse, noch nicht im Zusammenhange auf ihre Echtheit geprüft worden sind. Das dritte, ein Ehrendecret für den Redner Lykurgos, verdankt eine ausführliche Behandlung durch C. Curtius im Philologus Bd. 24 S. 83 ff. dem Umstande, dass Ende der fünfziger Jahre in Athen zwei Fragmente einer Inschrift gefunden wurden, die mit demselben mehrfach wörtlich übereinstimmen.

Von den beiden andern fraglichen Actenstücken nun enthält das erste ein nach L. d. 10 R. 847 d. unter dem Archon Gorgias (Ol. 125, 1 = 280/79 v. Chr.) eingebrachtes Gesuch des Demochares, des Laches Sohn aus Leukonoe, — an wen, ist nicht beigefügt; wahrscheinlich an den Rath — um eine Reihe von Auszeichnungen für den Redner Demosthenes, den Oheim des Bittstellers; das zweite, eingebracht unter dem Archon Pytharatos (Ol. 127/1 = 271/0 v. Chr.), desgleichen ein Bittgesuch, nämlich des Laches aus Leukonoe, des eben genannten Demochares Sohn, an den Rath um Ehrenbezeigungen für seinen Vater Demochares. Dieses Schriftstück ist, wie wir unten sehen werden, eine wichtige Quelle für die athenische Geschichte zur Zeit des Demetrios Poliorketes.

Dass wir es mit blossen Bittgesuchen und nicht mit fertigen Psephismen zu thun haben, wie bisher allgemein angenommen wurde, und wie der Verfasser des L. d. 10 R. selbst geglaubt haben müsste, wenn man die Worte 847 E καὶ ἔςτι τὰ ψηφίςματα περὶ ἀμφοτέρων ἀναγεγραμμένα auf die uns erhaltenen Schriftstücke beziehen wollte, hat W. Hartel in den Studien über attisches Staatsrecht und Urkundenwesen S. 239 f. erkannt und nachgewiesen. Ist nun an diesem Charakter unserer Actenstücke nicht zu zweifeln, so könnte es mit Rücksicht darauf, dass die Abfassung eines Gesuches lediglich von der Individualität des Petenten abhängt, streng genommen unzulässig erscheinen, die Echtheit der vorliegenden Bittgesuche in formeller Hinsicht nach dem aus inschriftlich erhaltenen Belobungsdecreten gewonnenen Massstabe zu prüfen, wie wir es unten versuchen wollen. Indessen erscheint die Annahme wohl gerechtfertigt, dass sich dergleichen Bittgesuche, deren Existenz Hartel a. a. O. nachgewiesen hat, aus praktischen Gründen den gangbaren Formen der Decrete selbst in ihrer Fassung möglichst anschlossen, um allenfalls den Beschlüssen, die sie provociren sollten, als Grundlage dienen zu können.

Im vorliegenden Falle ist dies wenigstens umso wahrscheinlicher, als der Bittsteller Demochares ein alter Staatsmann ist, der, obwohl nicht Buleut zur Zeit, da er sein Gesuch einbrachte, mit den Kanzleiformen des Rathes sicherlich sehr vertraut war und es sich jedenfalls angelegen sein liess, seinem Gesuche eine Form zu geben, die dessen Zugrundelegung oder unveränderte Herübernahme in den betreffenden Beschluss ermöglichte. Uebrigens ist auch das Gesuch des Laches dem des Demochares unverkennbar ähnlich gefasst und stilisirt.

Die Aehnlichkeit der Bittgesuche mit den amtlichen Urkunden für den vorliegenden Fall wenigstens vorausgesetzt, werden wir also aus den uns inschriftlich erhaltenen Belobungsdecreten formelle Indicien für oder gegen die Echtheit unserer beiden Actenstücke selbst suchen dürfen. Dass die Schrift L. d. 10 R. dem Plutarch, unter dessen Namen sie überliefert ist, nicht angehört, ist für die Entscheidung der Echtheitsfrage der ihr beigefügten Schriftstücke vollkommen indifferent: es können ja dem Verfasser dieser Schrift, wer er immer sein mag, echte Actenstücke vorgelegen haben; ja selbst die Annahme einer nachträglichen Hinzufügung derselben durch einen Herausgeber oder Abschreiber involvirt, obwohl immerhin bedenklich, kein Präjudiz gegen die Echtheit.

Dies vorausgeschickt, gehen wir an unsere Aufgabe selbst: wir werden unter Zugrundelegung des Textes in A. Westermanns Βιογράφοι S. 290 ff. unsere beiden Actenstücke zunächst in Bezug auf ihre Form mit den in Betracht kommenden authentischen Belobungsdecreten vergleichen, dann ihren Inhalt unter möglichster Berücksichtigung der einschlägigen Quellen, sowie des inschriftlichen Materiales prüfen und so Indicien zur Entscheidung der Echtheitsfrage zu gewinnen suchen.

Der Text lautet nach A. Westermann, Biographi Graeci p. 290 ff.

ΨΗΦΙΣΜΑΤΑ.—α'. Δημοχάρης Λάχητος Λευκονοεύς αἰτεῖ Δημοσθένει τῷ Δημοσθένους Παιανιεῖ δωρεὰν εἰκόνα χαλκῆν ἐν ἀγορᾷ καὶ cίτηcιν ἐν πρυτανείῳ καὶ προεδρίαν αὐτῷ καὶ ἐγγόνῳ ἀεὶ τῷ πρεcβυτάτῳ, εὐεργέτῃ, καὶ cυμβούλῳ γεγονότι πολλῶν καὶ καλῶν τῷ δήμῳ τῶν Ἀθη5ναίων καὶ τήν τ' οὐcίαν εἰc τὸ κοινὸν καθεικότι τὴν ἑαυτοῦ, καὶ ἐπιδόντι τάλαντα η' καὶ τριήρη ὅτε ὁ δῆμοc ἠλευθέρωcεν Εὔβοιαν, καὶ ἑτέραν ὅτε εἰc Ἑλλήcποντον Κηφιcόδωροc ἐξέπλευcε, καὶ ἑτέραν ὅτε Χάρηc καὶ Φωκίων cτρατηγοὶ ἐξεπέμφθηcαν εἰc Βυζάντιον ὑπὸ τοῦ δήμου, καὶ λυτρωcαμένῳ πολλοὺc τῶν ἁλόντων ἐν Πύδνῃ καὶ Μεθώνῃ 10καὶ Ὀλύνθῳ ὑπὸ Φιλίππου, καὶ χορηγίαν ἀνδράcιν ἐπιδόντι ὅτε ἐκλιπόντων τῶν Πανδιονιδῶν τοῦ χορηγεῖν ἐπέδωκε καὶ καθώπλιcε τοὺc πολίταc τῶν ἐλλειπόντων, καὶ εἰc τῆc τειχοποιίαν ἀνάλωcε χειροτονηθεὶc ὑπὸ τοῦ δήμου ἐπιδόντοc αὐτοῦ γ' τάλαντα, καὶ ἃc ἐπέδωκε β' τάφρουc περὶ τὸν Πειραιᾶ ταφρεύcαc, καὶ μετὰ τὴν ἐν Χαιρωνείᾳ 15μάχην ἐπέδωκε τάλαντον, καὶ εἰc τὴν cιτωνίαν ἐπέδωκεν ἐν τῇ cιτοδείᾳ τάλαντον, καὶ ὅτε εἰc cυμμαχίαν τῷ δήμῳ προcηγάγετο πείcαc, καὶ εὐεργέτηc γενόμενοc καὶ cύμβουλοc δι' ὧν ἔπειcε, Θηβαίουc, Εὐβοεῖc, Κορινθίουc, Μεγαρεῖc, Ἀχαιούc, Λοκρούc, Βυζαντίουc, Μεccηνίουc, καὶ δυνάμειc ἃc cυνεcτήcατο τῷ δήμῳ καὶ τοῖc 20cυμμάχοιc πεζοὺc μὲν ,ι, ἱππέαc δὲ ,α, καὶ cύνταξιν χρημάτων ἦν ἔπειcε πρεcβεύcαc διδόναι τοὺc μὲν cυμμάχουc εἰc τὸν πόλεμον πλείω φ' ταλάντων, καὶ ὡc ἐκώλυcε Πελοποννηcίουc ἐπὶ Θήβαc Ἀλεξάνδρῳ βοηθῆcαι χρήματα δοὺc καὶ αὐτὸc πρεcβεύcαc, καὶ ἄλλων πολλῶν καὶ καλῶν τῷ δήμῳ cυμβούλῳ γεγονότι καὶ πεπολιτευμένῳ τῶν καθ' ἑαυτὸν πρὸc ἐλευ25θερίαν καὶ δημοκρατίαν ἄριcτα, φυγόντι δὲ δι' ὀλιγαρχίαν καταλυθέντοc τοῦ δήμου καὶ τελευτήcαντι αὐτῷ ἐν Καλαυρίᾳ διὰ τὴν πρὸc τὸν δῆμον εὔνοιαν, πεμφθέντων cτρατιωτῶν ἐπ' αὐτὸν ὑπὸ Ἀντιπάτρου, διαμείναντι ἐν τῇ πρὸc τὸ πλῆθοc εὐνοίᾳ καὶ οἰκειότητι καὶ οὔτε ὑποχειρίῳ τοῖc ἐχθροῖc οὔτε ἀνάξιον ἐν τῷ κινδύνῳ πράξαντι τοῦ δήμου.

30 β'. Ἄρχων Πυθάρατοc. Λάχηc Δημοχάρουc Λευκονοεὺc αἰτεῖ δωρεὰν τὴν βουλὴν καὶ τὸν δῆμον τῶν Ἀθηναίων Δημοχάρει Λάχητοc Λευκονοεῖ εἰκόνα χαλκῆν ἐν ἀγορᾷ καὶ cίτηcιν ἐν πρυτανείῳ αὐτῷ καὶ τῶν ἐγγόνων ἀεὶ τῷ πρεcβυτάτῳ καὶ προεδρίαν ἐν πᾶcι τοῖc ἀγῶcιν εὐεργέτῃ καὶ cυμβούλῳ γεγονότι ἀγαθῷ τῷ δήμῳ τῶν Ἀθηναίων καὶ 35εὐεργετηκότι τὸν δῆμον τάδε· πρεcβεύοντι καὶ γράφοντι καὶ πολιτευο

μένῳ *οἰκοδομὴν τειχῶν καὶ παρασκευὴν ὅπλων καὶ βελῶν καὶ μηχανημάτων, καὶ ὀχυρωσαμένῳ τὴν πόλιν ἐπὶ τοῦ τετραετοῦς πολέμου, καὶ εἰρήνην καὶ ἀνοχὰς καὶ cυμμαχίαν ποιηcαμένῳ πρὸς Βοιωτούς, ἀνθ' ὧν ἐξέπεcεν ὑπὸ τῶν καταλυcάντων τὸν δῆμον, καὶ ὡς κατῆλθεν ἐπὶ
40 Διοκλέους ἄρχοντος ὑπὸ τοῦ δήμου cυcτείλαντι τὴν διοίκηcιν πρώτῳ καὶ φειcαμένῳ τῶν ὑπαρχόντων, καὶ πρεcβεύcαντι πρὸς Δυcίμαχον καὶ λαβόντι τῷ δήμῳ λ' τάλαντα ἀργυρίου καὶ πάλιν ἕτερα ρ', καὶ γράψαντι πρεcβείαν πρὸς Πτολεμαῖον εἰς Αἴγυπτον, καθ' ἣν ἐκπλεύcαντες ν' ἐκόμιcαν τάλαντα ἀργυρίου τῷ δήμῳ, καὶ πρὸς Ἀντίπατρον πρεc-
45 βεύcαντι καὶ λαβόντι κ' τάλαντα ἀργυρίου καὶ Ἐλευcῖνάδε κομιcαμένῳ τῷ δήμῳ καὶ ταῦτα πείcαντι ἑλέcθαι τὸν δῆμον καὶ πράξαντι, καὶ φυγόντι μὲν ὑπὲρ δημοκρατίας, μετεcχηκότι δ' οὐδεμιᾶς ὀλιγαρχίας οὐδ' ἀρχὴν οὐδεμίαν ἠρχότι καταλελυκότος τοῦ δήμου καὶ μόνῳ Ἀθηναίων τῶν κατὰ τὴν αὐτὴν ἡλικίαν πολιτευcαμένων μὴ μεμελεληκότι τὴν πα-
50 τρίδα κινεῖν ἑτέρῳ πολιτεύματι ἢ δημοκρατίᾳ, καὶ τὰς κρίcεις καὶ τοὺς νόμους καὶ τὰ δικαcτήρια καὶ τὰς οὐcίας πᾶcιν Ἀθηναίοις ἐν ἀcφαλεῖ ποιήcαντι διὰ τῆς αὐτοῦ πολιτείας καὶ μηδὲν ὑπεναντίον τῇ δημοκρατίᾳ πεπραχότι μήτε λόγῳ μήτε ἔργῳ.

I. Die Form.

Was die Form der nacheuklidischen Belobungsdecrete anlangt, so lassen sich deutlich zwei Grundformen derselben unterscheiden, eine ältere und eine jüngere, und zwar sowohl in Volks- und probuleumatischen Decreten als auch in Rathspsephismen.

Durch einige Decennien nach Euklid ist noch das kurze voreuklidische Formular in Gebrauch, welches in seiner einfachsten Gestalt so gefasst erscheint, dass auf die den Antragsteller bezeichnenden Worte am Schlusse der Präscripte ὁ δεῖνα εἶπε (f) unmittelbar folgt ἐπαινέcαι τὸν δεῖνα (l), sodann eine ganz allgemein gehaltene Motivirung, z. B. ἀρετῆς ἕνεκα καὶ εὐνοίας, ἣν ἔχων διατελεῖ κτλ. (m), oder ὅτι ἀνὴρ ἀγαθός ἐcτι περὶ τὸν δῆμον κτλ. (m) oder dergl., dann die Namhaftmachung der dem Belobten erwiesenen Ehren als Proxenie, Euergesie, Kranz u. s. w. (H) und endlich eventuell die Aufzeichnungsclausel (τ). Wir haben also folgende Abfolge der einzelnen Bestandtheile dieses Formulares :

I) . . . . f l m (m) H τ.

Ist auch ein ganz intactes Muster dieser älteren Form für die nacheuklidische Zeit zufällig nicht erhalten, so ist sie doch durch zahlreiche Fragmente ganz sicher gestellt und mit Rücksicht auf die nach derselben abgefassten Belobungsdecrete aus der Zeit vor Euklid, z. B. C. I. A. I 45, 59, mit Sicherheit überall dort vorauszusetzen, wo uns in der ersten Hälfte des 4. Jh. die Abfolge εἶπε· ἐπαινέcαι vorliegt; auch ist diese Form in einer ganz unbedeutenden Variante, die wir gleich besprechen werden, vielfach erhalten. Beispiele für diese Fassung oder wenigstens deutliche Spuren derselben sind C. I. A. II, 1. Nr. 1ᵇ Z. 7 ff., Z. 22 ff., 5, 13, 14ᵇ, 23, 25, 28, 89 u. s. w. (Fälle wie 52ᶜ Z. 37 ff., 70 bezeichnen bereits einen Uebergang; darüber später).

Zwischen f und l (= ἐπαινέcαι κτλ.) können noch folgende Bestandtheile treten:

1. Mit Bezugnahme auf ein von einem Einzelnen, von Gesandten u. dgl. gestelltes Gesuch die Worte περὶ ὧν ὁ δεῖνα λέγει κτλ. (ρ), z. B. C. I. A. II 1. Nr. 8 (Ol. 96, 3 = 394/3 v. Chr.) Κινηcίαc εἶπε· πε[ρὶ ὧν Ἀν]|δροcθένηc λέγει, ἐπαινέcαι Δι[ο]ν[ύcιον τὸ|ν Ϲικ]ελίαc ἄρχ[ο]ντ[α] κτλ.; ebenso 49, 117 Frg. a u. a.

2. In einzelnen Fällen die Sanctionirungsformel (ἀγαθῇ τύχῃ) δεδόχθαι τῷ δήμῳ bei Volksdecreten (δ), ἐψηφίϲθαι τῇ βουλῇ τοὺϲ προέδρουϲ κτλ. (π) in probuleumatischen Decreten und zwar mit oder ohne ρ; ein Beispiel eines in dieser Weise charakterisirten Rathspsephismas liegt für diese kürzere Fassung vielleicht zufällig nicht vor. — Als Beispiele mögen dienen für fβlm Nr. 52 (Ol. 103, 1 = 368/7 v. Chr.) .... ι]δι[οϲ] εἶπεν· [τύ]χ[η ἀγαθῇ τῇ Ἀθηναίων δε]δ[ό]χθ]αι τῷ δήμ[ῳ ἐπαινέcαι μὲν Διονύcι]ο[ν τ]ὸν Ϲικελία[ϲ ἄρχοντα ὅτι ἐϲτὶν ἀνὴρ ἀ]γ[α]θὸϲ κτλ. Für fρπl Nr. 126, für fδρl Nr. 58 u. s. w.

Dies ist das ältere Formular, wie es sich aus zahlreichen Fragmenten erkennen lässt.

Im Laufe des 4. Jahrhunderts wird dieses Formular analog den Erweiterungen in den Präscripten¹) durch neue Bestandtheile erweitert und vervollständigt und allmählich bildet sich eine typische, fast ausschliesslich übliche Form des Belobungsdecretes, die von jener früheren deutlich zu unterscheiden ist. Nach einem Uebergangsstadium ist dieses Formular seit etwa den letzten drei Decennien des 4. Jh. ausschliesslich in Gebrauch. Als Beispiel mag gelten C. I. A. II. 1, Nr. 311 (Ol. 123,3=286/5 v. Chr.) Z. 7. ff.: Ἀγύρ[ριοϲ Καλλιμέδοντοϲ Κολλυ]|τεὺϲ εἶπεν· ἐπειδὴ [πρότερόν τε οἱ πρόγονοι οἳ] | Ϲπαρτόκου χρείαϲ [παρέϲχηνται τῷ δήμῳ καὶ] | νῦν Ϲπάρτοκοϲ πα[ραλαβὼν τὴν εἰϲ τὸν δῆμον οἰ]|κειότητα κοινῇ [τε τῷ δήμῳ χρείαϲ παρέχε]|ται καὶ ἰδίᾳ ... nun folgt eine sehr ausführliche Motivirung bis Z. 29, darauf: ὅπωϲ ἂν οὖν φαίνηται | [ὁ δῆμοϲ χάριτοϲ μεμνη]

---
¹) Hartel a. a. O. S. 22 u. ö.

μένος (?) πρὸς τοὺς εὔνους | [διὰ τοῦ ἔμπροσθεν χρ]όνου διαμεμενηκό-
τας ἀυ|[τῷ, τύχῃ ἀγαθῇ δε]δόχθαι τῷ δήμῳ ἐπ[αινέ]σαι μὲν τὸν
βασιλέ]α Σπάρτοκον Εὐμήλου [Βοσππόριον καὶ στεφανῶ]σαι χρυσῷ στεφάνῳ [ἀπὸ — δραχμῶν ἀρετῆς] ἕνεκα καὶ εὐνοίας ἣν ἔχω[ν διατελεῖ
πρὸς τὸν] δῆμον καὶ ἀνειπεῖν τὸν στέ[φανον Διονυσίων] τῶν μεγάλων
τραγῳδοῖς ἐν τῷ [ἀγῶνι, τῆς δὲ π]οιήσεως τοῦ στεφάνου καὶ τῆς ἀ[να-
γορεύσεω]ς, ἐπιμεληθῆναι τοὺς ἐπὶ τῇ διο[ικήσει· στῆσαι] δ' αὐτοῦ καὶ
εἰκόνα χαλκῆν ἐν τῇ[ι ἀγορᾷ παρά] τοὺς προγόνους καὶ ἑτέραν ἐ[ν ἀκροπόλει κτλ., nun folgen noch andere Ehren und zum Schlusse Z. 52 ff.:
τὸν γραμματέα τὸν [κατὰ π]ρυτανεῖαν ἀναγράψαι τόδε τὸ ψήφισμα
[ἐν στ]ήλῃ λιθίνῃ καὶ στῆσαι ἐν ἀκροπόλει, τὸ [δὲ ἀν]άλωμα τὸ γενόμενον μερίσαι τοὺς ἐπὶ τῇ [διο]ικήσει.

Bezeichnen wir die mit ἐπειδὴ eingeleitete ausführliche Motivirung mit M, den zwar nicht unbedingt nothwendigen, aber doch
fast typischen Beisatz ὅπως ἂν οὖν καὶ ὁ δῆμος φαίνηται κτλ. mit
ω, so erhalten wir folgendes Schema:

II) .... f M ω δ l m H τ.

Statt δ tritt natürlich bei einem Rathspsephisma ein ἐψηφίσθαι
τῇ βουλῇ (β), z. B. 258, bei einem probuleumatischen Decrete die
probuleumatische Formel (π), z. B. 305, 316. Zu bemerken ist, dass
mit l sehr oft gleich die Ehre des Kranzes verbunden wird,
worauf m folgt, und dann erst die übrigen Ehren. Diese Fassung
des Belobungsdecretes ist, wie erwähnt, bis auf unbedeutende, leicht
erklärliche Varianten etwa vom letzten Drittel des 4. Jh. durchaus
typisch, wie schon eine flüchtige Durchsicht des C. I. A. II.
1. zeigen kann. Auch die seither im Athenaion und in den Mit-
theilungen des deutsch-archäologischen Instituts in Athen publicirten
Inschriftenfragmente aus der angegebenen Zeit sind in dieser
Weise gefasst, und was für uns von bes. Wichtigkeit ist, auch das
Belobungsdecret für den Redner Lykurgos weist die gleiche Formulirung auf, indem die erhaltenen Originalfragmente (C. I. A. II.
1. 240) die Bestandtheile fM erkennen lassen, die Abschrift bei
Pseudo-Plutarch aber genau die obige aus zahlreichen Original-
inschriften abstrahirte Fassung zeigt, nämlich: f M ω δ l m H τ[2]).

---

[1]) Bemerkenswert ist, dass auch der Beschluss zu Ehren des Zenon bei Diog. Laert. VII 1. 10 über den Hans Droysen im Hermes XVI 291 ff. ausführlich handelt, in Bezug auf die Anordnung der Bestandtheile die richtige Abfolge fM δ l m H zeigt, im Einzelnen jedoch Abweichungen aufweist, auf die Droysen a. a. O. zum Theil aufmerksam macht. Hingegen ist der attische Volksbeschluss zu Ehren des Hippokrates bei Soranus, abgedruckt in Westerm. Biogr. S. 452 f., in der erhaltenen Fassung entschieden nicht authentisch, wie schon eine oberflächliche Vergleichung mit unserem Formular II ergibt.

Was nun jene inschriftlich erhaltenen Belobungsdecrete anlangt, auf welche keines der beiden aufgestellten Formulare genau angewendet werden kann, so erklärt sich ihre Fassung am natürlichsten durch die allmähliche Entwickelung des zweiten Formulares aus dem ersten. Es kann zwar nicht Aufgabe der vorliegenden Abhandlung sein, jedes einzelne mehr weniger abweichende Decret ausführlich zu behandeln, zumal dies, wie wir sehen werden, für unsere Zwecke völlig belanglos ist, doch möge im Vorbeigehen als Beispiel des Ueberganges zunächst jener Fall erwähnt werden, wo die Sanctionirungsformel δ, π, β mit oder ohne ρ wie in I unmittelbar nach f steht, dagegen l wie in II erst nach M folgt, z. B. Nr. 121 (338/7): f ρ δ M l m H, 114 B, Z. 10—16: f β M l H τ. Ein interessantes Beispiel des Ueberganges ist ferner jene Form, wo zur Begründung der Belobung dieselben Worte wie in I vorkommen (m), aber nicht mehr mit ὅτι eingeleitet und nicht mehr n a c h l, sondern mit ἐπεί und gleich nach f wie in II z. B. Nr. 68 (355/4), ۱72 (353/2), 183 Z. 8 ff. (332/1) u. a.

Nr. 52ᶜ Z. 35 f. (369/8) und 70 (355/4) sind ganz nach I formulirt, nur dass die mit ὅτι eingeleitete Motivirung mehr specialisirt erscheint, worin ebenfalls ein Zeichen des Ueberganges liegt[3]).

---

[3]) In Nr. 264 sind die letzten Zeilen entschieden unrichtig ergänzt. Der Antragsteller Stratokles bedient sich, wie die Inschriften 263, 265, 266 (267) zeigen, des gangbaren Formulars II, und es ist nicht glaublich, dass er in Nr. 264 (Ol. 106, 2 = 303/2) auf das alte I zurückgegriffen hätte. Auch dieser Antrag dürfte also wie die übrigen von Stratokles mit ἐπειδή nicht ἐπαινέσαι eingeleitet gewesen sein, und ΣΤΡΑΤΟΝ, das als Accusativ aufgefasst zu der Ergänzung εἶπε· ἐπαινέσαι Anlass gab, doch wohl auch Rest eines Vaternamens wie Στρατονίκου sein, vor welchem ein Name von fünf Buchstaben Platz findet, während nach demselben ein Demotikon von acht Buchstaben gestanden haben wird. Es werden also die letzten vier Zeilen analog dem vorangehenden Decrete so herzustellen sein:

.... ε ΔΟΞΕΝΤΩΙ Δημωι Στρατοκλη
ᶜΕυθυ ΔΗΜΟΥ ΔΙΟΜεευς ειπεν επει
δη ... Τ . ΣΤΡΑΤΟΝικου......δ
ιατριβων ΠΑΡΑ τωι βασιλει Δημητ

Jenes Τ, dessen Spuren in Z. 11 Köhler angibt, wäre in diesem Falle allerdings unhaltbar, weil sich ein Nominativ mit diesem Ausgange wohl nicht finden lässt. Vielleicht sind es nur Spuren eines Schaftes von I (ΛΥΣΙΣ, ΑΜΦΙΣ) oder H (ΛΑΧΗΣ, ΧΑΡΗΣ, dgl.). Jedenfalls ist εἶπεν· ἐπαινέσαι für diese Zeit (303/2) höchst befremdend. Das letzte sichere Beispiel dieser Abfolge ist Nr. 70 (355/4). In 89 („titulus ol. 106 vix antiquior") kann περὶ ὧν ὁ δεῖνα κτλ. vorangegangen sein, wie es in 117 a der Fall ist.

Ueber die bes. Formulirung von Nr. 126 (337/6) s. Hartel a. a. O. bes. 199. Nr. 230ª („ol. 111 non antiquius") beruht auf privater Aufzeichnung; ebd. 43 f. u. ö.

Soviel über die uns inschriftlich vorliegenden Belobungsdecrete. Sehen wir nun, wie sich die beiden Actenstücke, die zu
diesem Excurse Anlass gegeben haben, zu den aufgestellten Formeln
halten. In beiden ist, abgesehen von Abweichungen im Einzelnen,
die später behandelt werden, die Formulirung dieselbe, nämlich
f (αἰτεῖ) H M.
Vergleicht man diese Formel mit den beiden obenaufgestellten:
f l m H τ und
f M ω δ l m H τ,
so ergibt sich auf den ersten Blick, dass dieselbe schon in Bezug
auf die Abfolge der einzelnen Bestandtheile von den Formularen der
inschriftlich erhaltenen Belobungsdecrete ganz und gar abweicht, namentlich von dem zweiten, das für die Zeit, aus
welcher die Actenstücke datiren (280/79 und 271/0), ausschliesslich
üblich ist: die Motivirung, in der ersten grösstentheils, in der zweiten
durchwegs durch Participien im Dativ ausgedrückt, was überhaupt
ganz vereinzelt (C. I. A. II. 1. 26 u. 128) und namentlich in dieser
Ausführlichkeit und in dieser Zeit ganz unerhört ist, folgt erst n a c h
der Namhaftmachung der zu erweisenden Ehren, was weder im
älteren noch im neueren Formular ein Analogon hat; nur die Ehre
des Kranzes wird oft unmittelbar mit ἐπαινέσαι verbunden und dem
m vorangeschickt (ἐπαινέσαι αὐτὸν καὶ στεφανῶσαι χρ. στεφ. ἀρετῆς
ἕνεκα καὶ εὐνοίας..). — Hier kommt sie naturgemäss gar nicht in
Betracht. Zweitens ist das Fehlen von ἐπαινέσαι in einem Belobungsdecrete ganz unerhört, und wenn man einwenden wollte, dass sich
dies im vorliegenden Falle damit entschuldigen lasse, dass es sich
um die Belobung von verstorbenen Personen handelt, was bei den
inschriftlichen Decreten nicht der Fall ist, so lässt sich glücklicher-
weise aus dem Decrete für Lykurgos, das bekanntlich auch erst
geraume Zeit nach seinem Tode zustande kam, ersehen, dass auch
in diesem Falle ἐπαινέσαι nicht fehlte (L. d. 10 R. 852 D).

In Belobungsdecreten für Prytanen vertritt die ausführliche mit ὑπὲρ ὧν
ἐπαγγέλλουσιν οἱ πρυτάνεις κτλ. eingeleitete Bezugnahme auf ein Ansuchen
eigentlich die Stelle von M; vgl. überdies Köhler, Mitth. d. d. arch. Inst. in Athen
VII (1882) Heft 2 S. 103.
Die Inschrift Nr. 234, die mehrfach auffallende Eigenthümlichkeiten aufweist,
wie das Fehlen der Sanctionirungsformel, die Abkürzung Ολν. für Ολναῖος in den
Präscripten (s. Hartel a. a. O. S. 40), zeigt auch als Belobungsdecret die Singula-
rität, dass der Name des Belobten vor ἐπαινέσαι steht, was sich in diesem Formular sonst wohl nicht findet, und ferner ist es rein nach I abgefasst, was für Ol.
116, 3 überaus befremdend ist.

Ob die übrigen Bestandtheile des um diese Zeit gangbaren Belobungsdecretes, als ω (ὅπως ἂν εἰδῶσι πάντες κτλ. oder ὅπως οὖν καὶ ὁ δῆμος φαίνηται κτλ.), β die Sanctionirungsformel, m jener Zusatz ἀρετῆς ἕνεκα κτλ, τ die Aufzeichnungsclausel, vielleicht am Schlusse ausgefallen seien, was allerdings, so viel mir bekannt ist, noch niemand vermuthet hat, mag dahingestellt bleiben — bei m und β ist es an dieser Stelle mit Rücksicht auf die übrige Fassung nicht leicht denkbar.

Bei Constatirung aller dieser Unregelmässigkeiten vergesse ich nicht, dass wir es mit Bittgesuchen an den Rath und nicht mit fertigen Beschlüssen zu thun haben, — aber auch so erscheint es geradezu unglaublich, dass ein Demochares, nachdem er seit mehr als 40 Jahren als Staatsmann thätig gewesen war, die ausschliesslich gangbaren Formen so ganz und gar ausseracht gelassen hätte.

B. Unregelmässigkeiten im Einzelnen.

Was zunächst die Einkleidung unserer beiden Urkunden anlangt, so fällt sofort bei der ersten der gänzliche Mangel einer Datirung, bei der zweiten die eigenthümliche Form derselben auf. Wenn man schon in einem Bittgesuche naturgemäss nicht jene Präscripte suchen darf, die bei einem fertigen Beschlusse unerlässlich sind: datirt muss dasselbe sein.

Nun geschieht dies bei dem zweiten durch die Worte: Ἄρχων Πυθαράτος, eine Form, zu der ich nur ein Analogon finde, nämlich in dem gefälschten Ehrendecrete für Nausikles in Demosth. R. v. K. §. 115, wo es an der Spitze heisst: Ἄρχων Δημόνικος Φλυεύς (vgl. I. Droysen, Z. f. A. W. 1839 S. 925 f.)[4]. Der Inschriftenstil verlangt die Form Ἐπὶ τοῦ δεῖνος ἄρχοντος, die nur in seltenen Fällen vertreten wird durch: ὁ δεῖνα ἦρχε (Hartel a. a. O. S. 6), und die erstere findet sich auch merkwürdigerweise in Bezug auf die Belobung des Demosthenes verwendet im L. d. 10 R. 847 D, wo es ausdrücklich heisst: ἐπὶ Γοργίου ἄρχοντος und in Bezug auf Demochares: ἐπὶ Πυθαράτου ἄρχοντος. Mir scheint daraus, dass dem Verfasser der Schrift L. d. 10 R. der Archon Gorgias, unter welchem Demochares sein Gesuch einreichte, bekannt ist, dieser aber in der fraglichen Copie desselben nicht vorkommt, so wie daraus, dass sich in dem zweiten Gesuche die gewiss unrichtige, im Texte der Schrift selbst aber die unzweifelhaft richtige Datirungsformel findet, mit Nothwendigkeit hervorzugehen, dass zum Mindesten die

---

[4]) Boehnecke, Forschungen auf dem Gebiete der attischen Redner S. 278 ff., vertheidigt die Echtheit des Schriftstückes, ohne diese Schwierigkeit zu berühren.

uns vorliegende Fassung der Urkunden nicht von dem Verfasser der Schrift herrühren kann, was C. Curtius für das Ehrendecret des Lykurgos zum Theil annimmt. Authentisch ist die Datirungsformel im zweiten Gesuche keinesfalls.

αἰτεῖ .... δωρεὰν ... εἰκόνα .... cίτηcιν ... προεδρίαν heisst es in beiden Gesuchen, im Texte der Schrift hingegen a. a. O. mit Beziehung darauf αἰτηcαμένῳ αὐτῷ δωρεάc und ᾧ ᾐτήcατο δωρεάc, wobei der Plural δωρεάc unzweifelhaft richtiger ist. Mag auch der Singular grammatisch gerechtfertigt werden können, indem man δωρεὰν zunächst nur auf εἰκόνα bezieht: dem Inschriftenstile scheint er nicht zu entsprechen, in welchem die Summe mehrerer Ehren, die jemand erwiesen werden, mit δωρεαί bezeichnet wird.

Sowohl dem Demosthenes als dem Demochares wird ausser der Ehrensäule Speisung im Prytaneion und Ehrensitz decretirt. Bei dem ersteren geschieht dies mit den Worten: cίτηcιν ἐν πρυτανείῳ καὶ προεδρίαν αὐτῷ καὶ ἐγγόνων ἀεὶ τῷ πρεcβυτάτῳ, und bei Demochares cίτηcιν ἐν πρυτανείῳ αὐτῷ καὶ τῶν ἐγγόνων ἀεὶ τῷ πρεcβυτάτῳ καὶ προεδρίαν ἐν πᾶcι τοῖc ἀγῶcι. So wird von Westermann in den Biographi und von Dübner unzweifelhaft richtig edirt, obwohl an ersterer Stelle eine Handschrift αὐτοῦ hat, an der zweiten αὐτῷ]in den Handschriften ganz fehlt. Da nun Demosthenes seit 43 Jahren todt ist und auch Demochares zur Zeit der Einreichung des Gesuches wahrscheinlich nicht mehr lebt, so muss, um den Text halten zu können, nothwendig angenommen werden, dass durch cίτηcιc ἐν πρυτανείῳ und προεδρίᾳ auch ein bereits Verstorbener ausgezeichnet werden konnte, dass also, um einen gefeierten Todten an seinen Nachkommen zu ehren, eine Uebertragung der de facto diesen erwiesenen Ehren auf jenen fingirt wurde. So R. Schöll im Hermes Bd. VI S. 46 f. Anm. 4. Sehen wir, wie sich zu dieser Annahme die Ueberlieferung verhält. Was zunächst die Inschriften betrifft, so lässt sich überall, wo Speisung im Prytaneion und Proedrie decretirt erscheint, aus der Motivirung oder aus den übrigen dem Belobten erwiesenen Ehren ersehen, dass derselbe noch am Leben ist. Es sind dies, abgesehen natürlich von den Inschriften, wo es heisst καλέcαι ἐπὶ δεῖπνον oder ἐπὶ ξένια εἰc τὸ ˏπρυτανεῖον εἰc αὔριον folgende: C. I. A. II 1. 251, 335, 341 (Proedrie allein), 275, 276, 300, 331, 410 (Proedrie und Speisung), und so auch in einer Kleruchie] 592. Aus Inschriften also, die in erster Linie in Betracht kommen, lassen sich für obige Annahme keine Belege beibringen.

Vergleichen wir nun die sonstige Ueberlieferung über die dem Demosthenes und Demochares erwiesenen Ehren, so heisst es zunächst bei Plutarch, Dem. XXX: Τούτω μὲν οὖν (sc. Δημοcθένει) ὀλίγον ὕcτερον ὁ τῶν Ἀθηναίων δῆμος ἀξίαν ἀποδοὺς τιμὴν εἰκόνα τε χαλκῆν ἀνέcτηcε καὶ τὸν πρεcβύτατον τῶν ἀπὸ γένους ἐν πρυτανείῳ cίτηcιν ἔχειν καὶ τὸ ἐπίγραμμα τὸ θρυλούμενον ἐπιγραφῆναι τῇ βάcει τοῦ ἀνδριάντος, und in Pseudo-Plut. L. d. 10 R. p. 847 D: χρόνῳ δὲ ὕcτερον Ἀθηναῖοι cίτηcίν τε ἐν πρυτανείῳ τοῖς cυγγενέcι τοῦ Δημοcθένους ἔδοcαν καὶ αὐτῷ τετελευτηκότι τὴν εἰκόνα ἀνέθεcαν ἐν ἀγορᾷ ἐπὶ Γοργίου ἄρχοντος αἰτηcαμένῳ αὐτῷ τὰς δωρεὰς τοῦ ἀδελφιδοῦ Δημοχάρους, worauf allerdings folgt: ᾧ καὶ αὐτῷ πάλιν ὁ υἱὸς Λάχης Δημοχάρους Λευκονοεὺς ᾐτήcατο δωρεὰς ἐπὶ Πυθαράτου ἄρχοντος δεκάτῳ ὕcτερον ἔτει τὴν τῆς εἰκόνος cτάcιν (?) ἐν ἀγορᾷ καὶ cίτηcιν ἐν πρυτανείῳ αὐτῷ τε καὶ ἐκγόνων ἀεὶ τῷ πρεcβυτάτῳ καὶ προεδρίαν ἐν ἅπαcι τοῖc ἀγῶcι.

Was die übrigen Nachrichten betrifft, so scheint mir besonders jene in der Biographie des Demosthenes von Zosimos aus Askalon auf eine gute Quelle zurückzugehen, wo es p. 151 R. (Westerm. Biogr. S. 302) heisst: εἰκόνα δ᾽ αὐτοῦ ἔcτηcαν οἱ Ἀθηναῖοι ἐν τῷ Κεραμεικῷ χαλκῆν, θαυμάcαντες αὐτοῦ τὴν τ᾽ ἀρετὴν καὶ τὴν εὔνοιαν, ἣν εἶχε περὶ τὴν πόλιν, welche Worte durchaus das Gepräge des Inschriftenstils an sich tragen.

Von einer blossen Säule spricht auch der Anonymus bei Westerm. u. a. O. S. 308 a. E. Suidas endlich berichtet (Westerm. S. 310) ἀτέλειάν τε τῷ πρεcβυτάτῳ γένους τοῦ Δημοcθένους ψηφίζονται καὶ χαλκοῦν cτῆναι αὐτὸν ἐν ἀγορᾷ.

Da nun diese letzteren Nachrichten unvollständig sind, so kommen für die Frage, ob dem Demosthenes und Demochares Speisung im Prytaneion und Proedrie mit decretirt wurde, nur die beiden Stellen aus Plut. Demosth. und aus dem L. d. 10 R. in Betracht.

Da sehen wir denn, dass an beiden Stellen in Bezug auf Demosthenes ausdrücklich hervorgehoben wird, dass diese Ehren nur dem jeweilig ältesten seiner Nachkommen decretirt wurden, was einen unlöslichen Widerspruch mit der bezüglichen Stelle in dem Bittgesuche ergibt, wo an αὐτῷ καὶ nicht zu zweifeln ist. Anders verhält sich die Sache mit Demochares. Im Bittgesuche des Laches wird αὐτῷ, das in den Handschriften fehlt, hinzugefügt. Sehen wir von dieser Stelle, die zu prüfen ist, ab, so liegt uns über die dem Demochares erwiesenen Ehren nur die oben citirte Stelle aus Pseudo-Plut. vor; diese ist aber kritisch so zerrüttet, dass sie als vollgiltiges

Zeugnis gar nicht in Betracht kommen kann, zumal für eine Hypothese. Noch sind zwei auf Lykurgos bezügliche Stellen in Betracht zu ziehen. In der Copie des Belobungsdecretes im L. d. 10 R. p. 852 D heisst es nach ausführlicher Motivirung richtig: δεδόχθαι τῷ δήμῳ ἐπαινέcαι μὲν Λυκοῦργον .... καὶ cτῆcαι αὐτοῦ τὸν δῆμον χαλκῆν εἰκόνα ἐν ἀγορᾷ....δοῦναι δὲ cίτηcιν ἐν πρυτανείῳ τῶν ἐγγόνων ἀεὶ τῶν Λυκούργου τῷ πρεcβυτάτῳ εἰc ἅπαντα τὸν χρόνον; in der Vita dagegen (p. 843 C): ἀνάκειται δ' αὐτοῦ χαλκῆ εἰκὼν ἐν Κεραμεικῷ κατὰ ψήφιcμα ἐπ' Ἀναξικράτουc ἄρχοντοc, ἐφ' οὗ ἔλαβε καὶ cίτηcιν ἐν πρυτανείῳ αὐτόc τε ὁ Λυκοῦργοc καὶ ὁ πρεcβύτατοc αὐτοῦ τῶν ἐκγόνων κατὰ τὸ αὐτὸ ψήφιcμα. Der Widerspruch wird in diesem Falle kaum genügend durch die Annahme gerechtfertigt, der chronologische Irrthum des Compilators stamme aus nachlässiger Lectüre des angeführten Psephisma, zumal wir bei Demosthenes in diesem Punkte das gerade Gegentheil finden; vielmehr scheint die Fassung des Satzes, sowie das unmittelbar darauf folgende ἀποθανόντοc τε Λυκούργου ὁ πρεcβύτατοc τῶν παίδων Λυκόφρων ἠμφιcβήτηcε τῆc δωρεᾶc darauf zu führen, dass, wie C. Curtius im Philol. 24 S. 91 vermuthet hat, dem Verfasser ein bei Lebzeiten des Lykurgos ausgefertigtes Belobungsdecret vorgeschwebt haben mag; heisst es ja in dem Decrete Z. 181 (West.): πολλάκιc ἐcτεφανώθη ὑπὸ τοῦ δήμου. — Jedenfalls aber ist, was wir nebenbei erwähnen wollen, dieser sowie der in Bezug auf Demosthenes nachgewiesene Widerspruch zwischen dem Texte der Schrift L. d. 10 R. und den derselben angehängten Actenstücken (in diesem Punkte) ein weiterer Beleg dafür, dass diese letzteren in ihrer gegenwärtigen Fassung nicht von dem Compilator herrühren können; er kann dieselben höchstens nur sehr flüchtig gelesen haben.

Dies sind die drei Fälle, auf welche sich die Annahme einer fingirten Ertheilung der cίτηcιc an einen Verstorbenen stützen könnte. Die beigebrachten auf sie bezüglichen Stellen scheinen in der That derart zu sein, dass bei Demosthenes und Lykurgos entschieden beglaubigter jene Version ist, wornach nur dem jeweilig ältesten ihrer Nachkommen die mehrfach erwähnten Ehren ertheilt wurden. Ob aber das auf Demochares bezügliche durch Conjectur gewonnene Zeugnis genügt, die Annahme einer so merkwürdigen Institution glaubwürdig erscheinen zu lassen, ist doch sehr fraglich. Dass aber die wenn auch fingirte Ertheilung der cίτηcιc und der προεδρία, namentlich aber der ersteren an einen seit 43 Jahren Verstorbenen (Demosthenes) höchst befremdend, geradezu unglaublich erscheint, wird wohl bei aller Rücksichtnahme auf die damaligen Zeitverhältnisse und die Freigebigkeit der Athener jener Zeit in Ertheilung von Ehren jeder herausfühlen. Es ist noch weit nicht dasselbe, was Franke in den Jahrb. f. Phil. XII S. 233 zur Vergleichung anführt, wenn bei Erhebung in den Adelsstand einige Vorfahren im Grabe noch geadelt werden. Von einer Fiction, wie sie zur Erklärung der fraglichen Ehrenbezeigung angenommen werden müsste, ist in den Inschriften keine Spur zu finden. Wohl kommt es vor, dass in jener Zeit, "qua Graecia iam verborum feracior erat, quam rerum fortiter gestarum", wie Köhler zu C. I. A. II. 1. 331 sagt, gleichsam zur Mitbegründung einer Ehrenbezeigung auch die Verdienste der Vorfahren angeführt werden, so 302, 306, bes. 331; aber die Ehren selbst erscheinen immer nur Lebenden erwiesen.

Was den Ursprung jenes Zusatzes, der einen so befremdenden Gedanken in den Satz hineinbringt, anlangt, so dürfte er von Jemandem herrühren, dem die Verbindung αὐτὸc καὶ ἔγγονοι (ἔκγονοι) sowie der in attischen Inschriften häufig vorkommende Satz εἶναι δὲ καὶ cίτηcιν ἐν πρυτανείῳ αὐτῷ καὶ ἐκγόνων ἀεὶ τῷ πρεcβυτάτῳ so sehr im Ohre lag, dass er sie auch in unsere Urkunden einführte, obwohl es sich hier um die Belobung von Todten handelte, wodurch die Sachlage wesentlich alterirt erscheint. Die Verbindung αὐτὸc καὶ ἔγγονοι (ἔκγονοι) findet sich z. B. in Nr. 37, 39, 40, 41, 42, 47, 115, 124 u. s. w. Die Inschriften, die sich auf Speisung im Pryt. beziehen, s. oben S. 38. Dass für den Zusatz oder wenigstens für das Anstössige an demselben nicht die Abschreiber verantwortlich zu machen sind, ergibt sich daraus, dass dasselbe ohne weitgehende Aenderungen nicht zu eliminiren ist.

In der Begründung des Bittgesuches werden wiederholt die Worte gebraucht εὐεργέτηc καὶ cύμβουλοc; so Z. 4 f.: εὐεργέτῃ καὶ cυμβούλῳ γεγονότι πολλῶν καὶ καλῶν τῷ δήμῳ τῶν Ἀθηναίων, Z. 17 f.: καὶ εὐεργέτηc γενόμενοc καὶ cύμβουλοc δι' ὧν ἔπειcε .., Z. 23 f.: καὶ ἄλλων πολλῶν καὶ καλῶν τῷ δήμῳ cυμβούλῳ γεγονότι; für Demochares Z. 34: εὐεργέτῃ καὶ cυμβούλῳ γεγονότι ἀγαθῷ τῷ δήμῳ τῶν Ἀθηναίων. Es ist zu bemerken, dass sich die Worte in Belobungsdecreten in dieser Weise zur Begründung sonst nicht verwendet finden, bis auf eine Inschrift aus dem 3. Jahrh. (Athenaion VI 271 f.), von der ein so vorzüglicher Inschriftenkenner wie Kumanudes a. a. O. S. 274 sagt: εἶναι δὲ τὸ παρὸν ψήφιcμα τοιοῦτο, ὁποῖον οὐδὲν ἄλλο ἐγὼ γνωρίζω ὑπάρχον. Es heisst darin Z. 15 f.: .... ἢ τὴ[v ἰ]δία[v] οὐcία[v εἶ]c τ[ὴ]ν κοινὴν cωτηρίαν θέντας ἢ εὐεργέ[τ]αc καὶ cυ[μ]βούλουc ἀγαθοὺc γενομένουc .... Die Inschrift ist in mehrfacher Beziehung von hohem Interesse. Während nun in unseren Bittgesuchen einerseits die angeführte Wendung so singulär ist, erregt anderseits der gänzliche Mangel des in Belobungsdecreten dieser Art typischen, officiellen, sagen wir Titels, unter welchem die Auszeichnung ertheilt, resp. verlangt wird, grosse Bedenken. Es heisst nämlich regelmässig: έπαινέcαι άρετῆc, εύνοίαc, δικαιοcύνηc, φιλοτιμίαc, εὐcεβείαc, εὐταξίαc, άνδραγαθίαc, καλοκαγαθίαc, άνδρείαc, φιλίαc ἕνεκα u. dgl. So:

άρετὴ καὶ εὔνοια 85, 117 a, b, 164, 171, 231, 249, 251, 263, 276, 286, 288, 320, 331, 377, 402, 543, Add. 273[b];
άρετή allein 121, 243, 479. 15, 519?;
εὔνοια allein 143, 176, 187, 423, 428, 429, 455. 8, Add. 10[b], 52[c]. 14, 97[c];
άρετὴ καὶ δικαιοcύνη 114 (3 mal), 190, 258, 287, 465. 51, 467. 98, 469. 68, 470. 47, 471. 93. (Die letzten fünf für Kosmeten der Epheben);
άρετὴ καὶ φιλοτιμία 204, 309, 310, 311, 312, 318;
εὔνοια καὶ φιλοτιμία 145, 151, 252, 300, 328, 413, 414, 427, 438, 444, 445 Frg. c, Add. 159[b]; φιλοτιμία καὶ εὔνοια 380, Add. 82[d];
φιλοτιμία allein 230 Frg. a, 335, 350(?);
φιλοτιμία καὶ ἐπιμέλεια 186, Add. 256[b];
εὐcέβεια καὶ φιλοτιμία 305, 307, 315, 325, 326, 329 I, II, 375, 376, 390. 15, ibid. 36, 393, 417, 420. 14, ibid. 32, 425, 426, 431, 452, 459. 15, 470. 69, 490. 28, Add. 373[b], 477[b];
εὐταξία καὶ φιλοτιμία 316. 19, 338. 6;
εὐcέβεια, εὐταξία, φιλοτιμία 341, 465. 15, 469. 34, 471. 40; dazu noch εὔνοια 466. 40, 467. 47, 468. 30;
εὐcέβεια, εὐταξία 470, 25. Die letzten drei Kategorien stammen durchwegs aus Ephebendecreten.
άνδραγαθία 136;
άρετὴ καὶ άνδραγαθία 164, 292;
φιλοτιμία καὶ άνδραγαθία 397;
άνδραγαθία καὶ φιλία 51. 29, Add. 1[b]. 29;
άρετὴ καὶ καλοκαγαθία 395;
προθυμία καὶ εὔνοια 383;
άνδραγαθία καὶ προθυμία 73. 4;
Verstümmelt sind 282, 382, 443, Add. 438[b].

Und so heisst es, was von grosser Wichtigkeit ist, auch in Bezug auf die Belobung des Demosthenes nach seinem Tode in der Biographie von Zosimos (Westerm. Biogr. S. 302): θαυμάcαντεc αὐτοῦ τὴν τ' άρετὴν καὶ τὴν εὔνοιαν, ἣν εἶχε περὶ τὴν πόλιν, und bei dem Anonymus (West. S. 308): έμνημόνευcαν δὲ τῆc τοῦ ῥήτοροc άρετῆc οἱ πολῖται καὶ άνδριάντι αὐτὸν ἐτίμηcαν.

So heisst es auch im Decrete für Lycurg (L. d. 10 R. 852 D): ἐπαινέcαι Λυκοῦργον ἀρετῆc ἕνεκα καὶ δικαιοcύνηc; so soll auf Antrag des Ktesiphon Demosthenes belobt und bekränzt werden ἀρετῆc ἕνεκα καὶ ἀνδραγαθίαc nach Aeschin. III. 84, 246; vgl. 13. 49; nach Demosth. R. v. K. 54 ἀρετῆc ἕνεκα καὶ εὐνοίαc, ἧc ἔχων διατελεῖ εἴc τε τοὺc Ἕλληναc ἅπανταc καὶ τὸν δῆμον τῶν Ἀθηναίων, welcher Passus in der gefälschten γραφὴ immerhin auf das Original zurückgehen mag. Ebenda heisst es in dem gefälschten Psephisma §. 118: ἐπαινέcαι Δημοcθένην... ἀρετῆc ἕνεκα καὶ καλοκἀγαθίαc, ἧc ἔχων κτλ., und Cic. de opt. gen. orat. VII, 19 übersetzt: *eum* (sc. *Demosthenem*) *donari virtutis ergo benevolentiaeque, quam is erga populum Atheniensium haberet* — kurz, man kann behaupten, dass in einem Belobungsdecrete jener Zeit ein solcher summarischer Zusatz nicht fehlen durfte. In dem alten Formular kann derselbe allerdings vertreten werden durch einen Satz wie ὅτι ἀνὴρ ἀγαθόc ἐcτι περὶ τὸν δῆμον κτλ., oder ὅτι πρόθυμόc ἐcτι ποιεῖν κτλ., oder ähnlich; so: 5, 36, 46, 47, 49, 51, 52. 8, 55. 13; über 230 und 234 s. Anm. 3; ὅτι πρόθυμόc ἐcτι ποιεῖν etc.: 25, 45, 70, 89.

Nur drei Fälle sind mir aus dem Corpus I. A. II, 1 bekannt, wo nach ἐπαινέcαι weder jene noch diese Motivirung vorkommt, N. 233, ein Decret zu Ehren der Kythnier zwischen 330 und 300 v. Chr., 297 (299/8 v. Chr.) und 472. Bei dem ersten kann es allerdings fraglich sein, ob die Ergänzung Z. 8 ff.: cτεφανῶ[cαι αὐτὸν χρυcῷ cτ]εφάνῳ ἀπὸ . δραχμῶν καὶ εἶν]αι τοῖc ἥκουcι παρὰ τοῦ δήμου κτλ. richtig sei; es könnte ja auch ergänzt werden: cτεφανῶ[cαι αὐτὸν χρυcῶ cτ]εφάνῳ ἀ[ρετῆc ἕνεκα κ]αὶ τοῖc ἥκουcιν, was mit Rücksicht auf die Buchstabenzahl wohl möglich ist, und die Angabe des Preises ist nicht unerlässlich nothwendig.

Ueber N. 297 bemerkt Köhler: „Titulus valde neglegenter incisus". Uebrigens wird in diesem speciellen Falle der Mangel jenes Beisatzes durch die Fassung des äusserst eiufachen Decretes überhaupt entschuldigt. Es heisst darin: Φιλιππίδηc Φιλομήλου Παιανιεὺc εἶπεν· ἐπειδὴ οἱ πρέcβειc οἱ ἀποcταλέντεc πρὸc τὸν βαcιλέα Κάccανδρον ἀποφαίνουcι Ποcείδιππον cυναποδημήcαντα μεθ᾽ ἑαυτῶν χρήcιμον εἶναι ἑαυτοῖc ἀποδεικνύμενον τὴν εὔνοιαν ἣν εἶχε περὶ τὸν δῆμον τὸν Ἀθηναίων δεδόχθαι τῷ δήμῳ ἐπαινέcαι Ποcείδιππον [Β]ακ[χ]ίου Κοθωκίδην καὶ cτεφανῶcαι αὐτὸν θαλλοῦ cτεφάνῳ κτλ.; es hätte nun folgen sollen: εὐνοίαc ἕνεκα τῆc εἰc τὸν δῆμον u. s. w. Da jedoch diese Worte unmittelbar vorangehen, so ist es zu entschuldigen, dass sie nicht wiederholt erscheinen.

Höchst auffallend ist das Fehlen jenes Zusatzes in Nr. 472, einem Decrete für die Prytanen der Erechtheis aus unbekannter Zeit, wo es Z. 14 f. einfach heisst: ἐπαινέςαι τοὺς πρυτάνεις τῆς Ἐρε[χ-θεῖδος καὶ στεφανῶςαι αὐτοὺς χρυςῷ στεφάνῳ κ]ατὰ τὸν νόμον, während in allen Decreten gleichen Inhaltes noch folgt: εὐσεβείας ἕνεκα τῆς εἰς τοὺς θεοὺς καὶ φιλοτιμίας τῆς πρὸς τὴν βουλὴν καὶ τὸν δῆμον τὸν Ἀθηναίων (390. 16 ff., 417. 17. ff., 425, 426, 431. 16 ff., 459. 16 f.; s. S. 42. Doch gehört es wohl nicht mehr in den Rahmen dieser Abhandlung, den Gründen dieser und ähnlicher Singularitäten nachzugehen: die Zahl der Belobungsdecrete, die seit 1877 im Athenaion und sonst publicirten nicht ausgenommen, wo jener Zusatz regelmässig erscheint, ist so gross, dass jene wenigen Ausnahmen ganz verschwinden und wir denselben in den nach der Formel II abgefassten Decreten als unerlässlich bezeichnen müssen.

Was das öfter vorkommende Verbum ἐπιδιδόναι betrifft (Z. 5, 10, 13, 15), so sei bemerkt, dass sich dasselbe im attischen Inschriftenstile nur mit εἰς construirt findet, wie Z. 15 εἰς τὴν ςιτωνίαν ἐπέδωκεν τάλαντον; so C. I. A. II 1. 143, 176, 227, 303, 334. 16, 20, 413; vgl. 331. 62. Wo aber das Ganze, zu dem beigesteuert wird, nicht hinzugefügt erscheint, muss es naturgemäss aus der Art der Beisteuer oder aus dem Zusammenhange ersichtlich sein; also bei τριήρη ἐπιδιδόναι (vgl. Boeckh Staatsh. d. A. I² 732 Anm. d) ist es die Flotte, bei ἐπιδιδόναι τάλαντον die ganze zu beschaffende Summe; dies ist nun nicht der Fall in Z. 10: χορηγίαν ἀνδράσιν ἐπιδόντι, und 13 f.: ἐπέδωκε β' τάφρους, in welch letzterer Bedeutung das Wort nicht mehr »beisteuern« bedeutet (zum Ganzen), sondern „hinzufügen" zum Marinebau).

Zu Z. 34 ςυμβούλῳ γεγονότι ἀγαθῷ τῷ δήμῳ τῶν Ἀθηναίων, und Z. 31 τὸν δῆμον τῶν Ἀθηναίων sei bemerkt, dass es in Inschriften regelmässig heisst ὁ δῆμος ὁ Ἀθηναίων.

Zu der gewissermassen einen Historiker von Fach verrathenden Gegenüberstellung von δημοκρατία und ὀλιγαρχία Z. 23 f., 45 f. wäre zu bemerken, dass, wenn auch die Worte als termini für Verfassungsformen bei Schriftstellern häufig genug vorkommen, sich ὀλιγαρχία in den Inschriften des C. I. A. II. 1 gar nicht und δημοκρατία nur in Nr. 300 findet, wo übrigens Kirchhoff δημοκρατ[οῖτο ἐλεύθερος] ὤν ergänzt statt des gewöhnlichen δημοκρατ[ίαν ἔχοι ἀπολαβ]ών, ferner 274: ὑπὲρ τῆς δημοκρατίας ἐθέλωσι πάντα π[ράττειν und 252 ... [δ]ημοκρατίαν; einigemal kommt δημοκρατουμένη ἡ πόλις vor.

Soweit glaubten wir die formellen Eigenthümlichkeiten der beiden Actenstücke berühren zu sollen; wir gehen nun an die Prüfung der zahlreichen in denselben mitgetheilten historischen Daten.

II. Inhalt.

Die in den beiden Bittgesuchen mitgetheilten Daten sind so eigenthümlicher Natur, dass man sie fast durchwegs unter zwei Kategorien bringen kann: solche, die sich nur hier mitgetheilt finden und solche, die mit der sonstigen Ueberlieferung im Widerspruche stehen. Wir werden, so weit es auf Grund der bisherigen Forschungen möglich ist, die Widersprüche aufzudecken und den Werth der singulären Nachrichten zu untersuchen haben.

1. Bittgesuch des Demochares.

Als die ersten concreten Verdienste des Demosthenes werden angeführt, dass er „als die Athener Euboea befreiten, acht Talente und eine Triere beigesteuert habe, dann eine weitere als Kephisodoros nach dem Hellespont segelte, und eine dritte, als Chares und Phokion vom Volke nach Byzanz entsendet wurden".

Die ersten Worte werden allgemein auf die Ol. 105, 3 (357 v. Chr.) erfolgte Befreiung Euboeas bezogen, als die Athener unter dem Feldherrn Diokles die thebanischen Truppen zwangen, die Insel zu verlassen. Auf diesen Zug beziehen sich unter anderen die Inschriften C. I. A. II 1, 64 und 65. Demosthenes selbst spricht mit besonderer Vorliebe von dieser Expedition, an welcher er, wie verbürgt ist, als einer der freiwilligen Trierarchen theilnahm[5]).

Was die zweite Angabe anlangt, so ist der Feldzug eines Kephisodoros nach dem Hellespont gar nicht bekannt — worauf sich Rehdantz' Vermuthung a. a. O. S. 69 Anm. 4 stützt, dass ein solcher im J. 349 stattgefunden habe, ist nicht abzusehen. Westermann bezieht (Plutarchi vitae decem orat. 1833 p. 90 Anm. 2) diese Worte unter Annahme einer Verwechslung von Κηφισόδοτος und Κηφισόδωρος auf die im J. 359 unter Kephisodotos Führung unternommene Expedition[6]). Auch an dieser war Demosthenes als Trierarch betheiligt, und seine Triere war Admiralschiff des Kephisodotos nach Aesch. III 52 f.

---

[5]) R. w. Meid. 191, R. v. Kr. 99; über den Zug selbst: Winiewski, Comment. in Dem. or. de cor. p. 29 sqq., Boehnecke, Forsch. S. 10, Schäfer, Dem. und s. Z. I 143, Curtius, Gr. Gesch. III⁵ 464, Westermann (E. Müller), Ausgew. Reden d. Demosth. I⁷ S. 37, Rehdantz, 9 Philipp. Reden I⁵ S. 5 u. a.

[6]) Ueber diese Schäfer a. a. O. I 137 ff., Curtius III 463 f.

Der dritte oben erwähnte Zug endlich wird übereinstimmend auf Ol. 110, 1 (340/39) angesetzt[7]). Was nun die Annahme betrifft, dass Dem. für die beiden ersten Expeditionen je eine Triere beigesteuert habe, so stösst man dabei auf grosse Schwierigkeiten. Bis zum Jahre 349, in welchem die Rede wider Meidias abgefasst ist, hat Demosthenes keine Triere geschenkt, wohl aber war er freiwilliger Trierarch gewesen. Dies geht, worauf Schäfer I 410 f. Anm. 5 mit vollem Rechte aufmerksam macht, unwiderleglich aus der erwähnten Rede hervor, indem er da, wo er wiederholt seine Verdienste jenen des Meidias gegenüberstellt (vgl. 156 f., 160 ff.), es unmöglich hätte verschweigen können, wenn er selbst wie Meidias eine Triere geschenkt hätte. Kurz, wenn man die bezüglichen bei Schäfer a. a. O. und Boeckh St. I² S. 710 Anm. f. gesammelten Stellen überblickt, ist jede Möglichkeit, jene Annahme festzuhalten, ausgeschlossen. Schäfer selbst meint nun, es handle sich „wenn das Decret nicht unverantwortlich ungenau abgefasst ist", um die Expedition zur Vertreibung des Tyrannen Kleitarchos von Eretria Ol. 110, 1 (340) unter Phokion, die beiden anderen Schenkungen aber gehörten in dieselbe Zeit. Indessen befriedigt auch diese Annahme nicht. Wohl sagt Dem. R. v. Kr. 79, dass er jenen Feldzug nach Eretria beantragt habe, und dasselbe bestätigt Plutarch Dem. XVI. (vgl. dazu die Anm. v. Graux). Aber ist es glaublich, dass Demosthenes, wenn er eine Triere geschenkt hätte, dies nicht in der Kranzrede, wo er 79 ff. ausführlich über diesen Zug spricht, erwähnt haben würde? Sagt er doch ausdrücklich mit Bezug auf diese Expedition R. v. Kr. 87: ἐπειδὴ ἐκ τῆς Εὐβοίας ὁ Φίλιππος ἐξελάθη τοῖς μὲν ὅπλοις ὑφ' ὑμῶν τῇ δὲ πολιτείᾳ καὶ τοῖς ψηφίσμασιν ὑφ' ἐμοῦ, und entsprechend diesem Gedanken heisst es in dem allerdings gefälschten Decrete des Aristonikos ebd. 84 ἐπειδὴ Δημοσθένης ... ἐν τῷ παρόντι καιρῷ βεβοήθηκεν διὰ τῶν ψηφισμάτων, καί τινας τῶν ἐν τῇ Εὐβοίᾳ πόλεων ἠλευθέρωκεν .. Diese und die übrigen auf den Zug bezüglichen Stellen (Boeckh St. I² 735 a ff., Schäfer, II 463, 3) scheinen mir in der That von der Art zu sein, dass die Annahme einer Betheiligung des Demosthenes an diesem Feldzuge, wie sie in unserer Urkunde angegeben wird, schlechterdings unhaltbar ist. Dass die Summe von acht Talenten als Beitrag für die verhältnismässig unbedeutende Expedition an und für sich unglaublich hoch ist, wird allgemein

---

[7]) Schäfer a. a. O. II 480, Curtius III 685, vgl. bes. Anm. 159 Ende, Boehnecke 474 ff., Westermann, Einl. S. 108 f.

hervorgehoben (Schäfer I 410 f. Anm. 5, Bochnecke a. a. O. S. 185 Anm.); aber statt τάλαντα ή' mit Blass (Philipp. Reden erkl. v. Rehdantz, 6. Aufl. S. 68. Anm. 3) τάλαντον zu schreiben, ist mit Rücksicht auf die sonstige Beschaffenheit der Urkunde nicht räthlich. Ueberdies scheint die Ausdrucksweise: ὅτε ὁ δῆμος ἠλευθέρωcεν Εὔβοιαν auffällig, indem die Unternehmung selbst wie im Folgenden durch ἐξέπλευcε, ἐξεπέμφθηcαν, nicht das Resultat derselben (ἠλευθέρωcε) zu erwähnen war. Es lässt sich somit weder für die Expedition v. 357 noch für die von 340 die Schenkung einer Triere von Seiten des Demosthenes annehmen, und eine dritte, für die es möglich wäre, gibt es nicht; denn an den unglücklichen Feldzug vom J. 350 (nach Schäfer und E. Müller) oder 348 (nach Weil, Harangues de Dém. p. 163 ff., Revue de philol. N. S. III p. 1 und Blass a. a. O. S. 43) ist gar nicht zu denken.

Was die zweite Unternehmung anlangt, so ist die Schenkung einer Triere für einen Zug nach dem Hellespont von Seite des Demosthenes überhaupt nicht bekannt. Obendrein ist Κηφιcόδωρος falsch und muss, wenn man, wie allgemein angenommen wird, an den Feldzug von Ol. 105, 3 denken wollte, was wegen der Midiana wieder nicht möglich ist, in Κηφιcόβοτος, wenn man hingegen die Worte mit Schäfer auf den byzantinischen Krieg v. Ol. 110, 1 bezieht, jedenfalls in Κηφιcοφῶν geändert werden, indem dieser wenigstens als Feldherr in den byz. Kriegen genannt wird (Schäfer II, 480 Anm. 2). Dass aber in jenem Kriege ausser einem Kephisophon auch noch ein Kephisodoros einen Feldzug unternommen hätte, ist bei dem Umstande, dass die Worte unserer Urkunde offenbar auf ein bekanntes Ereigniss hindeuten, von einem Kephisodoros jedoch trotz der zahlreichen Nachrichten über diese Zeit gar nichts verlautet, nicht wohl anzunehmen. Dass Κηφιcόδωρος vielleicht in Κηφιcοφῶν zu ändern sei, vermuthet a. a. O. auch F. Blass; doch kann ein solcher Fehler wohl nicht von dem Abschreiber herrühren, und Fehler des Verfassers, wer immer er sein mag, zu verbessern, kann nicht Aufgabe der Kritik sein.

In Bezug auf die dritte Schenkung endlich ist abgesehen davon, dass auch von einer solchen für eine Expedition nach Byzanz nichts bekannt ist, zu bemerken, dass die Worte: ὅτε Χάρης καὶ Φωκίων cτρατηγοὶ ἐξεπέμφθηcαν εἰc Βυζάντιον ὑπὸ τοῦ δήμου insofern einen schiefen Gedanken enthalten, als Chares und Phokion nicht zugleich von den Athenern ausgeschickt wurden, worauf der Wortlaut zu führen scheint, sondern zuerst Chares und erst geraume Zeit nachher ein zweites Geschwader, wahrscheinlich aus der Flotte, die Phokion im Sommer 340 gegen Eretria geführt hatte, und einer zweiten des Kephisophon, die bei Skiathos lag, gebildet, nach dessen Ankunft Chares den Oberbefehl an Phokion abtreten muss (Schäfer II 480 f., Curtius III 685 f.). Man bedenke ferner, dass nach Schäfers Annahme für eben diese Unternehmung des Phokion nach Eretria Demosthenes eine Triere und acht Talente bereits geschenkt haben soll (s. oben); jetzt soll er zu dessen Flotte, nachdem sie bei Euboea glücklich gekämpft hatte, neuerdings eine Triere beistellen.

Wenn man sich nun alle diese Schwierigkeiten vor Augen hält und anderseits bedenkt, dass für den Zug nach Euboea v. J. 357 die freiwillige Trierarchie und für den Zug des Kephisodotos v. J. 350 die Trierarchie des Demosthenes anderweitig sicher verbürgt ist, so wird man wohl mit Recht die Vermuthung aussprechen dürfen, dass wir es in der Urkunde mit einem Missverständnisse oder mit einer Verkennung der Leistungen eines Trierarchen zu thun haben, wie sie beispielsweise Boeckh bei Ulpian wiederholt nachweist. Den Demochares wird man natürlich für solche Irrthümer nicht verantwortlich machen dürfen: er konnte sie unmöglich begehen.

Die weitere Thatsache, dass Demosthenes viele der in Macedonien in Gefangenschaft gerathenen Athener loskaufte, ist auch anderweitig belegt; auch dessen freiwillige Choregie im J. 350, bei welcher ihm die bekannte Beschimpfung durch Meidias widerfuhr, wird oft erwähnt; aber die ganze Ausdrucksweise an unserer Stelle ist höchst sonderbar[8]).

[8]) χορηγίαν ἀνδράσι ἐπιδόντι scheint kaum bedeuten zu können: sumptus n chorum virorum fecit, wie Dübner übersetzt. Demosthenes selbst drückt sich über seine freiwillige Choregie R. w. Meid. 13 also aus: ἐπειδὴ γὰρ οὐ καθεστηκότος χορηγοῦ τῇ Πανδιονίδι φυλῇ τρίτον ἔτος τουτί .... παρελθὼν ὑπεσχόμην ἐγὼ χορηγήσειν ἐθελοντής. Wohl sagt man χορηγεῖν παιcί (C. I. A. II. 1 553, 554), ἀνδράσι (Lys. 162, 2), χορὸν ᾧ χορηγοίην (Plato, Gorg. 482 C), παίδων χορῷ χορηγεῖν (Plut. Dion. 17) u. s. w., aber eine ähnliche Wendung, wie sie hier vorliegt, findet sich nirgends. Es liegt also eine doppelte Unrichtigkeit vor: erstens kann man nicht sagen χορηγίαν ἐπιδιδόναι für χορηγεῖν ἐθελοντής und zweitens, wenn man es sagen könnte, hätte ἀνδράσι keinen Sinn, indem ja die Beisteuer nicht für die Männer, aus denen der Chor besteht, geleistet wird, sondern für die Pandioniden, dass man dafür erwarten müsste τοῖc Πανδιονίδαιc. Zur Vergleichung mögen noch die hieher gehörigen Worte des Demosth. selbst R. w. M. 156 beigefügt werden: τραγῳδοῖc κεχορήγηκέ ποθ' οὗτοc (sc. Meidias), ἐγὼ δὲ αὐληταῖc ἀνδράσι. Endlich heisst es in der Motivirung des Belobungsdecretes für Philippides C. I. A. II. 1. 302: πολλὰ δὲ ε[ἰ]c γυμνασιαρχίαc? καὶ τριηρ[αρ]χίαc [κ]αὶ χ[ορ]ηγία[c] κα]ὶ τὰc ἄλλαc λειτουργίαc] ἐκ τῶ]ν [ἰδί]ω[ν χ]ρήματ[α] ... wahrscheinlich ἐπέδωκε oder ἀνήλωcε.

Im Folgenden scheint die Ausdrucksweise καὶ καθώπλιcε τοὺc πολίταc τῶν ἐλλειπόντων geradezu ungriechisch zu sein, und Westermann hat sie in der Spe-

Auffällig ist übrigens, dass die bekannte Schenkung, die Demosthenes in seiner Eigenschaft als Vorsteher der Theorikencassa gemacht hatte und selbst sowie Aeschines öfter erwähnt — die Stellen bei Schäfer III 75 A. 1 — hier keine Erwähnung findet; hatte sie doch wie der im Folgenden zu behandelnde Beitrag für den Mauerbau mit eines der Hauptmotive zum Antrage des Ktesiphon gebildet.

Für den Mauerbau, heisst es weiter, steuerte Demosthenes drei Talente bei und die zwei Gräben, die er um den Piraeeus ziehen liess. Ueber den zum Mauerbau geleisteten Beitrag liegen uns zwei Versionen vor. Nach Aeschines III 17 und L. d. 10 R. 845 F betrug derselbe 100 Minen; hingegen heisst es in dem gefälschten Decrete in Dem. R. v. K. 118: γενόμενος ἐπιμελητὴς τῆς τῶν τειχῶν ἐπισκευῆς καὶ προσαναλώσας εἰς τὰ ἔργα ἀπὸ τῆς ἰδίας οὐσίας τρία τάλαντα ἐπέδωκε ταῦτα τῷ δήμῳ, und damit stimmt unsere Stelle überein. Ich setze auch die Stellen aus Aeschines und Ps.-Plutarch L. d. 10 R., auf die öfter Bezug genommen wird, hieher. Aesch. lässt den Demosthenes sagen: τειχοποιός εἰμι· ὁμολογῶ· (Aesch.) ἀλλ' ἐπιδέδωκα τῇ πόλει μνᾶς ῥ' καὶ τὸ ἔργον μεῖζον ἐξείργασμαι; und bei Ps. Plut. a. a. O.: τῶν τειχῶν ἐπιμελητὴς χειροτονηθεὶς ἀπὸ τῆς ἰδίας οὐσίας εἰσήνεγκε τὸ ἀναλωθὲν ἀργύριον μνᾶς ῥ'.

Boeckh nahm nun an (St. I² 288 d), Aeschines habe die Summe, die Demosthenes für die Theorika geschenkt hatte, an die Stelle der zum Mauerbau beigesteuerten gesetzt, und daher habe sie auch der Verfasser des L. d. 10 R. entlehnt. Doch findet Schäfer eine so handgreifliche Lüge mit Recht ganz unglaublich, und da sich in der Kranzrede des Demosthenes keine Berichtigung der Angabe des Aesch. findet, so ist an ihrer Richtigkeit wohl nicht zu zweifeln. Diese beiden Versionen durch gewaltsame Aenderungen[9]) in Einklang bringen zu wollen, ist

---

cialausgabe mit Recht beanstündet: „Exspectes potius τῶν πολιτῶν τοὺς ἐλλείποντας"; wenn man schon τὰ ἐλλείποντα für „das Fehlende" angehen lässt, so ist doch der Genetiv als Genet. part. unerklärlich; es hätte wohl τοῖς ἐλλείπουσι heissen müssen. Die Schreibung ὁπλίτας statt πολίτας, wie Westermann vermuthet, beseitigt die Schwierigkeiten nicht.

*) Droysen schlug (Z. f. A. W. 1839 S. 552) vor zu schreiben: ἐπιδόντος αὐτοῦ ΤΧΧΧΧ καὶ ἃς ἐπέδωκε δύο τάφρους, also ein Talent 4000 Drachmen, was allerdings die anderweitig beglaubigten hundert Minen gäbe. Ein anderer Vorschlag desselben Gelehrten stützt sich auf die Vermuthung, dass die Auslagen für den Mauerbau zu trennen seien von denen für die Gräben, wornach er a. a. O. auch vorschlägt: ἐπιδόντος αὐτοῦ τρία τάλαντα, οἷς καὶ ἐπέδωκε δύο τάφρους π. τ. Π. ταφρεύσας, „so dass Aeschines mit seinen hundert Minen nur die für die Mauer selbst verwendeten, die beiden Gräben ungerechnet, bezeichnet hätte".

im vorliegenden Falle, wie mir scheint, verfehlt; an der Richtigkeit der Ueberlieferung ist, was die Sache betrifft, umsoweniger zu zweifeln, als sich ja, wie erwähnt, die gleiche Angabe noch ein zweitesmal findet, nämlich in dem gefälschten Decrete. In welchem Verhältnis unser Schriftstück zu demselben steht, ob es vielleicht die Angabe über die Höhe des behandelten Beitrages aus dem pseudo-demosthenischen Decrete entlehnt hat, mag dahingestellt bleiben; jedenfalls trägt diese Verwandtschaft dazu bei, unseren Verdacht zu steigern. Von besonderer Wichtigkeit ist, dass, wie wir schon oben zu beobachten Gelegenheit hatten, auch hierin zwischen dem Texte

Wenn ich Droysens Worte recht verstehe, so meint er, Dem. habe auf die Mauern ein Talent vierzig Minen = hundert Minen, auf die Gräben ein Talent zwanzig Minen verwendet, zusammen also drei Talente. Dieser Vorschlag scheint in der That sehr ansprechend, wenn man nur, abgesehen von der durchaus nicht leichten Aenderung οἷc καὶ aus καὶ ἅc, jenes ἐπέδωκε in dem postulierten Sinne nehmen dürfte; auch wäre nicht abzusehen, warum Aeschines die beiden Summen getrennt haben sollte, und schliesslich hätten wir durch Conjectur eine ganz singuläre Angabe mehr. Uebrigens scheint Droysen selbst auf die Vermuthung nicht viel Gewicht zu legen, indem er noch eine dritte vorbringt, wornach τάλαντον nach μετὰ τὴν ἐν Χαιρωνείᾳ μάχην und τρία τάλαντα an unserer Stelle vertauscht und der ganze Satz so gestaltet wird: καὶ εἰc τὴν τειχοποιΐαν ἀνάλωcε χειροτονηθεὶc ὑπὸ τοῦ δήμου ἐπιδόντοc αὐτοῦ τάλαντον, καὶ οἷc ἐπέδωκε δύο τάφρουc περὶ τὸν Πειραιᾶ ταφρεύcαc, καὶ μετὰ τὴν ἐν Χαιρωνείᾳ μάχην [ἐπέδωκε] τάλαντα τρία καὶ εἰc τὴν cιτωνίαν ἐπέδωκε ἐν τῇ cιτοδείᾳ τάλαντον; doch bemerkt er darauf selbst: „Befriedigen auch diese Aenderungen keineswegs...". Westermann hatte in der Specialausgabe von 1833 edirt ἐπιδόντοc αὐτοῦ τρία τάλαντα καὶ οἷc ἐπέδωκε δύο τάφρουc, nahm jedoch in den Biographi diese Conjectur selbst zurück, obwohl sie von Schäfer, D. u. s. Z. III 74/75 Anm. 2 gebilligt wird, und stellte das handschriftliche καὶ ἅc wieder her. Winiewski a. a. O., S. 264 ff. der die Ansicht vertritt, dass Dem. jene drei Talente nur auf die Gräben verwendet habe, dass dagegen die Wiederherstellung der Mauern mit den angewiesenen Summen bestritten worden sei, schlug vor: καὶ ὅτι εἰc τὴν τειχοποιΐαν χειροτονηθεὶc ὑπὸ τοῦ δήμου τρία τάλαντα ἐπέδωκε, δύο τάφρουc π. τ. Π. ταφρεύcαc μετὰ τὴν ἐν Χαιρωνείᾳ μάχην, welche Aenderung so weit geht, dass sie schlechterdings unglaublich ist. Schäfer meint a. a. O., die Zahlenangaben seien in der Urkunde vielleicht deshalb unzuverlässig, weil „eine ältere Bezifferung von den späteren Abschreibern nicht recht verstanden wurde"; aber mit einer blossen Aenderung der Zahlenangaben ist weder hier noch sonst in unserem Schriftstücke das Anstössige zu beseitigen, und eben der Umstand, dass so ausgezeichnete Gelehrte sich vergeblich bemüht haben, die Stelle mit der anderweitigen Ueberlieferung in Einklang zu bringen, scheint dafür zu zeugen, dass sie unheilbar ist. Man geht jedenfalls am sichersten, wenn man den Text so belässt, wie ihn die Handschriften übereinstimmend überliefern, und das Anstössige einfach constatirt. Die Summe τρία τάλαντα wird man umsoweniger durch Conjectur zu beseitigen suchen dürfen, als sie sich ja auch noch ein zweitesmal findet, nämlich in dem pseudo-demosthenischen Decrete.

der Schrift über das Leben der zehn Redner und dem ihr angehängten Schriftstücke ein unlöslicher Widerspruch besteht, indem sich dort die richtige, hier die falsche Angabe findet.

Dass Demosthenes nach der Schlacht bei Chaeronea ein Talent geschenkt habe, wird nur an dieser Stelle erwähnt; die Schenkungen des Diotimos, Charidemos, Nausikles bei jener Gelegenheit erwähnt Demosth. R. v. Kr. 114, 117 (Schäfer III S. 13 f. Anm. 3) [10]).
Desgleichen wird nur in unserem Bittgesuche erwähnt, dass Demosthenes in seiner Eigenschaft als Sitone während der Hungersnoth ein Talent geschenkt habe. Es ist gemeint die Hungersnoth zwischen 330 und 326, auf welche sich die Inschrift C. I. A. II 1. 194 und einige andere unter den folgenden Nummern publicirte Fragmente beziehen. Seine Wahl zum Sitonen erwähnt Demosth. schon in der Kranzrede 248 a. E. [11]).

Sehr belehrend über die Natur der in dem Bittgesuche des Demochares enthaltenen Daten ist eine Vergleichung der darin mitgetheilten Nachrichten über die Bundesgenossen, die Demosthenes den Athenern gewonnen haben soll, mit den sonstigen über diesen Punkt vorliegenden Angaben.

Demosth. selbst spricht in der Kranzrede 236 über die Schwierigkeiten, die ihm während seiner politischen Thätigkeit in den Weg gelegt wurden, und fährt dann 237 fort: ἀλλ' ὅμως ἐκ τοιούτων ἐλαττωμάτων ἐγὼ cυμμάχους μὲν ὑμῖν ἐποίηcα Εὐβοᾶς, Ἀχαιούς, Κορινθίους, Θηβαίους, Μεγαρέας, Λευκαδίους, Κερκυραίους, ἀφ' ὧν μύριοι μὲν καὶ πεντακιςχίλιοι ξένοι κτλ. Ganz dieselben Völkerschaften finden wir auch bei Plutarch, Dem. XVII genannt: cυνιcτάντων κατ' ἔθνη καὶ πόλεις Εὐβοέων, Ἀχαιῶν, Κορινθίων, Μεγαρέων, Λευκαδίων, Κερκυραίων, ὁ μέγιcτος ὑπελείπετο τῷ Δημοcθένει τῶν ἀγώνων Θηβαίους προcαγαγέcθαι τῇ cυμμαχίᾳ κτλ. Dieser Angabe, die so sicher wie wenige ist, stehen in unserem Bittgesuche die Namen folgender Bundesgenossen gegenüber: Θηβαίους, Εὐβοεῖς, Κορινθίους, Μεγαρεῖς, Ἀχαιούς, Λοκρούς, Βυζαντίους, Μεccηνίους, und L. d. 10 R. 845 A: διὸ καὶ cυμμάχους τοῖς Ἀθηναίοις ἐποίηcε Θηβαίους, Εὐβοεῖς, Κερκυραίους, Κορινθίους, Βοιωτοὺς καὶ πολλοὺς ἄλλους πρὸς τούτοις; der Vollständigkeit halber füge ich noch eine hierher gehörige Stelle aus Ps.-Lukian, Demosth. enc. 38 bei, wo der Verfasser den Philippos bei Erwähnung der Schlacht von Chäronea über

---

[10]) Zu weit dürfte Droysen gehen, wenn er in dem Wortlaute des Satzes Indicien für einen doppelten Mauerbau zu erkennen glaubt.

[11]) Schäfer III 269 Anm. 1, 271 Anm. 2, S. 14 Anm. 3; Hauptstelle Dem. XXXIV. 38 sq.

Demosthenes sagen lässt: τὰc μεγίcταc πόλειc εἰc ἓν cυναγαγὼν καὶ πᾶcαν τὴν Ἑλληνικὴν δύναμιν ἀθροίcαc Ἀθηναίουc ἅμα καὶ Θηβαίουc, Βοιωτούc τε καὶ ἄλλουc καὶ Κορινθίουc, Εὐβοέαc τε καὶ Μεγαρέαc καὶ τὰ κράτιcτα τῆc Ἑλλάδοc διακινδυνεύειν cυναναγκάcαc... Von den bei Demosth. selbst genannten Bundesgenossen fehlen also bei Ps.-Lukian, um diese Stelle als die unwichtigste kurz abzuthun, die Achäer, Leukadier und Kerkyräer, wogegen die Böotier wie bei Ps.-Plut. zugegeben erscheinen. Indessen ist bei der rhetorisirenden Ausdrucksweise der Schrift auf diese Verschiedenheit kein Gewicht zu legen; § 45 lässt der Verfasser den Demosth. sagen: καὶ τεῖχοc καὶ τάφροc τοῖc ἐμοῖc τέλεcι ἐξειργαcμένα — mit ähnlicher Ungenauigkeit.

Wenn wir nun, um auf unser Gesuch zurückzukommen, die darin mitgetheilten Namen der Bundesgenossen mit den von Demosthenes selbst und Plutarch angeführten vergleichen, so fehlen darin die von Dem. genannten Leukadier und Kerkyräer, und dafür erscheinen die Lokrer, Byzantier und Messenier. Nun ist die Einkleidung der Stelle bei Demosthenes von der Art, dass man schon deshalb annehmen darf, ja annehmen muss, dass Demosthenes, wenn er noch andere Völkerschaften — also die Lokrer, Byzantier und Messenier — gewonnen hätte, sicherlich auch diese genannt haben würde, zumal er so kleine Völkerschaften wie die Leukadier und Kerkyräer ausdrücklich anführt. Schäfer wundert sich (II 456), dass Demosthenes die Akarnanen übergangen habe, welche Aeschines III 97 erwähnt: die wahrscheinlichste Erklärung hievon wird wohl sein, dass Aeschines gelegentlich der Berichterstattung über die peloponnesische Gesandtschaft mit Uebertreibung aus den Leukadiern die Akarnanen gemacht habe, wie er ja auch von „allen Peloponnesiern" spricht; er sagt: ἦν δ' αὐτῷ (sc. Δημοcθένει) κεφάλαιον τῶν λόγων, πάνταc μὲν Πελοποννηcίουc ὑπάρχειν πάνταc δ' Ἀκαρνᾶναc cυντεταγμένουc ἐπὶ Φίλιππον ὑφ' ἑαυτοῦ. Es liegt übrigens auch die Vermuthung nahe, dass die Akarnanen dem Demosthenes ihren Beitritt zugesagt, später aber ihr Versprechen nicht gehalten haben mögen, weshalb er sie nicht unter die gewonnenen Bundesgenossen rechnete. Dass Aeschines III 95 als die von Demosthenes zugeführten Bundesgenossen nur die Achäer, Megarer und Euböer nennt, darf bei ihm durchaus nicht wundernehmen.

Prüfen wir nun die Wahrscheinlichkeit der Angabe unserer Urkunde betreffs der darin mehr genannten Bundesgenossen.

Was zunächst die Messenier anlangt, so sucht Schäfer die Stelle mit den übrigen über das Verhalten der Messenier in den griechisch-macedonischen Kriegen vorliegenden Nachrichten in der

Weise in Einklang zu bringen, dass er dieselbe auf die während des Krieges gegen Philipp von den Messeniern beobachtete Neutralität (II 456 Anm. 1) oder auf ihre Theilnahme am lamischen Kriege bezieht (III 336 Anm. 2).

An letzteren ist sicherlich nicht zu denken; der Verfasser des Gesuches hat offenbar die Zeit vor der Schlacht bei Chaeronea im Auge, wie schon die folgenden Angaben über die Höhe der Beiträge zeigen können und auch daraus hervorgeht, dass bei den übrigen Bundesgenossen nothwendig an diese Zeit gedacht werden muss. Uebrigens ist nicht abzusehen, warum aus der Zahl der peloponnesischen Staaten, die sich am lamischen Kriege betheiligten, gerade die Messenier herausgegriffen werden sollten, und warum gerade ihre Theilnahme dem Demosthenes zum Verdienste angerechnet werden sollte. (Vgl. Schäfer III 336 Anm. 4). Was aber das Verhalten der Messenier während des chäronensischen Krieges betrifft, so ist es geradezu unmöglich, darin ein Verdienst des Demosthenes erblicken zu wollen. Wohl berichtet Pausanias über die Messenier IV 28. 2: οὐ μὴν οὐδὲ τοῖс "Ελληcιν ἐναντία θέcθαι τὰ ὅπλα ἠθέληcαν; doch vergleiche man Demosth. selbst darüber (R. v. Kr. 64): ἀλλὰ νῦν ἔγωγε τὸν μάλιcτ' ἐπιτιμῶντα τοῖс πεπραγμένοιc ἡδέωc ἂν ἐροίμην, τῆс ποίαc μερίδοс γενέсθαι τὴν πόλιν ἐβούλετ' ἄν, πότερον τῆс cυναιτίαc τῶν сυμβεβηκότων τοῖс "Ελληcι κακῶν καὶ αἰсχρῶν, ... ἢ τῆс περιεορακυίαс ταῦτα γιγνόμεν' ἐπὶ τῇ τῆс ἰδίαс πλεονεξίαс ἐλπίδι, ἧс ἂν 'Αρκάδαс καὶ Μεссηνίουс καὶ 'Αργείουс θείημεν.

Wenn also Demosth. selbst gegen die Gleichgiltigkeit und Selbstsucht der Messenier loszieht, so kann eine solche „Neutralität" unmöglich ihm zum Verdienste angerechnet werden. Uebrigens heisst es an unserer Stelle ausdrücklich: εἰс cυμμαχίαν τῷ δήμῳ προсηγάγετο πείсαс, und damit lässt eine solche zweifelhafte Neutralität, von der obendrein gar nicht bekannt ist, ob sie des Demosthenes Verdienst gewesen, sich gar nicht vereinigen.

Noch viel bedenklicher ist die Erwähnung der Lokrer. Demosthenes bespricht in der Kranzrede 149 ff. ausführlich die auf sie bezüglichen Vorgänge vor der Schlacht bei Chaeronea, ohne auch nur mit einem Worte zu erwähnen, dass er sie dem Bunde beizutreten bewogen habe. Dass sie gegen Philipp mit den Athenern kämpften, ist durchaus kein Beweis dafür, dass sie auf Demosthenes' Betreiben ihren alten, tiefen Groll gegen die Athener aufgegeben hätten und dem Bunde förmlich beigetreten wären: sie kämpfen gegen Philipp, weil sein Zug, wenn auch nur scheinbar, zunächst ihnen galt, die Athener aber ergreifen gegen den gemeinsamen Feind die Waffen, nachdem sie besonders nach der Besetzung Elateas Philipps eigentliche Absichten durchschaut haben. Auch sind jene zehntausend Mann, die auf Demosthenes' Betreiben unter Chares zu dem bei Amphissa versammelten Söldnerheere stossen, natürlich mehr zum Kampfe für Griechenland überhaupt als zum Schutze der Lokrer bestimmt.[12]) Kurz, die Verhältnisse stehen so, dass die Athener sich die Lokrer zu Bundesgenossen gegen Philipp gar nicht machen konnten, sondern, da der Feldzug Philipps zunächst den Lokrern galt, eigentlich sich selbst zu deren Bundesgenossen machten, und Grote hat vollkommen recht, wenn er (Geschichte Griechenlands VI 396 Anm. 145) die auf die Lokrer bezügliche Nachricht in unserem Schriftstücke kurzweg als unrichtig bezeichnet.

Was endlich die Byzantier anbelangt, so mag man ihre Nennung hingehen lassen, obwohl sie, aus den Aeusserungen bei Demosthenes zu schliessen, sicherlich nicht auf derselben Stufe standen wie die übrigen Bundesgenossen. R. v. Kr. § 302 sagt Demosthenes, seine politische Thätigkeit resumirend: Muss nicht ein guter Bürger τὰ μὲν cῶcαι τῶν ὑπαρχόντων ἐκπέμποντα βοηθείας .. τὰ δ' ὅπως οἰκεῖα καὶ cύμμαχ' ὑπάρξει πρᾶξαι, τὸ Βυζάντιον, τὴν Ἄβυδον, τὴν Εὔβοιαν? wobei die letzten Namen Reiske mit Recht verdächtigt. Dass Demosthenes selbst die Byzantier nicht in Verbindung mit den übrigen Bundesgenossen nennt, hat wohl darin seinen Grund, dass die Bedingungen, unter welchen er sie bewogen, ihren alten Hass gegen Athen aufzugeben und vom Bündnisse mit Philipp abzulassen, für Athen drückend gewesen sein mögen, wie man aus Aeusserungen, auf die Demosth. R. v. Kr. 238 anspielt, schliessen darf. (Vgl. Boehnecke Forsch. S. 473 unten und Anm. 4.)

Soviel über die Bundesgenossen, welche unser Gesuch mehr aufzählt. Dass die Leukadier und Kerkyräer fehlen, während Demosthenes und Plutarch dieselben ausdrücklich nennen, ist ein weiterer Mangel. Wie oben erwähnt wurde, spricht die Nennung dieser ziemlich unbedeutenden Bundesgenossen selbst dafür, dass es Demosthenes um Vollständigkeit zu thun ist und er sicherlich auch andere namhaft gemacht haben würde, wenn er sie zum Beitritt vermocht hätte.

---

[12]) Welche Stelle Curtius (III 813 Anm. 172) vor Augen hat, wenn er sagt: „Bündnis mit Amphissa: L. d. 10 R. Pseph. 851 Λοκρούς, wofür Demosthenes den Hauptort nennt", ist mir nicht klar; ich finde nirgends angedeutet, dass Demosthenes auch nur Amphissa zum Beitritt bewogen hätte.

Schliesslich sei noch erwähnt, dass auch in den auf die Bundesgenossen bezüglichen Angaben ein offener Widerspruch besteht zwischen dem Texte des L. d. 10 R. p. 845 A und dem behandelten Schriftstücke; denn wenn man schon wegen der Worte καὶ ἄλλους dem Verfasser jener Schrift nicht nachweisen kann, dass er die in dem Bittgesuche mehr genannten Megarer, Achäer, Lokrer, Byzantier und Messenier nicht gekannt habe, so nennt er seinerseits wieder die Kerkyräer und Böoter, die dort nicht vorkommen. In Betreff der Böoter, die nur hier und bei Ps.-Lukian genannt werden, mag ungefähr dasselbe gelten, wie von den Lokrern; auch von ihnen ist durchaus nicht bekannt, dass sie Demosthenes gewonnen hätte [13]).

Auch die Angaben über die Streitkräfte stehen im Widerspruche mit dem anderweitig sicher Beglaubigten. 10000 Mann Fussvolk und 1000 Reiter soll Demosthenes für das Volk und die Bundesgenossen auf die Beine gebracht haben: Demosthenes selbst sagt nach Aufzählung der Bundesgenossen R. v. Kr. 237: ἀφ' ὧν μύριοι μὲν καὶ πεντακισχίλιοι ξένοι, δισχίλιοι δ' ἱππεῖς ἄνευ τῶν πολιτικῶν δυνάμεων συνήχθησαν, und dem entsprechend Plutarch Dem. XVII: συνέστησε πλὴν ὀλίγον ἅπαντας ἐπὶ τὸν Φίλιππον, ὥστε σύνταξιν γενέσθαι πεζῶν μὲν μυρίων καὶ πεντακισχιλίων, ἱππέων δὲ δισχιλίων ἄνευ τῶν πολιτικῶν δυνάμεων, χρήματα δὲ καὶ μισθοὺς εἰσφέρεσθαι τοῖς ξένοις προθύμως; also 15000 Mann Fussvolk und 2000 Reiter ausser den Bürgerwehren.

Damit stimmt vollständig die Angabe des Aeschines III 97, welcher den Demosthenes in dem Berichte über die peloponnesische Gesandtschaft sagen lässt: εἶναι δὲ τὸ σύνταγμα χρημάτων μὲν εἰς ἑκατὸν νεῶν ταχυναυτουσῶν πληρώματα καὶ εἰς πεζοὺς στρατιώτας μυρίους καὶ ἱππέας χιλίους, ὑπάρξειν δὲ πρὸς τούτοις καὶ τὰς πολιτικὰς δυνάμεις; denn dieser Bericht wurde zu Anfang des Jahres 340 (Ol. 109. 4, Schäfer II 454) erstattet, während die Thebaner erst unmittelbar vor der Schlacht bei Chaeronea dem Bunde beitraten und ihre Contingente zu den bereits versammelten stossen liessen; dass sie wirklich 5000 Mann Fussvolk beistellten, lässt sich, wie ich glaube, aus Aesch. III 143, verglichen mit der oben erwähnten Stelle, schliessen, indem dort Aesch. sagt: τὰ μὲν δύο μέρη (sc. τῶν εἰς πόλεμον ἀναλωμάτων) ἡμῖν

---

[13]) Ueber die Bundesgenossen der Athener vor der Schlacht bei Chaeronea: Winiewski a. a. O. S. 252, Schäfer D. u. s. Z. II 453 ff., bes. 456 Anm. 1, E. Curtius. Gr. G. III[5] 679, 710, bes. Anm. 156, Grote, Geschichte Griechenlands (übers. von Meissner-Höpfner) VI 395 f., K. F. Hermann, Gr. Staatsalt. I[5] 680 Anm. 8, H. Köchly, N. Schweizer Museum II (1862) S. 46, A. Westermann zu Dem. R. v. Kr. 237 und die andern Erklärer zu der Stelle.

ἀνέθηκεν, οἷc ἦcαν ἀπωτέρω οἱ κίνδυνοι, τὸ δὲ τρίτον μέρος Θηβαίουc. Dass aber auf die Thebaner volle 1000 Reiter, also die Hälfte, entfallen, ist mit Rücksicht auf den Ruf der thebanischen Reiterei nicht zu verwundern. Alle diese Nachrichten lassen sich also vortrefflich vereinigen, dagegen die in unserm Schriftstücke angegebenen Zahlen sind unzweifelhaft falsch. Sobald man die Vermuthung ausspricht, dass die Zahlen darin aus Aeschines stammen,—und sie stimmen mit seinen Angaben in der That überein — fasst man das Schriftstück auch schon als Machwerk eines ungeschickten späten Compilators auf; einem Demochares kann man unmöglich zutrauen, dass er die Rede des Todfeindes seines Oheims bei Abfassung eines Gesuches um Belobung des letzteren als Quelle benützt habe, während er das Gewünschte in der Rede des Demosthenes selbst finden konnte, und dass er bedeutend geringere Zahlen angegeben habe, als sie sowohl bei Demosthenes ausdrücklich stehen als auch aus Aeschines sich erschliessen lassen. Man kann übrigens nicht einmal sagen, dass der Verfasser der Urkunde, wer er immer sei, den Aeschines in den Angaben, die wir behandeln, benützt habe; denn dann sollte man doch eine Uebereinstimmung in den cuντάξειc, die Aeschines einige Zeilen vorher erwähnt, erwarten. Freilich sind dort nicht alle Bundesgenossen erwähnt, sondern es heisst nur (III 95), Kallias habe als λόγουc κατεcκευαcμένουc ὑπὸ Δημοcθένουc gesagt: ὡc ἥκοι ἐκ Πελοποννήcου νεωcτὶ cύνταγμα cυντάξαc εἰc ἑκατὸν ταλάντων πρόcοδον ἐπὶ Φίλιππον, wovon die Achäer und Megarer 60 Talente, die Städte auf Euböa 40 zu zahlen gehabt hätten. Hat nun der Verfasser die unvollständigen Zahlen der Truppenkörper aus Aeschines entlehnt, so hätte er ja auch die Angabe über die 100 Talente entlehnen sollen.

Was die Höhe der cυντάξειc selbst anlangt, so ist darüber ausser unserer Stelle nichts Bestimmtes überliefert. Demosthenes selbst sagt R. v. Kr. 237, er habe in dieser Beziehung sein Möglichstes gethan: χρημάτων δ' ὅcων ἠδυνήθην ἐγὼ πλείcτην cυντέλειαν ἐποίηcα; aber fünfhundert Talente ist entschieden eine unglaublich hohe Summe. Bringt man nämlich das Verhältnis der Streitkräfte nach den Angaben des Demosthenes (15000) und Aeschines (10000, welche Zahl, wie oben erwähnt, noch unvollständig ist) und jenes der Beiträge in eine Proportion, wozu man nach der Darstellung bei Aeschines berechtigt ist (vgl. Schäfer II 452), so hätte Demosthenes, wenn er statt der Worte ὅcων ἠδυνήθην πλείcτην cυντέλειαν ἐποίηcα die concrete Zahl hätte angeben wollen, von etwa 150 Talenten sprechen können. Doch wenn auch diese Berechnung gewagt erscheint, — dass durch den Beitritt der Thebaner die cυντάἕξις auf 500 Talente gebracht worden wären, ist mit Rücksicht auf die Angaben des Aesch. unglaublich. Ist also die auf die Heeresmacht bezügliche Zahl zu niedrig angegeben, so ist diese letztere ganz unglaublich hoch.

Als weiteres Verdienst wird angeführt, dass Demosthenes auf einer Gesandtschaft die Peloponnesier durch Geld bewogen habe, dem Alexander gegen Theben nicht zu Hilfe zu ziehen. Es wäre hiebei nothwendig an den zweiten Zug Alexanders im J. 335 zu denken, obwohl in den Commentaren zu dieser Stelle gar nicht angegeben wird, worauf sich die Worte beziehen sollen. Indessen ist von einer Gesandtschaft des Demosthenes nach der Schlacht bei Chaeronea und vor der Zerstörung Thebens durchaus nichts bekannt und ebensowenig darüber, dass die Peloponnesier Willens gewesen wären, Alexander gegen Theben Hilfe zu leisten, und erst durch Demosthenes davon abgebracht worden wären.

Im Gegentheil gieng ihr Streben von vornherein darauf, ihre Selbständigkeit zu wahren, und als auch noch die persischen Subsidiengelder eingetroffen waren, wird niemand daran gedacht haben, es mit Alexander zu halten, geschweige ihm gegen Theben Hilfe zu leisten; dies müsste nur aus der vorliegenden Stelle geschlossen werden. Τὸ δὲ Περσικὸν χρυσίον διὰ τῶν ἑκασταχοῦ δημαγωγῶν ῥέον ἐκίνει τὴν Πελοπόννησον, sagt Plut. de Alex. fort. I 3. Bekannt ist, dass die Thebaner bei ihrem Aufstande an die Peloponnesier (Arkader, Argiver, Eleer) Gesandtschaften schickten (Diod. Sic. XVII. 8. p. 166.), dass dem Alexander berichtet wurde, dieselben hätten ihre Soldaten nach dem Isthmos abgeschickt, dass Demosthenes bei den Athenern den Anschluss an die Thebaner betrieb, u. dgl. Vgl. Boehnecke 627 ff., Schäfer III 105 ff.

Nach Aesch. III 240 und Deinarch I 20 wäre Demosthenes sogar schuld daran gewesen, dass die auf dem Isthmos versammelten Arkader nicht weiter vorrückten, indem er das von ihrem Anführer verlangte Geld (9—10 Talente) nicht hergeben wollte. Doch ist dies auch offene Verleumdung: durch unsere Stelle erscheinen die Dinge geradezu auf den Kopf gestellt, und sie ist auch die einzige, die Schäfer für diese Nachricht vorzubringen vermag (III 123 Anm. 1). Noch bleibt zu erwähnen, dass es an und für sich nicht wahrscheinlich ist, dass Demochares auch jenes χρήματα δούς mit als Motiv zur Belobung angeführt habe. Es ist nämlich mehrfach angedeutet, — die Stellen bei Schäfer III 106 Anm. 2 — dass von den 300 Talenten, die der Perserkönig den Athenern geschickt hatte, um sie sowie die andern Hellenen zum Kampfe gegen Alexander zu ermuthigen, und die von staatswegen abgelehnt worden waren, eine bedeutende Summe in Demosthenes' Hände kam, dass er damit nach eigenem Ermessen schalte. Ganz erfunden können die darauf bezüglichen Nachrichten jedenfalls nicht sein. Hätte nun Demochares gesagt, dass Demosthenes auch Geld hergegeben habe, um in welcher Form immer gegen Alexander zu agitiren, so hätte er wohl befürchten müssen, die Erinnerung an jene zweideutige und Demosthenes kaum zur Ehre gereichende Sache wachzurufen. Endlich wäre noch zu bemerken, dass auch hierin unser Schriftstück mit dem Texte des L. d. 10 R. wenn auch nicht im offenen Widerspruche steht, so doch nicht übereinstimmt. Hier heisst es nämlich p. 847 B, den Verhältnissen entsprechend: cuνήργηcε δὲ (sc. Δημοcθένης) καὶ Θηβαίοις πρὸς Ἀλέξανδρον πολεμοῦcι καὶ τοὺc ἄλλουc Ἕλληναc ἐπέρρωcεν ἀεί· διόπερ... ἐζήτει παρ' Ἀθηναίων Ἀλέξανδροc αὐτόν, während ihm in dem Bittgesuche nachgerühmt wird: ὡc ἐκώλυcε Πελοποννηcίουc ἐπὶ Θήβαc Ἀλεξάνδρῳ βοηθῆcαι χρήματα δοὺc καὶ αὐτὸc πρεcβεύcαc.

Die Angaben am Schlusse des Schriftstückes über des Demosthenes Tod: τελευτήcαντοc αὐτοῦ ἐν Καλαυρίᾳ und πεμφθέντων cτρατιωτῶν ἐπ' αὐτὸν ὑπὸ Ἀντιπάτρου scheinen, obwohl richtige und verbürgte Thatsachen enthaltend, zu dem gewissermassen feierlichen Tone des Ganzen nicht recht zu passen und möchten vielmehr in eine detaillirte Biographie gehören als in ein Bittgesuch, das einem Belobungsdecrete zu Grunde gelegt werden soll.

Wien. ANTON KUNZ.

(Schluss folgt).

Zu Ovids Metamorphosen.

In diesem Aufsatze sollen einige Stellen der Metamorphosen besprochen werden, welche ich in früheren Arbeiten noch nicht behandelt habe und welche doch eine eingehendere Erörterung verdienen, als ich ihnen in der Praefatio meiner eben erschienenen Ausgabe (Prag u. Leipz. 1884) widmen konnte. Ich habe daher in jener Praefatio schon vorläufig auf diese Nachträge verwiesen. Meinen Standpunkt habe ich an dem genannten Orte auch mit Berücksichtigung der neuesten Forschungen von Hellmuth[1]) und Ellis[2]) so klar dargelegt, dass ich hier wohl nichts mehr beizufügen brauche. Was die Anordnung anbetrifft, so glaube ich hier so vorgehen zu sollen, dass ich Stellen, die auf eine gemeinsame Behandlung hinzuweisen scheinen, möglichst zu Gruppen vereinige, wodurch sich für die Handhabung der Kritik allgemeine Gesichtspunkte ergeben dürften.

Ich beginne mit einigen Stellen, welche im Anschluss an einen bei Ovid beliebten Brauch beurtheilt werden müssen, nämlich mit solchen, in denen sich jene eigenthümlichen, fast spielenden Klangfiguren zeigen, die Ovid mit besonderer Vorliebe anwendet. Ueber diese, im Anschluss an die Alliteration entwickelten Figuren habe ich schon an mehreren Orten, z. B. Philol. Abh. II 33, Zu späteren lat. Dichtern I 78, II 40 gehandelt. Seitdem ist die Frage über den Gebrauch der Alliteration in einer Reihe von Schriften behandelt worden, vor allem durch die umfassende und neues Licht verbreitende Arbeit Wölfflins[3]), dann durch die Abhandlung Kvičalas über die Alliteration bei Vergil[4]), wozu noch die Nachlese von W.

---

[1]) Ueber Bruchstücke von Ovids Metamorphosen in Handschriften zu Leipzig und München, Sitzungsber. der k. bair. Akad. 1883, Heft 2 S. 221 ff.
[2]) Journal of Philology XII 62 ff.
[3]) Die alliterierenden Verbindungen der lat. Sprache, Sitzungsber. d. k. bair. Akad. 1881, Bd. 2, Heft 1. Dort findet sich auch S. 3 ein Verzeichniss der früheren, von manchen für gar zu dürftig gehaltenen Literatur über diesen Gegenstand.
[4]) Neue Beiträge zur Erklärung der Aeneis. Prag 1881 S. 293 ff. Vgl. meine Besprechung Zeitschr. f. öst. Gymn. 1881 S. 344.

Ebrard[5]) und der Aufsatz von F. Urban[6]) kommen, der, wie es Kvičala für Vergil gethan, das Material für Ovids Metamorphosen gesammelt hat. Bevor ich nun zu den kritischen Bemerkungen übergehe, möchte ich noch einige neue Beispiele aus Ovid beibringen, um zu zeigen, wie sehr bei diesem Dichter stärkere Klangfiguren, die sich im Anschlusse an Alliteration und Assonanz entwickelt haben, beliebt sind[7]). So berührt sich der Versschluss Met. IV 521[8]) *Melicerta lacertis* mit jenen Formen, die Kvičala (S. 337 ff.) und Urban nun auch angedeutet haben. Aehnliche Stellen, wo Eigennamen, besonders mythologische, eine Rolle spielen, fand ich XIII 528 *Polydorus in oras*, XIV 105 *Averna paternos*, XV 865 *domestice Vesta*. Aber auch sonst fällt bei fortgesetzter Beobachtung dem Ohre immer wieder Neues auf, z. B. II 755 *arcana profana*, VI 37 *confecta senecta*, VII 80 *scintilla favilla*, VII 538 *miratur arator*, XV 253 *natura figuras*, XV 616 *intrare vetaris*, VIII 864 *alimenta parenti* (vgl. IX 184), III 717 *violenta loquentem* (vgl. XIII 558 *truculenta loquentem*), XIII 821 *stabulantur in antris*, IX 425 (XIII 362) *cura futuri* (vgl. VI 137 *secura futuri*), X 729 *olentes vertere menthas*[9]). Doch auch an den verschiedenen Versstellen lassen sich derartige fast reimende Anklänge immer mehr nachweisen[10]), z. B. XIV 715 *verba superba*, IX 554 *cenveniens venus* (beide im Versanfang), IV 279 *naturae iure*, VIII 695 *cum Baucide pauca* (in Partien des 3. bis 5. Fusses). Man wird auch bei dem letzten Beispiele nach den vorhergehenden Proben schwerlich die bestimmte Absicht des Dichters läugnen können. Dass nun diese Beobachtungen, einen besonnenen Gebrauch vorausgesetzt, auch für die Kritik von Werth sein können, will ich durch die Behandlung einzelner Stellen nachzuweisen versuchen.

So gewinnt Met. II 126 das übrigens schon besser bezeugte *monitis parere parentis*, das Korn gegenüber dem von Heinsius nach

---

[5]) Die Alliteration in der lat. Sprache. Progr. Baireuth 1882.

[6]) Die Alliteration in Ovids Metamorphosen. Progr. Braunau 1882.

[7]) Auch aus anderen Dichtern liesse sich noch manches derartige anführen, z. B. Luc. IX 370 *melioris in oris*, IX 303 *natura figuram*, Ven. Fort. vit. S. Mart. IV 97 *procella flagellum* u. dgl.

[8]) Da diese Beiträge gewissermassen das in der Praefatio meiner Ausgabe Erörterte ergänzen und weiter ausführen sollen, so erlaube ich mir auch nach den Verszahlen derselben zu citieren.

[9]) Zu der beliebten Verbindung *udaeque paludes* (vgl. phil. Abh. II 34) wäre für Ovid noch die Stelle Met. I 418 nachzutragen; vgl. auch Fast. VI 401.

[10]) Manchmal auch im Pentameter z. B. Am. I 9, 6 *bella puella*; vgl. im Schlusse des Hexameters *expelle puellae* Tib. IV 4, 1.

zwei Handschriften empfohlenen *monitis parere paternis* wieder in den Text setzte, auch aus diesem Grunde eine Stütze. Aehnlich verhält es sich VII 532 mit dem besser bezeugten Versschluss *aestibus austri* gegenüber dem nach Heinsius von Neueren bevorzugten *flatibus austri* und XIII 619 mit dem von Korn wieder aufgenommenen und gut erklärbaren *moriturae more*; auch I 718 scheint eine Aenderung des *praeruptam rupem*, an welche jüngst Ellis a. a. O. S. 65 dachte, schon aus diesem Grunde nicht empfehlenswerth [11]).

Könnte nun diese Beobachtung nicht für die Herstellung schwer verderbter Stellen einen Anhaltspunkt liefern? So ist VII 741, wo der als Buhler in Verkleidung auftretende Gatte, als er nach langem Bemühen endlich die Treue seines Weibes zum Wanken gebracht hat, sich zu erkennen gibt, in M überliefert: *Exclamo male* (e ex corr.) *fictor adest male fictus adulter Verus eram coniunx*. Die Stelle ist bekanntlich viel behandelt, aber ohne Erfolg, und auch der paläographisch allerdings leichte Vorschlag von Korn *male fictus adest, male fictus adulter* befriedigt, wie ich sehe, nirgends. Ebensowenig entspricht der neueste Versuch von Ellis: *mala fictor adest; ego fictus adulter* (a. a. O. S. 75); denn *fictor* findet sich sonst bei Ovid nicht und ist so absolut gebraucht wohl schwerlich zu belegen. Könnte nun nicht *fictor* durch Abirrung auf das folgende *fictus* aus *victor* entstanden [12]) und jenes *victor* wiederum nur eine Corruptel für *ultor* sein [13])? Sicherlich würde der Begriff *ultor* hier sehr gut passen, ja er würde den Ausdruck echt ovidisch machen, einmal weil Ovid *ultor adest* auch sonst wiederholt gebraucht (z. B. A. A. I 181; Met. XII 341; V 10) und weil dann eine bedeutsame Klangfigur hervorträte: *ultor adest, male fictus adulter*. Freilich bleibt auch nach dieser Annahme die Herstellung des vorhergehenden *male* unsicher, je nachdem man sich eng an die überlieferten Schriftzeichen anschliessen oder eine Abirrung auf das folgende *male* annehmen will. Doch hierüber habe ich in meiner Ausgabe (praef. p. XV) das Nähere kurz mitgetheilt; daher will ich hier gleich zu einer Bemerkung über die in der Anm. 13 angeführte Stelle IX 416 übergehen. An dieser Stelle gewann Korns Herstellung, der die Lesart aus M *neve necem sinat*

---

[11]) Die Verbindung *rupis abruptae* hat auch Lucan VIII 46.

[12]) Vgl. die Zusammenstellungen in meiner Ausgabe praef. p. VIII.

[13]) Diese Corruptel erscheint in M wirklich auch XII 341 (Korn p. 269); man vergleiche IX 416, über welche Stelle ich gleich sprechen werde.

esse diu victoris inultam in *neve necem sinat esse diu deus ultor inultam* änderte [14]), bei näherer Betrachtung für mich mehr überzeugende Kraft, als dies zuerst der Fall war, wo man unwillkürlich an die freiere Art mancher Holländer erinnert wurde. Die Klangfigur ist ganz anderen Fällen ähnlich (vgl. Urban S. 33) und dann bieten hier einige Handschriften wirklich *ultoris* statt *victoris* (s. Korn p. 203). Weiter mache ich noch auf die Stellen XIV 750 und 693 aufmerksam, wo dieselbe Verbindung *deus ultor* erscheint. Der Ausfall von *deus* nach *diu* ist leicht erklärlich und die Aenderung von *ultor* resp. *victor* in *victoris* ebenso bei dem Umstande, dass nach dem Ausfalle dieses Mittel zur äusserlichen Herstellung des Verses am nächsten zu liegen schien.

Dieser Gruppe reihe ich zunächst eine andere an, in welcher Parallelstellen aus Ovid im Dienste der Kritik zur Feststellung zweifelhafter Lesarten verwerthet werden sollen [15]). So spricht I 340 für *cecinit... receptus* die Stelle Trist. IV 9, 31 *cane, Musa, receptus* und die Annahme von *receptus* ist um so unbedenklicher, als M in *recessus* die Buchstaben *ssus* in Rasur hat und *receptus* auch durch den Bernensis und den Codex T bei Hellmuth (a. a. O. S. 237) bestätigt wird [16]). — II 313, wo die Codices *saevis conpescuit ignibus ignes* bieten, halte ich Bentleys Conjectur *saevos*, die Korn und Polle billigen, nicht für nöthig. Mit *saevis* ist, wie schon Bach richtig andeutete, wieder der Blitz bezeichnet und als Ausschlag gebend erscheint mir die Stelle Trist. IV 3, 65 ff., wo Ovid sichtlich auf unsere Stelle anspielt (vgl. dort 65 f. '*Nec quia rex mundi conpescuit ignibus ignes, Ipse suis Phaëthon infitiandus erat*'). Besonders hervorzuheben ist, dass dort beim schmeichelnden Vergleiche der 'Blitze' des Augustus mit jenen des Juppiter v. 69 auch die Phrase gebraucht wird: *nec tibi, quod saevis ego sum Iovis ignibus ictus*. — II 376, wo Korn nach der besseren Ueberlieferung das schon von Riese in der Praefatio mit '*recte?*' bezeichnete *penna latus velat* gegenüber dem noch neuerdings festgehaltenen *vestit* aufgenommen hat, verweist er im Apparat auf XIII 53, welche

---

[14]) Auf ultor ist auch Bergk (Kleine phil. Schriften Halle 1884, I S. 656) verfallen; doch scheint mir sein *pius ultor* nicht so leicht zu begründen als Korns eben erwähntes *deus ultor*.

[15]) Der Stellensammlung zu I 15 in meiner Praefatio p. X füge ich noch aus Lucan, der öfters an Ovid anklingt, die ganz entsprechende Formel IX 578 *ubi terra et pontus et aër* bei.

[16]) Es bedarf daher die Anmerkung im Commentare Korns, der übrigens die Lesart auch aufgenommen hat, '*receptus Heins.*' einer Berichtigung.

Stelle schwerlich als eine bezeichnende gelten kann [17]). Vielmehr ist *velare* mit *penna* oder *pluma* der gewöhnliche Ausdruck bei der Verwandlung in einen Vogel, z. B. VII 467 *Mutata est in avem... nigris velata monedula pennis*, VIII 252 *avemque Reddidit et medio velavit in aëre pennis*; vgl. XV 357 *levibus velari corpora plumis* u. dgl. Dadurch ist die Ueberlieferung gesichert und anderweitige Stellen, wie die Ciris 503, können für *vestit* keinen Ausschlag geben, weil hier nicht der Stoff der Bekleidung hervorgehoben wird und weil sich das Wort *vestire* in den Metamorphosen gar nicht findet [18]). — III 52 wird doch die Lesart *tegumen derepta leoni Pellis erat* der von Korn aufgenommenen *t. direpta leonis P. e.* vorzuziehen sein. Es steht hier auch mit der Ueberlieferung nicht so schlecht, da das alte Berner Fragment, das keineswegs bedeutungslos ist, *derepta* und M, wenn er auch *direpta* liest, doch das s von leonis in Rasur bietet. Nun vergleiche man aber XV 304 *derepta bicorni Terga capro*, wo Codex h auch *direpta* hat, Korn aber sich mit Heinsius für *derepta* entscheidet [19]). — VI 605 kann für das auch von M bezeugte *amplexumque petit* die Stelle Her. XIV 69 *dum petis amplexus* verglichen werden. — VI 660 scheint mir Riese in seiner Ausgabe die Lesart des Gothanus *mentis* gegenüber *meritis* in M (so Korn) mit Recht vorgezogen zu haben; denn abgesehen von der naheliegenden und in Minuskel auch sonst nachweisbaren Verwechslung von *mentis* und *meritis*[20]) spricht hier für *gaudia mentis* die Stelle ex Ponto II 1, 17, dann noch der nach ovidischem Brauche an dieser Stelle erwartete Gegensatz: Jetzt, da die rachedürstende Philomela dem Urheber ihres Unglücks das Haupt seines Sohnes ins Gesicht schleudern kann, möchte sie noch die Gabe der Sprache besitzen, um ihrer Herzensfreude auch durch Worte Ausdruck zu geben (*et mentis testari gaudia dictis*). Die Lesart *meritis* (der Freude durch

---

[17]) Ebensowenig richtig ist es, wenn sich Korn X 591 für seine Conjectur *replet vibrata* auf I 627 beruft; denn dass der Wind das Gewand *vibrat* (I 528) ist schön; dass aber die Füsse es *vibrant* und dann der Wind es *replet*, ist unschön und gewiss nicht im Sinne Ovids.

[18]) In den Fasti findet sich vestire zweimal, aber in ganz anderen Verbindungen: I 402 *gramine vestitis adcubuere toris*, IV 707 *incendit vestitos messibus agros*. Die Fälle, wo das Gedicht Ciris für die Kritik Ovids von Interesse ist, sind ganz anderer Art; vgl. meine phil. Abh. III 23 ff. und H. Magnus Berl. Gymn. Zeitschr. 1883 (Jahresber. S. 256).

[19]) Korn bemerkt im Commentar '*derepta em. Heins.*'; aber Heinsius hatte sich auf Codices berufen; vgl. auch Burmann und Jahn z. d. St. — Verg. Aen. I 211 hat Ribbeck in der kleineren Ausgabe *tergora deripiunt costis* geschrieben.

[20]) Vgl. Hagen Grad. ad crit. p. 59.

verdiente Worte Ausdruck zu geben) ist offenbar matt. Noch sei für diese Stelle bemerkt, dass v. 673 *praelonga* nicht Merkels Conjectur ist, wie Korn angibt, sondern schon von Heinsius vorgeschlagen wurde. Man vergleiche noch Bach z. d. St., der übrigens die Ueberlieferung *pro longa* nicht 'parum egregie' (vgl. Merkel praef. p. XIX), sondern wie dann Haupt 'egregie' vertheidigt hat[11]). Wie Ovid bei den Schilderungen der Verwandlungen den Uebergang der einzelnen Körpertheile in die neue Gestalt, oft witzelnd ausführt (vgl. neben den anderen oft citirten Stellen auch XIV 344 f. verglichen mit XIV 391 ff.)[12]), so ist er hier verfahren. Auch der Verstheil *cui stant in vertice cristae* deutet darauf hin, dass der Dichter an den Uebergang der Helmraupe in den Kamm des Wiedehopfs dachte, also an eine, wenn auch in Spielerei ausartende Erklärung der Eigenthümlichkeiten des Vogels aus der ursprünglichen Gestalt. Und da dürfen wir nicht an dem Dichter bessern, sondern müssen es als seine Manier hinnehmen, dass aus der v. 666 vorgehaltenen Waffe der Schnabel, also *pro longa cuspide rostrum* entsteht. — Die sicher überlieferte Stelle VII 314 *guttura cultro Fodit* dürfte darauf hinweisen, dass auch XV 464 das von Codex h gebotene *cultro* dem von Korn aufgenommenen *ferro* vorzuziehen ist, wie ja auch Riese *corpora cultro Rumpit* geschrieben hat. Es wäre nur noch zu erwägen, ob nicht statt *corpora* das *guttura* der alten Ausgaben, welches Merkel, Polle und Korn in den Text gesetzt haben (*guttura ferro Rumpit*), mit Heinsius aufzunehmen ist; vgl. VII 244 *cultrosque in guttura... Conicit.* — VII 464 möchte ich näher begründen, warum ich an dieser schwierigen Stelle die aus den zwei in der Praefatio bezeichneten älteren Conjecturen gewonnene Lesart *Florentemque thymo Cythnum parvamque Seriphon* allen anderen Versuchen zur Heilung dieser Stelle vorgezogen habe. Ich kann diese Begründung hier einreihen, da hiebei auch Parallelstellen in Betracht kommen. Allerdings war in Kythnos die Schafzucht die einzige Erwerbsquelle der Bewohner und daher auch gewiss Käsebereitung im Schwung[13]). Wenn man aber bedenkt, dass gegen die Verbindung *florentemque tyro*

---

[11]) Vgl. M. Haupt Ausg. I, 223.

[12]) Der Uebergang der v. 344 kurz beschriebenen Kleidung in die v. 393 geschilderten Farben des Gefieders ist ohnehin durch die spielende Wiederholung der Ausdrücke *poeniceam chlamydem* (vgl. *purpureum chlamydis colorem*) und *fulvo auro* an beiden Stellen deutlich genug angedeutet. Wer aber die *bina hastilia* (344) mit der Schnabelform (*rostro* 391) bekannter Spechtarten vergleicht, wird kaum zweifeln, dass die *bina hastilia* die Entstehung des Spechtschnabels spielend motivieren sollen.

[13]) Vgl. Bursian Geographie von Griechenland II 473 ff.

sprachliche Bedenken obwalten, ferner dass von ähnlichen felsigen Gegenden wie Kythnos erzählt wird, wie der Thymian als beliebtes Futter für Kleinvieh den Ertrag der Schafzucht förderte [24]), so wird man auf das paläographisch naheliegende und bei Ovid auch sonst (ex Ponto II 7, 26) nachweisbare *florentemque thymo* geführt. Was Seriphos anbetrifft, so ist für dasselbe das Epitheton *parva* beliebt (vgl. Ovid. Met. V 242, Juv. VI 563; X 170, an welcher Stelle auch im Versschlusse *parvaque Seripho* steht). Auch in der Erwähnung bei Cic. de nat. deor. I 31, 88 tritt die Anspielung auf die Beschränktheit der Insel hervor [25]). Dass nun Ovid eine wegen ihrer Kleinheit und Armuth sprichwörtlich gewordene Felseninsel[26]) mit dem ihrer bekannten Beschaffenheit widersprechenden Epitheton *planam* (so lautet die Ueberlieferung) geschmückt haben soll, ist nicht glaublich und wird auch durch die Haupt'sche Erklärung von *planam*: 'nur ein Beiwort, das der Rede Abwechslung bringt, ohne sich um die Wirklichkeit zu kümmern' nicht gerechtfertigt. Dann aber ist die Heilung der Corruptel durch *parvam* die wahrscheinlichste, umsomehr als aus *parvam*, wenn *r* ausgefallen war[27]), leicht durch ungeschickte Besserung *planam* entstehen konnte. — VII 777 scheint Merkels und Korns Lesart *exutae contorto verbere glandes* nicht überzeugend. M hat ja von erster Hand *exiu////*, wo ı eher auf *excussae* als auf *exute* hinweist, das erst die zweite Hand bietet. *exutae* wäre nach dem sonstigen Gebrauche dieses Wortes bei Ovid doch zu matt ('die aus der Schleuder losgemachten, losgelassenen' Polle Wörterb.³ S. 120) und die Stelle Lucans, der auch sonst Ovid öfter vor Augen hatte[28]), III 710 *Lygdamus excussa, Balearis tortor habenae, Glande petens*' scheint für das stärkere und zu den übrigen Worten (vgl. *contorto verbere*) besser passende *excussae* zu sprechen. — An der äusserst schwierigen und, wie es scheint, kaum mit Sicherheit zu verbessernden Stelle VIII 117 f., wo Korns Conjectur, die sich eng an M¹ anschliesst, keinen Anklang fand, glaube ich für die Lesart von M² *obstruximus orbem Terrarum nobis, ut Crete sola pateret* die ganz ähnliche Stelle v.

---

[24]) Vgl. Lenz Botanik der Griechen und Römer S. 523 und Plin. N. H. XXI 10, 31 *thymis quidem nunc etiam lapideos campos in provincia Narbonensi refertos scimus: hoc paene solo reditu, e longinquis regionibus pecudum milibus convenientibus, ut thymo vescantur.*

[25]) Vgl. die Note Schömanns z. d. St.

[26]) Bursian a. a. O. S. 476.

[27]) Aehnliche Beispiele des Ausfalles bei Hagen a. a. O. S. 104.

[28]) Vgl. Zu spät. lat. Dicht. I 7.

185 f. *terras licet, inquit, et undas obstruat: at caelum certe patet in's* Feld führen zu können. Sollte sich nun, um eine allerdings bescheidene Vermuthung vorzutragen, die Lesart von M^1 *exponimur orbe* nicht durch das Eindringen einer Glosse erklären? Da solche Fälle des Eindringens von Glossen für M sichergestellt sind [29]), so ist eine solche Vermuthung nicht schlechterdings zu verwerfen. Wenn z. B. VIII 557 *vertice* in M durch die Glosse *culmine* verdrängt wurde, so liesse sich wohl auch denken, dass hier ein *opponimus* an den Rand gekommen und nach Verderbung des *orbē* in *orbe* als *exponimur* in den Text gedrungen wäre. — VIII 145 spricht für die leichte Verbesserung *nam iam pendebat in aura* (statt *auras*), welche man jetzt, wie auch ich es gethan habe, unter dem Namen Kochs anführt, der sie von Neuem empfahl [30]), die nahe Stelle VIII 202 *motaque pependit in aura* (vgl. auch II 726). Die in der Haupt-Korn'schen Ausgabe herangezogene Stelle VII 354 (*sublatus in aëra pennis*) ist nicht entsprechend. — IX 74, wo die Codices *Crescentemque malo domui domitamque reduxi* lesen, ist Korns geistreiche, aber freie Conjectur *domui vetuique renasci* schon deswegen bedenklich, weil sie eine für Ovid charakteristische Eigenthümlichkeit ändert. Für *domui domitamque* vergleiche man, um nur einige der nächstliegenden Beispiele aus den Metamorphosen anzuführen, IX 526 *ponit positasque*, XII 390 f. das Doppelbeispiel *traxit Tractaque calcavit calcataque*, XIII 59 *finxit fictumque*, XIII 942 *decerpsi decerptaque*, XIV 81 *deceptaque decipit*, XV 355 *desertaque deseret*, VIII 639 *resecat ... sectamque*. Kann man nun da noch einen Zweifel hegen, wo in M eine solche von anderen Handschriften gebotene Figur durch eine leichte Variante verwischt ist, wie VII 260, wo dem *tinguit et intinctas* der übrigen Codices in M *infectas* gegenübersteht, so ist es jedenfalls verfehlt eine solche Figur, wo sie überliefert ist, zu zerstören. Für *reduxi* empfiehlt sich doch am meisten Merkels *reclusi*. — IX 492 werden die Worte *vellem generosior esses* gedeckt durch den ähnlichen Ausdruck an derselben Versstelle III 472 *vellem diuturnior esset*; mehr oder weniger vergleichbar sind auch X 630 *utinam velocior esses* und X 340 (bei ganz ähnlicher Situation wie IX 492) die Bemerkung *aliena potentior essem*. Diese Anklänge in den Versschlüssen, welche sich in den Selbstgesprächen Liebender wiederholen, scheinen mir wie gegen jede Athetese, so gegen die gewalt-

---

[29]) Vgl. jetzt auch die in meiner Ausgabe p. VIII zusammengestellten Fälle.
[30]) Vgl. über 'in aura' Jahns Ausgabe II p. 489. Planudes übersetzt μετέωρος ἦν ἐν ἀέρι.

same Aenderung Korns *tu ne vellem genere esses eodem* zu sprechen. Wenn Lörs u. A. fragen, warum denn Byblis wünsche, dass gerade ihr Bruder *generosior* sein möge, so hat diese Frage schon Burmann (vgl. auch Gierig II p. 47) passend beantwortet. Und selbst davon abgesehen, dürfte für den Sinn schon der einfache Gedanke genügen: 'Wärest du nur nicht mein Bruder, so möchte ich selbst auf meine hohe Abkunft verzichten, möchte dir die höhere wünschen', was in dem Munde der Byblis nicht unpassend scheint. — X 637, wo die Codices *quid facit ignorans* bieten, hat Korns allerdings nicht als sicher aufgestellte Conjectur *dissidet ignorans* keine Zustimmung gefunden. Ich habe mich dem von Anderen, zuletzt von Magnus (Berl. Zeitschr. f. d. Gymn. 1883, Jahresb. S. 242) empfohlenen Vorschlage Nicks *quid velit ignorans* angeschlossen, doch nicht ohne alles Bedenken. Wie ich nämlich Phil. Rundschau I 314 bemerkt habe, spricht doch so manches für die Conjectur des Heinsius *quidque agat ignorans*, einmal die Parallelstelle II 191 *quidque agat ignarus*, wozu man noch den häufigen Gebrauch der Phrase *quid agat* bei Ovid halte, z. B. Met. X 372 *et quid agat, non invenit* (ebenfalls von einer Liebenden), vgl. Epist. XIX 129, Fast. III 637 u. ö., dann die Möglichkeit, dass aus einem *QAGAT* nach Ausfall des *Q* durch die häufige Verwechslung von *C* und *G* jenes *facit* entstand. — XI 367 ist kein zwingender Grund vorhanden, der Ueberlieferung in M *et sparsus* die Conjectur des Heinsius *et spisso* vorzuziehen, wie dies Korn gethan hat. Merkel, der übrigens *expersus* schrieb, hat Praef. p. XXXIV das Participium gut begründet und für die Verbindung *et sparsus sanguine* spricht der sonstige Gebrauch des Ovid, z. B. XIII 530 *et sparsos inmiti sanguine vultus*, XV 790 *sparsi lunares sanguine currus*. — XIII 51 scheint mir Polle die handschriftliche Lesart *pars una ducum* in seiner Ausgabe (vgl. II 67) mit Recht gegenüber neueren Aenderungen (so Korn: *pars illa ducum*) vertheidigt zu haben. Für die bei Ovid formelhaft auftretende Verbindung *pars una* liessen sich ausser den angeführten Stellen noch vergleichen Met. II 426 *comitum pars una*, XIV 482 *horum pars una*, Fast. II 156 *pars una chori*, Trist. V 7, 4 *fortunae pars una*, IV 10, 34 *Deque viris quondam pars tribus una fui*. — XIII 851 f. *non haec omnia magnus Sol videt e caelo?* begreife ich nicht, warum die neuesten Herausgeber mit Ausnahme Riese's die Ueberlieferung in M *magnus* mit *magno* vertauscht haben. Abgesehen von der Bemerkung Burmann's über die überhaupt geläufige Verbindung *magnus Sol* lesen wir ja bei Ovid. Rem. Am. 276 *magni Solis*, und zwar an einer Stelle, die für die unsrige recht bezeichnend ist. Wie nämlich dort Circe, um ihre Abstammung hervorzuheben, den Vater Sol durch das Epitheton *magnus* auszeichnet (*quod magni filia Solis eram*), so will doch auch hier Polyphem seine Aehnlichkeit mit dem grossen Gotte betonen. Und daher passt nur *magnus*, während *magno* als Attribut zu *caelo* ziemlich müssig wäre. — XIV 588 ff. *Aeneaeque meo, qui te de sanguine nostro Fecit avum, quamvis parvum des, optime, numen* hat jüngst Ellis u. a. O. S. 76 *munus* statt *numen* empfohlen. Aber abgesehen von der bei Haupt angeführten Stelle Met. I 171 ff. lassen auch die in einer Apotheose (des Hippolytus in Virbius) XV 545 verwendeten Worte *de disque minoribus unus* es begreiflich finden, wenn Venus hier den bescheidenen Wunsch für ihren Aeneas ausspricht *quamvis parvum des, optime, numen*, während *parvum munus* die Stelle undeutlich und matt machen würde[31]). — XIV 765 möchte ich zur Begründung meiner Conjectur *forma velatus anili* dem, was ich in der Praefatio p. XX kurz angedeutet habe, noch Folgendes beifügen. Korn hat richtig erkannt, dass man bei der Herstellung dieser Worte von der Lesart in M *forma ... anili* ausgehen müsse. Dies wird noch dadurch bestätigt, dass in der zum Vergleiche besonders geeigneten Partie VI 37 ff.[32]) sich v. 43 und zwar in demselben Verstheile die gleiche Verbindung findet *formamque removit anilem*. In unserer Stelle liegt aber *velatus* (M *deus aptus*, am Rande *actus*) paläographisch näher als Korns *celatus*[33]), dann spricht für *velatus* der sonstige Brauch des Ovid, z. B. XII 593 *nebula velatus in agmen*. Uebrigens vergleiche man noch für XIV 765 den Ausdruck VI 36 *obscura Pallas* ('die in der Verwandlung verborgene' Haupt) und mit VI 43 die Stelle XIV 766 f. *et anilia demit Instrumenta sibi*. Die ziemlich rasche Wiederholung *anili ... anilia* an unserer Stelle kann bei Ovid nicht überraschen[34]).

[31]) Ueber die Variante *munus* vgl. Jahns Ausgabe II 942.

[32]) Ich habe diese Stelle schon Praef. a. a. O. angeführt, wo der Druckfehler V 437 statt VI 37 zu berichtigen ist.

[33]) Nimmt man an, dass durch ein leichtes Verschreiben die Corruptel *formaeulatus* entstand, so lässt sich leichter begreifen, wie dies in *forma deus aptus* oder *actus* überging, zumal bei Erinnerung an bekannte ovidische Formeln.

[34]) Unter den Stellen, wo dasselbe Wort bei Ovid wiederholt wird, sind besonders diejenigen bemerkenswerth, wo in zwei unmittelbar aufeinanderfolgenden Versen das gleiche Wort in demselben Verstheile wiederkehrt, z. B.

III 55 *ut nemus intravit letataque corpora vidit*
   rictorcmque supra spatiosi corporis hostem,
VIII 759 *............repetitaque robora caedit*
   redditus et medio sonus est de robore talis.

Schliesslich noch einige Bemerkungen, die sich in die aufgestellten Gruppen nicht einreihen liessen. IX 712 möchte ich meine Conjectur *Inde incepta* (*Indecepta* M, *Inde cepta* L) mit einigen Worten begründen. Dass sie paläographisch sehr nahe liegt, ist augenscheinlich; aber auch hinsichtlich des Sprachgebrauches und Sinnes dürfte sich kaum etwas gegen dieselbe einwenden lassen. In ersterer Beziehung verweise ich auf den vielfachen und öfter ziemlich weitgehenden Gebrauch der Participia *coeptus* und *inceptus* bei Ovid (z. B. *coepta mors* X 417, *coepta animalia* I 426, *incepta fila* VI 34[35]), in letzterer auf die gerundete Wechselbeziehung, welche sich aus dieser Herstellung des Verses *Inde incepta pia mendacia fraude latebant* ergibt. Die „begonnene Täuschung" wird oben erklärt durch v. 707 *Iussit ali mater puerum mentita* und der ganze Vers unten durch die Worte v. 713 *cultus erat pueri* und durch den Befehl der Göttin oben v. 698 *mandataque falle mariti*. — An der sehr schwierigen Stelle XIII 910, welche trotz so mancher geistreicher Conjecturen der neuesten Zeit noch immer als eine der unsichersten bezeichnet werden muss (vgl. die Haupt-Korn'sche Ausg. II 199 Anm.), hielt ich es nach wiederholter Ueberlegung vor der Hand für das Beste auf die Fassung des Heinsius zurückzugreifen, der nach einigen Handschriften die Lesart *Longa sine arboribus convexus in aequora vertex* empfohlen hat. Auf den Grundgedanken dieser Localbeschreibung brauche ich nicht einzugehen, da dieser nach meiner Ansicht schon von Gierig richtig mit den Worten hervorgehoben worden ist: II 305 '*montem illum ita describit, ut appareat, quam tuta loco virgo fuerit.*' Aber eine Rechtfertigung bedürfen theils die neuerdings angezweifelten Worte *longa aequora*, theils das von Heinsius nach einigen Codices hergestellte *sine* (*sub* M) *arboribus*. Bezüglich des ersteren Ausdruckes wird es genügen darauf hinzuweisen, dass sich diese geläufige und bei manchen Dichtern ständige Verbindung auch bei Ovid findet (Met. III 538, Rem. Am. 595) und dass *longa* hier als epitheton ornans durchaus nicht unpassend ist. Was den zweiten

---

Derartige Beispiele, die sich auch bei Anderen z. B. Lucan IX 796 f. finden, scheinen dafür zu sprechen, dass auch V 94 die Ueberlieferung in MB zu halten ist. Ich habe daher hier

.... *pensaque hoc vulnere vulnus:*
iamque remissurus tractum de vulnere telum

geschrieben, während man in neuerer Zeit im zweiten Verse gegen die bessere Ueberlieferung *corpore* aufgenommen hat.

[35]) Dass ich I 405 die auch durch die ursprüngliche Hand in M besser beglaubigte Lesart *coepta* aufgenommen habe, welche schon Riese in der Praef. p. XI mit '*recte?*' bezeichnet hatte, wird wohl Zustimmung finden.

Punkt anbetrifft, so erhebt sich die Frage: Ist die Erwähnung von Bäumen hier überhaupt am Platze, sei es mit *sub* oder mit *sine?* Wenn man *sine* schreibt, so glaube ich die Frage unbedingt bejahen zu müssen. Abgesehen davon, dass einerseits die Sicherheit des Zufluchtsortes für die Verfolgte hervorgehoben wird, ist andererseits hier die Andeutung der ungehinderten Aussicht vom Meere auf diesen Ort und von demselben auf das Meer nicht unpassend, wenn man die Scenerie und den Verkehr der beiden handelnden Personen erwägt. Die Verfolgte ist auf der Klippe sicher, weil der Meergott mit seinem Fischleibe ihr nicht hieher folgen kann; aber wie sie ihn von da aus sehen und hören kann, so auch er sie vom Meere aus, weshalb er sogleich seine Anrede beginnt (v. 916). Kann nun da die ausdrückliche Erwähnung, dass der Schutzort der Verfolgten frei von Bäumen war, hinter denen sie sich den Blicken des Gottes hätte entziehen können, auffällig sein? Darauf dass Ovid auch sonst die Baumlosigkeit einer Gegend mit ähnlichen Worten hervorhebt (so VIII 779 *sine arbore tellus*, welche Stelle schon Heinsius angeführt hat, XV 296 f. *tumulus ... sine ullis Arduus arboribus*, III 709 *Purus ab arboribus, spectabilis undique campus*, Fast. V 707 *Liber ab arboribus locus est* u. dgl.), lege ich kein Gewicht. Diese Auseinandersetzung und die verhältnissmässig geringe Abweichung von M scheint mir, bis Besseres geboten ist, es rathsam zu machen an der Lesart von Heinsius festzuhalten. — XV 122, wo h überliefert: *inmemor est demum nec frugum munere dignus*, hat man in älterer und neuerer Zeit an dieser Fassung Anstoss genommen und sogar weitgehende Conjecturen vorgeschlagen. Dass übrigens *demum* nicht bedenklich ist, hat schon Gierig gegenüber der Variante *divum*[36]) und der Conjectur Burmanns *deum* hervorgehoben und in neuerer Zeit Merkel, der in der zweiten Auflage (Praef. p. XLIV) freilich *Deus* vorgeschlagen hat. Aber dem Sprachgebrauche nach empfiehlt sich die leichte Aenderung *inmemor is demum est*, wofür ich nur auf die Commentare zu Sallust Cat. 2, 9 *is demum mihi vivere atque frui anima videtur* verweise. Dass *is* in *est* überging und dann das folgende *est* ausfiel[37]), ist sehr begreiflich und, wenn in der Variante *inmemor hic demum*[38]) jenes *hic* nicht auf ein ursprüngliches *is* zurückgehen

---

[36]) Gierigs Angabe hinsichtlich des Ursprunges dieser Variante bedarf freilich der Berichtigung; vgl. Jahns Ausgabe p. 976.

[37]) Vielleicht könnte manchem *inmemor is demum* (ohne *est*) noch näher liegend erscheinen; aber vom paläographischen Standpunkte aus bleibt sich die Sache gleich und *est* würde man doch ungern entbehren.

[38]) Vgl. Jahns Ausgabe p. 976.

sollte, sondern nur eine Correctur ist, so wurde doch der Urheber derselben vom richtigen Sprachgefühle geleitet. *inmemor* aber kann absolut gebraucht bei Ovid 'undankbar' bedeuten, wie denn dies Wort so theils in Verbindung mit *ingratus* (z. B. XIV 173 *possimne ingratus et inmemor esse?*), theils für sich (z. B. X 682 *nec grates immemor egit*) gebraucht erscheint; auch wird es für den Beobachter der Eigenthümlichkeiten Ovids nicht ohne Interesse sein, dass in dem Verse V 475, welcher in seinem zweiten Theile *nec frugum munere dignas* wörtlich mit unserer Stelle stimmt, *ingratasque vocat* vorangeht. So also scheint die gute Erklärung bei Haupt-Korn (II 246) erst vollständig zu passen: 'undankbar ist vollends und unwerth...'
— Schliesslich noch eine Bemerkung zu II 11 ff. *quarum pars nare videntur........, Pisce vehi quaedam,* wo ich mit Riese den schon von früheren empfohlenen Plural *videntur* hergestellt habe, während Merkel, Polle, Korn den Singular nach M festhalten. Aber der Plural *videntur* ist durch das alte Berner Fragment bestätigt und M leidet mehrfach an derartigen Fehlern; sodann scheint mir der Sprachgebrauch Ovids für den Plural zu sprechen. Dass Ovid bei *pars* überhaupt das Prädicat gerne in den Plural setzt, ist bekannt (vgl. für die Metamorphosen die Stellensammlung bei Polle Wörterb.³ S. 246); doch finden sich manche Schwankungen und bei *pars ... pars* steht bald der Singular, bald der Plural³⁹), ebenso bei *pars* mit folgendem *alii, multi, hi* u. dgl., wenn jeder Theil sein eigenes Prädicat hat ⁴⁰). Für den Fall aber, dass bei *pars* und einem darauffolgenden oder vorangehenden, den anderen Theil bezeichnenden Adjectiv oder Pronomen im Plural für beide ein gemeinsames Prädicat steht, finde ich in der besseren Ueberlieferung immer den Plural bezeugt; vgl. Fast. I 405 *aliae sine pectinis usu, Pars aderant positis arte manuque comis*, Met. XI 29 f. *Hae glaebas, illae direptos arbore ramos, Pars torquent silices*, XI 486 *properant alii subducere remos, Pars munire latus* u. s. w. Der Sprachgebrauch wird auch für derartige scheinbare Kleinigkeiten genau untersucht werden müssen, um da, wo Fehler so leicht sind, endgiltig zu entscheiden.

---

³⁹) Es dürften sich übrigens, was die Zahl der Stellen, wo der Singular und wo der Plural gebraucht ist, anbetrifft, nicht unbedeutende Unterschiede zwischen den einzelnen Werken des Dichters herausstellen.

⁴⁰) Man vgl. z. B. Met. I 244 *pars voce probant* (so M, *probat* L) *... alii ... inplent*, XV 648 *parsque negandum non putat auxilium, multi ... suadent*, Fast. VI 327 *Hi temere errabant ... Pars iacet* u. dgl.

Als diese Abhandlung schon beendet war, kam mir der jüngst erschienene erste Band der 'Kleinen philologischen Schriften' von Th. Bergk, herausgegeben von R. Peppmüller zu, welcher Band neben anderen Inedita auch S. 655 ff. 'Coniectanea in Ovidium' enthält. Hier gibt mir noch eine Stelle Anlass zu einer Bemerkung, nämlich XIV 739 f., in welcher Bergk den in M also überlieferten Worten *Icta pedum motu trepidantem et multa timentem Visa dedisse sonum est adapertaque ianua factum Prodidit* (die anderen Handschriften zeigen nicht nur in den Participien viele Schwankungen, sondern bieten auch die Variante *morte* statt *multa*), durch die Aufnahme der Conjectur *valva* und der Lesart *trepidantum* folgende Gestalt gegeben hat:

icta pedum motu trepidantum valva gementem
visa dedisse sonum est adapertaque ianua factum
prodidit.

Aber abgesehen davon, dass der überhaupt seltene Singular *valva* bei Ovid nicht nachweisbar ist, und abgesehen von der nach sonstigem Sprachgebrauche sich kaum empfehlenden Zusammenstellung von valva und ianua[1]), scheint vieles für Merkels Annahme zu sprechen, dass wir es in den Worten *trepidantem ... sonum* mit einer Interpolation zu thun haben. Mit Recht hat Merkel ed. alt. praef. p. XLIII bemerkt, diese Worte seien deshalb eingeschoben worden, weil man nicht bemerkte, dass der Dichter den hängenden Iphis mit den Füssen an die Thüre klopfen lasse, wie man sonst mit der Hand anpocht (V 448). Nicht minder richtig hat Korn (in der Haupt'schen Ausgabe II 235) auf die nach Inhalt und Form ungeschickte Uebertreibung hingewiesen. Wenn man nun Stellen wie Met. XV 151 *trepidosque obitumque timentes* oder XIII 73 *pallentemque metu et trepidantem morte* vergleicht, so muss die Verwandtschaft derselben mit jenem Zusatze auffallen, besonders wenn man sich an die in mehreren Handschriften überlieferte Lesart *trepidantum et morte timentum* erinnert. Ebenso erkennt man aber, wie ungeschickt diese Anklänge in jenem Zusatz und im ganzen Zusammenhange verwerthet sind, so dass es selbst der geschicktesten Herstellung nicht gelingen kann, diese Stelle denjenigen an die Seite zu setzen, wo Ovid bewusst oder unbewusst an frühere Stellen anklingt. Es scheint somit alles darauf hinzuweisen, dass wir es hier mit einem in Ovid einigermassen belesenen Interpolator zu thun haben. Wie

---

[1]) Vgl. Marquardt Privatleben der Römer 1 224.

die Interpolation ursprünglich lautete, wird sich bei dem Stande der Ueberlieferung schwerlich mit Sicherheit feststellen lassen; nur soviel scheint gewiss, dass, trotz des *multa* in M, *morte*, wie die anderen Codices lesen, von dem Urheber dieses Zusatzes herrührt.

Innsbruck. ANTON ZINGERLE.

Zur Textesgeschichte der Eclogen des Calpurnius und Nemesianus.

(vgl. Bd. V, S. 281 ff.).

Nachdem wir im Vorhergehenden einzelne Partieen der handschriftlichen Ueberlieferung, von denen man bisher nur lückenhafte Kunde gehabt hatte, einer genaueren Untersuchung unterzogen und so den kritischen Apparat in seine Bestandtheile zerlegt haben, gilt es nunmehr, das Verhältnis der verschiedenen Zweige der Ueberlieferung durch sorgfältige Vergleichung zu ermitteln und dadurch den Weg zu bahnen, auf dem wir von Stufe zu Stufe vordringend die gemeinsame Quelle aller Tradition aufzufinden vermögen.

Zwar scheint die grosse Anzahl der Zweige, in welche die handschriftliche Ueberlieferung zersplittert ist, die Erreichung dieses Zieles zu erschweren; doch lässt sich selbst bei flüchtiger Durchsicht des kritischen Apparates soviel erkennen, dass die Handschriften sich in bestimmte Gruppen vertheilen, welche bereits von Bährens im Allgemeinen richtig charakterisiert sind. Die bessere Ueberlieferung wird durch den Neapolitanus (N) und Gaddianus (G), sowie durch die aus den Handschriften des Ugoletus (A) und Boccaccio (B) erhaltenen Lesarten repräsentiert; ihr steht die interpolierte Recension (V) mit ihren beiden Zweigen υ und φ gegenüber. Während wir nun bei vielen anderen lateinischen Texten genöthigt sind zwei Recensionen einander gegenüberzustellen, ohne zur Entscheidung andere als innere Kriterien verwenden zu können, sind wir bei Calpurnius insoferne in einer günstigeren Lage, als uns in dem Codex Parisinus (P) ein Mittelglied zwischen den beiden Recensionen erhalten ist. Denn P stimmt an so vielen Stellen mit V überein, dass an der Existenz einer gemeinsamen Quelle für P und V nicht gezweifelt werden darf; diejenigen Lesarten der interpolierten Handschrift, welche in P wiederkehren, dürfen wir also ohne Bedenken diesem Archetypus zuweisen, während die übrigen Lesarten von V als später eingedrungene Interpolation zu verwerfen sind. Leider ist P nur für einen verhältnismässig kleinen Theil des Textes zu verwenden, da er mit IIII, 12 abbricht; was umsomehr zu beklagen ist, als die Verderbnis des Textes in unseren beiden Autoren gegen das Ende hin stetig zunimmt, so dass wir nicht selten die leitende Hand von P sehr vermissen.

Damit wir aber auch für den in P nicht erhaltenen Theil einen festen Massstab zur Beurtheilung von V erhalten, muss erst innerhalb derjenigen Partie, für welche P zu Gebote steht, ermittelt werden, inwieweit die Lesarten der schlechteren Handschriftenclasse auf diplomatische Beglaubigung Anspruch hat. Da es bei dieser Untersuchung auf Vollständigkeit ankommt, werden wir als Repräsentanten der besseren Ueberlieferung blos G und N wählen, die lückenhaften Nachrichten über die Handschriften des Boccaccio und Ugolet hingegen nur insoweit berücksichtigen, als sie bei Differenzen der vollständigen Handschriften zur Sicherstellung der Ueberlieferung dienen können. Des bequemeren Verweisens halber bezeichnen wir die Abschnitte, in die sich unsere Darlegung gliedert, durch fortlaufende Zählung am Rande.

Zunächst stellen wir die Fälle zusammen, in denen P und V 1 gegen G und N übereinstimmen und zwar an erster Stelle diejenigen, in denen die Lesart von GN vorzuziehen ist. I, 8 sq. *antra petamus Ista* GN: *ista petamus Antra* PV. — 25 *Codice* GA, *Cortice* N (aber *rt* von m^2 in Rasur): *Cortice* PV. — 64 *referet* GN: *revocet* PV. — 80 *Numquid* GN: *Non quod* PV. — II 5, *umbras* GN: *ulmos* PV. Vgl. I, 6. *vicinis umbris*; IIII, 37 *secura in umbra*; II, 21 *annosa sub umbra* (φ statt dessen *ulmo*); auch die von B. Deipser 'De P. Papinio Statio Vergilii et Ovidii imitatore' Diss. phil. Argent. IIII, S. 16 angeführten Stellen liefern Belege. — 27 *decernunt* GN: *discernunt* PV. — 32 *At mihi Flora* GN: *Et mihi flore* PV. — 35 *irriguos* GN: *irriguis* PV. — 45 *noris* GN: *novas* PV. — 48 *At* GN: *Et* PV (cf. 80). — ib. *arida* GN: *altera* PV. — 82 *Decembri* GN: *Novembri* PV. — 88 *ipse* GN: *esse* PV. — III, 7 *nec* GN: *neque* PV. — 18 *quavis contentus* GN: *quamvis contentus* PV (*contemptus* P). Die Richtigkeit der Lesart von GN ergiebt sich aus dem von Calpurnius an unserer Stelle offenbar nachgeahmten Vergilischen Verse *Aen.* V, 314 *Tertius Argolica hac galea contentus abito* (vgl. Stat. *Theb.* XI, 29 *contentus abit*). *quavis* ist demnach in demselben Sinne zu verstehen, den es bei Horaz *Serm.* I, 4, 87 hat, wo es heisst: *e quibus unus amat quavis aspergere cunctos*, wozu

Orelli's Anmerkung zu vergleichen ist; und Jollas' Worte besagen nichts anderes, als 'Ich will mich nicht damit zufrieden geben, so fortgeschickt zu werden' oder in freierer Umschreibung 'Ich lasse mich nicht so leichten Kaufes fortschicken'. — 24 *Jolla* GN: *Jolla es* PV. — 26 *ibi* GN: *sibi* PV (was wohl durch Reminiscenz an Nemes. I, 1 sich eingeschlichen hat), vgl. Hand Turs. III, 165 f. — 55 *quo te* GN: *quo tu* PV. — 74 *furem medio* GN: *medio furem* PV. — 75 *dubites* GN: *dubita* PV. — 78 *gremium* GN: *gremio* PV. — 91 *habet* GN: *amat* PV. — IIII, 10 *Despicit* GN: *Respicit* PV.

In der Mehrzahl dieser Fälle haben wir es mit willkürlichen Veränderungen zu thun, welche bewusste Ueberarbeitung deutlich genug erkennen lassen; selten vermag man sie auf paläographische Ursachen zurückführen. Vergleichen wir damit die Stellen, an denen PV gegen GN Recht hat, an denen also der Archetypus von PV die unverdorbenere Ueberlieferung repräsentirt, so ergiebt sich gerade das entgegengesetzte Resultat.

I, 20 *descripta* PV: *depicta* G, *dipicta* N, was der Schreiber selbst, wie es scheint, in *districta* geändert hat. Vgl. die Variante von G zu v. 25. — 24 *propius-alto* PV: *proprius-altos* GN. — 28 *triviali* PV: *tibi vili* GN († sowohl *tri* als *tibi*; vgl. N zu V, 33). — 42 fehlt in GN — 55 *professo* PV: *profuso* GN. — 87 *e(x) meritis* PV: *a meritis* GN. — 90 *quatit* PV: *querit* N, *petit* G. — II 23 *hoc* V, *hac* P: *hic* GN. 77 *Sume* PV: *Summe* GN. — 80 *munerat* PV: *numerat* GN. — 91 *cydonia* V, *scydonea* P: *cinodia* G, *cyn.* N. — 96 *canalem* PV: *canale* GN. Es ist wohl nach Haupt *plenum* statt *primum* zu schreiben; doch liesse sich auch an *pronum* denken, was K. Schenkl vorschlägt; vgl. Ovid. Met. XIV, 633 *labentibus inrigat undis* oder Colum. X, 48 *tum iussu veniant declivi tramite rivi*. — III, 21 *sed* PV: *si* GN. — 25 *Calliroen* PV: *Calliorē* N, *Calyorē* G. — 36 *A te* PV: *O te* GN. — 43 *nam* PV: *nunc* GN. — 84 *tunc-tunc* PV: *tum-tunc* PV. — IIII, 2 *platano* PV: *patula* GN.

Zweifelhaft erscheint I, 5 *Molle sub* PV: *Molliter* GN. Wie aus den folgenden Versen hervorgeht, lagern sich die Kühe nicht auf dem Ginster, sondern im Schatten desselben. Ein ähnlicher Schreibfehler kehrt im Pervig. Veneris 81 wieder, wo *subter* statt *super* gelesen werden muss; desgl. im Culex 155. Doch wäre die Möglichkeit nicht ausgeschlossen, im engeren Anschlusse an GN *Molle per hirsutas* l. e. *genistas* (oder *hirsutam - - genistam*) zu lesen. Vgl. Ovid *Fast.* III, 525 (*Plebs*) *virides passim disiecta per herbas* und Severus bei Seneca Rhet. *Suas.* II, 12 *stratique per herbam.* [Auch Verg. *Aen.* I, 214]. Dagegen darf es als sicher angesehen werden, dass die Lesart von G N in III, 22 *nostam* als das ursprünglichere, die von PV *uostam* als Interpolation zu gelten hat, die man durch Berufung auf Stellen wie Seneca *De ira* III, 2 *rabies infanda civitatem tulit* vergebens zu rechtfertigen gesucht hat. Die Verderbnis wird in überraschend einfacher Weise gehoben, wenn man nach K. Schenkl's Vorschlage schreibt *quae res tam magna tulere Jurgia?*

Man sieht, dass die fehlerhaften Lesarten von GN nicht nur an Zahl äusserst gering sind, sondern auch fast durchwegs auf gewöhnliche Schreibversehen zurückgehen, sich auch sofort durch ihre Sinnlosigkeit verrathen, während die Abweichungen von PV dem äusseren Anscheine nach fast nirgends Verderbnis zeigen. Daraus folgt, dass die gemeinsame Quelle von PV, obwohl sie an einigen Stellen das Richtige gegenüber GN erhalten hat, dennoch an Zuverlässigkeit hinter den besseren Handschriften weit zurücksteht; und dass demnach GN ein treueres Bild des gemeinschaftlichen Archetypus gibt.

Aber wenngleich schon die Stammhandschrift von P und V an nicht wenigen Stellen interpoliert war, so ist doch der Fortschritt, den die Verderbnis von da bis zu der Handschrift, aus welcher die uns erhaltenen Exemplare von V stammen, gemacht hat, ein ungleich grösserer. Es ist aber, wie bereits erwähnt wurde, von grosser Wichtigkeit, dieses Verhältnis genau kennen zu lernen, um auf Grund dessen dort, wo P nicht mehr aushilft, mit einiger Wahrscheinlichkeit angeben zu können, welche Lesarten der codices interpolati bereits dem Archetypus von PV angehören und welche lediglich auf Rechnung von V kommen. Es folgt daher das Verzeichnis der fehlerhaften Lesarten von V, welche sich in P nicht finden.

I, 9 *graciles - densct* GNP: *gracilis - densat* V. — 28 *haec: hoc* V. — 45 *uicit: lusit* V. — 51 fehlt in V. — 70 *et inane: etiamne* V. — 76 *fervit: servit* V (auch N; vgl. die unter 12 besprochenen Stellen). — 80 *cruento: cremato* V. — 89 *plenum: plenus* V. — II, 8 *uindicet: uendicet* V. — 9 *Thyrsi: Thyrso* V. Offenbar ist die Form *Thyrsus* aus der Verschreibung *Thirsys* (II, 22 cod. G) entstanden. — 18, 19 in einen Vers *Omnia cessabant illis certantibus ausa est* zusammengezogen. — 21 *annosa: umbrosa* V. — 30 *parvo: parvo hoc* V. — 31 *crescat: crescit* V. — 32 *pingit: spargit* V. — 35 *Jam: Nam* V. — *nutrire: mutare* V. — 49 *Pangitur: Panditur* V. (cf. Colum. X, 96 ff.). — 54 *Decernamque: Dicamnamque* V. — 61 *et: est* V. — 63 *parilibus* P, *paliribus* GN: *palilibus* V. — 65 *figere:*

fundere V. — 66 *Rorantesque favos*: *Rorantis fagos* V. — 67 *sunt*: *fore (fere)* V. — 71 u. 75 *venias*: *venies* V. — 73 *tenues citius* G H, *tenues cuius* P: *citius tenues* VN (vgl. Abschn. 12). — 80 *At*: *Et* V. — 81 *renidenti*: *renitenti* V (vgl. Abschn. 12). — 94 *agat*: *uocat* V. — 98 *finierant*: *finierat* V. — III, 2 *ista*: *illa* V. — 9 *munera*: *vulnera* V. — 16 *spatiosus*: *spatiatus* V. — 24 *sola tu*: *tu solus* V. — 28 *Hacc*: *Hoc* V. — 30 *Diduxi*: *Deduxi* V. — ib. *cecidi*: *recidi* V. — 33 *negetur*: *vagetur* V. — 47 *excluso*: *excusso* V. — *disperdit*: *dispergit* V. — 48 *destricta*: *destructa* V. — 59 *hacc*: *hoc* V. — 62 *iurare*: *narrare* V. — 69 *nullo-lacte*: *nulla-lactis* V. — 88 *nostros primum*: *primum nostros* V. — 95 *sub horti*: *sub ara* V. — 96 *veniet*: *venies* V. — IIII, 9 *resonas*: *resonans* V. — 10 *numina*: *munera* V.

Dazu kommt eine kleine Anzahl von Fällen, in denen sich Corruptelen, welche schon in P vorkommen, in V in eigenthümlicher Weise weitergebildet finden: II, 4 *hi cum terras*: *hīc* P (das andere fehlt), *terras hi cum* V. — 33 *Pomona*: *pomena* P, *peram(o)ena* (*pamena*) V. — 76 *excoquat*: *exquoquat* P, *exquat* V. — 81 *chias*: *cymas* P ((*cīas* aus *chias*), *thilas* V. — 96 *i Doryla*: *& dorila* P,,*o dorida* V (vgl. Abschn. 13). — III, 60 *iners*: *inexs* P, *inops* V. — 87 *miseri nectemus*: *miser m' estemus* P, *miser innectemus* υ, *miseri innectemus* φ. — IIII, 3 *Insueta*: *Inseta* P, *Insecta, Iniecta, Infecta* u. ähnl. V.

Diese Stellen sprechen für sich selbst. In der That ist die Anzahl der Fälle, in denen V gegen GNP Verderbnis oder Interpolation aufweist, so gross, dass dadurch unser Urtheil über das Verhältnis zwischen P und V hinlänglich gerechtfertigt erscheint. Von allen Lesarten, welche V gegen das übereinstimmende Zeugnis von GNP bietet, kann keine einzige auf Urkundlichkeit Anspruch machen; denn die drei Fälle, in denen die von V allein überlieferte Lesart in den Text gesetzt werden muss, beweisen nichts, da sie sicherlich auf Conjectur beruhen. Es sind folgende: II, 14: *Affuerant* V: *Affucrunt* die übr. — III, 20 *deprensam* V (und G) (vgl. Abschn. 12): *depressam* N, *depressa* P. — 73 *Ut* V: *Vī* N, *Vi* G P.

Es erübrigt noch, um zu einer möglichst genauen Kenntnis des Archetypus von VP zu gelangen, die P eigenthümlichen Lesarten einer Prüfung zu unterziehen. Wir verzeichnen zunächst die Fehler.

I, 1 *declinis* N A, *declivis* G V: *declivus* P. — 2 *praela*: *praeda* P. — *musta*: *iniusta* P; desgl. III, 9 und 32 *inopsum* statt *mopsum*, 66 *inultrix* statt *mulctris*. — 15 *Pervia*: *Previa* P. — 19 *pariter* und 38 *pecus* fehlt in P. — 52 *subigentur*: *subiguntur* P. — 53 *Inmergentque*: *Imverguntque* P. — 61 *lassabit* V, *lassabis* N: *laxabit* GP. — 75 *Erectumque*: *Ereptumque* P. — 79 *sidus*: *plenus* P. Von Haupt und Bährens in den Text aufgenommen, nach meiner Ueberzeugung eine missverstandene Erklärung zu *sine vulnere*. — 73 *auferet*: *afferet* P. — 94 *haec*: *hoc* P. — *aures*: *auras* P. — Aus den folgenden Eclogen mag eine Auswahl genügen: II, 21 *Iamque*: *Iam* P. — 24 *victus*: *victor* P. — 40 *mutabilis*: *mirabilis* P. — 81 *renidenti*: *redempti (re[ni]denti)* P. — 96 *I*: *Hic* P. — III, 31 *Alcippen irata*: *Accipe iurata* P. — 32 *te Lycida*: *theliocida* P (vgl. Haupt opp. I p. 359). — 66 *meis*: *mors* P u. s. w.

Obgleich das Verzeichnis nicht vollständig ist, so genügt es doch zur Charakteristik der Handschrift. Allerdings zeigt P sehr zahlreiche Schreibfehler; doch sind es lediglich solche und keine Interpolationen. Während V eine glattere Aussenseite, aber desto tiefere innere Verderbnis zeigt, ist P mehr äusserlich entstellt, als innerlich angegriffen; es steht also diese Handschrift der gemeinsamen Quelle näher als V. Dem entspricht es auch, dass P einige Lesarten erhalten hat, welche gegen das übereinstimmende Zeugnis von GN und V in den Text zu setzen sind. Selbstverständlich sind dies keine einschneidenden Aenderungen, sondern Kleinigkeiten, fast nur orthographischer Natur, die überall der gleichen Verderbnis ausgesetzt sind und deren Erhaltung blos dem höheren Alter von P zuzuschreiben ist. I, 4 *Ornyce* P: *Ornite (Ornyte* Maehly). — 47 *Postergum* P: *Post tergum*, dsgl. III, 72. — II, 14 *naides* P: *naiades*. — III, 63 *parilibus* P: *paliribus* GN, *palilibus* V.

Endlich darf nicht ausser Acht gelassen werden, dass P an einigen Stellen mit dem ältesten Repräsentanten der besseren Recension, mit N, in auffallender Weise zusammentrifft: II 74 *bruma*: *prima* P, *phruma* N. — 75 *serviet*: *serviat* PN. — III, 43 *notabo* (in P ist *bo* e correctura): *notato* N. — 48 *marcescit*: *marcessit* PN. Doch wird man bei der geringen Zahl der Belege besser thun, diese Uebereinstimmung als eine rein zufällige zu betrachten.

Damit haben wir dasjenige erschöpft, was der Codex Parisinus uns vermöge seiner eigenthümlichen Stellung über das Verhältnis der beiden Textesrecensionen zu einander zu lehren vermag. Wenden wir das Ergebnis der Untersuchung auf die Behandlung desjenigen Theiles an, in dem wir P nicht zu Rathe ziehen können, so müssen wir als obersten Grundsatz der Textesconstitution aufstellen: keine Lesart von V als ächt und beglaubigt anzusehen, so lange die Möglichkeit besteht, die Lesart der besseren Handschriften in befriedigender

Weise zu erklären oder dieselbe, falls sie corrupt ist, mit Wahrscheinlichkeit auf eine andere, nicht zu entfernt liegende Lesart zurückzuführen. Um dies zu rechtfertigen, wollen wir die Lesarten beider Recensionen von IIII, 13 an, wo P abbricht, einer sorgfältigen Abwägung unterziehen und an erster Stelle diejenigen Fälle zusammenstellen, in denen die Schreibart von V den Vorzug verdient, um uns so über den Umfang und die Art der Verderbnis in GN ein Urtheil bilden zu können. Doch muss dabei mit Vorsicht zu Werke gegangen werden, indem sich bei genauerer Erwägung manche scheinbar corrupte Lesart von GN als richtig herausstellt; wie z. B. das schon von Bährens mit *num recte?* bezeichnete *lene virens* von GN in Nemes. IIII, 47 durch die Vergleichung mit dem vom Dichter nachgeahmten Vorbilde, Stat. *Theb.* IIII, 817, hinlänglich gerechtfertigt wird.

IIII, 31 *fraga* V: *fragra* GN. — 43 *extremo* V: *externo* GN. [1] Vgl. z. B. Properz II, 18, 40 (M.) *extremo quaerere in orbe fugam. Externus orbis* bei Plin. *N. H.* XXII, 56 dient zur Bezeichnung von Afrika und Asien. — 46 *quisquam* V: *quicquam* GN. — 62 *qui* V: *quoque* GN. — 76 *Hos potius* V: *Hospicius* GN. — 78 *venit en et* V: *ven̄ et* N, *en et* G. — 82 *canit* V: *canat* GN. Dass die Lesart von V vorzuziehen ist, ergibt sich aus dem folgenden *molitur*. Ebenso V, 28 *vivat* GN statt *vivit*. — 90 *visurus* V: *visuraque* GN. Es lässt sich nachweisen, dass im Archetypus von GN *que* durch das Zeichen ; ausgedrückt war; vgl. IIII, 14 (N); VI, 35 (G); Nem. I, 25, 33 (G); II, 6 (GN). So erklärt sich das Entstehen der Corruptel in GN. Vgl. überdies Abschn. 8. — 105 *ego iam* V: *ego nam* N, *enim nam* G (vielleicht *etenim*). — 106 *palem* V: *panem* GN. — 112 *primum* V: *primo* GN. — 124 *ruptas* V: *raptas* GN. — 145 *Hos* V: *Nos* GN. — 148 *deos* V: *deas* GN, was nur auf die Musen oder Nymphen gehen könnte; während jedoch diese bei Calpurnius und Nemesianus nirgends als die Spenderinnen der Gesangeskunst erscheinen. — V, 6, 7, 8 V: 7, 6, 8 GN. — 41 *patenti* V: *parenti* GN. — 45 *peragit* V: *peragunt* GN. — 60 *declivi* V: *declivis* NG (in letzterem kann auch *declinis* gelesen werden). — 77 *contrahet* V: *contrahit* GN. — 105 *pastoria* V: *pastoralia* GN (in letzterem von m^2 corr.). — 117 *Sterne* V: *Sintne* N, *Sint* (mit Lücke von 2 Buchst.) G. — VI, 22 *Vincere* V: *Vinces* GN [1]). — VI, 52 *illi* V: *illa* G. — 70 *dabit* V: *dabis* G. — 78 *provo-*

---

[1]) Nach Glaeser's Vorgange schreibt Baehrens *Vincen tu quemquam*, während Gebauer a. a. O. 193 A. 1. die Lesart der interpolierten Recension vertheidigt. Auch ich halte die letztere für die richtige, sowohl aus palaeographischen (*Vince* = *Vincere*) als aus metrischen Rücksichten, da spondeische Wörter im ersten Fusse gerade in dieser Ecloge sich äusserst selten (nur v. 4 und 25) finden.

cet iste V : *provocat ille* G N. — VII, 6 *arena* V: *in umbra* G N. Einer der gewöhnlichen Fehler in Hexameterschlüssen; vgl. IIII, 37, wo N *in antra* statt *in umbra* liest. — 48. *ubi* V: *tibi* G N. — 57 *omne* V: *esse* G N (von Bährens richtig durch die Verwechslung von *ōē* und *ēē* erklärt). — 76 u. 80 *propius* V: *proprius* G N. — 82 *Obfuerunt* V: *Obfuerant* G N. — 84 *vultus* V: *visus* G N (aus dem vorherg. Verse).

Die Fehler von GN aus Nemesianus gleichfalls hier zu verzeichnen scheint überflüssig, da die mitgetheilten Proben bereits hinlänglich erkennen lassen, dass die abweichenden Lesarten von GN durchweg auf solchen Fehlern beruhen, wie sie von Abschreibern begangen werden. Auch dass dieselben im Texte des Nemesianus gegen das Ende hin immer zahlreicher und gröber werden, spricht für ihren mechanischen Ursprung, da Interpolatorenthätigkeit gegen den Schluss eher zu erlahmen, als sich zu steigern pflegt.

Im Gegensatze dazu erscheinen die Fehler der interpolierten Ueberlieferung in gleichmässiger Weise über den ganzen Text vertheilt. Allerdings fehlt es unter ihnen auch nicht an rein paläographischen Irrthümern (vgl. z. B. IIII, 14, 20, 27, 66, 84, 87; V, 17 u. dgl. m.), wozu ich auch die zahlreichen ausgefallenen Verse zähle; aber die weit überwiegende Zahl der fehlerhaften Lesarten von V geht auf subjective Einflüsse und willkürliche Umarbeitung zurück. Häufig treffen wir Versetzungen von Wörtern (wie IIII, 22, 83), Ersatz gewisser Ausdrücke durch Synonyma (wie IIII, 35, 53, 121; V, 2, 24, 30, 77, 97, 119), kurz alle jene Abweichungen, welche interpolierten Texten eigenthümlich sind. Eine, wenn auch eklektische, Zusammenstellung derselben zu geben wäre überflüssig, zumal die Abschnitte 1 und 3 unserer Erörterung Beispiele in genügender Anzahl bieten. Anstatt durch eine solche zwecklose Aufzählung Raum zu verschwenden, will ich lieber auf zwei Umstände aufmerksam machen, welche auf die Entstehungsgeschichte der interpolierten Recension einiges Licht zu werfen geeignet sind.

Zunächst sei bemerkt, dass an nicht wenigen Stellen, wo N und G offenbare Corrupteln bilden, V unläugbar Versuche zeigt, diese corrupten Stellen durch willkürliche Vermuthung zu restituiren.

IIII, 63   (*cecinit qui - -*)

   - Hyblaea carmen mulamine (*od m* [1]) *avena* N
       H. c. modulavit a.   G
       H. modulabile carmen avena   V.

Vgl. Wölfflin's 'Archiv für Lexicographie' I, 101.

IIII, 76 lautet in GN
    Hospicius magis hos calamos sectare canales
    Et preme qui dignas cecinerunt consule silvas.
V. liest *Hos potius calamos, magis hos s. c. Per (Pro) me e. q. s.* Dass dies nur eine Conjectur ist, scheint mir unzweifelhaft und darum Büchelers *Romae* (Rh. Mus. XXVI, 239 A. 3) nicht statthaft. Mit Bährens *calamo* zu lesen verbietet der Sprachgebrauch des Calpurnius, der nur den Plural *calami* in dieser Bedeutung verwendet (vgl. Gebauer, De Theocr. carm. a Verg. expr. p. 14). Es wird zu schreiben sein *canales Hos preme* e. q. s.

IIII, 90 *In quibus Augustos visurus saepe triumphos*
    Laurus ⟨iam⟩ fruticat — .
visuraque GN, worüber Abschn. 7 zu vergleichen. — *frutificat* N, *fructificat* G, *fructifcrat* V. Das für die richtige Emendation der Stelle nothwendige Verbum *fruticare* hat zuerst Haupt in der Lesart von N erkannt; seine Herstellung *visurae- - Laurus ⟨en⟩ fruticant* scheint mir jedoch gewaltsamer als die von mir vorgeschlagene.

IIII, 125 *Utque bono plaudat paganica turba magistro.*
So N, welcher nur *plaudet* (corr. m²) und *paganida* schreibt; G liest *Utque novo plaudat placanda t. m.*, während V den Vers folgendermassen verändert bietet: *Ut quoque turba bono plaudat saginata magistro.*

IIII, 143   — *seu quis superum sub imagine falsa*
    Mortalique lates (es enim deus): hunc, precor, orbem sqq.
Die leichte Verderbnis in GN *etenim* hat zu den mannigfaltigsten Correcturen in V Anlass gegeben. u liest *etenim | hunc deprecor*, mit Hiatus, dem einige Handschriften durch Einschiebung eines *rege* oder *cole* nach *hunc* abzuhelfen suchen; φ liest gar *vivas et hunc precor.*

V, 6 *Vanaque* GN, *Canaque* V. — Warum die *germina*, welche die Ziegen in der Mittagszeit benagen, *cana* sein sollen, ist nicht abzusehen, und wird durch Redewendungen, wie *seges cana* bei Ovid nicht aufgeklärt, da dort *canus* gleichbedeutend mit *flavus* ist. Sollte nicht *Vernaque.* zu schreiben sein?

V, 60 *Verum ubi declini iam nona tepescere sole*
    Incipiet serique videbitur hora premendi.
Der zweite Vers gehört zu den desperaten und wird sicher nicht durch Bährens' Vorschlag *Incipit atque seri vīdebitur* (!) *h. p.* hergestellt. Dass auch der Redactor von V mit dem Verse nichts anzufangen wusste, beweist seine Conjectur *seraeque videbitur hora merendae.*

V, 65 *Cogitet et tremulo tremebundo fruniat ore.*

So G N; A liest *tinniat ore*, wodurch Gläser's Emendation *fritinniat ore* bestätigt wird. Ohne uns mit der Besprechung der übrigen Verderbnisse aufzuhalten, sei nur hier auf die Behandlung hingewiesen, die dem Verse in V zu Theil geworden ist: dort steht nämlich *C. et tremuli tremebunda coagula lactis* (aus III, 69).

Wollten wir alle hiehergehörigen Stellen, selbst mit der denkbar knappsten Motivierung, besprechen, so müssten wir den uns zugemessenen Raum weit überschreiten. Daher wollen wir im Folgenden die wichtigsten und sichersten Beweisstellen ohne weiteren Zusatz kurz verzeichnen, indem wir uns vorbehalten, auf dieselben später zu ausführlicherer Behandlung zurückzukommen: V, 81 *Pix tibi ⟨tu⟩* oder *Pissa tibi: Pia tibi* G N, *Dura tibi* V. — 116 *stipula cum: stipule cum* G N, *stipulis et* V. — VI, 46 *Hunc, sicutque vides, ⟨victus⟩, Mnasylle paciscor: Hunc sicumque (sicc.* N) *vides (vides pignus* G) *mnasille (mascille* G) *p.* G N; *Hunc ego qualemcumque vides in valle paciscor* V. — VII, 69 *sola discedentis arenae: sol discedentis a.* N, *so discendentis a.* G, *nos descendentis a.* V. — Nem. I, 25 *fidibus Linus aut Oeagrius Orpheus: fidibus sid* (darüber von m^2 *linus*) *aut oeagrius O.* N, *fidibusque lydus aut egrius O.* G, *fidibusque linus modulatibus O.* V. — II, 18 *Atque hinc sub platano: A. hic s. p.* G N, *Atque sub hac patula* V. — Dass an allen diesen Stellen die Lesarten von G N die Fassung des Archetypus bis auf den Buchstaben getreu wiederholen, wird — zumal bei den zwischen G und N herrschenden Differenzen — niemand behaupten; ebenso unzweifelhaft ist es aber auch, dass sie der gemeinschaftlichen Quelle um vieles näher stehen.

Ausserdem verdient als ein weiterer Fingerzeig für die Geschichte der Vulgata hier hervorgehoben zu werden, dass eine nicht geringe Anzahl der in Rede stehenden Interpolationen auf Reminiscenzen aus römischen Dichtern beruhen, woraus wir ersehen, dass der Interpolator in der römischen Poesie wohl bewandert gewesen sein muss. Ich habe folgende Beispiele gefunden (denen sich bei genauer Nachforschung wahrscheinlich noch andere hinzufügen liessen):

I, 59   *Clementia contudit enses.*
V *condidit* nach Properz II, 16, 42 *condidit arma*.

III, 16   *gelidaque iacet spatiosus in umbra.*
V *spatiatus*; nach Ovid *Ars Am.* I, 67 *Pompeia lentus spatiare sub umbra*; cf. Prop. V, 8, 75.

III, 62   *et hoc mihi tu iurare solebas.*
V *narrare*. Zu vergleichen ist Ovid *Fasti* V, 689 *sed et haec narrare solebat.*

IIII, 69   *implicitos comebat pectine crines.*

V *implicitas c. p. comas.* Ovid *Fasti* V, 220 *implicitura comas.*
V, 6   *Vernaque lascivo concidere gramina morsu.*
Vanaque G N, *Canaque* V; nach Vergil Geo. III, 325 *dum gramina canent.*
V, 97   *Et portat lectas securus circitor uvas.*
V *vinitor.* Vgl. Verg. Geo. II, 417 *Iam canit effetus extremus vinitor antes.*
VI, 71   *melior viret herba tapetis.*
V *lapillis.* Hor. *Epist.* I, 10, 19 *aut nitet herba lapillis.*
VI, 79   *Rumpor enim, Mnasylle; nihil nisi iurgia quaerit.*
R. e. *merito;* nihil hic n. i. qu. V. Verg. *Ecl.* VIII, 67 *nihil hic nisi carmina desunt.*
Nem. I, 3   *Incipe, si quod habes* sqq.;
si quid h. V; nach Verg. *Ecl.* VIIII, 32 *Incipe, si quod habes.*
Nem. I, 8   *Dum ros et primi* sqq.
V *Et ros* nach Verg. Geo. III, 326.
Nem. IIII, 47   *Hic tibi lene uirens fons* sqq.
lene fluens V; vgl. Lucan. X, 315 *tam lene fluentem.*

Dieselbe Erscheinung treffen wir übrigens auch bei den einzelnen Zweigen der interpolierten Recension. So z. B. in φ an zwei Stellen:
V, 33   *tumidis spument tibi mulctra papillis.*
Die Stelle ist in dieser (corrupten) Fassung von GNυ überliefert; φ liest *capellis*, vielleicht nach Hor. *Epod.* XVI, 49 *veniant ad mulctra capellae.*
Nem. I, 76   *Insuetusque freto vivet leo.*
So nach Heinsius' Conjectur; GNυ *Vestitusque, Hirsutusque* φ. *Hirsutus leo* ist schon von Burmann in der Note zu unserer Stelle als ovidianisch nachgewiesen, z. B. *Met.* XIV, 207.
Nem. IIII, 11   *quos durus cderat ignis.*
So GNυ corrupt; *adederat* φ nach Ovid. *Am.* I, 15, 41 *supremus adederit ignis.*

Ebenso liest man in einigen Vertretern von υ II, 73
citius tenues numerabit aristas
anstatt *arenas*, offenbar nach Ovid *Ex Ponto* II, 7, 25 *citius numerabis aristas.*

Von diesen Lesarten findet sich keine einzige in P; auch sind die V und P gemeinsamen Interpolationen (vgl. Abschn. 1) überhaupt nicht von der Art, dass sie auf einen solchen Ursprung zurückzuführen wären. Somit darf mit einiger Wahrscheinlichkeit behauptet werden, dass diese Ueberarbeitung des Textes erst in V, also nach der Spaltung des Archetypus von PV, vorgenommen wurde. Eine genaue chronologische Fixierung ist freilich unmöglich; das Alter des Codex P, den Bährens mit Recht in's zwölfte Jahrhundert verlegt, beweist nur, dass damals diese Spaltung bereits vollzogen war. Doch muss dieselbe, nach den Fehlern von P zu urtheilen, sogar einige Zeit vor der Niederschrift dieses Codex angesetzt werden.

Je weniger uns die Handschriften selbst über diesen Punkt der Textesgeschichte lehren, desto höher müssen wir den Aufschluss schätzen, den uns die erhaltenen Excerpte trotz ihres geringen Umfanges bieten. Hinsichtlich der Ueberlieferung derselben verweise ich auf die Praefatio zu Bährens' oder meiner Ausgabe; hier soll nur von ihrem Nutzen für die Textesgeschichte gehandelt werden. Dass sie zu V in enger Beziehung stehen, hat schon Bährens erkannt (p. 67). An vier Stellen stimmen dieselben mit V überein: II 23 *hoc* V Exc., *hac* P: *hic* GN. — V, 9 *aetas iam* GN: *iam dudum* V Exc. — VI, 55 *qua* G, *quam* N: *quae* V, *que* Exc. Par.¹, *qui* Exc.² — Nem. IIII, 21 *eris* V Exc.: *(h)erit* GN. An der ersten dieser Stellen steht P der Ueberlieferung von V Exc. offenbar näher als der von GN. Es liegt also nahe anzunehmen, dass auch die drei übrigen Stellen im Archetypus von PV bereits in der von den Excerpten bezeugten Gestalt vorlagen, während für drei andere Stellen (IIII, 14, 156; Nem. III, 24) die Uebereinstimmung von GN mit den Excerpten das Gegentheil beweist. Dass die Quelle der Excerpte über den Archetypus aller uns erhaltenen Handschriften nicht hinaus geht, beweist der gemeinsame Schreibfehler *vilia* (IIII, 156 statt *ovilia*); hingegen deutet die von ihnen allein erhaltene Lesart Nem. IIII, 24 *commodet* (*commodat* die übrigen) darauf hin, dass sie etwas über die Stammhandschrift von V hinausliegen.

Höchst auffallend aber ist es, dass der ältere der beiden Pariser Excerptencodices an einer Stelle (V, 48) Uebereinstimmung mit φ zeigt. Statt des richtigen *torrentibus* liest nämlich φ *tondentibus*, jener *tonsoribus*. An eine Correctur der Excerpte aus einem vollständigen Calpurniusexemplare ist nicht zu denken; vielmehr muss die Lesart *tondentibus* (wofür *tonsoribus* aus Conjectur gesetzt scheint) im Archetypus der Excerpte bereits als Variante existirt haben. Daraus scheint mir hervorzugehen, dass die Spaltung von V in die Zweige υ und φ bereits vor der Entstehung der Excerpte vor sich gegangen ist, nicht, wie man wohl anzunehmen geneigt sein möchte, erst im Zeitalter der Renaissance. Wie man aber auch hierüber urtheilen mag, jedenfalls bieten die Excerpte einen Anhalt zur genaueren Datierung von VP. Denn die Zusammenstellung jenes Florilegium fällt nach Bährens' — sicherlich sehr niedrig gegriffenem — Ansatze in die Zeit von 1000—1100; woraus sich denn auch die nothwendige Folgerung ergiebt, dass der Archetypus von VP und den Excerpten bereits vor dieser Zeit in Frankreich existiert haben muss.

Obwohl dieser Combination nichts im Wege steht, so würde ich doch keineswegs gewagt haben, sie zu veröffentlichen, wenn nicht bestimmte Beweise dafür vorlägen, dass in dieser Zeit, oder mindestens nicht allzu lange vorher, die Gedichte des Calpurnius und Nemesianus in Frankreich eifrig gelesen und nachgeahmt worden sind. Dafür legen die zahlreichen Imitationen und Reminiscenzen in den Gedichten der Diaconen Petrus und Paulus, des Alcuinus, Angilbertus und Naso (Modvinus) ein nicht umzustossendes Zeugnis ab. Ja noch mehr; die Citate aus Naso zeigen sogar — worauf schon Bährens (Rh. Mus. XXX, 627) aufmerksam gemacht hatte — dass das Exemplar, aus welchem jener schöpfte, mit PV, nicht mit GN übereinstimmte, da er den Vers 42 der ersten Ecloge, den die besseren Handschriften auslassen, kannte und nachahmte. Auch IIII, 105 steht *ego iamdudum* der Lesart von V (*ego iam*) näher, als der von G (*enim nam*) oder N (*ego nam*). Dagegen beweist wiederum die Nachahmung von II, 18, dass die V eigenthümlichen Fehler in diesem Exemplare sich noch nicht fanden, weil die fraglichen Worte *neglectaque pascua tauri* in V durch die Zusammenziehung der Verse 18 und 19 ausgefallen sind. Demnach befand sich die Vorlage des Naso etwa auf dem Standpunkte des Archetypus von VP; und durch dieses merkwürdige Zusammentreffen erhält unsere Hypothese — für mehr kann ich sie selbst nicht halten — über die Heimat dieser Handschriftenfamilie eine nicht unerhebliche äussere Bestätigung.

Nachdem wir so einen Zweig der Ueberlieferung abgehandelt haben, wollen wir die Untersuchung auch auf den zweiten ausdehnen, welcher durch die von Interpolation freigebliebene Recension gebildet wird. Weist die Tradition der interpolierten Handschriften auf Frankreich, so scheint die bessere Ueberlieferung ihren Ursprung in Italien zu haben. Von den vier Handschriften, welche hiebei in Betracht kommen, sind der Gaddianus und der verlorene Codex des Bocaccio ohne weiteres als italienischer Abkunft zu bezeichnen; und wenn der Bibliothekar des Matthias Corvinus im Jahre 1492 einen Codex vetustissimus aus 'Germania', wie die vage Bezeichnung der Subscription lautet, mitbrachte, so ist damit nicht erwiesen, dass diese Handschrift auch in Deutschland geschrieben war. Wir werden dies um so mehr bezweifeln, als sich mit einiger Sicherheit erweisen lässt, dass die Vorlage des Neapolitanus, der ältesten aller erhaltenen vollständigen Handschriften, sich zu Verona befand. Petrarca schreibt nämlich — das Jahr ist leider nicht zu ermitteln — am 17. April aus Padua an Guilelmo da Pastrengo (Var. ep. XXX, p. 570 der Leidner Ausgabe von 1601): *Expecto etiam Calpurni Bucolicum carmen et tuam Varonis agriculturam*, welche Stelle, obwol sie sich bei Wernsdorf und Glaser abgedruckt findet, von Bährens übersehen worden ist. Nun besteht aber unser Neapolitanus aus zwei zusammengebundenen Handschriften, von denen die erste, welche f. 1—39 den Cato de agricultura enthält, die jüngere, die zweite, welche Varro, Calpurnius und Nemesianus von einer Hand geschrieben bietet, die ältere ist. Es lässt sich demnach kaum läugnen, dass die Neapler Handschrift und der Veroneser Codex in enger Beziehung zu einander stehen; und jene entstammt wahrscheinlich der für Petrarca gemachten Abschrift, wenn sie nicht geradezu mit derselben zu identificieren ist. Pastrengo starb vor 1370; Padua hat Petrarca zwar öfter besucht, längeren Aufenthalt hat er jedoch erst 1361 daselbst genommen. Demnach müsste unser Codex zwischen 1360 und 1370 geschrieben sein; und dieser Annahme würde nach meiner Ansicht der Schriftcharakter zum mindesten nicht widersprechen. Bährens hat sich, wie Janelli in seinem Handschriftenkataloge, wahrscheinlich durch den Cato täuschen lassen, der aus entschieden jüngerer Zeit stammt; nach Bursian (bei Haupt p. 393) ist der Codex 'sub initium saeculi XV' geschrieben. Die Schriftzüge stehen etwa in der Mitte zwischen den bei Arndt unter 55 und 57 mitgetheilten Proben.

Bei der Besprechung und Vergleichung der von den einzelnen Handschriften erhaltenen Lesarten sind selbstverständlich zunächst die beiden vollständigen Vertreter der besseren Recension zu berücksichtigen. Schon eine oberflächliche Durchsicht des Apparates belehrt uns, dass die beiden Handschriften vielfach in Kleinigkeiten übereinstimmen und folglich von der gemeinsamen Stammhandschrift nur durch wenige Mittelglieder getrennt sein können. Sie theilen Fehler wie II, 63 *paliribus* (statt *parilibus*); II, 91 *cynodia* (*cydonia*); III, 25 *Callioren* (*Calyorē* G; statt *Callirhoen*) IIII, 31 *fragra* (*fraga*); 76 *Hospicius* (*Hos potius*); V, 84 *let(h)es* (*lites*); VI, 28 *mascillus* G, *massillus* N (statt *Mnasyllus*); Nem. I, 9 *timere* (*Timeta*) u. a. m. An anderen Stellen differieren sie zwar, verrathen aber gerade durch die eigenthümliche Art ihrer Abweichungen, dass beide dasselbe Original je nach der Fähigkeit und Genauigkeit ihres Schreibers wiedergeben. Z. B. stellt N I, 31, 32 um, G lässt 30 aus. — III, 81 *iactat: ictat* G, *iactast* N. — IIII, 78 u. 105 vgl. Abschn. 7. — IIII, 166 *mactabimus: cantabimur* G, *iactabimus* N (so auch G in marg.). — VI, 3 *sed non: sed* om. G, *non* add. N m². — 36 *mensae: mensa* N, *mensam* G. — Eben dahin gehört, neben zahlreichen anderen Beispielen, die lückenhafte Ueberlieferung der Verse Nem. III, 5-7.

Viel zahlreicher freilich sind die Stellen, an denen G und N in stärkerem Masse von einander differieren; und es ist nicht immer leicht zu entscheiden, welchem von beiden Zeugen Recht zu geben ist. Bevor wir jedoch daran gehen, die beiden Handschriften auf ihre Zuverlässigkeit hin zu prüfen, müssen wir erst diejenigen Stellen ausscheiden, an denen der eine oder andere der beiden Codices durch V beeinflusst erscheint; wo also nicht dessen ursprüngliche Lesart, sondern eine Correctur aus der interpolierten Recension vorliegt. Solche Interpolation lässt sich für N an folgenden Stellen nachweisen: I, 76 *fervit* G P: *servit* N V. — II, 73 *tenues citius* G P (*cuius*) H: *citius tenues* NV. — II, 81 *renidenti* G, *redempti* P: *renitenti* V, *renitendi* N. — IIII, 6 *possint* G P: *possunt* NV. — 153 *quando montibus* G: *quando in m.* NV. — V, 70 *comis* Burmann, *comes* G: *comas* NV. — VI, 13 *barba* G (vielleicht Conjectur; auch interpolierte Hdss. lesen so): *barbam* NV. — 25 *vera* G: *verba* N u, *verbo* φ. — 59 *mascillo* G: *mesane* NV. — 82 *te teste* G: *te stante* NV. — Nem. II, 87 *pinus* G: *pinos* NV. — IIII, 46 *Hac* G: *Hic* NV. — In anderen Fällen wird man freilich die Uebereinstimmung zwischen V und N nicht durch Interpolation, sondern durch Annahme von Varianten im Archetypus von V und PN oder von textkritischer Thätigkeit in G erklären müssen. So z. B. Nem. I, 2 *immunia* G (*inm.*) A: *in mutua* N, *inmitua* u, *imita(n)tur* φ. — 12 *ludebat* G: *ludabat* N, *laudabat* V. — II, 27 *Dicite quo Donacen prato* G: *donacen p̄to* (mit vorhergehender Lücke etwa von 10 Buchstaben) N m¹, *Dicite quo prato Donacen* V N m². — Recht bezeichnend sind zwei weitere Stellen aus Nemesianus: II, 37, wo G liest *Ille ego sum, Donace, cui dulcia saepe dedisti*, während N umstellt *dulcia cui*; aus welcher corrupten Fassung ohne Zweifel die Lesart von V *Idas ille ego sum, Donace, cui saepe dedisti* hervorgegangen ist, während in G die beiden Worte höchst wahrscheinlich durch Conjectur an ihren richtigen Platz gestellt sind. Ganz ähnlich ist III, 29 *Evocat aut* G: *Aut evocat* N, *Et vocat ad* V.

Auch in G treffen wir Beispiele von Interpolation aus V, während N allein das richtige oder doch das ursprünglichere erhalten hat. I, 1 *declinis* N A: *declivis* G V, *declivus* P. — II, 96 *y dorila* N (woraus Haupt *i Doryla*), & *dorila* P, *o dorida* G (corr. in *o dorila*) V. — III, 20 *depressam* N, *depressa* P: *deprensam* G V. — IIII, 53 *dicere* N, *discere* G: *noscere* V. — V, 6 *germina* N: *gramina* G V. — 74 *pusula* N: *pustula* G V. — Nem. I, 32 *subicit* N: *subigit* G V plerique. — 56 *vultu* N: *vultus* G, *vultus* V. — II, 21 *naydes* N: *naiades* G V. — III, 34 *simas* N: *summas* G V. Dass sogar die beiden Zweige der interpolierten Textesüberlieferung unabhängig von einander Einfluss auf G und N genommen haben, darf uns nach dem, was wir über die Entstehungszeit derselben oben erörtert haben, nicht Wunder nehmen. Folgende Stellen mögen zur Bestätigung des Gesagten dienen. IIII, 96 *curetica* G υ: *curètia* N, *currentia* φ. — 104 *exundent* G υ (-*det* υ pauci): *exsudent* N φ. — 149 *que paribus* G φ nonn.: *quē paribus* N, *quam paribus* φ rell., *quae imparibus* υ. — V, 25 *tum* G φ: *tu* N υ. — VI, 9 *potiar* N φ: *patiar* G (corr. *m¹*) υ. — 21 *manum* N υ: *manus* G φ. — 24 *expellis* N φ: *expellit* G υ nonn. — Nem. I, 16 *flamina* N υ: *carmina* G φ. — 25 *fidibus* N φ: *fidibusque* G υ. — II, 21 *secatis* N υ: *secantes* G φ. — 89 *discedere* G φ: *descendere* N υ. — III, 49 *palmasque* G φ: *palmas* N υ.

Alle diese Fäden, welche sich zwischen den einzelnen Zweigen der Ueberlieferung hin und wieder spinnen, zu verfolgen ist allerdings unmöglich. Doch lässt sich mit leidlicher Sicherheit vermuthen, dass auch die von uns besprochenen Interpolationen aus V durch Exemplare von υ und φ vermittelt worden sind. Es scheint, dass sowohl der Archetypus von V P, als auch die Stammhandschrift von V frühzeitig in Frankreich verloren gegangen sind, während Copien von υ und φ den Weg nach Italien gefunden haben.

Bei der nun vorzunehmenden Vergleichung der von G und N in verschiedener Fassung überlieferten Lesarten darf man nicht den Irrthum begehen, die Zahl der Fehler zum Massstabe der Beurtheilung machen zu wollen. Darnach müsste N ohne weiteres als der unzuverlässigere Führer angesehen werden, da sich in ihm sinnlos entstellte Worte in grösserer Zahl finden, als in G, dessen Lesart nur selten dem Aeusseren nach Verderbnis zeigen. Vielmehr wird dies eher zum Misstrauen gegen G stimmen; und dass dieses Misstrauen berechtigt ist, erkennt man leicht aus einer selbst oberflächlichen Vergleichung der Fehler. Zunächst seien einige Proben aus N gegeben:

I, 9 *denset*: *densent* N. — 13 *sequor*: *sequar* N. — 21 *nescio* [14] *quis*: *n. qui* N. — 23 *se laxet*: *se* in N ursprünglich ausgelassen, dann von *m¹* oder *m²* ergänzt. Vielleicht ist *laxetur* zu lesen. —

31 *oculoque: oculosque* N. — 33 *tueor: tuere* N. — 35 *patefactis: patefatis* N. — 48 *vesanos-morsus: vesano-morsis (morsu* von m² darübergeschrieben) N. — 60 *senatus: senatis* N (vielleicht *senati?*). — 74 *ima: intua* N. — 84 *Scilicet: Sedis* N (vgl. IIII, 107). — 86 *Ut: Uti* N (corr. m²). — II, 35 *hortos: ortus* N. — 43 *prunis: prurris* N (corr. m²). — 46 *gramina: germina* N (desgl. V, 8). — 57 *qua gemineus: etiā gēmes* N (& und Q in Uncialhandschriften einander sehr ähnlich; zu *gēmes* s. I, 64 *melibes* statt *Meliboeus*). — 65 *et* fehlt (add. m²); dgl. Nem. I, 23, 71. — III, 14 *pete: petes* N. — 25 *sprevi: spiritū (speciem* m²) N. — 28 *cum: dum* N. — 35 *anhelo: ambelo* N (wie es scheint). — 38 *iuvabit: iuvabis* N. — 60 *acerbae: crebrae* N. — 66 *mulctris: muetis* N. — 67 *quam: qui* N. — 83 *cocto: tecto* N. — 86 *quod: que* N. — Aus den übrigen Eclogen wollen wir noch einige significante Lesarten mittheilen: IIII, 37 *in umbra: in antra umbra* N (*antra* exp. m²). — 46 *nostras inter: inter nostras* N. — 51 *magis: magna* N. — 136 *velox pede: pede velox* N. — 164 *nostros: vestros* N (Conjectur in Folge der falschen Personenvertheilung, nach welcher der Vers dem Meliboeus zugetheilt ist). — V, 78 *moneo: moneo ut* N. — VI, 18 *Alcona: alterna* N. — Nem. I, 75 *in arvis: in herbis* N (corr. m² in mg.). — II, 40 *Heu Heu* (so schreiben A G υ; *En heu* bloss φ): *Heu* N. — III, 59 *cymbia: tibia* N. — IIII, 7 *lusere furentes: luxere parentes furentes* N.

Es fehlt also in N nicht gänzlich an Interpolation; doch ist sie von der Art, dass sie sich sofort aus metrischen oder grammatischen Gründen zu erkennen gibt. Dagegen finden sich alle Gattungen von Abschreiberfehlern, darunter auch falsche Hexameterausgänge, reichlich vertreten. Ich lasse nun die Fehler von G in gleicher Weise hier folgen.

I, 11 *ubi: ut* G. — 25 *descriptos: destrictos* G. — 45 *uicit: uicit* G. — 63 *quae stricti: quam stripti* G. — 85 *excipiet: accipiet* G. — II, 23 *habeto: habento* G. — 24 *fert: feret* G. — 36 *docet: decet* G. — 37 *mutet: mutat* G. — 68 *agnas: agnos* G. — 81 *tibi: cum* G. — III, 8 *Lycidan: licidam* G. — 20 *invenies: invenias* G. 34 *A: Hac* G (der Parisinus hat *Ha*). — 39 *contingam: contingat* G. — 49 *legulus: legulis* G. — 50 *tabidus: turbidus* G. — 53 *venias: venies* G. — 74 *Tityrus: Tytirus* G. — 82 *occidua: occiduas* G. — 95 *propius: proprius* G. — Ferner sind zu vergleichen IIII, 28 *remurmurat: remunerat* G. — 40 *trucibus: trucibusque* G und die Editio Veneta (*que* in N von m² eingefügt). — 85 *robore: corpore* G. — 106 *venisse: verse* G. — 119 *versat: servat* G. — 134 *lavatur: lavato* G. — 148 *apta: acta* G. — 169 *contractas: cum tactas* G. —

V, 44 *pabula*: *pascua* G. — 52 *sed*: *quod* G. — 106 *miscere*: *miserere* G. — VI, 47 *Perdere*: *Prodere*. G. — VII, 11 *abes*: *herus* G. — Nem. I, 2 *raucis*: *raris* G. — 16 *flamina*: *carmina* G. — II, 27 *tamquam nostri*: *nostri tamquam* G. — 32 *aera*: *aethera* G. — 74 *etiam*: *omnes* G. — u. a. m.

Für G muss demnach gerade das umgekehrte Verhältnis statuiert werden. Die sinnlosen Fehler und Corruptelen bilden in dieser Handschrift die Minorität; sehr selten treffen wir Abweichungen, welche durch bewusstloses Nachmalen der Vorlage entstanden sind. Dagegen sind willkürliche Aenderungen verhältnismässig sehr häufig, welche ihre Entstehung aus beigeschriebenen Vermuthungen oft nicht verleugnen. Es kann also G keineswegs direct aus dem Archetypus stammen; und es muss angenommen werden, dass dieser Zweig der Ueberlieferung textkritische Bearbeitung erfahren hat. Zur Gewissheit wird dies, wenn wir einige Stellen betrachten, an denen N die sinnlose Lesart des Archetypus bewahrt hat, während G deutlich zeigt, wie man diese Corruptelen zu beseitigen suchte. Hieher gehört die Mehrzahl der von uns im Abschn. 8 verzeichneten Stellen, bei denen sich N fast stets als der treuere und zuverlässigere Führer erweist. Ausserdem lässt sich derselbe Vorgang an nicht wenigen Stellen beobachten.

I, 90 *quatit*: *querit* N, *petit* G. — V, 15 *mollibus*: *molibus* N, 16 *montibus* G. — 16 *tinnire*: *titinire* N, *cecinere* G. — 104 *nitendum*: *nectendum* N, *videndum* G. — Nem. I, 7 *Detondent*: *Detonderet*, *Detondet* G. — IIII, 28 *volucres et*: *volucrū et* N, *volucrum tum* G. — 39 *subiere*: *subeunt* N, *subeunte* G (um die zur Ausfüllung des Verses nothwendige Silbe zu gewinnen). Demnach wird man bei der Aufnahme von Lesarten, welche durch G allein verbürgt sind, höchst vorsichtig zu Werke gehen müssen, und nicht, wie es Bährens gethan hat, die Behandlung schwieriger Stellen auf die Ueberlieferung dieser einzigen Handschrift gründen. Z. B. IIII, 150, wo das von G gebotene *liquide* nicht den Ausgangspunkt für die Herstellung der verderbten Stelle bilden darf. Auch das von Bährens in den Text gesetzte *quod* in III, 35 statt des sonst allgemein überlieferten *cum* scheint blos eine Conjectur zu sein, wenngleich sie unter allen bisher zu der fraglichen Stelle vorgeschlagenen die treffendste und leichteste genannt werden muss.

Was soeben über den Codex Gaddianus und sein Verhältnis zum gemeinschaftlichen Archetypus von GN auf Grund seiner Lesarten geäussert wurde, das findet vollinhaltliche Bestätigung durch die Lesarten des Codex Harleianus (vgl. W. St. V, S. 287), von denen ich erst nach Drucklegung des ersten Theiles dieser Abhandlung durch Herrn Müller-Strübing's Güte genauere und vollständigere Nachrichten erhielt. Es zeigt sich nunmehr, dass die harleianische Handschrift nicht nur zahlreiche Lesarten der besseren Recension enthält, die im Riccardianus nicht verzeichnet sind[2]), sondern dass auch diese Lesarten mit der durch G repräsentierten Ueberlieferung in augenfälligster Weise stimmen. Es sind folgende Stellen: II, 73 *tenues citius* G H (*t. cuius* P): *citius tenues* N V. — IIII 2 *obstrepit* G, *ostrepit* H(?): *adstrepit* N P V. — 53 *dicere* N: *discere* G H, *noscere* V. — 128 *lenta* N V: *l(a)eta* G H. — V, 100 *hiemi* N, *hiemis* G H: *debes* V. — VI, 55 *qua* G H: *quam* N, *quae* V. — 82 *te teste* G H: *te stante* N V. — Unläugbar stammen also die Handschrift des Boccaccio und unser Codex Gaddianus aus einer Quelle, wenngleich sie in manchen Punkten Verschiedenheit zeigen; so stimmt z. B. VI, 47 der Harleianus in der Lesart *Perdere* mit N gegen G (*Prodere*) und V (*Pendere*) überein. Für uns ist aber hauptsächlich die Thatsache von Wichtigkeit, dass G aus der gemeinschaftlichen Quelle nicht direct, sondern vermittelst eines oder mehrerer Zwischenglieder abstammt, da sich auf diese Weise die zahlreichen Interpolationen in G am einfachsten erklären.

Noch haben wir eines Zweiges der besseren Ueberlieferung zu gedenken, der im Codex Riccardianus uns erhaltenen Collation des Codex Pannonicus, den Ugoletus 1492 nach Italien gebracht hatte und der bald darauf verschwunden sein muss, sei es dass er in Italien selbst verloren ging, sei es, dass — was mir wahrscheinlicher vorkommt — Ugoletus ihn dorthin zurücksendete, woher er den Codex leihweise erhalten hatte, nach 'Germanien', das heisst wohl nach Pannonien. Auch diese Handschrift stand, wie zahlreiche Lesarten beweisen, den beiden vollständigen Vertretern der besseren Recension sehr nahe; und sie stimmt bald mit N, bald mit G. So I, 1 *declinis* A N, *declivis* G V, *declivus* P. — I, 68 *inter*: *intra* G A (vgl. II, 20 *intramittere* G und IIII, 44 *intra* N; der Fehler rührt also von der Schreibweise des Archetypus her). — VII, 34 *molibus* G: *mollibus* A N. — Nem. I, 2 *immunia* A G, *immutua* N. — 5 *favit* N V: *flavit* A G.

---

[2]) Ausser den bereits Bd. V S. 290 verzeichneten Stellen gehören hieher: IIII, 152 *decurrent*: *decurrunt* V. — VI, 12 *Iam non*: *Iam nunc* V. — VI, 26 *Exprobare*: *Exprobrare* V. — 29 *inflatis*: *insta nunc* V. — 38 *pendent*: *lucent* V. — VII, 14 *nec*: *non* V. — 48 *tibi*: *ubi* V. — Nem. III, 39 *fetus*: *fructus* V. — 47 *arripit*: *hoc capit* V. — 54 *Evomit*: *Spumeus* V. — Eine besondere dem Harleianus eigenthümliche Lesart ist Nem. I, 14 *Et mea* statt *Iam mea* G N, *Nam mea* V.

— IIII, 13 steht in G und A nochmals zwischen 6 und 7. — 10 *animus* V: *animos* G, *animo* A, *arons* N. — Es lässt sich nicht verkennen, dass der Codex Pannonicus einen selbständigen Zweig der besseren Ueberlieferung bildet; und wir werden darum umsoweniger Bedenken tragen, einige wenige Lesarten, welche durch ihn allein beglaubigt sind, in den Text zu setzen. Dahin gehören: II, 3 *nec impar* A: *sed impar* (schon von Martellius emendiert). — VII, 18 *spectavimus urbe* A (Heinsius e coni.): *spectamus in urbe*. — 25 *clivos* A (einige wenige V-Handschriften, ohne Zweifel aus blosser Vermuthung): *divos*. — Nem. I, 9 *timeta* A (N m^2): *timere* G N. — Doch wird man vielleicht besser thun, diese beiden Lesarten auf Conjectur zurückzuführen. Ausserdem findet sich I, 86 die orthographische Variante *tralati* an Stelle des allgemein überlieferten *translati*.

Nachdem wir so die beiden Recensionen, in denen der uns durch die vollständigen Handschriften überlieferte Text vorliegt, genau behandelt haben, soweit eben unsere handschriftlichen Mittel reichen, erübrigt es noch unsere Aufmerksamkeit einem abgesonderten Aste der Textesüberlieferung zuzuwenden, den wir bisher geflissentlich ausser Acht gelassen haben, da er in keiner organischen Verbindung mit den bis jetzt besprochenen Zweigen der Ueberlieferung steht. Zu diesem Zwecke müssen wir auf den Unterschied zwischen den beiden Gruppen der interpolierten Recension, υ und φ, zurückgreifen. Wir haben bereits erwähnt, dass υ im Ganzen und Grossen einen zuverlässigeren Text bietet, während φ durch gewaltsame Interpolationen entstellt ist; dass υ nicht selten Fehler des gemeinsamen Archetypus bewahrt hat, welche in φ in höchst willkürlicher Weise beseitigt sind. Aber abgesehen von diesen Lesarten bieten die Exemplare von υ an einer grossen Anzahl von Stellen Lesarten, welche ausser jedem Zusammenhang mit der sonstigen Ueberlieferung stehen; Lesarten, welche weder mit V, noch P, noch GN etwas zu thun haben, und zwar an Stellen, wo alle anderen Handschriften übereinstimmen. Im Folgenden wollen wir die wichtigsten davon anführen.

I, 30 *Nec*: *Non* υ. — 46 *victas*: *vinctas* υ (*iunctas* Edit. Ven.). — II, 27 *decernunt digitis*: *discrevit digitus* υ. — 77 *Sume* (*Summe* GN): *Summo* υ. — III, 93 *Perfer et exora modulato*: *Perfer et ore tuo modulator* υ. — IIII, 94 *habes*: *abis* υ. — 95 *reclinis*: *reclivis* υ. — 124 *psallat*: *saliat* υ. — V, 31 *ac*: *ut* υ. — 58 *Et*: *Vel* υ. — 102 *Ast tibi*: *Ast ubi* υ. — VI, 35 *et*: *scit* υ. — VII, 43 *iam-et*: *tam-tam* υ. — VII, 77 *praesens*: *referens* υ. — 78 *mihi*: *modo*

v. — Nem. I, 32 *subicit*: *suggerit* v. — 78 *olivam*: *olivas* v. — III, 63 *prosatus ipso*: *natus ab ipso*.

Das merkwürdigste ist jedoch, dass diese Lesarten sämmtlich im Codex Pannonicus wiederkehren, obwohl dieser sonst alle Kennzeichen der besseren Recension an sich trägt und seine Zusammengehörigkeit mit GNH durch Fehler in der Ueberlieferung, die er mit ihnen theilt, documentiert. Es bleibt also nichts anderes übrig, als anzunehmen, dass sowohl in A, als auch in den Stammcodex von v einst Lesarten aus einem anderen, jetzt gänzlich verschollenen Zweige der Ueberlieferung eingedrungen sind. Ja, diese Einwirkung erstreckt sich noch auf einen weiteren Kreis. Die beste Repräsentantin von v, die Venediger Ausgabe von 1472, theilt nämlich noch an einer weiteren Zahl von Stellen mit A gewisse Lesarten, welche im Charakter ganz mit den soeben angeführten übereinstimmen. So III, 98 *venit*: *redit* A Ven. — IIII, 52 *hodierna*: *aliena* A Ven. — 101 *solverunt*: *sonuerunt* A Ven. — VII, 84 *putatur*: *putavi* A Ven. — Nem. II, 8 *iam nunc*: *iam non* A Ven. — 30 *nullo libarunt*: *nulloque biberunt* A Ven. — III, 26 *Nosque etiam*: *Vos etiam et* A Ven. — 33 *breve*: *leve* A Ven. — 37 *laetas*: *lenes* A Ven. — 51 *cymbala*: *cymbia* A Ven.

Diese Uebereinstimmung ist in der That so auffallend, dass sie den Verdacht wachrufen muss, es könnten diese Varianten nicht aus dem Codex Pannonicus, sondern aus eben der Editio Veneta selbst am Rande des Riccardianus angemerkt sein; und dieser Verdacht muss durch die Thatsache, dass der Riccardianus wirklich nach einem Exemplar der Veneta oder einem mit ihr auf's engste verwandten Codex durchcorrigiert worden ist, nur gesteigert werden. Aber dieser Einwurf wird schon dadurch widerlegt, dass die beiden Collationen durch die Schriftzüge sich deutlich von einander scheiden und dass es nicht an Stellen fehlt, an denen von beiden Händen dasselbe angemerkt steht (z. B. III, 51). Auch begegnet es (VII, 59), dass von Angelius gleichzeitig zwei Lesarten verzeichnet werden, von denen die eine mit GN, die andere mit Ven. stimmt, wodurch die Existenz doppelter Lesarten in A sichergestellt wird. Wenn aber sich derlei doppelte Varianten nur äusserst selten finden, so hat dies seinen Grund darin, dass die Collation nach der Veneta vor der Vergleichung mit dem Pannonicus — und zwar in ziemlich sorgfältiger Weise — gemacht ist, so dass Angelius von den mit Ven. übereinstimmenden Lesarten wenig mehr nachzutragen fand.

Der sicherste Beweis aber dafür, dass dem Herausgeber der Veneta ausser einem Exemplare der Gruppe v noch andere

Quellen zu Gebote standen, liegt meines Erachtens in denjenigen Stellen, an denen diese Ausgabe mit GN übereinstimmt. Es liesse sich gar nicht erklären, wie diese Lesarten in die Veneta gekommen sein sollten, wenn nicht aus einer besonderen handschriftlichen Quelle. Diese werden wir aber am ungezwungensten in derselben Ueberlieferung suchen, auf welche die von uns soeben behandelten Lesarten in A, υ und der Veneta zurückgehen. Von solchen Spuren besserer Tradition in Ven. seien folgende Stellen erwähnt:

II, 48 *arida* GN, *avida* Ven: *altera* PV. — 98 *finierant* GNP 21 Ven.: *finierat* V. — *Thyrsis* GNP Ven.: *Thyrsus* V. — III, 84 *tunc-tunc* PV, *tum-tum* GN: *tum-tunc* Ven. — IIII, 22 *te non* GN Ven.: *non te* V. — 27 *tutere* GN Ven: *taceare* V. — 59 *here quos mihi* GN Ven. (*heri*): (*et*) *heri quos* V. — 161 *Tityron e* GN Ven: *Tironiam* V. — V, 26 *loci* GN Ven.: *foci* V. — 32 *At* GN Ven: *Ac* V. — 41 *patenti* υ (*tepenti* φ): *parenti* GN Ven. — VII, 62 *quibus* GN Ven: *quis* V. — 82 *Offuerunt* GN Ven: *Offuerant* V. — Nem. I, 3 *si quod* GN Ven: *si quid* V. — 61 *Saepe dabas* GN Ven.: *Sedabas* V.

Manches von diesen Lesarten mag auf Conjectur beruhen; denn die Venediger Ausgabe zeichnet sich ausser den schon erwähnten Lesarten auch durch Druckfehler, Conjecturen und Interpolationen willkürlichster Art[3] aus, welche uns verbieten, irgend eine der in derselben allein enthaltenen Lesarten für diplomatisch begründet anzusehen. Trotzdem bleiben noch genug Stellen übrig, deren Fassung sich nur durch unsere Hypothese von einer zweiten Textesquelle erklären lässt. Ob diese Ueberlieferung in Form einer Handschrift dem Herausgeber vorlag, oder ob er sie aus einer Collation in dem von ihm zum Druck benützten υ-Exemplare kennen lernte, lässt sich nicht entscheiden und ist auch für uns ohne Belang. Soviel lässt sich mit Sicherheit behaupten, dass die Beeinflussung durch diese Textesquelle sich am stärksten in der Veneta, am schwächsten in der Klasse υ zeigt, während der Codex Pannonicus in dieser Hinsicht eine Mittelstellung einnimmt. Erwägt man ferner, dass alle

---

[3] Hier nur einige der bezeichnendsten Beispiele: II, 65 *fundere* V, *figere* GN: *fraude* Ven. — 71 *tibi*: *mihi* Ven. — III, 13 *si forte*: *si quando* Ven. — — 37 *victas*: *vinctas* Ven. (aus I, 46). — 76 *his isdem*: *his inquam* Ven. — IIII 40 *trucibus*: *trucibusque* Ven (und G). — V, 79 *et*: *atque* Ven. — VI, 16 *posset dici*: *dici posset* Ven. — Der nach VI, 52 eingeschobene Vers *Pes levis adductum latus excelsissima cervix* (*frons est* Brassicanus) stammt aus Ven. — Nem. I, 2 *inmunia*: *resonant tua* Ven. — II, 61 *ducit aëdona*: *non ducit aedona* Ven. u. s. m.

Exemplare von υ die gleiche Beeinflussung zeigen, sowie dass die Mehrzahl dieser Exemplare bald nach dem Anfange des XV. Jahrhunderts entstanden ist, so wird man geneigt sein anzunehmen, dass spätestens gegen Ende des XIV. Jahrhunderts in Italien eine Handschrift auftauchte, welche — mittelbar oder unmittelbar [4]) — mit dem Archetypus unserer Handschriftenklasse υ ziemlich nachlässig verglichen, bei der Herausgabe der Veneta jedoch sorgfältiger zu Rathe gezogen wurde. Dann müsste freilich auch der Codex Pannonicus gerade um diese Zeit in Italien gewesen sein; und dies stimmt zeitlich sehr wohl mit der Auffindung des Veroneser Codex, welche nach unserer Annahme ungefähr in die Jahre 1360—1370 fällt. Wäre auf die Altersangabe der subscriptio im Riccardianus etwas zu geben, so könnte man getrost annehmen, dass der 'codex vetustissimus' und die Veroneser Handschrift identisch seien; denn dass sie in nächster Beziehung zu einander stehen, haben die Lesarten der besseren Handschriftenklasse zur Genüge bewiesen.

Selbstverständlich ist der Wert dieser abgesonderten Textesquelle ein äusserst geringer; die von GN abweichenden Lesarten sind zum grössten Theile Verschlechterungen und offenkundige Interpolationen; wodurch denn die übrigen Lesarten, von denen manche (z. B. die zu VI, 35) recht ansprechend sind, gerade nicht empfohlen werden.

Versuchen wir, das Resultat unserer Erörterungen in Gestalt eines graphischen Schemas uns vor Augen zu stellen, so würde dasselbe etwa folgende Gestalt annehmen:

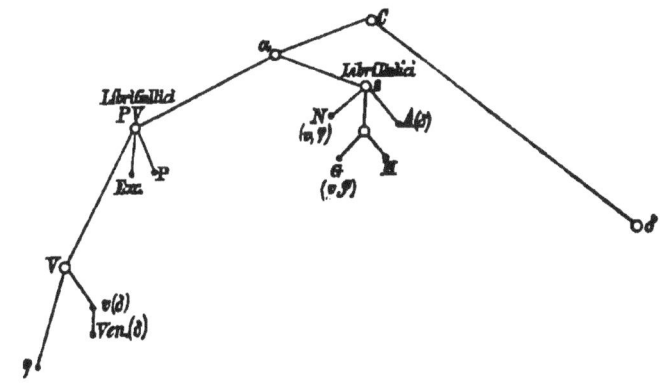

---

[4]) Auf indirecte Ueberlieferung scheint die Thatsache zu führen, dass keiner der ausgefallenen Verse aus jener Textesquelle, weder in υ noch in der Venediger Ausgabe, ergänzt ist.

In demselben sind diejenigen Phasen der Ueberlieferung, von denen wir durch direkt überlieferte Lesarten Kunde haben, durch Punkte, die übrigen durch kleine Kreise gekennzeichnet; auch haben wir versucht, den grösseren oder geringeren Grad von Zuverlässigkeit, welcher den einzelnen Repräsentanten der Ueberlieferung zukommt, durch die verschiedene Länge der Verbindungslinien dem Auge deutlich zu machen. C bezeichnet die Urhandschrift des Dichters; α den Archetypus aller auf uns gekommenen Handschriften, β den Archetypus der besseren Recension (Veronensis?), δ den alleinstehenden Zweig der Ueberlieferung, dessen Spuren wir in A, υ und der Veneta gefunden zu haben glauben. Ferner haben wir die Einwirkung, welche gewisse Handschriften oder Handschriftengruppen durch Correctur aus anderen Zweigen der Tradition erfahren haben, dadurch kenntlich gemacht, dass wir die bezügliche Chiffre in Klammern beigesetzt haben; alles Uebrige bedarf keiner Erklärung.

Anhangsweise mögen hier die Lesarten zweier Vulgathandschriften Platz finden, von welchen ich erst Kenntnis bekam, nachdem der betreffende Theil der Abhandlung bereits gedruckt war. Es ist dies der Ambrosianus O. 74 sup. (vgl. Machly in der praef. zu seiner Ausgabe der Orestis tragoedia p. V), dessen Lesarten ich der Güte des Herrn A. Ceriani verdanke, und der Vaticanus 3152 (vgl. R. Peiper im XI. Suppl. der Jahrbb. f. Philol. p. 201), über den mir Herr M. Petschenig mit grosser Zuvorkommenheit die gewünschten Daten mitgetheilt hat. An den Stellen, welche wir aus der vierten Ecloge zur Vergleichung ausgewählt haben, bieten die beiden Handschriften, welche wir mit Ambr. und Vat.² bezeichnen wollen, folgende Lesarten.

3 *Insecta* Ambr., *In*...... (mit Lücke) Vat.² — 5 *iamdudum* ss Ambr., Vat.² — 8 *urbemque* beide — 9 *resonas* — 12 *inest* — 19 *et odorae* — 37 *saturi* — 50 *advocet* Ambr., *avocet* Vat.² — 53 *venturos* — 56, 57 vollständig — 58 *si tu* — 59 *et heri quos* Ambr., *here quos* Vat.² — 69 *implicitos* (-*as* Ambr.) -*crines* — 70 *Estnec* — 71 *tu tantum* — 72 *Scimus enim* — 75 *quae* Ambr., *quam* Vat.² — 79 *sanciat* — 80 *ne* Ambr., *nec* Vat.² — 85 *iuvenili* — 93 *quod* Ambr., *quo* Vat.² — 94 *habes* Ambr., *abis* Vat.² — 95 *reclivis* Ambr., *reclivus* Vat.² — 96 *curetica* — 99 *Sic nemus* — 104 *exun-*

det Ambr., *exudent* Vat.² — 106 *poteris* Ambr., *poteras* Vat.² — 113 *succis* — 118 *sors* — 120 *Ne* — 121 *Iamque* — 124 *saliat* — 129 *licet et* — 131 *exundant* Ambr., *cxurdant* Vat.² — 144 *etenim hunc (cole* schiebt Ambr. ein) *deprecor* — 145 *aeternos* Ambr., *aeterno* Vat. — 149 *quae imparibus* — 154 *Dicar* — 157 *Et tui siqua mihi* (superscr. *tu*) Ambr., *Et tu siqua modo* Vat.². — 160 *Tu* Ambr., *Tum* Vat.² — 165 *meritae faveat*.

Es ist leicht ersichtlich, dass beide Codices zu den reineren Vertretern der Handschriftenklasse υ gehören; in der von uns gegebenen Tabelle würden sie zwischen 17 Urb. und 18 Ven. ihren Platz einnehmen, der Vaticanus 3152 mit 35 υ + 4 φ und der Ambrosianus mit 34 υ + 5 φ. Uebrigens sei hier noch erwähnt, dass der Ambrosianus, wenn man nach den übereinstimmenden Lesarten zu V. 69 und 144 schliessen darf, mit der von D'Orville unter der Sigle C (D³ bei Gläser) collationierten Handschrift identisch zu sein scheint.

Wien. HEINRICH SCHENKL.

Plut. Them. c. 4.

Hier wird gesagt, Themistokles allein habe den Muth gehabt auf die Verwendung der Revenuen aus den laureotischen Gruben zum Schiffsbau zu dringen: ὡc χρή ... ἐκ τῶν χρημάτων τούτων κατασκευάcαcθαι τριήρειc ἐπὶ τὸν πρὸc Αἰγινήταc πόλεμον. Dann lautet die gewöhnliche Lesart: ἤκμαζε γὰρ οὗτος ἐν τῇ Ἑλλάδι μάλιστα καὶ κατεῖχον οἱ Αἰγινῆται (Paris. Fᵃ und der Seitenstettensis haben νηcιῶται) πλήθει νεῶν τὴν θάλαccαν, was sicher eigenthümlich ausgedrückt ist. Man hat daher geändert: v. Herwerden Rh. Mus. N. F. 35. Bd. S. 461 schlägt vor zu lesen: ἤκμαζον γὰρ οὗτοι ..... καὶ κατεῖχον [οἱ Αἰγινῆται] πλήθει... Dieselbe Conjectur hatte schon Koraes gemacht. Sintenis Plut. vit. Them. Lips. 1832 bezeichnet dieselbe als non inelegans nec tamen necessaria. Themistokles Mersebg. 1881 S. 163 hatte ich sie als augenscheinliche Verbesserung bezeichnet, was ich nun nicht mehr aufrecht halten kann; denn schon Aelius Aristides las die Plutarchstelle in der gewöhnlichen Fassung (dass er Plutarchs Themistokles in der Rede ὑπὲρ τῶν τεττ. vielfach benutzte, habe ich a. a. O. gezeigt), wie folgende Stelle beweist: ὑπ. τ. τ. p. 251 ed. Dind. ἐκέλευε τοίνυν Ἀθηναίους τῆς μὲν διαδόcεως ὑπεριδεῖν, ναῦς δὲ ποιήcαcθαι ἐκ τῶν χρημάτων, πρόφαcιν μὲν ὡς ἐπὶ τὸν πόλεμον τὸν πρὸς Αἰγινήταc, οὗτος γὰρ ἐνειcτήκει τότε κτλ.

Graz AD. BAUER.

Analecta.

Quot quantisque curruptelis Frontini textus inquinatus sit, Zechmeisteri disputatione hoc studiorum volumine edita videre licuit; cuius plagulas inordinatas dum colligo optimorumque codicum testimonia iterum iterumque considero, magnus mihi locorum numerus succrevit, quos horum codicum vel unius Harleiani ope rectius constitui aut probabilius emendari posse confido quam ab editoribus adhuc factum est, qui testium auctoritate non ponderata in eligendis scripturis titubabant aut etiam suo freti ingenio sine exemplo scriptoris verba emendabant. Sed eius generis scripturas, quibus illorum librorum auctoritas commendatur, omnes congerere et defendere, cum Gundermann ad eorum fidem in bibliotheca Teubneriana propediem editionem publicaturus sit, in animo non est, sed tales eligam, in quibus genuina lectio lenibus plerumque tritisque erroribus detersis eluceat, et ad librorum ordinem tractabo. Ne autem ita sine conplurium codicum scientia Harleiano potissimum nisus praematurum infructuosumque laborem ad emendanda Frontini verba applicaturus esse videar, eius integritas et fides Gundermanni Zechmeisterique dissertationibus satis perspecta est, in quo non tantum ea, quae in ceteris libris mirifice corrupta et interpolata sunt, mendis careant, sed etiam, ubi ipse depravata exhibet, certa emendandi via saepius dispiciatur.

I 1, 4 Tarquinius Superbus principes Gabinorum interficiendos esse indicaturus nuntio, quem filius miserat, praesente virga eminentia papaverum capita decussit; quod cum ille nuntiasset, filius intellexit *idem esse eminent⟨ibus civ⟩ibus faciendum.* In his verbis aliquid deesse recte suspicatus, vocem *Gabinis* Dederich adiecit, cum probabilius suppleri possit *civibus;* nullum enim mendorum genus in archetypo frequentius fuisse apparet quam quod vocum vel syllabarum similium omissione continetur. — I 1, 5 *C. Caesar — per speciem securitatis inspectioni urbis atque operum ac simul licentioribus conviviis deditus, videri voluit captum se (sc II, sesc v*) gratia locorum ad mores Alexandrinos vitamque deficere.* Ab hac vera scriptura uno gradu propius Harleianus abest, qui quidem et cum reliquis libris in-

---

*) Littera v lectiones editionibus pluribus receptas, quae maximam partem codicum recentiorum fide niti videntur, littera H Harleiani scripturas significari.

spectione et *deficeret* exhibet, neque tamen cum iis particulam *ut* ante *gratia* inserit, quam nisi *videri voluit adeo captum esse, ut — deficeret* scriberetur, defendi non posse alii recte senserunt. — I 1, 6 Parthico bello Ventidius perfido consilio Pacoro regi per speculatorem suadebat, per Zeugma exercitum traiceret, *qua et brevissimum iter est et demisso* (omisso codd.) *alveo Euphrates decurrit; namque si illac venirent, adseverabat se opportunitate collium usurum ad eludendos sagittarios: omnia autem vereri, si se infra ⟨per⟩ patentes campos proiecissent.* Quod pro codicum scriptura *omisso*, quae nihili est, recepi *demisso* ab ignoto quodam excogitatum iniuria editores spreverunt. Ventidio enim qui Parthos morari volebat maxime verendum erat, ne locum eligerent, ubi per commodiores ripas pons maiore celeritate et facilitate fieri posset. Quod etiam assecutus est; nam Parthi inferiore via progressi multo tempore consumpto *fusiores ripas et ob hoc operosiores ponte* iungebant. Quod vero lacunam post *infra* praepositione *per* quam *in*, quae vulgo recepta est, supplere malui, vix commendatione egebit.

I 1, 8 Proxime ad genuinam scripturam, quam Modio debemus: *profectioni suae census obtexuit Galliarum, sub quibus inopinato bello adfusus contusa immanium ferocia nationum provinciis consuluit*, accedit quod in Harleiano exstat *profectionis* (is ex es corr.), dum alii libri quod vulgo receptum est tuentur: *profectionem suam censu*. Pro *census* vel *censu* plerosque libros *sensus* vel *sensu* tritissimum mendum occupasse videtur. Pluralem vero numerum *census* requiri verba quae sequuntur *sub quibus*, si genuina sunt atque *dum census agit* vel *simulat* significant, confirmare videntur. Neque constructio verbi obtexendi prorsus singularis est, si quidem Ambrosius in Luc. 8, 78 *excusationes obtexere avaritiae suae* dixit et secundum optimum codicem *praetexendi* verbum Frontinus etiam cum dativo coniunxit I 4, 1: (Aemilius) *cum Tarentini agmen eius scorpionibus adgressi essent, captivos lateri euntium praetexuit, quorum respectu hostes inhibuere tela*; hanc enim lectionem aliorum codicum scripturae *captivis latera* praeferendam esse, cum Aemilio unum tantummodo latus secundum maris litus proficiscentium tutari, non ut Agesilao, de quo proximo capite narratur, ab utroque latere captivorum ordinem explicare opus esset, per se patet. — I 1, 9 (Claudius Nero) *ita ex duobus callidissimis ducibus Poenorum eodem consilio alterum ⟨se⟩ celavit, alterum oppressit.* Probabilius fortasse est quod O. Hirschfeldio meo in mentem venit *iter celavit.* Certe quid Hannibalem, cui oppositus erat, celaverit, addi necesse erat; celavit autem se i. e. discessum suum, quem ab illo sentiri nollet, cum Livio Salinatori collegae, cui bellum adversus Hasdrubalem mandatum erat, suarum copiarum partem adiuncturus esset. Itaque decem milia fortissimorum militum elegit (sic H, delegit v) praecepitque legatis, quos relinquebat, ut easdem (sic H, eaedem v) stationes vigiliasque agerent (agerentur H v), totidem ignes arderent, eadem (sic H, eademque v) facies castrorum servaretur, ne quid Hannibal suspicatus auderet adversus paucitatem relictorum. — I 1, 10 (Themistocles) postquam intellexit suspectam esse tergiversationem, contendit falsum adesse (ad eos codd.) rumorem et rogavit, [ut] mitterent aliquos ex principibus, quibus crederent, de munitione Athenarum. In Themistoclea Nepotis vita 7, 2 de eadem re narratur: ad ephoros Lacedaemoniorum accessit atque apud eos contendit falsa iis esse delata. Idem fere verbum adesse, quod pro ad eos restitui, significat atque paullo lenior haec mutatio videtur quam vocis perlatum adiectio, quam Stewechius post rumorem intrusit. Certe exempla, quae viri docti attulerunt, scripturam codicum sanam esse non probant. Quod vero particulam ut ut spuriam inclusi, Frontini usus in causa fuit, qui cum rogandi imperandive verbis coniunctivum particula ut non adiecta coniungere solet. Eadem particula etiam alibi oratio interpolata est, velut I 4, 13 scripsit Thraciam rebellare praesidiis quae ibi reliquerat interceptis; [ut] sequeretur omnibus omissis (cf. 1 8, 3 scripsit-copias ad Asisium moverent, III 12, 1) et II 1, 8 imperavit militibus, contenti primo congressu continere [ut] hostem mora fatigarent (cf. I 4, 7; II 5, 4; 5, 34; III 9, 4), 12, 3 confirmavit suos et impulit, [ut] consternatum superstitione invaderent hostem, quibus locis ut in Harleiano deest.

    I 2, 6 C. Marius — ad excutiendam Gallorum et Ligurum fidem litteras eis misit, quarum pars superior (prior codd.) praecipiebat, ne interiores, quae praesignatae erant, ante certum tempus aperirentur. Sive in involucro litterarum signatarum sive in superiore vel exteriore pugillarium parte post inscriptionem eorum, quibus epistula destinata erat, tale quid praeceptum fuisse fingimus, prior illa pars nominari non potuit, si quidem quae interiori contraria est exterior vel etiam superior apte dicitur. — I 3, 9 Athenienses — classem, quae (sic H, qua v) Peloponnesum infestaret (infestarent H v), miserunt. Cum vox infestaret vicinitate verborum pluralem numerum exhibentium communissent vexarentur miserunt consecutique sunt labem contraxisset, ea latius serpsit atque in reliquis libris Harleiano ut videtur uno excepto voculam quae infecit.

    I 4, 4 Heinsii coniectura ipse cum cetera manu quo non exspectabatur aditu intravit legentis ex parte Harleiano commendatur qui q$^{ua}_{ill}$ exhibet ua syllaba post rasuram supra scripta. Tolerantius vulgatam scripturam *aditum intrarit* viri docti receperunt, quae si librorum omnium auctoritate niteretur, repudianda erat. — I 4, 7 (Iphicrates) *cum incidisset frigidior solito dies et ob hoc nemini suspectus, delegit firmissimos quosque, quibus oleo ac mero calefactis praecepit, ipsam oram maris legerent, abruptiora tranarent, atque ita custodes angustiarum inopinatos* (sic H, *inopinatus* v) *oppressit.* Milites, quibus per iter angustum, cuius alterum latus abscisi montes premebant, alterum mare adluebat, erat progrediendum, abruptiores eius partes *praeternare*, si hoc verbo uti licet, non *tranare* potuerunt. Exiguum etiam corruptelae indicium in Harleiano librarii simplicitas conservavit *abruptiore* scribentis, unde facile genuinum recuperatur *abruptiore ⟨ea⟩*, i. e. sicubi ora maris abruptior esset; nam quamvis Frontinus pronominis ablativum iuxta participia omittere frequenter soleat (cf. II 4, 4 *inrupere Romani et fusis [iis] fugatisque castra ceperunt*, II 8, 6 *reductisque in aciem victoria potitus est,* IV 1, 10 *iussoque commigrare edixit*), in adiectivis id fieri passus non est. Deinde ut hoc loco ita III 1, 2 *inopinatos invadere* Harleianus recte suppeditat.

I 4, 9 vitio orationis nemodum offendit: *idem* (Alexander) *quia Indi fluminis traiectu prohibebatur ab hoste, diversis locis in flumen (flumine* codd.) *equites instituit inmittere*. Eodem errore I 3, 4 *discrimine citantes* in Harleiano pro *discrimen evitantes* scriptum exstat. — I 4, 10 *Xenophon ulteriorem ripam Armeniis tenentibus duos iussit quaeri aditus, et cum a citeriore repulsus esset, transiit ad superius, inde quoque prohibitus hostium occursu repetiit vadum inferius iussa parte subsistere, [et] quae, cum Armenii ad inferioris vadi tutelam redissent, per superius transgrederetur*. Vocula *et* eiecta haec orationis pars, ut ab Harleiano traditur, nullo vitio laborat et quae librarii vel editores excogitaverunt *iussa ibidem militum parte subsistere ex qua* vel *iussa quidem militum parte* s. *quae* vel *iussitque ibidem partem* s. *quae* supervacanea sunt, ne dicam inepta; nam copiarum partem relictam esse et ubi ea subsistere iussa sit, per se patet. Manifestam autem, quae in vocabulo *citeriore* latet, corruptelam ne uno verbo quidem tetigerunt; nempe sive per inferiorem sive per superiorem aditum exercitum traicere conabatur, a citeriore ad ulteriorem ripam transitum tentavit. Quare reponere non dubito *cum ab inferiore repulsus esset, transiit ad superius*. Hoc cum scriberet, Frontinus vocabulum proxime positum *vadum* cogitatione praecepit, quam neglegentiam editores *ad superiorem* scribentes corrigere non debuerunt. — I 4, 13 *Idem* (Philippus) *quia Cherronesum, quae iuris Atheniensium erat, occupare prohiberetur, tenen-*

tibus transitum non Byzantium tantum sed Rhodiorum quoque et Chiorum navibus, conciliavit animos eorum reddendo naves, quas ceperat. Sic verba Harleianus exhibet, in quibus *quia* coniunctio, quae sequente coniunctivo *prohiberetur* tolerari nequit, nescio an ex *quo* (— ut eo) propter raritatem constructionis facilius enata sit, quam *quum*, quod vulgo legitur. Incertum etiam est quod eidem libro debetur *Byzantium* pro *Byzantiorum*, quamquam scripturis I 10, 3 *deum*, III 13, 4 *iumentum*, III 5, 42 *Lacedaemonium*, II 3, 17 *antesignanum* confirmari videtur; singulae enim syllabae saepissime in eo omittuntur. Philippus autem ad decipiendos hostes eo consilio usus, ut per angustias intrare posset, per magnum tempus postulationem traxit: *cum de industria subinde aliquid in condicionibus retexeret, classem per idem tempus praeparavit eaque in angustias freti imparato hoste subitus evasit.* Qui secundum hanc narrationem transitu exclusus, non inclusus esset, *evasisse* dici vix potuit. Certe Frontino *invasit* reddendum est. Recte contra I 5, 11 Lysimachus, qui imprudentia suorum in inferiorem locum deductus hostium incursum ex superiore vereretur, in montes *evasisse* dicitur idemque I 5, 16 de Numidis erumpentibus valet. Deinde Dederich contra Frontini usum *de ante industria* omisit; cf. I 4, 13; I 5, 16; I 8, 5; III 10, 3.

I 5, 4 *Croesus cum Halyn vado transire non posset — neque navium aut pontis faciendi copiam habebat —, fossa superiore parte post castra deducta alveum flumini* (*fluminis* H v) *a tergo exercitus sui reddidit.* Pro *habebat* reliqui codices praeter Harleianum *haberet* exhibere videntur omnes; parenthesi vero indicativus locum defendit, quem ex coniunctivo forto fortuna natum esse probabile non est. In sequentibus *alveum fluminis reddidit*, quod sensu caret, nemini displicuit. Medella lenis et certa est; flumini enim alveum suum fossa illa quasi ereptum, cum post castra deductum esset, restituit. — I 5, 6 Distinctione mutata scriptura, quam Harleianus exhibet, defenditur: *C. Duilius in portu Syracusano obiecta ad ingressum catena clusus, universos in puppem retulit milites; atque ita resupina navigia magna remigantium vi concitavit, levatae prorae super catenam proiecerunt* (sic H, *processerunt* v). *Qua parte superata rursus* (sic H, *cursu* v) *milites proras presserunt.* Ita enim enuntiato *levatae — proiecerunt* artius cum praecedentibus coniuncto sponte *navigia* suppletur.

I 5, 9 Eiusdem vocis repetitione vocabulorum nonnullorum defectus, quem iam alii suspicati sunt atque Caesaris narratio confirmat, facile explicatur: (*C. Iulius Caesar — sicut constiterat, prima et secunda acie* ⟨*in armis permanente, tertia autem acie*⟩ *furtim a tergo ad opus adplicata quindecim pedum fossam fecit.* Apud Caesarem b. c. I 41 legitur: *Prima et secunda acies in armis, ut ab initio constituta erat, permanebat, post hos opus in occulto a tertia acie fiebat.* Forte fidelius etiam Frontinus Caesaris verba repetens *constituta erat* scripserat, cui opinioni prima Harleiani manu *constituerat* locus datur. Certe de consilio antea concepto sermo non est. — I 5, 13 *L. Furius exercitu perducto* (sic H, *producto* v) *in locum iniquum, cum constituisset occultare sollicitudinem suam, ne reliqui trepidarent, paulatim inflexit* (*inflectit* codd.) *iter, tamquam sic* (*si* H., om. v.) *circuitu maiore hostem adgressurus.* Non hoc uno loco, ubi *per* et *pro* praepositiones commutatae sunt, Harleiani fides maior probatur, velut in capite praecedente, ubi idem *per stationes hostium perrupit* exhibet, vel I 1, 11 ubi *exercitu perducto in locum iniquum* in eo exstat. Deinde perfectum *inflexit* Frontiniano usu desideratur, quod alibi etiam restituendum vel retinendum est, velut I 1, 1 *credidit* (*credit* H), I 9, 1 *sparsit* (sic H), II 3, 3 *circumi⟨i⟩t aciem hostium et avertit*, II 7, 6 *finiit* (*finit* H), II 11, 2 *petiit* (*petit* H), III 4, 3 *simulabat* (sic H, *simulat* v) *pacem peti⟨i⟩tque ab iis*, III 5, 17 *rediit* (*redit* H), IV 5, 17 *rediit* (*redit* H), IV 7, 22 *peti⟨i⟩t*, IV 7, 26 *effecit* (*efficit* H¹); neque II 5, 46 *iuberet* in *iubet* Dederich mutare debebat. Duo denique restant loci, quorum uno III 9, 2 praesens historicum non sine totius enuntiati commodo removetur scribendo ⟨*dum*⟩ *hi adiuti — iussa peragunt, ipse dato* (sic H) *signo ab alia parte adgressus* (sic H) *cepit Arpos*, altero III 9, 2 narrationis colore excusatur. — I 5, 16 *Numidae per intermissas hostium stationes eruperunt*; *quorum deinde cum proximos* in⟨cen⟩de*rent* (*inderet* H, *irruerent*, *inerunt*, *iniunt*, *inirent* rell.) *agros, necesse Liguribus fuit avocari ad defendenda sua.* Vereor ut inclusi exercitus parte elapsa abeundi necessitas satis explicetur. Cum suos agros Ligures a Numidis vastari viderent, Romanos angustiis inclusos non poterant non dimittere. Praeterea id ipsum Frontinus quamquam ut solet aliquantum mutavit, ex suo fonte hausit; apud Livium enim XXXV 11, 11 *Numidae omnia propinquae viae tecta incendunt.* Et incendere agros pro eis, quae in agris proveniunt, Vergilius etiam G. I 84 (*saepe etiam sterilis incendere profuit agros*) dixit neque dissimile est quod Frontinus I 8, 4 scripsit: *manum misit quae desolatos agros eorum vicosque per diversa incenderet* (*incenderunt* H, *incendit* v), quocum apud eundem I 8, 1 *populationem patriciorum agrorum inhibuit deustis vastatisque plebeiorum* et apud Livium XXXIX 2, 7 *consul agros Ligurum vicosque — deussit depopulatusque est* conferre licet. — I 5, 21

Idem in Vesbio (berbio H) *obsessus ea parte, qua mons asperrimus erat atque ideo ⟨quo⟩que incustoditus, ex vimine silvestri catenas conscruit.* Syllabam addere quam alterutrum vocabulum aut *atque* aut *ideoque* delere codicis Harleiani condicio magis suadet. In *berbio* autem *besbio* vel *vesbio* alia nominis Vesuvii forma non infrequens latere videtur. Diverso errore verba III 5, 2: *Clearchus exploratum habens Thraces omnia victui necessaria in montes conportasse unaque* (*una quoque* codd.) *spe sustentari, quod crederent* etc., inquinata videri infra demonstrabo.

I 6, 3 *Iphicrates in Thracia* (*Thraciam* codd.) *cum propter condicionem locorum ⟨in⟩ longum agmen* (*agmen* om. H) *diduceret et nuntiatum esset ei hostes summum ⟨ob⟩ id adgressuros, cohortes in utroque latere secedere et consistere iussit, ceteros subfugere et iter maturare.* Rei narratae diducendi i. e. extenuandi verbum unice convenit, quo restituto *in* ante *longum* inseratur necesse est: nisi forte quis *longum* significari quod diducendo fiebat parum probabiliter coniecerit; nam ut a quoquam *longum agmen duceret* praeferri possit vereor. *In longum diducere* autem dictum est ut apud Front. II 3, 12 *in ipso certamine diduxit* (*deduxit* H) *ordines*, II 3, 8 *diductis* (*deductis* H) *in latera viribus* (cf. II 6 4; IV 7, 31), apud Livium V 38 1 *instruunt aciem diductam in cornua*, XXI 55, 5 *diducta propere in cornua levis armatura est*, apud Caesarem b. c. II 6, 2 *diductisque nostris paulatim navibus* et alibi. Idem vero mendum saepius Harleianum occupavit, velut I 5, 26 ubi de buculis narratur, *qui diducti* (*deducti* H) *frequentiore mugitu speciem remanentium praebebant*, i. e. quia separati et per diversa loca adligati erant, magis mugiebant. Alter locus est I 8, 5, qui sic restitui posse videtur: *At illi, ne sub expectatione* (*suspectatione* H, *suspectione, suspicione, suspicatione, inspectatione, spectatione* roll.) *proelii diducerent* (*deducerent* H) *vires, omiserunt occurrere*, ubi quod ad supplendam lacunam proposui, Columellae exemplo I 1 *sub exspectatione successorum rapinis studebant* firmatur. Tertio loco I 12, 9 simile mendum gravioris corruptelae causa fuit. *Agathocles, cum lunae defectu milites consternati essent, ratione qua id accideret* (*accederet* H, *acciderit* v) *exposita docuit quidquid illud foret ad rerum naturam, non ad ipsorum propositum pertinere.* Contra a coniectura verbum *deducere* vindicandum est II 3, 23 *cum subinde Catti equestre proelium in silvas refugiendo deducerent*, i. e. fuga usque in silvas traherent, ubi vulgo *diducerent* legitur. Denique I 6, 3 *ob id* proposui, quia *id* per se displicet et his vocuiis copulatis nihil est frequentius.

I 7, 7 (Alexander) *per deserta Africae itinera gravissima siti cum exercitu adfectus oblatam sibi a milite in galea aquam spectantibus universis effudit, utilior⟨e⟩ exemplo temperantiae quam si communicare potu⟨m iuss⟩isset.* Codicum scriptura recepta *utilior* ipse mire dicitur, cum exemplum temperantiae cum benignitatis exemplo, quam potu cum aliis communicato praestaturus fuit, comparetur atque utilius praedicetur. Quas deinde inserui litteras *miuss* facile omitti potuerunt et *communicare* (sc. militem) *potum iussisset* aptius dicitur quam *communicare voluisset*, cuius loco *maluisset* exspectes aut *communicatum potasset*, quod Scriverius proposuit; neque minus per librorum scripturam *potuisset* comparatio hiare videtur.

I 8, 9 Caesar quominus Afranius et Petreius noctu castra moverent impediturus, *initio statim noctis vasa conclamare milites et praeter adversariorum castra agi mulos cum fremitu et sono iussit. Continuere se e⟨i⟩, quos retentos volebat, arbitrati castra Caesarem movere.* Nisi litterula *i* addita in Harleiani scriptura nihil mutavi; nam quod manu eius altera *continuere* in *continuare* correctum est, librario aliorum codicum interpolationis non ignaro deberi videtur, quae ab editoribus recepta est: *et sonum continuare iussit, quo retentos volebat arbitrari*. Illa autem per se spectata integritate multum praestat. Ita enim ex Frontini more quid Caesaris consilio effectum sit, non obiter et in transcursu, sed ut res primaria commemoratur *continuere se* (cf. Caes. b. c. I, 66 *iter supprimunt copiasque in castris continent*). Praeterea qui sonus continuatus sit, prorsus obscurum est, cum de praetervectorum mulorum sonitu cogitari nequeat. Contra *fremitus et sonus* ut cum minore maius recte apteque coniunguntur.

I 9, 1 C. *Marcius [Rutilus] consul cum comperisset coniurasse milites in hibernis Campaniae, ut iugulatis hospitibus ipsi res invaderent eorum, rumorem sparsit* (sic H, *spargit* v) *eodem ⟨denuo⟩ loco hibernaturos; atque ita con⟨turbato con⟩iuratorum consilio Campaniam periculo liberavit.* Tota oratio hiat nisi de hibernis proximo tempore ibidem ponendis consul verba facit, ut apud Livium 7, 38, 9 *rumorem dissipat in iisdem oppidis et anno post praesidia hibernatura.* Lacunam Hirschfeldius voce *iterum* post *sparsit* inserta supplevit. Facilius etiam vocabuli *dein* omissio post *eodem* explicaretur, quod Oudendorpius adiecit; sed neque alibi apud Frontinum *deinde* pro posthac usurpatur et huius usus exempla omnino rarissima sunt (cf. Handii Turs. II 244). Eadem de causa in altera lacuna supplenda, quae item omnibus codicibus communis est, a vulgata scriptura recessi, qua *turbato* post *consilio* addi solet:

facilius enim a priori *con* ad alterum librarius aberravit. — I 9, 4 *exauctoratos poenitentia coegit satisfacere imperatori obsequentioresque in reliquum operas edere*. Oudendorpius ad tutandam hanc lectionem ad Livium III 63, 3 relegat, ubi tamen legitur: *castigati fortium statim virorum opera edebant* et similis est locus 1, 16, 1 *his inmortalibus editis operibus*. Alia autem exempla inveniuntur, unum apud Livium de militibus V 4, 7 *annua aera habes, annuam operam ede*, duo apud Suetonium de artificibus scenicis Tib. 35 *quominus in opera scenae arenaeque edenda senatus consulto tenerentur*, Cal. 58 *ad edendas in scena operas evocati*, unde Frontinum *operas edere* dicere potuisse negandum fortasse non sit, quamquam et propter verba *in reliquum* et propter infinitivum *edere*, quo iam maior cogentis eventus significaretur, a verbo *coegit* suspensum tale aliquid ut *polliceri* exspectes. Quae suspicio eo augetur, quod in Harleiano *in reliqua opera sedere* exstat, unde una syllaba addita facile genuinum recuperatur: *obsequentioresque in reliqua opera se ⟨de⟩dere*. Eiusdem verbi et constructionis exemplum Livius praestat I 25, 11: *alterum intactum ferro corpus et geminata victoria ferocem in certamen tertium dedit*.

I 10, 1 Sertorius ut Romanorum cohortes suis insuperabiles esse, si universas adgrederentur, exemplo doceret, *adductis in conspectum duobus equis, praevalido alteri, alteri admodum exili duos admovit iuvenes similiter adfectos, robustum et gracilem; ac robustiori imperavit, equo exili universam caudam abrumpere, gracili autem valentiorem per singulos vellere. Cumque gracilis vicisset quod imperatum erat, validissimus cum infirmis equi cauda sine effectu luctaretur, naturam, inquit Sertorius, Romanarum cohortium per hoc vobis exemplum ostendi*. Haec quae ad Harleianum accurate exegi quam recto ab eo tradantur, eodem exemplo IV 7, 6 in libris Gothano et Harleiano exstante licet examinare. Atque posteriore loco uterque cum recentioribus codicibus omnibus ante *praevalido* vocem *eorum* inserunt, quam quidem inde nimio exaequandi studio recipere nolim; ea tamen distinctio recta suppeditatur, qua *praevalido* et *exili* ut dativi ab admovendi verbo dependentes accipiendi atque ab ablativis *adductis duobis equis* separandi sunt. Maiorem suspicionem vocabulum *adfectos* movet insolita hoc loco notione usurpatum, quae eo maxime augetur, quod in libro quarto eius loco *electos* rectissime legitur. Utrum vero hoc substituendum sit an *adlectos* tolerari possit non decerno. Quod deinde legitur *valentiorem vellere* prorsus absurdum est, cum exili equo fortior cauda ex scriptoris quidem sententia non conveniat. Promptum vero est ad hoc mendum

tollendum manifestamque post *singulos* lacunam, quae in recentioribus libris scriptura *per singula* oblitterata est, supplendam alterius exempli auxilium advocare, ubi *gracili autem valentioris per singulos pilos vellere* rectissime legitur. Pro verbo *ricisset*, quod verum haberi nequit, vulgo *fecisset* legitur, cuius loco tamen quod aptius sit *facile fecisset* vel *perfecisset* exspectes. Familiari Harleiani errore *gracilisuicisset* ex *gracili successisset* depravatum est, quod G et H posteriore loco confirmant, qui cum ibidem formam *infirmis*, quam Frontino non intrudemus, habeant, videndum est, annon in eo *infirmioris*, quod superlativus *validissimus* fere flagitat, reponendum sit.
— Simili modo alibi, ubi idem exemplum repetitum exstat, in rebus pusillis variatio, in gravioribus consensus observatur, velut I 1, 11 et I 5, 13 *L. Furius exercitu perducto* (sic G utroque loco, *producto* v) *in locum iniquum — paulatim se inflectens* (*se inflectens* G pr. l., *infectit iter* G. poster. l.) — *converso* (*conversoque* G post. l.) *agmine — exercitum incolumem reduxit;* I 5, 12 et IV 5, 8 *C. Fonteius* (*Ponteius* G pr. l.) *Crassus — praedatum profectus locoque iniquo circumventus* (*locoque i. c.* om. G. pr. l.) *ab Hasdrubale* (*ad Hasdrubalem* G pr. l.) *ad primos tantum ordines relato consilio* (*concilio* G pr. l.) — *per stationes hostium erupit* (*perrupit* G pr. l., *prorupit* v), ubi cum reliqua quae G posteriore loco exhibet tum verbum *erupit*, de quo huius disputationis pag. 102 conferas, integritate praestare apparet; I 11, 3 et IV 5, 11 *C. Caesar adversus Germanos et Ariovistum pugnaturus confusis suorum* (sic H pr. l., *confusior* G H et rell. post. l.) *animis pro contione dixit: nullius se eo die opera nisi decimae legionis usurum: quo consecutus* (*adsecutus* G post. l.) *est, ut et* (*et* om. G pr. l.) *decimani tamquam praecipuae fortitudinis testimonio concitarentur* (*cogerentur* G pr. l.) *et ceteri pudore, ne penes alios gloria virtutis esset*, quod exemplum item errore *confusior* excepto in quarto libro maiorem integritatem prae se ferre videtur. Maximum contra discrimen exstat inter idem exemplum I 9, 4 et IV 5, 2 narratum.

I 10, 2 Sertorius cum milites pugnandi cupiditate imperium rumpere viderentur, *permisit turmae equitum ad lacessendos hostes ire laborantique submisit alias et sic recepit omnes tut⟨o, e⟩isque et sine noxa ostendit, quis exitus flagitatam pugnam mansisset.* Harleianus *tutisque* exhibet, dum in aliis *tutis utrisque* est, unde *tum utrisque* ab Oudendorpio emendabatur. Sed hic duarum partium significatio, quibus ducis prudentia probata est, nullum locum habet atque *utrisque* ex *tutis*(*que*) dittographia potius enatum esse patet. Ne quis vero in postposito adverbio haereat, exempla appono velut I 10, 3 *ceteros insecuti avidius*, II 5, 10 *praedari coeperunt eo securius*, II 1, 7 *cum procurrere hostes effuse vidisset*, ubi H. recte *effuse* pro *effusos* exhibet (cf. II 5, 37 *hostem effuse sequentem*, III 2, 7 *effuse extra moenia vagantibus*, IV 7, 44 *effuse obvii*, III 5, 2 *effuseque subeuntes*).

I 12, 1 *Scipio — cum egrediens nave* (*nave* H, *navem* v) *prolapsus esset et ob hoc attonitos milites cerneret, ut* (*id* codd.) *quod trepidationem adferebat constantia et magnitudine animi in hortationem converteret* (*convertit et* codd.), *audete* (*audite* H, *ludite* v), *inquit, milites, Africam oppressi.* Correctione tam leni quam necessaria *ut* vel etiam *ut id* — *converteret* scripsi, cum non unum post alterum, sed unum per alterum vel alterius causa factum sit. *Audete* i. e. 'Fasset Muth', quod multo magis consolanti adhortantique convenit quam *plaudite* vel *ludite*, iam Oudendorpio in mentem venerat apteque Lucani versum Phars. X 397 *aude, superos tot rota Catonum Brutorumque tibi tribuent* comparavit.

II 2, 8 *Marius adversus Cimbros ac Teutonos constituta die pugnaturus, firmatum cibo militem ante castra collocavit, ut per aliquantum spatii, quo adversarii dirimebantur, exercitus hostium potius labore itineris profligaretur; fatigationi deinde eorum incommodum aliud obiecit ita ordinata suorum acie, ut adverso sole et vento et pulvere occuparetur exercitus.* Nullo pacto adverbium *potius* idem quod *magis* valere aut eius loco *prius* suppletis vocabulis *quam suus exercitus* substitui potest; nam Marii exercitus nullo itinere fatigatus hostes, quibus totum spatium percurrendum fuit, viribus exhaustos excepit: unde una littera mutata scribendum est: *totius labore itineris*.

II 3, 17 ubi quomodo Sulla adversus Archelaum copias suas in acie ordinaverit et contra falcatas eius quadrigas defendere studuerit describitur: *triplicem deinde peditum aciem ordinavit relictis intervallis propter* (*per* codd.) *levem armaturam et equitem.... tum postsignanis qui in secunda acie erant imperavit, ut densos ramososque* (*numerosque* H et alii codd., *numerososque* Oud.) *palos firme in terram defigerent, intraque eos adpropinquantibus quadrigis antesignanum aciem recepit.* Vox *propter* quam editores spreverunt Salmasio debetur nec commendatione eget. Pro *numerosque* Itali *innumerosque* ediderunt, quod vocabulum in Frontino suspectum est; nam IV 2, 4 ex melioribus libris *innumerabiles hostium copias vicit* revocatum est, II 3, 14 autem verba *Cn. Pompeius in Albania, quia hostes innumero* (*et numero* H) *equitatu praevalebant, iuxta collem in angustiis protegere galeas* —

iussit corrupta et lacunosa sic fere restituenda sunt: *hostes et ⟨peditum⟩ numero et equitatu praevalebant, ⟨pedites suos⟩*. Praeterea innumeri cum fere idem sit quod *densi*, Oudendorpio non iniuria displicuit. *Ramosos* vero quod proposui novum adfert; nam palis, qui ramis etiam horrebant, impedimentum auctum esse apparet. — II 3, 20 cum Stewechio scribendum est *iussit transcurrere citatis equis rectos* (*tectos* H, *actos* v) et comparandum quod exstat in Nepotis Dat. IV 5 *ipse equo concitato ad hostem vehitur*. — II 3, 23 Imperator Caesar Domitianus Augustus Germanicus cum a Chattis in silvas deduceretur, suos equis relictis pedestri pugna confligere iussit. *Quo genere consecutus, n. e. iniquus iam* (*ne quis non* codd.) *locus victoriam eius moraretur* (sic Modius, *miraretur* codd.). Possis etiam scribere *ut non iniquus*; certe non quemlibet locum, sed ne impeditissimum quidem eius victoriae obstitisse Frontinus erat dicturus. — II 4, 1 Papirius Cursor filius cum contra Samnites aequo Marte pugnavisset, ut suorum fiduciam augeret, hosti terrorem iniceret, paucos alares et agasones multo pulvere collecto a colle transverso decurrere iussit, quasi victor collega adveniret. *Quo facto et Romani fiducia concitati pro⟨rupere et hostes⟩ pulvere* (*pulcre* H) *perculsi terga vertere*. Quod Oudendorpius proposuit multisque probavit *concitati sunt et Samnites prae pulvere*, propter *prae pulvere*, quod ab usu latino recedit, ferri nequit, quamquam minus displicet quam *concitati hostes propulere et Samnites prae pulvere*, in quo etiam tautologia offendit.

II 5, 24 *Idem* (Hannibal) *ad Trasumennum cum arta quaedam via in radice montis in campos patentes duceret, simulata fuga per angustias ad patentia evasit*. Numerus singularis *in radice* pro solito plurali (cf. II 5, 34 *in radicibus praedicti montis*) fortasse ferri possit, nisi et Harleiani scriptura *radices* et obscura itineris significatio cum luculenta Livii descriptione, unde haec narratio sumpta est, comparata suspicionem moveant. Livius vero ita angustias describit XXII 4, 2: *et iam pervenerant ad loca nata insidiis, ubi maxime montes Crotonenses Trasumennus subit; via tantum interest perangusta, velut ad id ipsum de industria relicto spatio; deinde paulo latior patescit campus, inde colles insurgunt*. Quae Frontinus his fere imitari potuit verbis: *via in⟨ter lacum et⟩ radices montis*. — II 5, 35 *C. Cassius in Syria adversus Parthos ducens aciem equitem ostendit a fronte*. Insolitam elocutionem *ducens aciem* non codicum fide niti Harleianus spondet, in quo *ducemque sacer* exstat. Sine dubio ducis nomen *Osaces*, quod Dio Cassius 40, 29 memoriae prodidit, latet et scribendum est: *adversus Parthos ducemque Osacen*.

Etiam in proximis capitibus quae de Parthis agunt ducis nomen adicitur.

II 6, 10 *Idem* (Pyrrhus) *inter cetera praecepta imperatoria memoriae tradidit non esse pertinaciter instandum hosti fugienti, non solum, ne fortius ex necessitate resisteret, sed ut postea quoque facilius acie cederet ratus non usque ad perniciem fugientibus instaturos victores.* Haec, ut ab Oudendorpio melius etiam quam ab aliis eduntur, non cohaerent. Nam dum de diversa eorum qui fugere parant condicione verbis *non solum — sed postea* inducti agi putamus, eundem et fortius resistentium et facilius cedentium statum indicari videmus; qui enim acie cessurus est, nondum aciem reliquit. Illud vero *acie cederet* corruptum esse Harleianus etiam probat, in quo participium *ratus*, unde proxima verba dependent deest. In eodem *ne* ante *fortius* desideratur litteris *a se* ibidem adiectis, quae ex *acie* depravatae videntur. Quibus corruptelis examinatis sic facile verba Frontini restituantur: *non solum ⟨ne in⟩ acie fortius ex necessitate resisteret, sed ut postea quoque facilius c⟨r⟩ederet, non usque* etc. Si quis illud *a se* in margine correcturus *acie* adscripserat, ea vox facile falso loco ante *crederet* inrepsit, quod deinde sponte in *cederet* abiit. Sententia haec est: hostes acriter non sunt persequendi neque qui etiam in acie sunt constituti, ne fortius resistant, neque qui acie relicta se iam in fugam verterunt, ut lentius et maiore cum socordia fugiant; sic enim facillime opprimuntur, quod capitibus II 6, 2—7 inlustratur.

II 7, 14 In codicis Harleiani scriptura adiecta una litterula verbum aptius recuperatur quam quod duabus additis codicum librariis aut editoribus debetur: (M. Cato signo dato quo videretur subsequentes suorum naves vocare) *hostem terruit, tamquam plane adpropinquarent, qui quasi ex proximo ci⟨e⟩bantur* (citabantur v). — II 12, 1 Volscos Romanorum castra adgressos esse, si traditam scripturam sequimur, accipimus, contra quos revera, cum in eo essent ut aggrederetur, T. Quintius illa paravit, quae proximis verbis narrantur. Neque aliud Livius dicit II 64, 9, modo verba eius *tertia fere vigilia ad castra oppugnanda veniunt* et § 11 *Volscos species armatorum peditum — intentos velut ad impetum hostium tenuit* recte examinentur; quare legendum est: *T. Quintius consul cum Volsci castra eius adgress⟨ur⟩i forent, cohortem tantum modo in statione detinuit, reliquum exercitum ad quiescendum dimisit, aeneatoribus praecepit, ut vallum insidentes equis circumirent concinerentque.* Participio futuri cum *forent* coniuncto, cuius usus exempla Neue Formenlehre II* 381 congessit, mendum inductum esse videtur.

III 2, 11 ubi duobus locis narrationem deformari editores putaverunt, una syllaba et interpunctione mutata omnes difficultates evanescunt: *Timarchus Aetolus occiso Charmade Ptolomaei regis praefecto chlamyde interempti et galeari* (galero v) *ad Macedonis* (*Macedonici* H) *ornatus habitum, per hunc errorem pro Charmade in Samiorum portum receptus occupavit*. Vulgo *ad Macedonicum ornatus est habitum* scribitur et ante *per* gravius distinguitur. — III 3, 4 (Zopyrus truncata de industria facie a rege Persarum, quem Cyrum Frontinus errore nuncupat, ad hostes dimissus) *adsentante iniuriarum fide creditus inimicissimus Cyro, cum hanc persuasionem adiuvaret procursando propius, quoties acie decertaretur et in eum tela dirigendo commissam sibi Babyloniorum urbem tradidit Cyro*. In his quid *adsentante*, quod codices G et H sine manifesto erroris indicio praebent — nam quod in II *adsentantae iniuriam*, in G *ad se tantae iniuriarum* exstat, non multum valet — significet, simpliciter explicari nequit. Quod propius a librorum ductibus abest *attestante iniuriarum fide* ex verbi notione facilius intellegi possit; scilicet inimicissimum illum regi esse iniuriarum fides attestabatur. Sed simile desideratur exemplum, quare proponere non dubitaverim, quod proxime ad codicum ductus accedit: *adstante iniuriarum fide*. Contra in sequentibus vitium fucosa sanitate oblini codices optimi produnt, quorum G *procurando priusquam*, H *procursando priusquam* tradit, in quibus *procurrendo propius* certe non latet, *procursando propius obviam* vel simile latere aliquantulum probabilius est.

III 5, 1 *Clearchus Lacedaemonius exploratum habens Thracas omnia victui necessaria in montes conportasse unaque* (*una quoque* codd.) *spe* (*ope* H) *sustentari, quod crederent cum commeatus inopia recessurum, per id tempus, quo legatos eorum venturos opinabatur, aliquem ex captivis in conspectu iussit occidi et membratim tamquam alimenti causa in contubernia distribui* (*distribuit* H v). Thraces cum omnia necessaria in montes comportassent, qui eis iam non opus fore vel hac sola ratione ea servari posse sperarent, una reliqua erat spes hostes mox esse discessuros. Artius igitur illae sententiae cohaerent, quae vocabulo *quoque* falso ita dirimuntur, ut posterioris vis etiam imminuatur. Melius fortasse illud *quoque* locum suum ante *recessurum* tueretur; sed de corruptela ex *que* nata quam de transpositione rectius cogitatur. Simili errore I 5, 20 in H *caesis captivorum pecorum quoque corporibus* pro *pecorumque* et I 5, 11, nisi hic locus gravius corruptus est, *simul humo quoque et* pro *simulque humo et frondibus facto ponte* scribitur. In *distribuit* littera *t* ex vocabulo, quod proxime sequitur *Thraces*, adhaesit.

III 9, 5 *Pericles dux (dux* om. H., post *Atheniensium* inserit v) *cum oppugnaret quandum civitatem magno* concursu *(consensu* codd.) *defendentium tutam (tota* H), *nocte ab ea parte murorum, quae mari adiacebat, classicum cani clamoremque tolli iussit. Hostes penetratum* illinc *(illic* in H, *illac* v) *oppidum rati reliquerunt portas, per quas Pericles destitutas praesidio inrupit.* Vox *dux* alibi deesse non solet suumque locum post nomen proprium occupat; nam III 12, 1, ubi H *Alcibiades Atheniensium* exhibet, eadem vox inserenda est. Deinde *concursu* ad exemplum III 6, 2 *intellecta difficultate expugnandi Delminium, quia* concursu *omnium defendebatur* scripsi; nam cur civium consensus, qui in oppugnatione urbis rerum natura exactus raro deesse solet, hic commemoretur, obscurum est; contra expugnationis difficultas defendentium numero augetur eoque cur Pericles ad dolum confugerit, ostenditur. Verum tamen fatendum est, talia, ubi Frontini fons ignoratur, incerta manere, cum saepius ille ex pleniore narratione singula excerpat, quae in decurtatis epitomis per se posita intellectum falsum aut saltem difficilem habent.

III 9, 6 *Alcibiades dux Atheniensium Cyzic⟨i c⟩um obpugnandae (eius* add. H² v) *causa nocte inprovisus accessi⟨ssc⟩t, ex diversa parte moenium cornicines canere iussit*; ⟨*et cum qui*⟩ *sufficere* (*efficere* H) *propugnationi murorum poterant, ad id latus confluere⟨nt, is⟩* (*confluere* H¹, *cum confluerent, ille* v) *qua non obsistebatur, muros transcendit.* Aequis fere intervallis in linearum fine fortasse singulae litterae in archetypo intercidisse probabile est, quarum lacunarum vestigia etiam certa Harleianus conservat, ut *efficere* pro *sufficere* — *ficere* enim solum remanserat, unde verbi formam (*efficere*) librarius restituere conabatur — et *confluere* pro *confluerent*, quibus supplementorum locus definitus est. In initio autem narrationis, ubi *Cyzici cum* in *Cyzicum* abierat, coniunctivus *accessisset* in *accessit* corrigi necesse erat.

III 10, 8 (Chares post quaedam promunturia classe occulte habita velocissimam navem praeter hostilia praesidia ire iussit). *Qua visa cum omnia navigia, quae pro custodia portus agebant, ad persequendam* ⟨*eam*⟩ *evolassent, clam* (*Chares in* v) *indefensum portum cum reliqua classe invectus etiam civitatem occupavit.* Dubitari potest, num *ipse* aut *Chares* ante *clam* addendum sit, certe *clam* tenendum est, quod in insidiis furtim paratis aptissimum videtur. Denique *in* quamquam facile ante *indefensum* excidit, tamen accusativus solus sufficit. Num pronomen *eam* addi necesse sit, exemplo III 10, 8 comparato licet dubitare.

ANALECTA. 113

III 11, 5 *Epaminondas ⟨ad⟩ Mantiniam (Mantinia* H) — *ratus posse Lacedaemonem occupari, si clam illo profectus esset, nocte crebros ignes fieri iussit, ut specie remanentis (remanendi* codd.) *occultaret profectionem.* Participium temporis praesentis reponere similes loci suadent, ut I 5, 26 *frequentiore mugitu speciem remanentium praebebant hostium,* I 5, 17 *qui vigilias ad fidem remanentium divideret,* II 12, 3 *accedentium novarum virium speciem praebere,* III 8, 2 *praebitura speciem urbis ardentis,* III 10, 2 *speciem fugientis praestitit* (IV 1, 9 *ne speciem quidem rapturi praebeas*); exemplum gerundivi reperitur I 5, 5 *ad speciem retinendae urbis raros pro moeniis sagittarios reliquit.*

III 13, 1 Plura excogitaverunt ad errorem tollendum, qui simpliciter servatur in H: *Romani obsessi in Capitolio ad Camillum exilio inplorandum miserunt Pontium,* proponentes *ab exilio, ad auxilium, ab exilio ad auxilium.* Latet autem *exulem*; nam exulem fuisse, cum eius auxilium Romani implorarent, notum est. — III 13, 2 Vexavit viros doctos quid in tradita codicum lectione, quibuscum H. facit, lateat: *qui* (transfuga a Campanis subornatus) *occultatam balteo epistolam inventa effugiendi causa occasione ad Poenos pertulit.* Pro *causa* vocabulo *causae, e castris, causa et* proposuerunt vel *causa* aut *occasione* eiecerunt. Aptissimum recuperabimus vocabulum *clam* pro *causa* scribendo, et si *clā* exaratum fuit, proclivis erat depravatio in *cā* i. e. *causa.*

III 14, 1 *Bello civili, cum Ategua urbs in Hispania Pompeianarum partium obsideretur, Munatius (Maurus* H) *in tesseram (interrex* H, *interim rex* v) *tamquam Caesarianus tribuni cornicularius vigiles quosdam excitavit, excitus alios (ex quibus aliquos* codd.) *evitans, constantia fallaciae suae per medias Caesaris copias praesidium Pompei transduxit.* In corrupto vocabulo *interrex* vocis *tesserae* formam latere Dederich Dione duce feliciter, quod ei raro contigit, suspicatus minus feliciter *interim tessera* edidit, in quibus *interim* male abundat. Quod ipse proposui *in tesseram* (i. e. ut tesseram darent) *excitavit* et *excitus alios,* eo demum Frontini narratio cum Dionis Cassii verbis (43, 34 νύκτωρ τῶν φυλάκων τινὰς μόνος, ὡς καὶ ὑπὸ τοῦ Καίσαρος ἐς ἐφοδείαν ἀπεσταλμένος, ἀνήρετο τὸ σύνθημα (= in tesseram excitavit) — ἐκπεριελθὼν δὲ ... ἄλλοις τισὶ φύλαξιν ἐνέτυχε καὶ τό τε σύνθημα αὐτοῖς εἰπὼν (cf. excitus alios evitans) καὶ ἐπὶ προδοσίᾳ τῆς πόλεως ἰέναι πλασάμενος ... ἐξῆλθεν) magis exaequatur; quod ut plene fiat, leniore etiam medella Hirschfeld collega scribendum esse censet: *excitavit ⟨ex⟩ excubiis, alios evitans.*

III 15, 3 *Hi qui ab Hannibale Casilini obsidebantur — semina in praeparatum locum iecerunt consecuti⟨que⟩, ut habere viderentur, quo victum sustentarent.* Particulam *que* ex usu Frontini fere necessariam adicci, cf. eiusdem cap. 1: *Romani panem in hostem iactaverunt consecutique, ut abundare viderentur.* — III 15, 5 Nescio an in H genuini indicia manifestiora etiam serventur vocabuli, quod in reliquis prorsus fere oblitteratum est: *Thraces in arduo monte, in quem hostibus accessus non erat, conlato viritim exiguo tritico pecudes (paucas* H, *aut caseo* v, *oves* Oud.) *eo paverunt, ⟨deinde egerunt⟩ in hostium praesidia, quibus exceptis et occisis, cum frumenti vestigia in visceribus e a r u m opparuissent, opinatus hostis magnam vim tritici supercsse eis, qui inde etiam pecora pascerent, recessit ab obsidione.* Certe propter pronomen *earum* substantivum generis feminini praecessisse necesse est, quod *pecudes* aut *oves* esse potuit. *Pecudes* autem paulo facilius — nam codex archetypus vel certe Harleiani parens non maiusculis litteris exaratus erat — in *paucas* abisse nemo negabit. Post *paverunt* archetypi lacunam fideli simplicitate in H servatam esse verba quae ad eam supplendam vel ex codicibus petita vel coniectura inventa sunt et per se et loco quo supplentur satis produnt (*et in h. praesidia dimiserunt* vel *demiserunt* vel *impulerunt*). Verbum rei aptum, ubi oculorum aberratione defectus nullo negotio explicatur, reposuisse mihi videor.

III 16, 3 (*Hanno, cum Gallorum mercennariorum quattuor milia aliquot mensium mercede non recepta ad Romanos transire vellent, neque ipse in eos metu seditionis animadvertere auderet,*) *promisit prolationis iniuriam liberalitate* (*se* add. v) *pensaturum; quo nomine gratias agentibus Gallis per tempus idoneum ⟨prae-⟩ da t u r⟨os⟩* (*datur* H) *pollicitus fidelissimum dispensatorem ad Otacilium consulem misit, qui tamquam rationibus interversis transfugisset, nuntiavit nocte proxima Gallorum quattuor milia, quae ⟨prae⟩datum forent missa, posse excipi.* Pro *datur* vel *daturo*, quod manifestam labem traxit, *datis (dilatis* vel etiam *ductis) pollicitis* excogitaverunt, quo rerum conexus invertitur. Promissa enim, antequam gratias agerent, iam data erant neque eo ipso tempore, quo gratias agebant, poterant differri. Sed promissa per idoneum tempus praedandi occasione illam liberalitatem iam simulat se probare. Altero loco idem mendum in II et alios codices tantum non omnes inrepsit.

IV 1, 4 *Ceterum ipsi inter se coniurabant se fugae atque formidinis causa non abituros.* Haec ad verbum ex Livio XXII 38. 4 petita sunt, nisi quod ille pronominis formam paulo elatiorem *sese* ante *fugae* adhibuit. Atque eiusdem formae a Frontino usurpatae vestigium in G et H conservatur, qui *sed* pro *se* praebent. — IV 1, 8 Priorum editorum coniecturis receptis sic apte oratio decurrit: *Theagenes Atheniensis cum exercitum Megaram duceret, petentibus ordines respondit, ibi se daturum. Deinde clam equites praemisit eosque hostium specie impetum in suos* (socios codd.) *retorquere iussit. Quo facto cum ⟨quos secum⟩ habebat tamquam ad hostium occursum praepararentur, permisit ita ordinari aciem, ut quo quis voluisset loco consisteret.* Quod Wechelius pro *socios* restituit *suos* narrationis simplicitate commendatur, Stewechii autem additamentum *quos secum* neque cum Oudendorpii scriptura *quos habebat* re dissentit et syllabae eiusdem repetitione mendi originem facilius explicat. Quibus spretis Gundermann, qui in huius libri editione multa egregie administravit primusque in emendandis strategematis ratione et arte usus est, *quo facto cum havebat* proposuit, quod vereor ut cuiquam probaturus sit; in hac enim scriptura et indicativus *havebat* displicet et coniunctivus ab avendi verbo dependens sine exemplo est. Praeterea tum demum Theagenes aciem suo consilio ordinari permittere potuit, cum milites in eo essent, ut contra irruentes quos putabant hostes praepararentur. Contra recte illo remedio locus I 5, 1, quem interpolatio occupavit, integritati suae reddi posse videtur: *Q. Sertorius in Hispania cum a tergo instante hoste flumen traicere haveret, vallum in ripa eius in modum cavae lunae duxit*, ubi cum codices *haberet* exhibeant, quod Frontini certe temporibus cum infinitivo coniunctum necessitatis notionem nondum induerat, Oudendorpius *necesse* ante *haberet* adiecit. — IV 1, 39 *L. Papirius Cursor dictator Fabium Rullianum* (sic Gunderman, *rutilium* codd.) *magistrum equitum, quod adversum edictum eius quamvis prospere pugnaverat, ⟨ad⟩ virgas* (sic G H, *virgis* v) *poposcit, caesum securi percussurus.* Utrum *Rullianum* an quod Oudendorpio in mentem venit *Rullum* praeferendum sit, non decerno. Idem *virgis poposcit* quod recentiores libri habent explicari non posse recte sensit, sed quod excogitavit *in Fabium virgas poposcit,* quamquam et Harleiani et Gothani scriptura *virgas* et eo quod in Harleiano vitiose scribitur *dictatorem* confirmari videtur, dubitationi valde obnoxium est, cum ad exempla *aliquem ad mortem supplicium poenam deposcere* (Caes. b. c. III 110, 5, Hirt. b. g. VIII 38, 3, Stat. Tib. 5) potius *Fabium ad virgas poposcit* exspectetur, atque haec praepositio etiam propter praecedentem syllabam *at* facillime intercidere potuerit. *Ad virgas poposcit* vero idem valet quod ut virgis caederetur, ut *amic͡ ͡ ͡ortem deposcere* (Caes. b. c.) idem

8*

quod ut morte afficiantur vel *Sabini castra hosti ad praedam relinquunt* idem quod ut praeda fiant (Liv. III, 63, 4) significat. Eadem brevitate Frontinus in hoc libro praepositionem *ad* usurpavit 5, 16. *virga, qua ad equum erat usus, oculum Thracis a quo tenebatur eruit*, qui quidem locus non ex Valerio Maximo III 2, 12 *ad equum regendum* interpolandus, sed ex Petronio 27, 6 *aquam poposcit ad manus* i. e. ad manus lavandas explicandus est. — IV 1, 44 M. Marcello senatus, quem de militibus in Siciliam relegatis consuluerat, *permisit facere quod videretur, dum ne quis eorum munere vacaret* (*vocaret* H) *neve donaretur neve quod praemium ferret aut in Italiam reportaretur, dum Poeni in* (*Poeni* H) *exfuissent* (sic G H, *ea fuissent* rell.). In postremis verbis mendum latere Dederich recte sensit neque id quod correxit *in ea essent* per se displicet, sed si hoc scriptum fuit, qua via in *exfuissent* abierit, vix intellegitur; sin archetypum *Poeni in exissent* i. o. *inde exissent* exhibuisse sumpseris, mendi origo minus obscura erit.

IV 5, 2 *C. Caesar seditione in tumultu civilium armorum facta maxume animis tumentibus legionem totam exauctoravit.* Voce *facta* ex deterioribus libris sumpta cum Oudendorpius aliorum codicum scripturis *ac tum, actum, actam* non prorsus satisfieri videret, *facta cum maxime* vel *facta tum cum m.* reponendum esse censuit, Gundermannus illa acquievit. Librorum optimorum auctoritas, qui *actum* exhibent, Oudendorpii sententiae magis favet; ita enim unde verba labem traxerint nullo negotio perspicitur, quamquam duo ablativi, sive unum alteri subiectum sive sine copula iuxta positos putamus, displicent. Atqui codicum scriptura, modo recte syllabae dirimantur *ac tum*, copulam non deesse satis arguere videtur. Quare *seditione* ... ⟨f⟩act⟨a a c⟩tum *maxime animis tumentibus* Frontinum scripsisse putaverim. — IV 5, 12 *Lacedaemonius quidam nobilis Philippo denuntiante multis se prohibiturum, nisi civitas sibi traderetur, Num, inquit, et pro patria mori nos prohibebit.* Praeter Dederichi loci difficilis explicationem novi nullam; quae ille autem artificiose interpretatus est 'er werde ihnen in vielen Stücken hinderlich sein i. e. viel zu schaffen machen' vereor ut cuiquam placitura sint aut aptis exemplis possint confirmari; prohibendi enim notio ab implicandi vel impediendi toto caelo distat et re non addita a qua quis alterum prohibitum iri minatur verba omni vi carent. Hoc loco autem multae urbi expugnatae imponendae significari videntur, ut apud Livium X 37, 5 *multa praesens quingentum milium aeris in singulas civitates inposita* dicitur. Quod si verum est, una vocula vel litterula *non* (*ñ*) addita apta recuperatur sententia: *multis se*

⟨non⟩ *prohibiturum* (sc. cives), nisi forte *multis se⟨non esse⟩* praefertur. Verbi significatione luditur; nam *multis prohibere* est ab aliquo multas abstinere, ut Cicero *magnum civium numerum calamitate* vel *tenuiores iniuria*, Livius *Campaniam populationibus prohibere* dixit; *mori prohibere* idem quod *impedire* significat. Cavendum est, ne quis Ciceronis loco (Tuscul. V 14, 42) ad defendendam Dederichi sententiam abutatur. — IV 5, 15 P. Decius *primo pater postea filius in magistratu se pro republica devoverunt admississque in hostem equis adepti victoriam patriae contulerunt*. Qui vocem *adepti* sanam habent, *victoriam* ad utrumque verbum referunt, quo participium ineptum aut supervacaneum fit, cum eo, quod quis equum concitaverit, victoriam reportasse etiam in hac brevitate mire dicatur. Neque ii plus profecerunt qui *adepti mortem*, ut librarius Leidensis secundi, aut *interempti* coniecerunt; nam sic quoque verba *admissis equis* abundant et diversarum rerum coniunctio meo quidem sensu a Frontini simplicitate recedit. Eo pacto vero *adempti* (i. e. morte abrepti, cf. Hor. c. II 4, 10; II 9,10) restituere pronum erat. Sed in *adepti* latet *advecti*, quod verbum ille ex Livio suo, ubi simili modo saepius usurpatur, cognitum habebat: Livius II 47, 3 *in eam partem citato equo advectus*, IX 31, 10 *consul ad ancipitem maxime pugnam advectus desilit ex equo*, X 42, 3 *advectus deinde equo propius*. XXVIII 2, 3 *Mago ex castris citato equo ad primum clamorem et tumultum advehitur*.

IV 6, 2 *Xenophon cum equo veheretur et pedites iugum quoddam occupare iussisset, unum ex eis obmurmurantem quod diceret facile tam laboriosa sedentem imperare, desiluit et gregalem equo inposuit*. Quae viri docti elucubraverunt, ut verba a codicibus suppeditata structurae vinculis adstringerent, aut probabilitate carent, ut Scriverii *uno ex eis obmurmurante ac dicente* vel Oudendorpii *unusque ex eis obmurmurando diceret*, aut ab usu latino recedunt, velut quod novissimo editori in mentem venit *obmurmurantem ⟨audiens⟩ quod diceret*, quam sententiam sic fere exprimere debebat: *unum ex eis obmurmurantem cum dicere audiret*. Ea vero per se spectata nihil habet, quod displicere possit, et litteris traditis *quodiceret* leniter mutatis recuperatur, si *quum videret* scribimus. *Videre* autem hoc loco ut saepius alibi ad res, quae non oculis sed auribus vel quolibet alio sensu concipiuntur, pertinet, velut apud Cicer. Tusc. II 8, 20: *sed videamus Herculem ipsum, qui tum dolore frangebatur, cum immortalitatem ipsa morte quaerebat: quas hic voces apud Sophoclem in Trachiniis edit!* ad quem locum Klotzius id genus plura congessit.

IV 7, 5 *C. Marius Teutono provocanti eum ut prodiret respondit, si cupidus mortis esset, laqueo posse eum vitam finire: cum deinde staret, gladiatorem contemptue staturae et prope exactae aetatis obiecit ei.* Nescio cur Gundermann quod deteriores libri iam recte invenerunt et sententia flagitat *instaret* pro *staret* spreverit; nam verba *cum deinde staret* nullo pacto idem quod *cum postea provocaturus denuo staret* vel *cum nihilo minus remaneret* valere possunt. Aptius vero adverbium *deinde* transpositis vocabulis *deinde cum instaret* ad verbum *obiecit* referetur, nisi forte aliud quo hominis pugnacis pertinacia fortius depingatur praestat: *cum perinde* i. e. prorsus eodem modo (de quo usu cf. Handii Tursellinum IV p. 462.) aut *cum subinde instaret*, quo vocabulo apud Frontinum nullum est frequentius. — IV 7, 7 *Valerius Laevinus, cum intra castra sua exploratorem hostium deprehendisset magnamque copiarum suarum fiduciam haberet, circumduci eum iussit: terrendique hostis causa exercitus suos visendos speculatoribus eorum quotiens voluissent patere.* Quod deteriores libri post *causa* inserunt *adiecit* illi necessarium videbitur, qui verba sequentia Laevinum ad ipsum speculatorem conversum dixisse arbitratur. Sed nihil obstat, quominus consulem visendi copiam speculatori factam ad suos se convertentem his defendere voluisse sumamus: dummodo terrorem hostes inde capiant, mea castra semper illis aperiam inspicienda; quae sententia paulo efficacior videtur lenique vocabuli inepti *que* mutatione potest recuperari: *terrendi quidem hostis causa.* — IV 7, 12 *M. Porcius Dento in classem hostium cum transiluisset, deturbatis ex ea Poenis — multas naves hostium — mersit.* Nimis a ductibus vocabuli corrupti *dento* — nam gentis Porciae hoc cognomen ignotum est — recedunt quae viri docti coniecerunt neque sententia ipsa commendantur, ut Wesselingii *de lembo* aut quod vulgo legitur a deterioribus codicibus exhibitum *impetu.* Propius accedit Gundermanni scriptura *Cato*, quae eo confirmari videtur, quod in hoc libro Cato numquam *M. Porcius*, sed ubique *Marcus Cato* audit. Neque vero ad explanandam historiam haec quicquam confert. Quare codicis Palatini lectione *detento*, quam Oudendorpius adfert, quamvis ea genuinum conservatum esse non putem, tamen verbum, quod in *dento* latet, librarius recte expiscatus esse videtur, atque scribendum est: *detentam in classem.* Nimirum detinere prius navem debebat quam transiliret, itaque quomodo transilire potuerit, quod alioqui obscurum est, pro narrationis brevitate satis explicatur. Unam etiam navem classem dici notum est. — IV 7, 13 *Athenienses cum subinde a Lacedaemoniis infestarentur, diebus festis quos sacros Minervae extra urbem celebrabant om-*

n e m quidem colentium imitationem expresserunt, armis tamen [et] veste celatis. Qui codicem Vaticanum 2193 correxit, voculam *et* abundare recte sensit, supra scripto tamen *sub* verba interpolavit. Sine ullo dubio ea extirpanda fuit, quae, cum ratio inter ablativos intercedens non intellegeretur, sponte irrepsit. Athenienses autem vestibus arma celabant, quae festis diebus sine suspicione portare licebat (cf. Thuc. VI 56), atque ita armis exceptis omnem colentium imitationem expresserunt. Unde etiam apparet neque *tamen* cedere debere adverbio *tantum* et *omnem* a recentioribus libris pro *omnium*, in quo *hominum* latere facile quis suspicetur, recte emendatum esse.

IV 7, 18 *Hasdrubal subigendorum Numidarum causa ingressus fines eorum resistere parantibus adfirmavit, ad capiendos se venisse elephantos, quibus ferax est Numidia: ut hoc permitterent, poscentibus ⟨securitatem⟩ promisit et ea persuasione avocatos adortus sub leges redegit.* Ita lacunosa oratio vulgo expletur aliam optimis codicibus eius formam indicantibus, quorum Harleianus *poscentibus promis*is id ea p.*, Gothanus *poscentibus promissi ite apersuasione* exhibet, unde facile elicitur: *poscentibus pr⟨etium cum pr⟩omisisset, ea persuasione avocatos adortus sub leges redegit.* Pro *pretium* possis etiam scribere *pretium magnum* vel quod Hirschfeldio placet *tributum*. Eadem via mendum irrepsit in verba IV 7, 21 *manentibus esse spem aliquam salutis, cedentibus autem pernici⟨em certi⟩ssimam*, ubi genuini vestigium Gothani scriptura *perniciosissimam* fideliter conservavit, Harleiani *perniciosissimum* obscuravit. — IV 7, 20 Ptolomaeus ut exiguas copias, quas adversus Perdiccam excercitu praevalentem ducebat, occultaret, omne pecudum genus, quibus ad tergum sarmenta quae traherent religaverat, per paucos equites agi iussit. *Ipse praegressus cum copiis quas habebat effecit, ut pulvis, quem pecora excitaverant, speciem magni sequentis exercitus moveret, cuius expectatione territum vicit hostem.* Haec verba, quibus pulverem proficiscentis excercitus speciem effecisse eamque promovisse exprimitur, pro Frontini simplicitate, qui Polyaeni narrationem IV 19 τὰ μὲν κονιορτὸν ἀνέςτηςε μέγιςτον — οἱ δὲ ἀπὸ τοῦ κονιορτοῦ πολὺ πλῆθος ἐπιέναι νομίςαντες αὐτίκα ἔφυγον latine vertit, speciosius dicta videntur. Ad exempla p. 113 adlata ipsi *ut pulvis speciem praeberet* reddere pronum est; sed hoc modo errandi causa dispicitur nulla, quae magis patebit, si reposuerimus: *ut pulvis — specie* (vel *ad speciem*) *magni sequentis exercitus moveretur.* Hanc vero scripturam etiam imperfectum *excitabant*, quod libro Gothano debemus, confirmare putaverim.

IV 7, 22 L. Pinarius, cum Hennensium magistratus ad Poenos transire parantes claves portarum reposcerent, unius noctis ad deliberandum spatio petito fraudem Graecorum cum militibus communicavit, qui parati postero die signum exspectarent. *Prima luce adsistentibus militibus redditurum se claves dixit, si idem omnes Hennenses censuissent.* Militum in hac actione partes nullae erant, qui convocata demum universa civitate idemque flagitante dato signo concurrerunt atque Hennenses interfecerunt. Quod cum recte intellegeretur, a librariis vox *militibus* eiecta est. Sed quomodo ea in textum venerit, minime explicabitur; quare *multis* pro *militibus* reponere non dubito. Scilicet quod multis prima luce convenientibus Pinarius negabat, se universis concessurum esse simulavit. Si quis vero *adsistentibus militibus* ad verbum *redditurum* pertinere putaret, Pinarius hercle imprudenter minatus esset. Neque Livius XXIV 37 sq., unde haec narratio hausta est, eius rei mentionem facit.

IV 7, 29 Ut Romani Campanis equitatu pares essent, Q. Naevius centurio hoc excogitavit, ut delectos ex toto exercitu leviter *armari eosque adiunctos equitibus iuberet usque ad moenia provehi, deinde ibi positis nostris equitibus recipientibus inter hostium equitatum proeliari.* Haec in optimis codicibus exstant itaque a Gundermanno repetita sunt, nisi quod iam a recentioribus libris levis verbi *armare* macula sublata est. Pro *recipientibus* iidem *inciperc* exhibendo editores fefellerunt; nam ad exsequendum Naevii consilium pedites illos inter equitatum latentes dato signo perniciter prosilire aut ibi depositos, dum equites sese recipiebant, aciem instruere et cum hostium equitibus manus conserere necesse erat, quod ex Livii XXVI 4, 6 apparet narratione: *eos singulos in equos suos accipientes equites adsuefecerunt et vehi post sese et desilire perniciter, ubi datum signum esset, postquam adsuetudine cotidiana satis intrepide fieri visum est, in campum, qui medius inter castra murumque erat, adversus instructos Campanorum equites processerunt, et ubi ad coniectum teli ventum est, signo dato velites desiliunt. pedestris inde acies ex equitatu repente in hostium equites incurrit, iaculaque cum impetu alia super alia emittunt.* Igitur scribendum erit: *deinde ibi positos nostris equitibus ⟨se⟩ recipientibus inter hostium equitatum proeliari.*

Vindobonae. GUILELMUS HARTEL.

Bemerkungen zu der Biographie des Septimius Severus.

c. 1 § 3 wird als Datum der Geburt des Severus *VI idus Apriles* angegeben, wofür, wie bereits Casaubonus und Tillemont erkannt haben, das durch Dio und die Kalender des Philocalus und des Silvius bezeugte Datum *III idus Apriles* (vgl. C. I. L. I p. 379; de Ceuleneer: *essai sur Septime Sévère* p. 13 not. 2) einzusetzen ist, vorausgesetzt dass der Irrthum nicht dem Spartian, sondern seinen Abschreibern zur Last fällt. Ist demnach der Geburtstag des Severus auch hinreichend verbürgt, so dürfte es doch erwünscht sein, dafür noch einige epigraphische Zeugnisse zu erhalten. Vier Dedicationsinschriften sind nun aber am 11. April gesetzt, zwei in Ostia im J. 195 (C. I. L. XIV n. 168 == Mercklin archäologische Zeitung 1850 S. 235 und XIV n. 169 == Orelli n. 3140) zu Ehren von Patronen des *corpus fabrum navalium Ostiensium*, die dritte in Carrara zu Ehren des Severus und seines Hauses im J. 200 (C. I. L. XI n. 1322 = Grut. 12, 1), die letzte ein Jahr nach dem Tode des Kaisers, im J. 212 in Rom von den Vigiles zu Ehren des Caracalla und der Julia Domna (C. I. L. VI n. 1063). Ebendarauf wird zu beziehen sein, dass drei *seviri Augustales* in Brixia 1000 Sesterzen mit der Bestimmung aussetzen: *ut ex usuris eor(um) quodann(is) die III id(us) April(es) per officiales sacrificetur* (C. I. L. V n. 4449). — Auf die historische Bedeutung dieser noch nicht hinreichend beachteten Dedicationstage[1]) in Inschriften ist

---

[1]) So wird auch die *aqua Claudia* von dem Kaiser an seinem Geburtstage: 1. August dedicirt (Frontin *de aquis* II, 13). *Ephem. epigr.* I p. 44 n. 139 am 19. September 167: Geburtstag des Antoninus Pius, wie bereits Mommsen bemerkt hat. Der Geburtstag des Caracalla (entsprechend der Angabe des Dio 78, 6: τῇ τετάρτῃ τοῦ Ἀπριλίου ἐγεγέννητο, gegen Spartian vita c. 6: *die natali suo, octavo idus Apriles*, vgl. Höfner: Septimius Severus S. 44) als Dedicationstag in zwei unter seiner Regierung ihm am 4. April gesetzten Inschriften: C. I. L. III n. 1063 im J. 215; C. I. L. XIV n. 119 (= *annali d. J.* 1868 p. 391) im J. 212. Auch die Dedication der *tibicines Romani* an Severus und Caracalla am 4. April des J. 200 (C. I. L. VI n. 1054) ist darauf zu beziehen. Eine vollständige Zusammenstellung der inschriftlich überlieferten Dedicationstage soll an anderer Stelle gegeben werden.

von mir bereits an einem anderen Orte (*ephem. epigr.* IV p. 273 zu n. 774) hingewiesen worden.

c. 2 § 2: *adulterii causam dixit absolutusque est a Iuliano proconsule, cui et in proconsulatu successit et in consulatu collega fuit et in imperio item successit.* Dass hier eine Verwechslung zwischen Pertinax und Severus vorliegt, die durch die Führung des Namens Pertinax von Seiten des Severus hervorgerufen sein mag, hat bereits Rübel (*de fontibus quattuor priorum hist. Aug. scriptorum* p. 54, vgl. Perino *de fontibus vitarum Hadriani et Septimii Severi* S. 32)[2]) bemerkt; denn Pertinax war allerdings der Collego des Julianus im Consulat des J. 175, war ferner *proconsul Africae*, was Severus niemals war, und war, wenn auch nicht der Nachfolger, so doch der Vorgänger des Julianus sowohl in Afiica (*vita Pertinacis* c. 14 und *vita Iuliani* c. 2), als auf dem Kaiserthron. Dass Spartian oder seine Quelle, nachdem einmal für Pertinax Severus eingesetzt worden war, diese nothwendige Aenderung auf eigene Hand vorgenommen hat, darf man wohl unbedenklich annehmen. — Aber auch dann bleibt der Anstoss, dass Severus, und dazu noch, wie sich schon aus der Reihenfolge der erzählten Ereignisse unzweifelhaft ergiebt, in Rom, von Julianus als Proconsul freigesprochen sein soll. Denn unmöglich kann man dies Ereigniss mit Gellens-Wilford S. 22, dessen Schrift: *la famille et le cursus honorum de Septime Sévère.* Paris 1884 mir soeben zugeht, nach Africa und zwar in die erste Jugend des Severus verlegen, da Sever im J. 146 geboren war, Julianus aber erst im J. 192 das Proconsulat von Africa verwaltete (vgl. T(issot): *fastes des provinces Africaines* in *Bulletin trimestriel des antiquités Africaines* 1883 p. 233). Ceuleneer (*essai sur Sévère* S. 14) findet sich mit der Bemerkung ab: '*les paroles de Spartien prouvent une fois de plus l'ignorance de notre auteur des institutions romaines; et tout ce que nous pouvons induire de sa notice c'est que Sévère fut acquitté de l'accusation d'adultère portée contre lui*'. Wer sich aber mit diesen Scribenten näher beschäftigt hat, wird sicher die Ueberzeugung gewonnen haben, dass, so gross auch ihre Ignoranz und Urtheilslosigkeit ist, offenbare Erfindungen sich nur in geringer Zahl bei ihnen finden, dagegen zahlreiche Missverständnisse der guten von ihnen benutzten Quellen und nicht minder zahlreiche Verderbnisse, die nicht ihnen, sondern ihren Abschreibern zur Last fallen. So liegt auch hier auf

---

[2]) Ob dies auch Kleins Ansicht ist, lässt sich aus seinen Worten (Verwaltungsbeamte I S. 118): 'diese Notiz .. beruht auf einer Verwechslung zweier gleichnamiger Persönlichkeiten, worüber bei Africa des Weiteren gehandelt werden soll', nicht mit Bestimmtheit ersehen.

der Hand, dass für *proconsule* einzusetzen ist *praetore*, sei es nun, dass Spartian selbst die Abkürzung *pr.* falsch aufgelöst hat, oder, was mir weniger wahrscheinlich ist, der Fehler von seinen Abschreibern begangen worden ist. Severus kam zwischen den Jahren 164—170 nach Rom³), das er etwa im J. 173 verliess, um die Quästur in Baetica zu führen, nachdem er vorher ein Jahr in Rom als Quästor functionirt hatte⁴). Wahrscheinlich fällt also die Anklage wegen Ehebruchs etwa um das J. 170 oder nicht lange vorher. Da nun Julianus im J. 175 Consul war, so wird derselbe die Prätur spätestens im J. 172, wahrscheinlich aber einige Jahre früher bekleidet haben, wie beispielsweise Severus schon im J. 178 Prätor war, aber erst im J. 190 zum Consulat gelangte. Demnach werden wir die Nachricht des Spartian betreffs des Ehebruchsprocesses des Severus, mit der kleinen Aenderung von *proconsule* in *praetore* als durchaus unverdächtig ansehen dürfen.

c. 2 §. 6: *fustibus eum sub elogio eiusdem praeconis cecidit: legatum p. R. homo plebeius temere amplecti noli.* Eiusdem ist anstössig, denn von einem *praeco* ist im Vorhergehenden überhaupt nicht die Rede gewesen; wahrscheinlich hat Spartian seine (vielleicht griechische) Quelle schlecht excerpirt oder verstanden, in der wohl gestanden haben dürfte: *sub eiusmodi elogio praeconis cecidit*, ähnlich wie es bei Dio 73, 16 bei Gelegenheit einer ähnlichen Procedur heisst: τὸν Νάρκισσον ὕστερον ὁ Σεβῆρος θηρίοις ἔδωκεν, αὐτὸ τοῦτο κηρύξας ὅτι 'οὗτός ἐστιν ὁ Κόμμοδον ἀποπνίξας'.

---

³) Ceuleneer S. 14.
⁴) Vgl. Klein, Verwaltungsbeamte S. 114 ff. Die Schwierigkeit, die Ceuleneer S. 14 ff. in den Worten Spartians (2, 3): *post quaesturam sorte Baeticam accepit* finden will, existirt in Wirklichkeit nicht, vgl. Mommsen St. R. II S. 247 fg. und *ephem. epigr.* IV S. 223 fg. — Beiläufig bemerke ich zu den Worten c. 2 § 5: *quod Baeticam Mauri populabantur*, dass die spanischen Inschriften des C. Vallius Maximianus *procurator Augustorum* (C. I. L. II n. 1120 und 2015) allerdings nicht mit Hübner auf die Zeit des M. Aurel und L. Verus zu beziehen sein werden, da, wie Klein (Verwaltungsbeamte S. 115) mit Recht hervorhebt, der Aufstand nach Angabe Spartian's erst nach dem Tode des Verus ausbrach, aber sehr wohl in die Zeit nach Ertheilung des Augustus-Titels an Commodus, also in die Jahre 177—180 gesetzt werden können, demnach sich auf die glückliche Beendigung des etwa 173 begonnenen Maurenkrieges beziehen werden. Der dem Maximianus gegebene Titel *v(ir) e(gregius)* spricht nicht dagegen, da derselbe, wie aus einer neuerdings gefundenen Inschrift (C. I. L. VIII n. 10570) hervorgeht, bereits zu Beginn der Regierung des Commodus als stehender Titel der Procuratoren verwandt demnach nicht von Septimius Severus, wie ich und Andere angenommen haben, sondern wohl spätestens von M. Aurel den Procuratoren beigelegt worden ist. Vgl. jetzt Gellens-Wilford a. O. S. 11 ff.

c. 6: centum senatores legatos ad eum senatus misit ad gratulandum rogandumque ... septuagenos vicenos aureos legatis dedit. Höfner (S. 107) und Ceuleneer (S. 48) übersetzen *septuagenos vicenos* durch 90, als ob jemals an Stelle des gebräuchlichen *nonageni* eine solche Addition gesetzt wäre; Duruy (*histoire des Romains* VI S. 33) setzt nach eigenem Belieben dafür 80 Goldstücke ein. Zu schreiben ist wohl ohne Zweifel *septingenos vicenos* und die Summe von 720 aurei an 100 Senatoren (also im Ganzen 72000 *aurei*) für einen Kaiser, der je 1000 Sesterzen an seine illyrischen Soldaten vertheilen liess (c. 5 § 2) gewiss nicht zu hoch. Aber warum gerade 720 *aurei?* Hätte Spartian nach der Münzreform des Constantin, anstatt unter Diocletian (c. 20 § 4) geschrieben, so würde man glauben, dass in seiner Quelle 10 Pfund Gold gestanden habe, wofür er entsprechend dem Werthe des Constantinischen Solidus 720 *aurei* eingesetzt habe. Da aber, so weit wir wissen (vgl. Missong in Sallet's Zeitschrift für Numismatik VII S. 240 ff.; J. Friedländer *ibid.* IX p. 8 ff.) der *aureus* unter Diocletian nicht auf $^{1}/_{72}$ Pfund, sondern zunächst auf $^{1}/_{70}$, später, etwa seit dem J. 290, auf $^{1}/_{60}$ Pfund normirt worden ist, so wird man annehmen müssen, dass nach Spartian's Quelle das Geschenk des Severus 12 Pfund Gold betragen habe und Spartian dies entsprechend dem zu seiner Zeit gültigen Werthe in 720 *aurei* umgesetzt habe. Wenigstens sehe ich keine Möglichkeit, die eigenthümliche Zahl von 720 Goldstücken aus den Münzverhältnissen unter Septimius Severus (vgl. Mommsen R. Münzwesen S. 754) zu erklären.

c. 13: Unter den von Severus getödteten vornehmen Männern wird auch L. Stilo genannt. Da aber die übrigen an dieser Stelle Aufgezählten mit Gentile und Cognomen, dagegen ohne Vornamen[5]) bezeichnet sind, so wird für *L.* vielmehr *Ael(ium)* einzusetzen und Stilo als Nachkomme des berühmten, dem Ritterstande angehörigen Lehrer des Varro und Cicero anzusehen sein[6]).

c. 19 § 5: opera publica praecipua eius extant Septizonium et thermae Severianae eiusdemque etiam ianae in Transtiberina regione ad portam nominis sui, quarum forma intercidens statim usum publicum invidit. Der Palatinus liest *ianae*, der Bambergensis *iane*; Jordan schreibt nach Becker's Vorgang *balneae*, Peter mit den älteren

---

[5]) Dass in § 2 für *Antoninum Balbum* einzusetzen ist *Antonium Balbum* hat bereits de Vit *onomasticum s. v.* I p. 347 bemerkt. Für *Marcum Asellionem* in § 7 ist wahrscheinlich *Marcium Asellionem* zu schreiben.

[6]) Das Cognomen Stilo ist äusserst selten; ein L. Porcius Stilo: C. I. L. II n. 2131.

Herausgebern *ianuae*. Letzteres ist ganz unzulässig, da *forma* der technische Ausdruck für Wasserleitungen ist; da man aber an eine *aqua Severiana* (vgl. über dieselbe Jordan: Topographie I S. 477) des Plurals wegen hier nicht denken kann, so muss wohl von einer Thermenanlage die Rede sein, die durch eine eigene Leitung mit Wasser gespeist werden sollte. Der Ausdruck *balneae* ist aber dafür zu bescheiden (vgl. über den Unterschied zwischen *thermae* und *balneae*, von denen es nach den Regionariern 856 in Rom in der *regio Transtiberina* allein 86 gab: Preller Regionen S. 105 ff.), und ich meine daher, dass an Stelle des corrupten *ianae* entweder *aliae* oder, wie College Hartel vermuthet, [*Sever*]*ianae*, auf das vorangehende *thermae* bezogen, einzusetzen sein wird.

c. 22 § 1: (*Severus*) *somniavit quattuor aquilis ... ad caelum esse raptum, cumque raperetur, octoginta et novem numeros explicuisse, ultra quot annos ne unum quidem annum vixit, nam ad imperium senex venit.* Dieselbe Angabe wird im Leben des Niger c. 5 § 1 wiederholt: *cum decem et octo annis imperavit et octogensimo nono perit*. Da Severus am 11. April 146 geboren, am 4. Februar 211 gestorben ist, so war er bei seinem Tode nicht 89, sondern kaum 65 Jahre alt (mit einem kleinen Irrthum heisst es bei Dio epit. 76, 17: ἐβίω δὲ ἔτη ἑξήκοντα πέντε καὶ μῆνας ἐννέα καὶ ἡμέρας πέντε καὶ εἴκοσι), demnach beruht die Angabe Spartian's auf einem groben Irrthum. Offenbar hat derselbe nämlich in seiner Quelle gefunden, dass von der Geburt des Severus (146) bis zum Untergange seiner Dynastie, d. h. bis zur Ermordung des Severus Alexander (235) 89 Jahre verflossen seien und hat dies in unglaublicher Nachlässigkeit auf die Lebensdauer des Kaisers bezogen. Da er aber als Regierungszeit nur 18 Jahre verzeichnet fand, so hat er den Zusatz: *nam ad imperium senex venit* erläuternd hinzugefügt. Wahrscheinlich sind demnach die hier berichteten *signa mortis* nicht aus Marius Maximus, der den Tod des Severus Alexander kaum mehr erlebt haben dürfte, sondern vielleicht aus dem von Spartian mehrfach benutzten Junius Cordus (so Rübel a. O. S. 57) entlehnt.

c. 19 und c. 24 wird in Uebereinstimmung mit Dio (76, 15) und Herodian (IV, 1, 4) berichtet, dass Severus in dem Antonineum d. h. in dem Mausoleum des Hadrian bestattet worden ist, wo auch Caracalla seine Ruhestätte gefunden hat[7]). Dagegen be-

---

[7]) Spartian *vita* c. 9 § 11; Dio 78, 9; Victor *Caesar*. 21, 6; auch die Angabe des Capitolinus (*vita Macrini* c. 5 § 2), Macrinus habe den Leichnam nach Rom gesandt: *sepulchris maiorum inferendum*, kann auf das Grabmal der durch die bekannte Fiction des Severus zu Vorfahren gestempelten Antonine bezogen werden.

richtet Spartian von Geta (c. 7 § 2): *inlatus est maiorum sepulchro, hoc est Severi, quod est in Appia via euntibus ad portam dextra* (so Jordan und Peter für das überlieferte *dextram*), specie septizonii (*sepizodii* die Handschriften) *exstructum, quod sibi ille vivus ornaverat*. Die Worte *hoc est Severi* bis *ornaverat* mit Becker (Topographie Anm. 1430) und Jordan (*forma urbis* p. 38) als Glossem zu streichen, halte ich nicht für zulässig, glaube überhaupt nicht an die Existenz solcher Glosseme in diesen Biographien. Warum sollte denn Severus nicht ein von ihm erbautes Grabmal für seine Bestattung in Aussicht genommen haben und seine Asche dann, etwa auf Grund eines ihm zu Ehren gefassten Senatsbeschlusses, in das Antonineum gebracht worden sein? Dass aber Geta ursprünglich nicht in dem Antonineum beigesetzt worden ist, wird durch die ausdrückliche Angabe Dio's bestätigt (78, 24): τό τε cῶμα αὐτῆc (nämlich der Julia Domna) ἐc τὴν Ῥώμην ἀναχθέν, ἐν τῷ τοῦ Γαίου τοῦ τε Λουκίου μνήματι [a]) κατετέθη· ὕcτερον μέντοι καὶ ἐκεῖνα, ὥcπερ καὶ τὰ τοῦ Γέτα ὀcτᾶ, πρὸc τῆc Μαίcηc τῆc ἀδελφῆc αὐτῆc ἐc τὸ τοῦ Ἀντωνίνου τεμένιcμα μετεκομίcθη. — Aber auch eine andere Erwägung führt zu der Annahme, dass Severus ursprünglich die Absicht hatte, in seinem in Form des Septizonium erbauten Grabmal beigesetzt zu werden. Am Ende der Biographie knüpft nämlich Spartian an die Worte: *quamvis aliqui urnulam auream tantum fuisse dicant Severi reliquias continentem eandemque Antoninorum sepulchro inlatam, cum Septimius illic, ubi vita functus est, esset incensus* ganz unvermittelt die Notiz: *cum septizonium faceret, nihil aliud cogitavit, quam ut ex Africa venientibus suum opus occurreret*. Dazu bemerkt Jordan (*forma urbis* p. 38): 'haec quoque in fine libri loco alieno ita assuta sunt, ut sive vitae auctor sive eiusdem glossator mihi videatur haec scripsisse, ne quis septizonium pro sepulcro aut cenotaphio haberet; sed quicumque haec scripsit accurata rerum notitia instructus fuit'. An ein Glossem ist sicher hier so wenig, als an der oben besprochenen Stelle zu denken; vielmehr hat Spartian, wie auch sonst häufig, einen in seiner Quelle vorhan-

---

[a]) Ueber dieses Grabmal (denn um ein solches scheint es sich doch zu handeln) des Gaius und Lucius ist sonst nichts bekannt; für die Beisetzung des Gaius im Mausoleum des August spricht aber die Notiz in dem Fastenfragment: C. I. L. IX n. 5290 (vgl. Mommsen *r. g. d. A.* S. 115 Anm.), wo es von Gaius heisst: *donec ossa eius in* [*ma*]*esol*[*eum inferrentur*]. Wahrscheinlich war demnach ein eigenes Grabmal für die beiden Enkel des Kaisers in dem Mausoleum selbst errichtet worden; auch Agrippa ist in demselben beigesetzt worden, vgl. Becker Topographie Anm. 1368.

denen und zum richtigen Verständniss nothwendigen Zwischensatz unterdrückt. Dieser kann aber dem ganzen Zusammenhang nach nur den Inhalt gehabt haben, dass Severus in dem Antonineum bestattet worden sei, obgleich er sich bei Lebzeiten ein eigenes Grabmal nach Art des Septizonium erbaut hatte, woran sich dann die Notiz über das Septizonium selbst passend anschloss [9]). Demnach ist man meines Erachtens keineswegs berechtigt, die Nachricht über das *sepulcrum Severi in Appia via specie septizonii exstructum* zu verwerfen.

Wien. O. HIRSCHFELD.

Die Annalen des C. Fannius.

Ueber den Umfang des Geschichtswerkes des Fannius bemerkt Peter (*veterum historicorum Romanorum relliquiae* p. CCVI): '*nc hoc quidem exploratum est, unde exorsus sit Fannius, nam quae fragmenta ad certam aliquam rem referri possunt (fr. 4. 9), omnia ad solam pertinent Gracchorum aetatem, contra annalium inscriptione res ab urbis origine repetitas esse indicari videtur*'. Ebenso heisst es bei Teuffel (R. L. G. 137, 4): 'da kein Ueberrest auf die entfernte Vergangenheit hinweist, wohl aber Alles auf die selbsterlebte, so wird sich auf letztere das Werk beschränkt haben, wenn auch (nach dem Titel *annales*) in annalistischer Anlage' und bei Schäfer, Quellenkunde II S. 34: 'die Fragmente beziehen sich nur auf gleichzeitige Begebenheiten'. Wenn es nun aber in den *scholia Veronensia* zu Vergil *Aen.* III, 707 heisst: *C. Fannius in VIII annali Drepanum modo, modo Drepana appellat*, so scheint mir unzweifelhaft, dass in diesem achten Buch der erste Punische Krieg enthalten war, da Drepana nur bei der Schilderung dieses Zeitraumes öfters (*modo, modo*) Erwähnung finden konnte [10]). Demnach wird das ganze

---

[9]) Eigentlich hätte dieselbe in Cap. 19 gehört, wo aber die Bauten Sever's nur summarisch erwähnt werden.

[10]) Ohne Zweifel hat Fannius dort auch die grosse Niederlage des P. Claudius Pulcher bei Drepana geschildert; ob freilich schon in seinen Annalen die bekannte Erzählung von dem Ertränken der heiligen Hühner gestanden habe, ist fraglich. Berichtet wird sie zuerst bei Cicero *de divin.* I, 29. II, 20 und 71, *de deorum natura* II, 7, dann bei Livius, Valerius Maximus und Späteren. Der an und für sich, besonders bei einem Mitgliede eines altpatricischen Geschlechtes, merkwürdige Vorgang wird aber dadurch noch unglaublicher, dass der zweite Consul desselben

Werk eine ziemlich grosse Zahl von Büchern umfasst haben. — Ob übrigens, wie jetzt allgemein nach Mommsen (C. I. L. I p. 158 zu n. 560) angenommen wird, der Geschichtsschreiber Fannius mit dem Schwiegersohn des Laelius (an der Identität mit dem Consul des J. 632 C. *Fannius M. F.* ist allerdings wohl nicht zu zweifeln) identisch sei, ist mir sehr fraglich. Auf die dann sicher irrthümliche Angabe Cicero's über das jugendliche Alter des Fannius im J. 625 lege ich zwar wenig Gewicht; aber schwerer wiegt, dass Atticus, wenn Cicero ihn nicht gänzlich missverstanden hat, dieser Ansicht nicht gewesen ist [11]) und Cicero führt als Autoritäten dagegen nur Brutus (denn *Brutus et Fannius* ist sicher nur scherzhaft zu verstehen für *Bruti epitoma Fannianorum*) und Hortensius an. Was Atticus auf Cicero's Vertheidigung geantwortet hat, wissen wir nicht, und so werden wir meines Erachtens die Identitätsfrage vorläufig unentschieden lassen müssen.

Wien. O. HIRSCHFELD.

Jahres sich gleichfalls gegen die Auspicien versündigt haben soll. Es spricht nun meines Erachtens Alles dafür, dass ursprünglich sich die Erzählung von der Verhöhnung der Auspicien nur an den Namen des L. Iunius Pullus, der sich der Verurtheilung durch Selbstmord entzogen haben soll, knüpfte und die Geschichte mit den Hühnern (*pulli*) auf Grund seines Cognomen Pullus erfunden, später aber auf den bekannteren und ohnehin durch seinen Uebermuth berüchtigten Collegen P. Claudius Pulcher übertragen worden ist.

[11]) *ad Attic.* 12, 5, 3: *idque* (nämlich den Schluss von Brutus' Epitome) *ego secutus hunc Fannium, qui scripsit historiam, generum esse scripseram Laelii, sed tu me* γεωμετρικῶς *refelleras, te autem nunc Brutus et Fannius; ego tamen de bono auctore, Hortensio, sic acceperam, ut apud Brutum est: hunc igitur locum expedies.*

Angeblicher Ausfall des intervocalischen s im Lateinischen.

Zur Untersuchung dieses fast allgemein angenommenen Lautwandels hat mich zunächst das Wort ver veranlasst, das zu den vielbehandeltsten Wörtern gehört (s. Vaniček Lat. Wörterbuch² 277, Griech.-Lat. Etym. Wtbch. 975). Unbedenklich statuirt Vaniček a. d. a. O. gleich seinen Vorgängern, von denen ich nur einige hervorragende aufführen will, Aufrecht in Kuhn's Zeitschrift I 351, Kuhn ib. I 378, Sonne ib. X 365 f, Corssen X 152 und anderwärts, J. Schmidt ib. XXIII 339, L. Meyer ib. V 369 u. Vergl. Gramm.² I 117, die Herleitung von ver aus *vĕsĕr *vĕ-ĕr, griech. ἔαρ aus ϝέϲαρ entsprechend. Alle im Vorausgehenden genannten Gelehrten haben theils ausdrücklich es erklärt, theils scheinen sie stillschweigend angenommen zu haben, dass das intervocalische s in dem Worte ver geschwunden sei; Corssen erklärt a. d. a. O. ausdrücklich, die Grundform *veser sei nicht erst zu *verer, dann etwa durch Ausstossung des zweiten e zu *verr vēr geworden, sondern habe sich unmittelbar durch Schwund des s zu *ve-er ver weiter entwickelt. Unter der grossen Zahl von Sprachforschern, deren Aufmerksamkeit das interessante Wort in Anspruch genommen hat, scheint nur M. Müller von der landläufigen Erklärungsweise abzuweichen, indem er in Kuhn's Zeitschr. XIX 44 ohne weitere Erklärung anführt „ver für *vesr", ebenso Mahlow die langen Vocale a, e, o S. 11 (*vēzr), worüber unten.

Hiedurch angeregt, schien es mir nicht ohne Interesse und auch nicht ohne Vortheil für die Forschung, den Thatbestand in der vorliegenden Frage einer Revision zu unterziehen, beziehungsweise die Frage in der ganzen Ausdehnung zu fassen und überhaupt zu untersuchen, ob die bislang fast von allen Gelehrten angenommene Möglichkeit des Schwundes eines intervocalischen s auf italischem Sprachboden wirklich auf festem Grunde fusse und nicht vielmehr in einer laxeren Auffassungsweise der Wirkung der Lautgesetze ihre Erklärung finde. Bevor ich auf die Untersuchung selbst eingehe, bemerke ich, dass L. Lange in seiner Abhandlung über die Bildung des inf. pass. in der lat. Sprache (Denkschriften d. k. Akad. d. Wiss. in Wien X. Bd.), S. 47 (Note 21) die Behauptung aufgestellt hat, intervocalisches s falle im Lateinischen niemals aus. Zweifel erhebt auch Ásbóth die Umwandlung der Themen im Lateinischen S. 62. Sämmtliche übrige Gelehrte haben sich, soweit mir bekannt ist, den Ausführungen Corssen's angeschlossen, die derselbe ziemlich übereinstimmend an der angezogenen Stelle in Kuhn's Zeitschrift (X 151), Kritische Beiträge 465 ff, Ausspr. u. Voc. ²I 281 gibt. Ausdrücklich erwähnen will ich auch noch Schleicher Comp. ⁴ 258.

— Intervocalisches s ist bekanntlich, je nachdem es tönend oder tonlos ausgesprochen wird, einem zwiefachen Wandel unterworfen: tonloses s verfällt der Verhauchung und dem Schwunde (vgl. lak. νικάάς ἐνίκαέ auf der Stele des Damonon und jüngeres νεικάαντερ, G. Meyer Gr. Gramm. §. 224), tönendes wird zu r gewandelt. Ist es nun etwa wahrscheinlich, dass unter denselben Bedingungen, ja bei Wörtern derselben Wurzel das s eine verschiedene Aussprache gehabt habe, wie es, um gleich ein paar Beispiele herauszugreifen, der Fall gewesen sein müsste, wenn wirklich pruina stünde für *prus-ina, womit man vergleiche prurigo für *prus-igo, oder Cerealis für *Ceres-alis, während wir doch haben Cereris für *Ceresis, gener-alis, later-alis, incorpor-alis, tempor-alis u. a.? Es ist ganz und gar unmöglich, irgend welchen stichhältigen Grund für die verschiedene Aussprache und die in Folge dessen eingetretene verschiedene Behandlung des gleichen Lautes s in den angegebenen Fällen beizubringen. Müssen wir a priori daran festhalten, dass unter gleichen Umständen die Laute immer die gleichen Wandlungen erfahren, das heisst für die ausnahmslose Wirksamkeit der mechanischen Lautgesetze, wenn dieselbe auch inductiv nicht bewiesen werden kann, uns entschieden aussprechen, so unterstützen uns in diesem Falle auch die italischen Schwesterdialekte der lateinischen Sprache. Die Schreibung mittels z auf den oskischen Denkmälern und die Wandlung des s zu r im Umbrischen ist ein Beweis für die tönende Aussprache des intervocalischen s in diesen beiden Dialekten, für die, soviel ich weiss, noch niemand den Ausfall von intervocalischem s anzusetzen versucht war. Rechnen wir dazu, dass die geradezu erdrückende Majorität der lat. intervocalischen s sämmtlich in r übergegangen ist, also gleichfalls die tönende Aussprache bezeugt, so ergibt sich hieraus der nothwendige Schluss, dass die verschwindend kleine Anzahl von scheinbaren Ausnahmsfällen, in denen s angeblich tonlos ausgesprochen wurde und dem Schwunde verfiel, auf andere Weise erklärt werden muss. Und ich denke, es soll nicht zu den Unmöglichkeiten gehören, den wenigen Ausnahmen, die eigentlich in Frage kommen, beizukommen. Die einzelnen derselben werden wir in der Reihenfolge vornehmen, wie sie bei Corssen a. a. O. stehen.

Was zunächst diei diem neben dies Diespiter, spei neben speres, pubis pubem neben pubes puberis, molis molem mole neben moles-tus, modus neben modes-tus anlangt, so hat sich Corssen in der Erklärung deshalb geirrt, weil er auf die gegenseitige Aus- und Angleichung der einzelnen Formen, die gerade in der Declination der Nomina eine so unendlich wichtige Rolle spielt, keine Rücksicht nahm. Müsste man doch auch mit dem gleichen Rechte einen eigenen -es (-os)Stamm ansetzen, wenn man domus-cula und domes-ticus mit Stamm domu- (bez. domo-) vergleicht, während doch in Wahrheit nur die Gleichheit der Nominative (domus und onus) die früher erwähnten, vom normalen Stamme abweichenden Bildungen veranlasst hat. Gerade so steht es mit modes-tus und moles-tus, die nur Analogiebildungen sind. Ebenso sind die übrigen im Vorausgehenden genannten Formen durch Formassociation ins Leben gerufen worden, ohne dass es nöthig wäre, diei aus *diesi, spei aus *sposi, pube aus *pubese abzuleiten. Die Gleichheit des Nominativausgangs hat die Umformung der Flexion bewirkt; ähnlich schon Schleicher Comp. ^{4} 258, schärfer und im wesentlichen richtig hat sich Ásbóth a. a. O. hierüber ausgesprochen. Fraglich bleibt es ob in speres s stammhaft ist oder nicht: für's erstere tritt Curtius Grdz. ^{5} 704 ein, und wie mir scheint, wegen ksl. spě-chŭ, dessen ch auf einen durch s erweiterten Stamm schliessen lässt, mit Recht. Es ist also nicht speres sperem nach Analogie von dies dierum gebildet, wie Brugmann Morph. Unters. I 24 annimmt, sondern spes spei ist der Analogie von dies diei gefolgt. In beiden Fällen könnte man aber niemals von dem Ausfall eines intervocalischen s sprechen. — Etwas anders scheint es sich mit vis vires zu verhalten. Man könnte geneigt sein, aus vires virium auf die Ursprünglichkeit des s, also Stamm vis- zu schliessen und dies thut Ásbóth a. a. O. Jedoch ist trotz aller Bedenken (Curt. Grdz. ^{5} 389, vgl. auch Brugmann Morph. Unters. I 24) der Zusammenhang mit griech. ἴς ἶφι sehr wahrscheinlich und mithin die Flexion vis vim vi ursprünglicher als lat. vires, griech. ἶνα [1]), welch letzteres entstanden sein wird, wie τίνα (G. Meyer Gr. Gramm. §. 437). vires virium ist sodann gebildet nach der Analogie von glires glirium. Jedenfalls liegt auch

---

[1]) Vgl. auch Osthoff Morph. Unters. IV 235 Anm.

hier nicht der mindeste Grund vor vis vim vi etwa aus *visis *visim *visi erklären zu müssen. Die Erklärung der Formen Ramnes Tities Luceres aus den Grundformen Ramneses Titieses Lucereses durch Ausfall des intervocalischen s (Krit. Beitr. 465) hat Corssen später selbst für problematisch erklärt; doch auch seine jüngere Erklärung (Ausspr. ²I 281), dass die in Frage stehenden Formen Pluralformen von den o-Stämmen Ramno—Titio—Lucero- seien, ist nicht stichhaltig. Vielmehr sind sie wirklich aus den Grundformen Ramneses, Lucere(n)ses, Titie(n)ses hervorgegangen, indem die Endung -ĕs, die ja ursprünglich kurz gewesen ist, abfiel (Bücheler-Windekilde §. 77); vgl. matrona Pisaurese, quattuor aus *quattuores, dor. τέττορες. Der Ausgang -ēs des Nominativs des Plurals ist ja erst von den i-Stämmen übernommen, die regelrecht, entsprechend griech. πόλεις aus *πόλειες (neben späterem analogisch gebildetem πόλιες) und ai. ávayas ursprünglich *ovejes *ove-es gebildet haben müssen, woraus dann ovēs hervorging²). Auch bezüglich des ni, das Corssen (Kuhn's Zeitsch. X 151) auf nisi zurückführen will, kann ich mich nicht mit ihm einverstanden erklären; Lange hat sicher Recht, a. d. o. a. O. seine Identität mit ne zu behaupten.

Es bleiben demnach von den durch Corssen beigebrachten Beispielen für angeblichen Ausfall des intervocalischen s nur noch ver, von dem wir ausgegangen sind, und Cerealis übrig, das uns gleich beschäftigen soll. Hiezu kommt nach Fröhdes' Erklärung in Kuhns Zeitschr. XIV 454 noch pruina, das für prus-ina stehen soll. Letzterer Erklärung hat sich unter anderen (z. B. J. Schmidt Vocal. II 272) auch L. Meyer Vergl. Gramm. ²I 116 angeschlossen und dieses Wort anderen angereiht, die den Ausfall des intervocalischen s beweisen sollen. Nehmen wir diese sofort vor, insoweit natürlich L. Meyer nicht die Corssen'schen Aufstellungen wiederholt. Da sollen denn „sehr wahrscheinliche" Beispiele sein die gen. sing. agri und terrai in Hinblick auf griech. *ἄγροσιο, ai. ájrasya; für die weiblichen Genetive auf -ai liegt nicht einmal eine derartige Analogie vor. Aber auch die Identität der voranstehenden Genetive der lat. o-Stämme mit denen der griechischen o- und altindischen männlichen a-Stämme ist aus der Luft gegriffen. Wenn L. Meyer ferner als sehr wahrscheinlich den Ausfall des s in vide-licet, scilicet bezeichnet, so kann dies, wenn ich recht verstehe, nur so gemeint sein, als ob diese Formen aus *vide(s)e-licet, *sci(s)e-licet entstanden wären. Die richtige Erklärung für vide-are-cale- u. s. w.

---

²) Siehe darüber die zweite Abhandlung.

(letztere in Zusammensetzungen mit facere), wonach auch sci- und i- in sci-licet, i-licet zu deuten sind, hat bereits Westphal, Philos. hist. Gramm. d. deutschen Sprache 109 gegeben, indem er in ihnen Infinitive nach Art des ai- sáde erkennt (vgl. auch J. Schmidt in Kuhns Zeitschr. XXVI 396 u. Verf. Zur lateinischen Verbalflexion I, 10). Nachdem wir so die neuesten angeblichen Zeugen für den Ausfall des intervocalischen s im Lateinischen ohne Schwierigkeiten beseitigt haben, bleiben noch ver, cerealis und pruina übrig, die scheinbar als sichere Zeugen dieses Lautvorganges dastehen. Dass es Schein sei, darauf haben wir bereits früher durch Gegenüberstellung von pru-ina und prur-igo, cere-alis und cerer-is, gener-alis u. s. w. hingewiesen; jetzt ist es an uns durch eine positive Erklärung auch diesen Schein zu beseitigen.

Wir wenden uns zunächst zu vēr. Fick hat in Bezz. Beitr. III. 160, wie mir scheint, klar gezeigt, dass α in ἔαρ (für *Fεcαρ) nur anaptyktischer Vocal „schwa" sei, mithin die Grundform *Fέcρ sein müsse. Dem entsprechend ist auch im Lateinischen (anord. vār, lit. vasarà sprechen schwerlich dagegen) als Grundform *vezr vorauszusetzen, wie nach dem oben Bemerkten auch M. Müller angesetzt hatte, woraus durch die Mittelstufe *verr vēr hervorging.³) Die Form des Nominativs wurde nun auch in den übrigen Casus stammhaft gefasst, in denen lautgesetzlich recht gut hätten *verris *verri u. s. w. bestehen können. Diese Erklärung hat um so weniger Bedenkliches, als ja in älterer Zeit, wie bekannt, die Gemination der Consonanten in der Schrift keinen Ausdruck fand. Darum spricht auch für farris nicht dagegen, das mit Corssen ²I 158 und Ascoli Kuhns Zeitschr. XVII 343 mit ai. gharsh- zusammenzustellen ist, nicht mit Curtius Grdzge. ⁵ 300 mit fer-. Der Nom. fār führt auf eine Grundform *fars *farr. Dass nicht, wie zu erwarten, *fār bestehen blieb, erklärt sich aus den zahlreichen Neutris auf -ăr -āris, deren a im Nominativ gleichfalls der Kürzung verfiel. Dass man sich an dem scheinbaren Widerspruch vēr vĕris (nicht *verris) und făr farris nicht stossen darf, beweist ausser der im Allgemeinen bereits gegebenen Begründung auch der Umstand, dass in stammhaft identischen Wörtern bald die Schreibung mit einem bald mit zwei Consonanten sich festsetzte; wenn man auch auf olim neben ille wegen der Differenzirung der Form nicht so viel Gewicht legen will, so sind doch villa und vilicus, verres und veretrum schlagende Beispiele. In unserem Falle kommt aber noch dazu, dass der

---

³) Mahlow's Ansetzung einer Grundform *vēzr ist zum mindesten nicht evident; dazu zwingt Nom. εἴαρ, ἐιαρινός nicht, vgl. ἐιανός, εἴιερος.

Nominativ sehr oft einen dominirenden Einfluss auf die Formation der übrigen Casus genommen hat. Lautlich vergleichen sich unserem vēr aus *vezr lat. pēdo aus *pczdo, cena, venum, pono aus cesna (Festus 205, 209 ed M.), *vesnum, *posno, griech. τρηρός, τρήρων aus *τρες-ρός, *τρές-ρων neben ἄ-τρες-τος. Gehen wir zu pruina über. Zunächst ist hervorzuheben, dass Potts Deutung (Etym. Forsch. I²557, vgl. auch Benfey Wurzellex. I 141), dass es gleich sei *pruv-ina und mit *πρωΐ́ zusammenhänge, immerhin nicht unmöglich ist, so dass in diesem Falle jegliche Beweiskraft des Wortes in unserer Frage schwände. Jedoch ist zuzugeben, dass die von Fröhde, wie bereits oben bemerkt wurde, gegebene Herleitung von W. prus ungemein viele Wahrscheinlichkeit für sich hat; die nähere Begründung hiefür lese man an den oben angeführten Stellen nach. Aber auch so ergibt sich ein Ausweg. Hat die Kälte den Namen von der Eigenschaft, ein brennendes Gefühl hervorzurufen, so ist es nicht unwahrscheinlich, dass pruina ursprünglich eine adjectivische Bildung ist. Die Grundform ist pru-no für *prus-no (vgl. pru-na) und hievon ist abgeleitet pru-ino, beziehungsweise pru-ina. Ich sehe nicht den geringsten Grund, an der Möglichkeit der von mir gegebenen Erklärung zu zweifeln, vielmehr scheint mir, wie bereits hervorgehoben wurde, der Vergleich von pru-ina mit prur-īgo die Stichhältigkeit derselben zu beweisen.[4])

Somit bleibt noch das einzige Cerealis übrig. L. Lange a. a. O. gibt Corssen zu, dass nicht geleugnet werden könne, es stehe dasselbe für *Ceres-alis, da er aber, wie erwähnt wurde, den Ausfall des intervocalischen s im Lateinischen bestreitet, nimmt er an, nicht s, sondern r sei ausgefallen (*Cerer-alis) und begründet diese seine Annahme damit, dass die Aufeinanderfolge der beiden r dem lateinischen Ohr unangenehm gewesen sei, wogegen Corssen (Kuhns Zeitschr. X 151) mit Recht Formen wie gereretur, tereretis und ähnliche iu's Feld führt. Ueberhaupt pflegt in solchen Fällen, wenn zwei unmittelbar aufeinander folgende Silben mit demselben Consonanten beginnen, die ganze Silbe auszufallen, so z. B. nobilitare aus *nobilitatare[5]), voluptificus aus *voluptatificus. Ausserdem

---

[4]) J. Schmidt, der Kuhns Z. XXVII 328 A. das Wort unmittelbar zu skr. prusvā́ stellt, übersieht, dass in diesem Falle unbedingt *prurvina zu erwarten stand; denn inlautendes lat. -sv- = -rv-, vgl. furvus (neben fuscus), Minerva aus *Menesva.

[5]) Mit Unrecht polemisirt Corssen Beiträge zur italischen Sprachkunde 419 f. gegen Fick, der in Kuhns Zeitschr. XXII 100 ff. viele derartige Fälle zusammengestellt hat; vgl. ferner Wölfflin Sitzungsberichte der kgl. bayr. Akademie 1882 441 Anmerkung.

führt Bruppacher in seinem Glossar aus einer lat. Inschrift die Form Cererie auf (Augustae bonae deae Cererie), die freilich jüngeren Datums sein dürfte (genau konnte ich ihre Provenienz nicht ermitteln), immerhin aber in einem von Ceres herkommenden Worte die beiden r unmittelbar hintereinander aufweist. Gar so leicht nun, wie Ásbóth a. a. O. meint, ist die Erklärung von cerealis nicht; denn dass es sich einfach aus dem Nominativ des Singulars erkläre, ist nicht richtig; da müssten wir, etwa nach dem Muster Palilia von Pales, von Ceres *cerilis erwarten. Wir müssen also weiter ausholen.[6]) Eine Durchmusterung der adjectivischen Bildungen auf -alis zeigt als äusserliche Verwandte unseres Cerealis (Cerialis, bekanntlich Cerialia C. I. L. I 490, ist die spätere Form) nur balne-aris, cule-aris, gale-aris von balneum, culeus, galea. Analog darf man auch für unser cerealis eine Grundform *cere-us erwarten, eine adjectivische Bildung von Ceres, welche dem oskischen Kerríio- entspricht und ursprünglich *Cer(r)eio- gelautet haben müsste. Hievon ist durch Derivation cere-alis gebildet, wie iuridicialis von iuridicus. Bruppacher S. XII setzt zwar osk. Kerr-iio- = lat. Cer-er-eio-, allein Bücheler hat gewiss mit Recht in dem Lexikon Italicum (Bonner Progr. v. 22. März 1881) S. XIII das einfache r in lat. Kerus, Ceres, osk. Kerí neben Kerrí richtig erklärt, wenn er sagt: „sicut in defixione osca et lege Marsica, ita in Latinis his non geminata est consonans ex more vetusto; vgl. auch Fick Bezz. Beitr. III 168."

Nachdem wir somit auf ungezwungene Weise eine Erklärung auch jener letzten Fälle gegeben haben, in denen der Ausfall des intervocalischen s anscheinend die sicherste Gewähr hatte, sind wir, glaube ich, berechtigt für die italischen Dialekte das Lautgesetz aufzustellen: **Intervocalisches s wurde im Italischen tönend gesprochen und verfiel daher theils dem Rhotacismus (umbrisch, lateinisch), theils ward es in der Schrift durch z bezeichnet (oskisch); tonlos gesprochenes intervocalisches s und somit Ausfall desselben in den italischen Sprachen ist nicht nachweisbar.**

Innsbruck, April 1883. FR. STOLZ.

---

[6]) Die Analogie von glacialis wird kaum ausreichen. Auch Paucker Kuhns Z. XXVII 113 f. bringt kein weiteres Adjectiv auf -alis von einem auf -es endigendenden Nominativ; seine S. 147 A. gegebene Erklärung von cerealis befriedigt nicht.

Zur lateinischen Declination.

I. Zu den I-Stämmen.

Bücheler hat über die Bildung des Accusativs des Plurals dieser Stämme in seinem Grundriss (Leipzig 1866) S. 27 die Behauptung aufgestellt: „Im historischen Latein ist die ältere Endung bei der i-Declination, wie bei der consonantischen -es, welche erst auf jüngerer Sprachstufe, in ausgedehnterem Masse etwa seit dem 7. Jahrhundert in -is übergelautet ward durch die Mittelform -eis; es ist eine irrige Vorstellung, wenn man von -is als ältester Bildung im Lateinischen, wie πόλῑς im Griechischen oder von der 'späterhin allgemeinen Form auf -es' redet, eine Vorstellung, welche den vorhandenen Denkmälern widerstreitet und über den mittelitalischen Sprachverband hinausgreift, wie die Vocalisirung des Acc. Plur. im Umbrischen avef aveif avif ergibt." Die vorstehende Bemerkung ist trotz der ausführlichen Polemik Corssen's Ausspr.[2] II 738 auch in die von Windekilde besorgte neue Auflage des Grundrisses übergegangen. Gleich Corssen sind sämmtliche comparative Grammatiker der von Schleicher Comp.[4] 531 ausgesprochenen Ansicht, dass ovīs, entstanden aus der Grundform *ovins, entsprechend griech. πόλῑς aus *πόλινς, ai. ávīn aus *avi-ns got. mahti-ns die ursprüngliche Form des Lateinischen, oves die, wie Schleicher sich ausdrückt, unter Einfluss der Analogie des Nominativs später entstandene Form sei. Andere Forscher setzen sich etwas leichter über -is oder -es hinweg, z. B. Fumi Note glottologiche I, S. 49, wo es heisst: „La incertezza di scrittura nei primi saggi epigrafici, come nei letterarj, e la continua permutatione clisiaca fra tt. in *i* e tt. consonantici spiegano abbastanza il cambio di *turris vocēs* in *turres vocīs* e altresì, pel noto spediente grafico ei-ī(ē), le grafie *turreis voccis*"[1]). Jedenfalls muss es möglich sein, zu einem bestimmteren Resultate zu kommen und wünschenswerth

---

[1]) Das angeführte Buch Fumis, dessen erster Theil den Specialtitel führt 'Contributi alla storia comparata della declinazione latina' (Palermo 1882) enthält S. 1—95 dankenswerthe Bemerkungen zu Bücheler-Windekilde Grundriss der lat. Decl. Ich möchte dabei aufmerksam machen, dass F. S. 2 f. das Verhältniss der Stämme pecu- pecud-pecor- in einer Weise behandelt, die sich mit meiner Aus-

ist dies deswegen, um die einander schroff entgegenstehenden Ansichten der historischen und comparativen Grammatik miteinander in Einklang zu bringen. Dies zunächst der Hauptzweck der folgenden Zeilen.

Allerdings muss vor allem festgestellt werden, dass vor der Gracchenzeit überhaupt Beispiele des Acc. Plur. von i-Stämmen nicht vorliegen, da selbstverständlich die Formen navales, clases, naveis, Cartaciniensis der columna rostrata nicht in Betracht kommen. Das Auftreten der Formen auf -eis und -is ist ziemlich gleichzeitig, und es lässt sich daraus auch kein Schluss ziehen. Die ganze Wahrscheinlichkeit spricht aber andererseits wirklich für die Reihenfolge -es -eis -ais. Dafür sprechen die bereits angeführten umbrischen Formen avef aveif avif; dafür die Entwicklung des Dat. Sing. der i-Stämme; Diove C. I. L. I. 188, Diovei 638, 1435, Iovī [2]); dafür die Reihen nise, nisei, nisi, tibe, tibei, tibi, ube, ubei, ubi [3]); dafür die 3. Sgl. Perf. auf -et -cit -īt. Hingegen sind Corssen's Stützen für die Accusativbildung auf -is hinfällig. Wenn er (I ² 744) osk. teremníss (Cippus Abellanus) für einen Accusativ, hervorgegangen aus ursprünglichem *teremni-ns, erklären zu können glaubte, so wissen wir jetzt durch Bücheler's Nachweis in den Comment. Mommsen. S. 231, dass diese Form als Dativ zu fassen ist. Die

---

einandersetzung in diesen Studien III 94 vielfach berührt. Jedoch fasst er pecud- und pecor- als Dubletten, wie apud und apor. So bestechend diese Annahme erscheint, halte ich sie doch nicht für richtig. Ich glaube, ebenso wie apor nur der archaischen Sprache angehört, müssten wir dasselbe von pecor- erwarten. Und doch hat gerade in der classischen Latinität die Stammform pecor- namentlich in Ableitungen (pecoralis, pecorarius, pecorinus, pecorosus) neben pecu- (pecualis, pecuarius, pecunia) entschieden den Vorzug, während erst spät auch von pecud- abgeleitete Bildungen (pecudalis, bei Marc. Capella 8, p. 272, pecudeus bei Hilar. in Psalm. 146, p. 10, pecudiarius Gloss. Lat. Gr.) auftreten. Sie mögen in volksthümlicher Sprache üblich gewesen sein und aus derselben ihren Weg in bekannter Weise in die spätere Schriftsprache gefunden haben. Darum halte ich an der a. a. O. gegebenen Erklärung fest, zumal dieselbe durch mehrfache dort beigebrachte Analogien bekräftigt wird. — Gleichzeitig trage ich zu dem erwähnten Aufsatze nach, dass bezüglich der Etymologie des Wortes flamen auch auf Kügi der Rigveda 2. Aufl. 159 Nr. 82 hätte verwiesen werden sollen. Uebrigens scheint mir, wenn die herkömmliche Ableitung des Wortes aus *flagmen nicht befriedigen sollte, Bugge's Erklärung in Bezzenb. Beitr. III 98 den Vorzug zu verdienen. Er bringt dasselbe zusammen mit germ. blōtan, die Götter durch Opfer verehren; blōt = lat. fläd-, also flämen = *flädmen.

[2]) Ausführliche Beispielsammlung bei Bücheler-Windekilde § 275 ff.
[3]) Dass nachträglich Kürzung des Vocales eingetreten ist, stösst die Analogie nicht um.

angeblichen Analogien pulves und vomer neben pulvis, vomis und andere (II ² 278) aufgeführte beweisen nichts für eine ursprüngliche Accusativform auf -is. Sie repräsentiren den umgekehrten sprachlichen Vorgang wie sueris, das eine spätere Associationsbildung ist vom Nominativ suis, wie cinis cineris; es ist entschieden nicht nothwendig Doppelstämme anzusetzen, wie neuerdings auch Bezzenberger in seinen Beiträgen III 173 thut. Ebensowenig können die Genetive Apolones u. a. (II ² 280) ältere Nebenformen der regelrechten Genetive auf -is sein. Denn das Genetivsuffix -os kann nur zu -us ·is werden, nicht aber zu -es, wenn anders unsere durch die Denkmäler gewonnenen Erfahrungen nicht gänzlich umgestossen werden sollen. Die Genetive auf -es sind daher mit Sittl die localen Verschiedenheiten der lateinischen Sprache S. 6 f. auf den Einfluss des benachbarten umbrischen und marrucinischen Dialektes zurückzuführen, wie sie sich denn nur in nördlichen Gegenden und im Marserlande finden. Allerdings sind aumbr. 12 k vestures numbr. nomner selbst auch nicht ursprünglich, sondern bereits Zeugen des uralten Austausches zwischen der consonantischen und i-Declination (au. ukre(s), nu. okrer).

Es bleibt nach dem Gesagten nichts anderes übrig, als der historischen Grammatik einzuräumen, dass die Priorität der Formen des Acc. Plur. auf -es alle Wahrscheinlichkeit für sich hat. Der scheinbare Widerspruch, der nach dem Resultate der comparativen Forschung besteht, lässt sich nun in folgender Weise lösen. Die I-Stämme haben nach dem übereinstimmenden Zeugniss der altindischen, altbaktrischen, griechischen, altbulgarischen Sprache bereits in der indogermanischen Grundsprache Doppelstämme auf -i und -ei in der Declination verwendet, und zwar ersteren vor Casussuffixen mit consonantischem, letzteren vor einigen mit vocalischem Anlaute.[4] Allerdings liegt auch hierin schon ein Ausgleich zwischen den ï- und I-Stämmen vor (G. Meyer §. 338). Ausgehend von dieser unbestreitbaren Thatsache, sind wir berechtigt zu fragen, ob nicht auch in den italischen Dialekten dieselbe Bildungsweise noch zu erkennen sei, obzwar dieselben die Uniformirung des Thema's in der Declination weitaus consequenter durchgeführt haben als z. B. das Griechische. Auf das vollere Thema gehen zurück au. Gen. ukre(s), Dat. ukre, osk. Gen. slageis, Dat. slagei; lat. Dat.

---

[1] Vgl. jetzt J. Schmidt in Kuhn Z. XXVII 287 f. Nach den dort gegebenen Ausführungen ist als Grundform des Gen. sing. im Urgriechischen *πόλεις anzusetzen, und darnach die später folgende Ansetzung von *πόλειοc zu berichtigen.

Diove; au. Nom. Plur. puntes, lat. ovēs. Die angeführten Formen entsprechen genau griech. *πόλειοc (hom. πόληοc), πόλει, (vgl. Anm. 4) πόλειc für *πόλειεc. Für ovēs ist als Grundform *ovejes = ai ávayas anzusetzen. In den angegebenen Formen ist der e-Laut vollständig berechtigt. Hingegen ist derselbe auch in Casus eingedrungen, in denen ursprünglich nur der i-Laut (herkommend von dem kürzeren Thema) seinen Sitz hatte: so im Acc. Sing. au. uvem, nu. ocre(m), au. Dat. Plur. aves, wofür auch die Formen aveis avis in Gebrauch kamen. Genau so hat sich in der attischen Sprache an die Stelle des ursprünglichen πόλι-cι (ai. púrisu, wobei ich von dem Casussuffix absehe) das nach πόλε-ιc πόλέ-ων gebildete πόλε-cι gedrängt. So hatte sich im Umbrischen und Lateinischen offenbar schon zu der Zeit, wo uns die ersten Denkmäler entgegentreten, auch im Acc. Plur. definitiv eine Analogiebildung festgesetzt, uvef aves, die, wenn überhaupt auf italischem Sprachboden noch die ursprünglichere Form avīs aus *avi-ns je vorhanden war, zu dieser in demselben Verhältniss steht, wie ion. πόλι-αc zu hom. πόλῑc. Leider lässt uns das Oskische, aus dessen Bereich eben kein Acc. Plur. von einem i-Stamme überliefert ist, im Stiche. Es ist nahe liegend, noch auf folgende Umstände aufmerksam zu machen, die das schon sehr frühe Vorhandensein der Acc. Plur. auf -es von den i-Stämmen noch weniger auffallend zu machen geeignet sind. Für's erste ist der Einfluss des Nom. plur. nicht zu verkennen, der bei den i-Stämmen regelrecht von Anfang an auf -ēs sich endigte, eine Beobachtung, die übrigens, wie schon bemerkt, bereits Schleicher Comp. ⁴ 531 verwerthet hat. Ja für das Lateinische könnte man überhaupt daran denken, die Form avēs einfach für den Nom. Plur. zu halten, der in derselben Weise, wie attisch πόλειc auch für den Acc. verwendet wurde. Man könnte dafür die Analogie der consonantischen Stämme in's Feld führen. Der alte Nom. Plur. derselben auf -ĕs ist bei Beginn der schriftlichen Ueberlieferung bereits fast vollständig verdrängt und durch -ēs ersetzt, das ursprünglich den i-Stämmen im Nom. Plur. eigen war. Da nun der Acc. Plur. der consonantischen Stämme von Anfang an auf -ĕs auslautete (leg·ōs aus *legn̥s, *leg-ens, wie πόδαc aus πόδ-n̥c), so waren diese beiden Casus vollständig gleich geworden. Es wäre nun durchaus nicht merkwürdig, dass bei dem mannigfachen Austausch der consonantischen und i-Stämme auch das Verhältniss avēs-avīs, falls dies für Nom. Acc. Plur. der i-Stämme damals noch bestand, durch die für beide Casus geltende Form legēs pedēs verrückt wurde und dass gleichfalls avēs für beide Casus eintrat. Dieses Räsonnement hätte

viel Bestechendes, wenn nicht die Rücksicht auf umbr. avef (aus
*avens, Bugge in Kuhn's Zeitschrift XXII 418) es doch gerathen
erscheinen liesse die Entwicklung des Acc. Plur. der i-Stämme im
Lateinischen und Umbrischen in der früher angegebenen Weise zu
erklären. Wie die starke Stammform, beziehungsweise der e-Laut
im Acc. Plur. der i-Stämme nach unserer Darstellung schon sehr
frühzeitig eindrang, veranschaulicht osk. Nom. Plur. aidilis den
umgekehrten Vorgang, wie wir ja auch vereinzelt sogar von einem
consonantischen Stamme praitoris C. I. L. I 188 als Nom. Plur.
lesen. Dagegen scheinen finis 199, 13 neben fineis ib. 3, 6, iudicis
198, 38 neben ceiveis ib. 77 wohl nur Schreibfehler zu sein,
atriensis 1540 und mendacis 1449 sind überhaupt fraglich. In der
eben angegebenen Weise hat der Acc. Plur. der i-Stämme auf -es
durchaus nichts Auffallendes; es lassen sich also historische und
comparative Grammatik auf's Schönste versöhnen. Im Acc. Plur.
der i-Stämme erscheint demnach sowohl im Umbrischen als im
Altlateinischen auf den ersten Denkmälern eine Analogiebildung,
die durch eine weit verbreitete Lautneigung in späterer Zeit wieder
eine Form annahm, welche zufällig der alten Grundform gleichkam.

II. Flexion des Comparativs.

Brugmann hat in Kuhns Zeitschr. XXIV 54 ff den Nachweis
zu liefern gesucht, dass das Comparativsuffix ursprünglich -ias nicht
-ians gewesen sei. Hiebei berief er sich besonders darauf, dass im
Lateinischen s mit vorhergehendem Nasal niemals dem Rhotacismus
verfallen sei, also im Lateinischen als ursprüngliches Comparativsuffix -ios erscheine. Die Länge in meliōres, meliōri u. s. w. erklärte
er durch Umsichgreifen aus dem Nominativ. Ich habe in meinen
Beiträgen zur Declination der griechischen Nomina S. 29 f auf das
Bedenkliche dieser Annahme hingewiesen und zugleich auch das r
trotz der ursprünglichen Suffixgestalt -ons zu erklären gesucht.
Neuerdings hat J. Schmidt in Kuhns Zeitschr. XXVI 377 ff ausführlich über das Comparativsuffix gehandelt und dabei gelegentlich
auch den lateinischen Comparativ berührt, ohne jedoch ausdrücklich
auf denselben einzugehen. Es scheint mir nicht überflüssig, dies
hier zu thun. Zunächst scheint mir der Nachweis einer doppelten
Gestalt des Suffixes schon für die Ursprache vollständig erbracht.
Für das Lateinische hat Mahlow die langen Vocale a, e, o, S. 46
in maies-tas den schwachen Stamm des Comparativs nachgewiesen,
wie für das Griechische in hom. πλέες πλέας aus *πλέεες = *πλειές-ες.
So wie hier neben dem starken Stamm πλειονς- der schwache πλέες-

erscheint, so muss im Lateinischen maions- neben maies- bestanden haben. Die Declination des Singulars war demnach ursprünglich im Lateinischen: maiōs (aus *maions, *maioss, wie formōsus aus formonsus) *maiĕs-is *maiĕsi *maiōsem (bez. *maiossem *maionsem). Zunächst ist nun der o-Laut in den Genetiv und Dativ (natürlich ebenso im Plural) eingedrungen, es entstanden also die Formen *maiōsis *maiōsi (gerade so honōri, fulgōri u. s. w. nach dem Nom. honōs fulgōr u. s. w.). Im Genetiv und Dativ trat ferner vollständig regelrecht der Rhotacismus ein und es entstanden die gewöhnlichen Formen maiōris, maiōri. In dem System maiōs maiōris maiōri maiōsem wurde dann zunächst der Accusativ nach dem Muster der beiden vorausgehenden Casus uniformirt und lautete fortan auch maiōrem, ohne Rücksicht darauf, dass sein s aus ss bez. ns hervorgegangen war. Zuletzt endlich drang r auch in den Nominativ ein; jedoch muss die endgiltige Festsetzung in diesem Casus ziemlich spät erfolgt sein, jedenfalls als das ältere maios auch bereits zu maius sich umgewandelt hatte, da im gegentheiligen Falle das Nebeneinanderbestehen von maior und maius ganz unerklärlich wäre. Nach einigem Schwanken im Gebrauche zwischen maior und maius (vgl. die von Neue [2] II S. 162 beigebrachten Stellen, in denen Formen auf -or für das Neutrum gebraucht sind) trat dann die definitive Scheidung ein, durch welche maior dem Masculinum und Femininum, maius dem Neutrum zugewiesen wurde. Zum Schlusse sei noch auf die Nom. melios und die inschriftlichen Maio, Mino (jed. für *Maios, *Minos) hingewiesen (Corssen [2] II 88).

Innsbruck, April 1883. FR. STOLZ.

Beiträge zur Geschichte der Ovidstudien im Mittelalter.

Wenn die Bedeutung Ovids im Mittelalter auch keineswegs eine so hervorragende war, wie etwa die Virgils, und darum eine eingehende Untersuchung in dieser Hinsicht kaum eine lohnende Arbeit wäre, so halte ich es doch der Mühe für werth, im Folgenden den wesentlichen Inhalt der Viten des Dichters, der Tractate über seine Werke, sowie der sonstigen ihn betreffenden Notizen kurz zusammenzufassen, welche ich — zumeist in italienischen Bibliotheken — in den Ovidhandschriften vorfand, die ich für die Herstellung einer kritischen Ausgabe der Heroiden einsah. Wie sich von selbst versteht, kommt diesen Produkten mittelalterlicher Gelehrsamkeit durchaus nur ein cultur-historischer Werth zu; für die Biographie des Dichters sowie für die Litteraturgeschichte lässt sich aus ihnen nichts gewinnen.

Was zunächst das Leben des Dichters anbelangt, dessen Vater in den Viten bald Pilius, bald Botius heisst, so war vor allem sein Name im Mittelalter im allgemeinen richtig überliefert; nur vereinzelt tritt das Pränomen Quintus auf[1]). Dagegen herrschte hinsichtlich der Bedeutung der drei Namen Publius Ovidius Naso eine gewaltige Begriffsverwirrung. In einer Einleitung zu den Heroiden[2]) wird zwar Publius richtig als des Dichters Pränomen bezeichnet, jedoch hinzugefügt, dass Ovid dieses Pränomen darum führte, weil er aus der *gens Publiorum* stammte; oder weil er so vornehm war, wie ein Mitglied jener gens; oder endlich: *quia poetae scientia nobilitabantur, insignum huius nobilitatis Publii vocabantur, quod patet in Virgilio, qui Publius appellatus fuit in titulo versuum compositorum ab Ovidio et ab Augusto super vita ipsius Virgilii.* Noch drolliger als diese Auslassungen über den Namen Publius sind die etymologischen Untersuchungen des Wortes Ovidius. Ovidius — so sagt dieselbe Quelle — sei des Dichters nomen proprium; er führe diesen Namen entweder *quia rem suam ovanter dicit* oder *quia ovum*

---

[1]) *Quinti Ovidii Nux* und *Pulex* in der ed. princ. Romana von 1471.
[2]) Im cod. Laurent. XXXVI, 27 s. XIV.

dividens; sicut enim in ovo quatuor sunt, scilicet vitellus sive rubbigo, qui respondet igni, albumen sive claretum, quod respondet aëri, cartillago, quae respondet aquae, et testa, quae respondet terrae, et sic Ovidius quatuor elementa distinxit, ut ostendit in Ovidio maiori (d. i. in den Metamorphosen) *in principio.* Dass endlich auch der Name Naso von den absurdesten Deutungen nicht verschont blieb, braucht kaum gesagt zu werden. Entweder — so heisst es weiter in jener Einleitung — hatte Ovid eine grosse Nase; oder es rührt der Name daher, *quia sicut per nasum fetida ab odoriferis discernimus, ita vitia a virtutibus disgregavit*, eine Auffassung Ovids als moralisierenden Dichters, wie sie uns im Verlaufe unserer Darstellung noch öfter begegnen wird [3]).

Ueber Ovids Geburtsort scheint ein Schwanken in den Angaben eigentlich unmöglich. Gleichwohl wird er in unserem Stücke ein Römer genannt.

Wenig interessant sind die Notizen über des Dichters Lebensschicksale bis zu seiner Verbannung; die Biographen halten sich hierin zumeist an die Autobiographie des Dichters. Erwähnenswerth ist höchstens die Angabe einer Vita in demselben Codex, der die citierte Einleitung enthält: *virtute sua meruit fieri tribunus militum*. Interessanter sind wieder die verschiedenen Hypothesen über die Ursache des Exils. Jene Einleitung erzählt, die römischen Matronen wie auch die ehrbaren Ehemänner hätten Ovid bei Augustus wegen der Ars verklagt und ihn dabei des Ehebruches mit der Gemahlin des Kaisers beschuldigt. Augustus, welcher dem Dichter schon lange zürnte, weil er einmal von demselben bei einem *crimen nefarium* ertappt worden sei, habe die gute Gelegenheit benützt, das verhasste Subject aus Rom zu entfernen, wie man sieht, die Combination mehrerer möglicher Gründe, natürlich ohne jede positive Basis [4]). Eine Vita s. XV [5]) bemerkt: *tres causae exsilii: scilicet liber de arte, Diana in balneo, Augustus cum puero;* und im Folgenden

---

[3]) Die citierte Einleitung scheint sich bei den Ausführungen über den Namen Ovidius mit den Angaben einer metrischen Vita zu berühren; denn am Rande findet sich von m. 2 die Anmerkung:
unde versus:
Ovidium novi dici, quia dividit ovi
Partes a naso fit deriramine Naso.
Publius instat ei cognomine progeniei.
[4]) Aehnliches berichtet eine Vita s. XV im cod. Laur. XXXVI, 18 s. XIV: *Ovidius occasione libri de arte praedicti et etiam, quia imperator eum de uxore suspectum habuit, in Pontum relegatus est.*
[5]) Im Laur. XXXVI, 24 s. XIII.

heisst es im Verzeichnisse der Werke Ovids: *scripsit libros heroidum, de sine titulo*[6]), *de arte, qua meruit exulare. De Diana in balneo in libro tristium. De Augusto abutente. scripsit de remedio* etc.

Ziemlich räthselhaft ist endlich die Angabe einer zweiten Vita aus derselben Zeit[7]): *eiecbatur autem in exsilium propter quaedam carmina in hoc libro* (die Vita leitet die Ars ein) *contenta, quae sunt: non bene conveniunt nec in una sede morantur maiestas et amor*[8]).

Als Ort der Verbannung gibt eine dritte Vita s. XV[9]) seltsamerweise Milet an, vermutblich in Folge falscher Auffassung von Trist. I, 10, 41; die übrigen Quellen geben durchwegs richtig Tomi an; bezüglich des Ortes jedoch, an welchem der Dichter starb, bemerkt eine vita s. XIV[10]): *an non fuerit mortuus in exsilio sive redierit, nescio.*

Was nun Ovids Charakter anbelangt, so haben wir bereits oben angedeutet, dass man unseren Dichter im Mittelalter vornchmlich für streng moralisch und moralisierend hielt. Die Viten betonen ausdrücklich, dass er einen reinen Lebenswandel führte[11]); dabei gilt er als religiös; mitunter tritt er sogar als Christ auf. Die Scholastik kennt ein Gebet des Dichters nach Vollendung der Metamorphosen[12]),

---

[6]) D. h. die Amores; darüber weiter unten.
[7]) Im Vatican. Palatin. 1707 s. XV.
[8]) Die Verse finden sich Met. II. 846 sq. Der Codex enthält die Metamorphosen nicht.
[9]) Im Laur. LIII, 15.
[10]) S. Anm. 2.
[11]) *Vita non lubrica, ut quidam putant, sed sincera fuit,* sagt die Anm. 4 citierte Vita.
[12]) Dasselbe findet sich im Laur. XXXVI, 17 s. XV und lautet:
De operis consummatione actio gratiarum.

Iam declinabat stilus: hunc tamen ipse retraxi,
Ut, quae mente prius concepi, fine secundo
Exactum recitare queam. iam fluctibus acta
Metrorum mea cimba deo moderante petito
Litore tuta manet. illuc nequit eurus adire,
Nec zephyrus, sed nec boreas nec aquaticus auster.
Si quid in his igitur studiosus carminis ullus
Inveniat placitum, de Christi munere solo
Processisse sciat: si sint minus illa decenter
Aut male dicta, mihi sciat. attribuenda sit illi
Gratia, laus et honor, qui semper unus in uno,
Trinus et in trino regnat deus unicus. Amen.

und ein sehr umfangreiches scholastisches Lehrgedicht, 'Ovids Testament' betitelt, zeigt uns im Eingange den Dichter am Ende seiner Tage nur auf die Verehrung seines Schöpfers bedacht, und der Prologus dazu hebt hervor, dass sich Ovid im Capitel über den Tod der Worte Salamons am Schlusse des Buches Ecclesiastes bedient [13]).

Unter diesen Umständen kann es uns nicht Wunder nehmen, wenn die Scholastik den Werken Ovids moralische Tendenzen beilegte. Inwiefern dies bei den Heroiden der Fall ist, habe ich schon an einem anderen Orte [14]) ausführlich dargelegt. Man dachte sich die Heroiden in der Absicht verfasst, die beiden Arten der Liebe, den amor licitus und illicitus, durch Beispiele zu erläutern und durch ihre Gegenüberstellung die Verwerflichkeit des letzteren darzuthun. Die damals beigebrachten Belege könnte ich heute um ein bedeutendes vermehren. Fast in allen Viten, welche mir vorliegen, wird auf jene Tendenz der Episteln hingewiesen, und ein Tractat in derselben Handschrift, welche die oft citierte Einleitung zu den Heroiden enthält, ergeht sich darüber folgendermassen: *materia huius libri* (sc. Heroidum) *est amor, qui quidem dicitur esse triplex, scilicet castus, illicitus, et incestus. castus autem est ille, qui est inter virum et uxorem. illicitus est ille, qui est inter amasios, incestus est ille, qui est inter consanguineos. intentio est castum amorem commendare, illicitum refrenare et incestum condemnare. utilitas est magna. nam per hoc scimus castum amorem eligere, illicitum refutare et incestum penitus exstirpare.*

Auch die Ars ist nach der Meinung der Scholastik aus moralischen Motiven hervorgegangen; jene Einleitung sagt darüber, Ovid habe die Ars auf Bitten der römischen Jünglinge verfasst und darin nur über die erlaubte Liebe Vorschriften gegeben; je ne aber hätten *modum transgredientes* sich auch mit der unerlaubten befasst, und das Werk habe dann für den Dichter die bekannten verhängnisvollen Folgen gehabt.

Die Metamorphosen haben wenn schon keine moralische so doch eine bildende Tendenz; denn in ihnen *intendit Ovidius sub quibusdam fabulis homines delectare, instruere et eloquentes reddere* [15]). Vielleicht enthält ein kürzlich veröffentlichter mittelalterlicher

---

[13]) Im Laurent. LXXXIX inf. 36 s. XV. Die Ueberschrift lautet: *Incipit testamentum Ovidii Nasonis, quod repertum fuit in eius urna in lapide plumbeo nec ulla vetustate consumptum.* Ich habe eine vollständige Abschrift des Gedichtes angefertigt.

[14]) Prolegg. crit. ad Her. S. 96—102.

[15]) Die Vita im Laur. XXXVI, 18.

Commentar zu den Metamorphosen[16]) in obiger Hinsicht interessante Daten; ich habe die betreffende Schrift zur Hand[17]). Ich bringe nun eine geordnete Sammlung zahlreicher litterarhistorischer Notizen zu den Werken Ovids und zu den Pseudo-Ovidianis, die sich gleichfalls in den mir vorliegenden Viten und Einleitungen finden. Auch diesen Notizen kommt natürlich nur ein historischer Werth zu.

I. Heroiden.

Qui positus in exilio vitam in longo tempore ducens Romanorum mulierum benivolentiam sibi recuperare cupiens[18]) *epistularum librum composuit, in quo castas extollendo et incestas deprimendo ponit, ut earum benivolentia recepta ad statum pristinum reducatur. liber iste praecipue in duas partes dividitur. in prima ponuntur absolutae epistulae. in secunda, quae incipit 'Hanc tibi Priamides' ponuntur epistulae responsivae. et igitur secundum quosdam dividitur in libros duos*[19]). *unde sciendum est, quod unaquaeque epistula duplicem habet intentionem, scilicet generalem et specialem.* Einleitung im Laur. XXXVI, 27 s. XIV (proll. S. 21 f.). — *Auspicatus est poeticam ab epistulis, cum adhuc paene puer esset; nam tum primum tonsori se praebebat. nec illud tamen opus puerile censendum est, eruditum, argutum, maximo artificio conflatum.* Zweite Vita im Laur. LIII, 15 s. XV. — *Hic post multos, quos praeclare in eloquentia libros conscripserat, tandem ad heroum genus in scribendo se applicuit, quos partim graecas tamen transtulit, partim ex historiis in carmen tulit.* Einleitung zu den H. im Vat. Palat. 1707 s. XV. — *Composuit novem magna volumina. et primo quidem librum Heroidum epistularum, quas ab Esiodo, Graeco poeta, conscriptas ipse in latinum reducens amplius expolivit.* Vita s. XV im Laur. XXXVI, 18[20]). —

---

[16]) Hauréau, Un commentaire latin des Met. d'Ovide, composé au XIV. siècle. Séance de l'Académie des Inscriptions du 1. juillet 1881.

[17]) Vgl. damit, was Eckstein (lat. Unterricht S. 509) über die besonders seit Gregor dem Gr. beliebte Manier mittheilt, nicht nur in der Auslegung der h. Schrift sondern auch bei den profanen Schriftstellern den mystischen und moralischen Sinn hervorzuheben. Eckstein bringt a. a. O. eine Probe aus Robert Holkots moralia super Ovidii metamorphoses.

[18]) S. nämlich die Notiz über des Dichters Verbannung auf S. 143.

[19]) Ueber die Eintheilung der Heroiden in Bücher s. meine proll. S. 104 f.

[20]) Vgl. damit das bekannte Scholion des cod. Victorinus, welches die griechischen Originale einem Dichter Esodius zuschreibt, und das des Trevirensis, welches als deren Verfasser '*Isidorum et Astream poetriam*' nennt (Lörs, praef. p. XXXV). Es ist nun wohl die Vermuthung Rieses (Bursians J. B. 1883 S. 77) bestätigt, dass diese Namen auf '*Hesiodus Ascraeus poeta*' hinweisen.

Ueber die unvollständige Ep. Cydippes: *Cydippe... concessura in Acontii vota his versibus duodecim Acontio respondet.* Scholion im Palat. 1707. Die Fortsetzung dieses Briefes kannte das Mittelalter ebensowenig wie die vv. 39—142 des Parisbriefes. — *Et notandum quod Cydippe per hoc fecit epistulam suam ita brevem, quod ipsa erat infirma et infirmi nesciunt tantum scribere et operari, quantum sospites.* Schlussbemerkung nach v. 12 im Cod. bibl. Vallicell. D. 49 s. XV. — Ueber die ep. Sapphus: *cui operi (Heroid.) annectenda epistula illa aurea, quam Sappho, puella Lesbia, ad Phaonem scribit.* Zweite Vita im L. LIII, 15. — *Traduxit autem elegiam illam a Sapphone Graeca* (sic) *compositam, quod facillime persuaderi potest, cum hic versus 'Est in te facies, sunt apti lusibus anni' et in libro amorum, et in praedicta elegia reperiatur*[21]). ib. erste Vita.

2. Amores.

Dein (nach den Her.) *quinque amorum libros composuit, quos ad tres reduxit, hos neoterici 'de sine titulo' vocant.* Zweite V. im Laur. LIII, 15. — *Secundo* (sc. composuit) *librum, qui 'sine titulo' dicitur.* Vita s. XV im Laur. XXXVI, 18. — *Scribendo primo fecit Ovidium Heroidum, qui est epistularum; secundo Ovidium amorum, qui est 'sine titulo'* Vita im Laur. XXXVI, 27 s. XIV. — *Scripsit libros Heroidum, de sine titulo, de arte, qua meruit exulare.* Vita s. XV im Laur. XXXVI, 24[22]). — *Cum autem esset aetate grandior, opus de amoribus inscriptum quinque etiam voluminibus comprehensum ob quaedam puerilia in eis reperta severiori lima castigans in tria dumtaxat sibi placuit redegisse.* Erste Vita im L. LIII, 15.

3. Ars.

Quodam tempore rogatu Romanorum iuvenum impulsus illis amatoriae artis librum composuit. Einleitung z. d. Her. im L. XXXVI, 27. — *Cum autem videret Catullum, Propertium, Tibullum de amoribus decantasse, non dubitavit et ipse, ut aliquid novi prae ceteris composuisse videretur, tres libros de arte componere, quos edidit et emendavit. in quibus cum ad solutos scriberet, monuit pudicas a lectione talis libelli desistere.* Erste Vita im L. LIII, 15.

4. Medicamina faciei.

Exstat opus de medicamine faciei. Zweite V. im L. LIII, 15. — *Ovidii liber de medicamine faciei, qui temporum iniquitate*

---
[21]) Ep. Sapph. v. 21.
[22]) Dieser seltsame Titel der Amores war im Mittelalter gäng und gäbe. Schon Vincentius von Beauvais († 1264) gebraucht denselben in der Einleitung zu den Ovidexcerpten im speculum historiale, und noch in der ed. princ. Romana von 1471 findet sich die Ueberschrift: *P. Ovidii Nasonis de sine titulo libellus.*

in hunc aevum non pervenit. Scholion zu den Med. im L. XXXVI, 27.

5. Metamorphosen.

Quinto (sc. conscripsit) *librum Metamorphoseos ad captandam benivolentiam Augusti. ... cuius libri titulus talis est: Incipit liber primus Ovidii Nasonis Metamorphoseos, et dicitur Metamorphoseos i. e. de transformatione, de qua praecipue agitur in hoc libro. in quo quaedam, quae ponuntur, fuerunt historiae verae, adiuncto tamen aliquo fabuloso, ut de Pyramo et Thisbe, Caieta sepulta, de Medea etc. quaedam vero sunt pure fabulosa sine alia significatione, ut de Actaeone verso in cervum et de auro Midae. quaedam sunt fabulosa, sed per metaphoram dicta, ut de domo Solis, de Orpheo trahente ligna et saxa et homines silvestres suis sermonibus, ut Horatius dicit, et aliis huiusmodi.* Vita im L. XXXVI, 18. — *His* (sc. libris de arte am.) *adiecit unicum libellum de remedio amoris, Metamorphoseos, i. e. transformationis, libros XV, opus divinum et propter fabularum cognitionem necessarium, heroici carminis servata dignitate, quamvis etiam lascivum in heroico dicat Quintilianus. hos non correxit praeventus exsilio: cuius operis inter ceteras mira continuationis est virtus.* Zweite V. im L. LIII, 15. Die Metamorphosen hiessen im Mittelalter *Ovidius magnus*[23]) oder *O. maior; magnum opus* nennt sie auch noch der Editor der Romana v. J. 1471 (Bischof Johannes Andreas von Aleria) in der Vorrede, und die inscriptio daselbst lautet: *P. Ovidii Nasonis Magni operis Metamorphoseos liber primus.* (S. proll. S. 25 f.)

6. Fasti.

Fastorum libros XII ante exsilium constructos et, cum esset exsul, ad Caesarem Germanicum instructos edidit, licet vetustate omnia corrodente sex ultimis careamus. Erste V. im L. LIII, 15.

7. Pseudo-Ovidiana.

Scripsit etiam epistulam consolatoriam ad Liviam Augustam de morte Drusi, Neronis filii, qui in Germania morbo perierat; quae nuper inventa est[24]). Zweite V. im L. LIII, 15, s. XV. — *Attribuunt ei et alia opuscula, sed meo iudicio nunquam Ovidii fuere, ut de pulice, de nuce, de philomena. insaniunt vero, qui eum dicunt scripsisse de vetula, de lumaca; nam ea oportuit fuisse cuiusdam infantis et*

---

[23]) Vgl. Bartsch, Albrecht v. Halberstadt p. XLIV.

[24]) Vgl. über die muthmassliche Bedeutung dieser von Hübner (Hermes XIII S. 427) aus einem anderen Laurentianus (XXXVI. 2; vgl. Kunz, De med. fac. libellus, S. 16) mitgetheilten Notiz K. Schenkl, Wiener Studien II. S. 67.

ignorantissimi. ibid. — *Reperiuntur praeterea plurima et minuta carmina ab codem, ut mihi persuadeo, paene puero composita, ut de somno, cuculo, aurora, medicamine aurium et faciei, pulice, nuce, et philomena, quorum cum maior pars puerile quid sonare videatur, nullibi comperio eum fecisse mentionem. de limaca autem, quattuor humoribus, ludo scacorum et de retula ausim nequaquam sua exstitisse opera confirmare.* ibid. erste V. — Vgl. noch die Notiz aus dem Vindob. 13685 proll. S. 101 und die Inscriptiones der Veneta von 1474: *P. Ovidi Nasonis de pulice opusculum incipit, quamquam non putatur a quibusdam Ovidii opus* und *P. O. N. de philomena liber incipit. Aliqui tamen putant non ex eius officina librum hunc emanasse.*

Im Anschlusse an die obigen Notizen theile ich im Folgenden die oben erwähnten Gedichte *de quattuor humoribus* (auch *de quattuor complexionibus hominum*) und *de lumaca* (auch de Lombardo et Lumaca) mit, welche wohl wenig bekannt sind. Ueber *de medicamine aurium* vgl. Kunz de med. fac. lib. S. 29. Von *de ludo scacorum* fand ich im Cod. VII, 7, 1095 der Bibliotheca nationale zu Florenz nur ein Fragment. Von den beiden unten abgedruckten Gedichten steht das erste im Laur. XXXVI, 27 s. XIV, das letztere im Laur. XXXVIII, 36 s. XV.

I.

Incipit Ovidius de quattuor complexionibus hominum.

Doctor apud Graecos medicinae primus Apollo
Hoc docuit Thamiram, propriae qui crimine natae
Perdidit auditum. cui mox oracla petenti,
Si sibi iam possit reparari cura salutis,
5 Themis ait posse, sceleris si membra recidat
Terque caput liniat totum medicamine tali.
Quod mox ut fecit, medicinae dona refecit.
Hinc Aesculapius, generis successor et artis,
In multis famam sibi contulit experimentis.
10 Nam variis artem et pulchris novitatibus auxit.
Sed postquam periit iaculatus fulminis ictu,
Ars pariter latuit quingentos paene per annos.
Mox Aesculapides Ypocras (*sic*) post tempora tanta
Claruit, artis honos et mundi publica cura.
15 Hic docuit gentes humani corporis esse

Quattuor humores, vario moderamine quorum
Nunc color obrepit, nunc vero cura salutis.
Ex quibus est sanguis vitae substantia dictus.
Unde etiam sanguis nostro sonat ore suavis.
20 Sunt homines blandi, quibus hic humor dominatur.
Hunc sequitur colen, medici quod colera dicunt.
Collera (sic) dicta sonat, quod sit diffusio fellis.
Nam colen graece, fel dicitur esse latine.
Tertius est humor melancolia vocatus,
25 Quod fit felle simul nigroque sanguine mistus.
Nam melan nigrum, colen fel traditur esse.
Post hos flegma latet spumoso frigore torpens,
Corporibus fundens naturae (sic) frigiditatis.
Graeci flegmonem dixerunt esse rigorem.
30 Quattuor hi misti modo dant adimuntque salutem.
Nam si iungantur naturae lege volentis
Nec super extendant nec se permutuo vincant,
Crescit mira salus, rutilat color et caro gaudet.
At si confusi naturae viro (sic) refrenent,
35 Morbus et anxietas non cessat laedere corpus.
Sanguinis humorem superat si copia fellis,
Aut si fel rarum suffocat sanguinis aestus,
Passio concipitur, quae dicitur oxea vulgo.
Oxea quippe sonat velox vel acuta latine.
40 Quae cito, quem rapit, necat aut cito deserit aegrum.
Vel si flegma frequens melancolia subibit,
Aut melancolicos fundet flegmaticus humor,
Passio fiet item, quam nomine cronica dicunt.
Est autem morbus, qui longo tempore durat.
45 Nam cronos graece, nos tempus dicimus esse.
Quattuor hos mundi perhibent elementa notari.
Aëra sanguis habet, fel vero conterit ignis,
Terra melan conion aqua flegma notare probatur.

Zu Beginn steht von m. 2 am Rande bemerkt: *Docuit in quodam libello Ovidius medicamen surdium vel experimentum, et ut firmiter credamus illum experimentum valens et bonum esse, dicit nunc, a quo habuit, et dicit, quod Apollo fuit primus et summus medicus Graecorum, qui primo docuit istud experimentum.*

II.

Publii Ovidii Nasonis de Lumaca et Lombardo fabella incipit.

Venerat ad segetes Lombardus; circuit illas,
Circuit et gaudet, quod sata laeta videt.
Dum laetus laetas sic admiratur aristas,
Huic praeter solitum visa lumaca fuit.
5 Quid sit, miratur; stupet, horret et exanimatur,
Mens abit atque color, deserit ossa calor.
Ut tandem redit ad sese, procul adstat et inquit:
'Quod video, scelus est; haec mihi summa dies.
Non lupus hoc, ursus vel vipera; nescio quid sit,
10 Sed scio, quicquid sit, quod mihi bella parat.
Est clipeus signum, signum sunt cornua belli.
En pugnare negem: non ego malo mori.
Si superare queam monstrum talis speciei,
Et decus et formam perpetuam merui.
15 Quid dixi? non est probitas occurrere monstro.
Cetera non desunt bella timenda minus.
Quae dabitur laus? sed furor id, non pugna vocetur.
Humanum non est hoc periisse modo.
Hoc mea si coniunx et proles tota videret,
20 Pro solo visu iam sibi terga darent.
Insuper haec pugna non aequa videbitur ulli:
Nam meus armatus hostis, inermis ego'.
Sic dubitat; metus atque pudor pugnant in eodem:
Dat pugnare pudor, sed metus ista fugit.
25 Denique consilium fiat, quod iudicat aequum.
Consulit uxorem consuluitque deos.
Di sibi respondent, quod sit palma fruiturus,
Cum vix auderet credere numinibus.
At coniunx timida, metuens ut casta marito,
30 Exclamat lacrimans: 'Quid, furibunde, paras?
Quae tibi bella paras? iam desine monstra perire (*sic*).
Pone tuos animos, parce mihi miserae.
Parce tuis natis, si non tibi parcere curas,
Pro dolor, extremus viderit ista dies.
35 Non audax Hector, non hoc auderet Achilles,
Herculis hic virtus ardua deficeret.'
'Pone modum precibus', inquit 'carissima coniunx;
Non prece mens audax flectitur aut lacrimis.
Di mihi sunt hodie nomen sine fine daturi:
40 Iam precor, ut valeas et valeant pueri'.

  Ut stetit in campo, velox huc tendit et illuc
  Circumdatque feram magna satis minitans:
 'O fera, cui nunquam similem natura creavit,
 Monstrum monstrorum, perniciosa lues,
45 Quae mihi nunc pandis non me tua cornua terrent
 Testaque, sub cuius tegmine tuta manes.
 Hac hodie dextra forti moriere nec ultra
 Te patiar segetes commaculare meas.'
 Et vibrans telum, quae sint loca proxima morti,
50 Prospicit; et palmam strenuus exsequitur.
 Pro tanto facto quae praemia digna dabuntur?
 Non est res parva; causidici veniant.

  Eine weitere passende Beilage zu unserer vorstehenden Abhandlung wird der Abdruck eines Stückes aus einem mittelalterlichen Commentare zu den Heroiden sein, von welchem der Vindobonensis 3121 s. XV Fragmente enthält; das nähere darüber s. Proll. S. 102 f. Ich theile das erhaltene Fragment des Commentars zum XV. Briefe (vv. 1—185) mit.

  Paris fuit filius Priami, regis Troiani, qui speciosissimam audiens pulchritudinem Helenae, uxoris Menelai, fratris Agamemnonis, regis Graecorum, proposuit illam habere; et iuvamine Veneris et sua sagacitate habuit. sed finaliter male sibi contigit, quia ob hoc capta fuit Troia et totaliter destructa. volens igitur Paris Helenam elicere ad suum amorem praesentem epistulam sibi scripsit, in qua multa dicit ei, quibus ipsam inclinare vult ad suum amorem.

  Incipit Paris ita: o **Ledaea**, i. e. o Helena, ego Priamides mitto tibi hanc salutem, quae salus sola te dante potest dari. hoc facit usque **Eloquar** (v. 3). in parte illa Paris dicit: non est opus uti indicio notae flammae, quamvis ego uror, quia amor meus est plus, quam ego volo, et magis vellem illum latere, donec adessent tempora habitura metus mixtos laetitiae. sed tamen non possum bene dissimulare, quia ignis, qui semper proditur suo lumine, non bene celatur. et si tu vis exspectare, donec ego exprimam voce tenus illum amorem, quem habeo, dico, quod ita magnus est, quod uror totus, et sic habes verba nuntia mei animi. hoc totum facit usque illuc **Parce, precor** (11). in parte illa Paris petit veniam, quod ipse confessus est hoc, et hortatur, quod ipsa legat hanc epistulam et omnia alia, quae sibi mittet, non duro vultu, sed vultu conveniente suae formae. hoc facit usque illuc **Iamdudum** (13). illic Paris laudat eam, scilicet Helenam, de quodam, scilicet quod ipse iam

miserat ei aliam epistulam, quam ipsa receperat; et ideo dicit Paris:
id fuit gratum mihi multum et id facit me sperare, quod ego recipiar a te, et de te habeo magnam spem. hoc facit usque illuc
Quae rata sit (15). illic ipse optat, quod ipsi spes sit firma, ad
hoc, ut mater amoris non promiserat ei fustra id iter, scilicet, quod
de Troia in Graeciam iverat. quando ei hanc epistulam misit, erat
in domo cum ea. hoc facit usque illuc Namque ego (17). in illis
duobus versibus Paris eidem Helenae narrat, quod ipse ivit ad eam
monitu divino et deus secum erat; et ideo dicit: narro tibi hoc, ne
tu pecces negando mihi. Praemia magna (19). illic ipse dicit:
ego peto bene magna munera, sed non indebita, quia Cytherea, dea
Amoris, promisit te mihi, quando scilicet ego iudicavi, quod ipsa
haberet pomum aureum proiectum inter eam, Palladem et Minervam,
in quo scriptum erat: 'Pulchrum pulchriori detur'. et hac dea duce
ego veni huc de mea contrata et haec dea dedit mihi faciles ventos,
quibus cito huc veni, et non est mirum, si dedit, quia habet ius in
mare eo, quod in mari nata fuit. haec omnia faciunt usque illuc
Perstet (25). illic ipse Paris optat, ut ipsa Cytherea sit secum et
ita adiuvet super calefactos pectoris, sicut iuvat exitus maris et deferat sua vota in suos portus. hoc facit usque illuc Attulimus (27).
in parte illa Paris satisfacit multis anthypophoris, quae sibi possent
fieri. posset enim Helena dicere: nihil huius, quod dicis, est verum;
sed postquam huc venisti et vides me pulchram, non est mirum, si
diligis me. adhuc posset dicere: tu ibas alio, sed quia non habuisti
bonum tempus, venisti huc. adhuc posset dicere: tutius mihi caveas;
intendebas ire alio, sed error duxit te huc. adhuc posset dicere: tu
venisti videre urbes Graecas et mulieres, quae dicuntur pulchrae.
ipse autem omnibus praedictis seriatim .... in littera
satis clare et dicit: nullum praedictorum est verum, sed peto solum
te, quam pulchra Venus promisit mihi, et dico tibi verum, quod
antequam ego te cognoscerem amavi te et vidi vultus tuos animo
ante quam oculis et fama tui vultus fuit prima nuntia mihi. hoc
totum facit usque illuc Credis (39). illic ipse eam interrogat dicens: credis tu hoc, quod dico? quod dicit: bene debes credere,
quia tua fama est minor quam sit verum; et quamvis sit magna
fama tua, pulchritudo est tanta, quod illa fama formae est maligna
tuae pulchritudini et sic tua pulchritudo vincit tuam gloriam, quae
de te est. hoc facit usque illuc Ergo arsit (43)......Taenaris
terra (30), scilicet illa terra sic dicta, ubi stabit Helena et dicitur
sic a quodam monte, iuxta quem sita est............ graias (33)
i. e. graecas.

Ergo arsit merito. in parte ista ipse Paris narrat, quod accidcrat .... Helenae, antequam Menelaus eam habuisset. hoc scilicet mos erat tunc temporis viris simul cum mulieribus nudis pugnare. pervicaciter tamen semel, dum Helena esset in pugna cum aliis puellis, quidam puer nomine Theseus videns eam pulcherrimam accepit eam et portavit ad domum suam et tenuit pluribus diebus. Theseus Helenam reddidit corruptam. hoc est, quod hic narrat Paris dicens: ego laudo, quod ipsam rapuit, sed miror, quia reddidit, quia ego talem praedam tenuissem et nunquam redidissem. sed si fuissem coactus reddere, cepissem virginitatem suam vel saltem id, quod poterat capi salva virginitate. hoc totum facit usque illuc Da mihi te (57). in parte illa respondet tacitae quaestioni cuidam vel anthypophorae. posset dicere Helena: o Paris, tu dicis multa, sed non ita faceres. postea ipse .... o domina Helena, da te mihi, et postea cognosces meam constantiam, quia potius dimitterem me comburi; et bene debes te dare mihi, quia praeposui te regnis, quae soror Iovis promisit mihi, scilicet quia promisit me facere forciorem .... fortitudine multa regna acquisivissem .... virtutem Palladis hanc scilicet, quod faceret me sapientiorem hominem omnibus, et solum credidi Veneri, quae promisit te mihi, et hoc fuit, quando omnes deae supra dictae supposuerunt se mihi ratione pomi aurei, quod promisit te mihi. et plus dico tibi, quod adhuc sum in certo proposito firmus nec videor elegisse malam sortem. ego rogo te, quod non facias, quod me poeniteat hoc fecisse. hoc facit usque illuc Non ego coniugium (67) in parte illa respondet Paris cuidam tacitae quaestioni, quam posset facere Helena. posset dicere Helena: tu, Paris, non es nobilis et potens; nolo tibi credere. ipse respondet dicens omnes suas nobilitates, primo ex parte progeniei, secundo ex parte regni, tertio ex parte hominum exsistentium in suo regno. deinde narrat eidem, quod omnes dominae de Troia occurrent sibi, dum ibit ad Troiam; adhuc, quod in hospitio suo non erunt nurus Priami, scilicet cognatae, quae possint altercari cum ea. et tunc dicit ... videbis illas nobilitates, tunc dices Graeciam nihil esse. hoc totum facit usque illuc Nec mihi (83). illic respondet cuidam verbo. posset dicere Helena: 'tu dicis malum de terra mea; ego nolo venire ad tuam'. Paris respondet: 'ego non reprehendo Spartam terram, in qua tu fuisti nata, sed illa terra est mihi beata; sed quia parva et tu maxima pulchritudine, non convenit tibi, quia sic parvus locus non convenit tam pulchrae formae. hoc facit usque illuc Da modo (91). palaestra (45) vocatur pugna. tulissem, (53) i. e. accepissem.

degener (67), i. e. rusticanam. Plias et Iuppiter (69) fuerunt de gente Soratidis (sic), tamen ante per plures parentes. Ilion (75) fuit quidam mons, iuxta quem Troia facta est, et ideo Troia dicta est Ilion.
Da modo te. In parte superiore Paris narravit divitias et nobilitates sui regni. modo dicit ipsi Helenae, quod ipsa nata in rure Therapnaeo det se ipsi Paridi nec dedignetur virum Phrygem. hoc facit usque illuc Phryx erat (93). hic narrat id, quod multi Troiam habuerunt, propter quod ipsa deberet se dare sibi. in primis
.... versibus narrat id scilicet, quod quidam frater suus nomine Ganymedes est domicellus et servus deorum. unde advertendum, quod fabulose dicitur, quod Phoebe, filia Phoebi, pincerna deorum erat, et quia claudicans fundebat vinum, cum portabat, dii noluerunt plus esse pincernam et voluerunt pulcherrimum iuvenem habere et elegerunt Ganymedem, fratrem meum, filium regis Priami; et sic nunc servit ei, et hoc est, quod tangit, cum dicit: ille, qui miscet aquas cum nectare potando cum diis, erat Troianus et de nostra gente. advertendum est iterum, quod Tyfon (sic) fuit quidam Troianus, qui habuit Auroram in uxorem. ergo tu Helena bene debes accipere, dicit Paris per locum a minori. hoc tangitur, cum dicitur:
.... coniunx Aurorae erat Troianus, et tamen illa dea, quae finit extremum iter noctis, abstulit illum. advertendum iterum, quod Anchises fuit quidam Troianus, qui iacuit cum Venere, et ideo dicit Paris: si illa, quae dea erat, concubuit cum Anchise, multo magis debes concumbere mecum. et hoc tangitur, cum dicitur: Anchises erat Troianus, cum quo mater Amoris concubuisse gaudet in Idaeis iugis, i. e. locis sic dictis. Nec puto (99). hic Paris dicit Helenae: bene debes me velle accipere, quia Menelaus est turpior me et tempore et forma. hoc facit usque illuc: Dabimus (101). illic Paris aliam causam inducit, qua Helena debet sibi oboedire in hoc, quod petit, quia dicit: non dabo tibi socerum fugantem clara lumina solis, qui sol vertit trepidos equos a dape. hic narratur, quod Atreus fuit pater Agamemnonis et Menelai et sic socer Helenae. iste Atreus habuit unum fratrem nomine Thyestem. iste Thyestes iacuit cum uxore Atrei et inde habuit unum filium, quem Atreus coxit et fratri suo Thyesti apposuit ad comedendum. qua de causa sol videns tantam iniquitatem cessavit a cursu suo. et sic dicit Paris: non dabo tibi socerum talem; ergo accipe me. Nec Priamus (103). hic inducit aliam causam. Pelops fuit pater Atrei, socer Helenae, qui Pelops interfecit socerum suum Enomaum quadam condicione. Hippodamia erat filia Euomai. Euomaus hanc legem imposuit, quod si

Pelops vinceret Hippodamiam in cursu, i. e. superaret, haberet eam in uxorem et interficeret Enomaum, deinde autem ipse Pelops caput amputaretur. Pelops igitur ivit ad locum, in quo erat Hippodamia, et eam superans in cursu habuit in uxorem et interfecit Enomaum, dicit igitur Paris: 'pater Priami non sic fecit, quia non interfecit socerum sicut pater soceri tui'. sciendum quod Iuppiter genuit Tantalum, Tantalus Pelopem, Pelops Atreum, Atreus Agamemnonem et Menelaum. Nec Priamo. hic inducit aliam causam. scilicet Tantalus fuit proavus Menelai. qui Tantalus secreta deorum revelans in inferno a diis positus est. patitur hanc poenam, quod stat in aqua usque ad labra et super ipsum stant poma pulcherrima. iste Tantalus famet valde. quando exigit caput causa accipiendi poma, aufugiunt. et quando sitit et deprimit caput causa bibendi, aquae deprimuntur, et sic continue famet et sitit, nec potest comedere nec bibere. Quid tamen (107). in parte ista Paris concludit dicens: 'quid refert, si natus ab illis tenet te totis noctibus, et ego solum te video, quando mensa ponitur. et illa parva visio infert mihi magnum dolorem'. hoc facit usque illuc Hostibus (113). Phrygem (92), i. e. Troianum; volucrum (97), i. e. velocium; Ida (98) erat silva; Myrtoas (104) sic dictas a loco; umor (106), i. e. aqua; ortus (107), i. e. Menelaus; conspiceris (111), i. e. videris.

Hostibus. subdit multas causas, quibus ipse dolorem recipit, non gaudium, in videndo eam stare cum Menelao, et seriatim narrat omnia, quae faciebat in mensa i. e. stando ad mensam: scilicet quod non poterat pati videre eum stare cum Helena, ponebat pocula ante oculos et vertebat se ad aliam partem, et quod plorabat et quod solus lassa tunica vidit pectora sua candidiora nive et lacte et Iove coniuncto cum matre Helenae pura in specie cycni, vas, quod ipse habeat in manibus, cecidit, et quod ipse accipiebat oscula de facie filiae Helenae, ubi Helena osculabatur, et quod ipse locutus fuit a servitricibus Helenae, et quid sibi respondent illae et multa alia patent in littera. hoc facit usque illuc Di facerent (157). hic facit invocationem ad deos: et dii faciunt, quod tu sis pretium mei magni certaminis, i. e. quod ego te habeam tamquam Hippomenes habuit Cyneida (sic), filia Cynai, i. e. Athalantis, Cineida dico, praemia cursus, quae multos procos vicerat adhuc; ita tu venies regina per urbes Troianas sicut Hippodamia, et ita vincam te, i. e. habebo te, tamquam Hercules fregit cornua Acheloi, dum volebat iacere cum Deianira, uxore sua. hoc facit usque illuc Nostra (163). Cyneis fuit filia Athalantis, quae stabat in quadam silva et posuerat talem legem, quod si quis vinceret eam in cursu, haberet in uxorem; sin autem, amputaretur caput. Hippomenes volens eam superare ivit ad Venerem et petiit ab ea auxilium. quae Venus dedit tria poma aurea et dixit: 'proicias haec poma ante cursum suum et sic ipsa videns poma quiescet'. et sic Hippomenes fecit et vicit Hippodamiam. fuit quaedam domina graeca, quam Troianus quidam cum quo Hercules pugnavit .... de quo supra dictum est. Nostra. hic facit invocationem ad deum, quod suus labor imitetur praedictos labores, et dicit: 'utinam nostra audacia .... isset per has leges, quapropter tu scires te esse opus mei laboris'. hoc facit usque illuc Nunc mihi (165). non restat nisi quod ego precer te et amplectar pedes tuos, si tu patiaris. hoc facit usque illuc O decus (167). hic commendando eam narrat eidem suum propositum dicens: 'o honor, o gloria duorum fratrum geminorum, qui sunt Castor et Pollux, habentes de te magnam gloriam, et o digna Iove, ego dico tibi meum propositum, quod aut ducam te mecum Troiam aut sepeliar in Taenari terra et nunquam secedam.' hoc facit usque illuc Non mea (171). illic prodit causam praedictorum et dicit quia 'mea pectora non sunt vulnerata leniter summa sagitta amoris, sed meum vulnus ad ossa descendit, et hoc scio et non miror, quia mea soror verax est vaticinata mihi, antequam venirem: „tu es percussus sagitta amoris". ergo, o Helena, parce contemnere amorem datum fatis et sic habeas faciles deos in tua vota.' hoc facit usque Multa quidem (177). illic autem concludit, quicquid intendit in hac epistula, dicens: 'multa possem dicere, sed nolo nunc plura dicere, sed recipe tuo lecto nocte silente, et non pudeat te recipere me et temerare Venerem et fallere iura casta viri, i. e. mariti. tu es nimium simplex, i. e. grossa, o Helena, ut ego non dicam .... quod tu sis rustica. puta hanc pulchritudinem posse carere culpa, q. d. non potes putare, quia dato, quod faceres, omnes hoc putant per pulchritudinem tuam, quae tanta est; aut ergo mutes faciem, aut non sis dura, quia lis magna est cum forma pudicitiae. haec omnia faciunt usque illuc Iuppiter his (185). invito (121), i. e. non voluntarie. qua licet (131), i. e. quantum licet. luctor (ib.), i. e. conor. tortilis (148), i. e. plicita. ansa (ib.) cuppa. Hermiones (150), proprium nomen filiae Helenae. primas (153), i. e. maiores. Clymene (ib.), proprium nomen nutricis. destituere (155) i. e. dimiserunt. Phrygios (160) Troianos. Taenaria (170), possessivum de Taenaris. districta (171), i. e. vulnerata. sagitta (171), i. e. amoris. subeunt (177), i. e. supersunt. Helene (175), vocativus est. cum forma (184), i. e. pulchritudine.

Iuppiter. in parte illa Paris plures et diversas causas assignat, quibus Helena debet assentire suis petitionibus, ut .... seriatim. dicit ergo primo: 'ὁ Helena, tu debes facere hoc, quod dico, quia Iuppiter et pulchra Venus his furtis gaudent et haec furta fecerunt..........

Ich bemerke nur noch, dass ich in den Gedichten sowohl wie im Commentarfragmente mit geringen Ausnahmen die gewöhnlichen Entstellungen der Eigennamen nicht wiedergegeben habe, ebensowenig die Orthographie des Commentars; wo es nöthig war, habe ich Ergänzungen und Besserungen im Texte vorgenommen, die letzteren wiederholt nach Vorschlägen Prof. v. Hartels. An einigen Stellen des Commentars ist die Schrift im Codex verwischt.

Wien. HEINR. STEPH. SEDLMAYER.

Phaedrus I 16, 1.

Muellerus fabulae initium maxime corruptum suo aliorumque ingenio usus recte ita edidit:
*Fraudator homines cum vocat sponsum inprobos
Non rem expedire, sed malum inferre expetit.*

Sententiae certe *inferre expetit* magis convenit quam quod alii excogitaverunt, velut Gruterus *malum dare expetit*, Dressler *mala vitare expetit*, P. Langen (Rh. Mus. XIII 203) *malum abigere expedit*, L. Mueller (ed. pr.) *malum augere expetit*, Maehly (Z. f. Ö. G. 1871 p. 809) *m. agitare expetit*. Sed cum optimi libri *mala videre, expedit* praebeant, qua via talis depravatio facta sit, obscurum est. Nulla fere mutatione litterarum opus est, ut sententia fere eadem recuperetur si, scribimus:
Non rem expedire, sed mala indere expetit.

Mala autem rei vel negotio, quod contracturus est, inmiscere studet, quo superior evadat. De re dolo malo immixta idem verbum usurpatur apud Ulpianum Fr. 1 Dig. XLVIII 13 *lege Iulia peculatus caretur — neve quis in aurum argentum aes publicum quid indat neve immisceat neve quo quid indatur immisceatur faciat sciens dolo malo, quo id peius fiat.*

GUILELMUS HARTEL.

Plataeae und Athen.

Die Frage der Verleihung des attischen Bürgerrechtes an die Plataeer ist trotz vielfacher Behandlungen derselben in den Handbüchern und einzelnen Specialschriften nicht völlig aufgeklärt. Die Berichte darüber bieten so Vieles, was kaum in Uebereinstimmung zu bringen ist und worüber in den Darstellungen hinweggegangen wird, dass eine erneuerte Untersuchung nicht überflüssig erscheint.

Man hat zunächst zwischen der Aufnahme der Plataeer zu Athen im J. 427 und der im J. 372 zu scheiden und es fragt sich, ob beide Male Plataeer auch in die attische Bürgergemeinschaft aufgenommen wurden oder nicht. Für die Verleihung des attischen Bürgerrechtes an diejenigen Plataeer, welche sich bei der Belagerung der Stadt durch die Spartaner im J. 427 nach Athen durchgeschlagen hatten, besitzen wir das Zeugnis in der Rede gegen Neaera §. 94 ff., wo genau die Procedur der Verleihung geschildert wird und im Texte Reste des Psephismas aufbewahrt sind, auf Grund dessen dieselbe erfolgte. Der Zusammenhang der Stelle lässt durchaus keine andere Deutung zu, als dass die Verleihung des Jahres 427 gemeint sei, wenn sich auch sonst nirgends eine directe Ueberlieferung derselben findet.

Thukydides, welcher uns einen so eingehenden Bericht über die Schicksale Plataeaes zu Beginn des peloponnesischen Krieges hinterlassen hat, berührt seiner Gewohnheit gemäss diese staatsrechtliche Frage gar nicht und nur einige Andeutungen im 3. Buche zeigen, dass ihm jene Verleihung bekannt war. Dort nämlich, wo von dem im Sommer des fünften Kriegsjahres von den Spartanern abgehaltenen Gerichte über die Plataeer die Rede ist, sagen diese in ihrer Vertheidigungsrede (III, 55): εἰ δ' ἀποστῆναι Ἀθηναίων οὐκ ἠθελήσαμεν ὑμῶν κελευςάντων, οὐκ ἠδικοῦμεν· καὶ γὰρ ἐκεῖνοι ἐβοήθουν ἡμῖν ἐναντία Θηβαίοις ὅτε ὑμεῖς ἀπωκνεῖτε, καὶ προδοῦναι αὐτοὺς οὐκέτι ἦν καλὸν ἄλλως τε καὶ οὓς εὖ παθών τις καὶ αὐτὸς δεόμενος προσηγάγετο ξυμμάχους καὶ πολιτείας μετέλαβεν, ἰέναι δὲ ἐς τὰ παραγγελλόμενα εἰκὸς ἦν προθύμως. Und in der Antwort der Thebaner (III 63) heisst es: ἐγένεσθε ἐπὶ τῇ ἡμετέρᾳ τιμωρίᾳ, ὡς φατέ, Ἀθηναίων ξύμμαχοι καὶ πολῖται. Vergleicht man nun die beiden Berichte in der pseudo-demosthenischen Rede und bei Thukydides über die Schicksale Plataeaes, welche jener Reception in die attische Gemeinschaft vorhergegangen sind, mit einander, so kann man kaum an der Identität der ihnen zu Grunde liegenden Quellen zweifeln, d. h. wohl in diesem Falle, man muss annehmen, der Redner habe aus Thukydides geschöpft.

Thukydides berichtet zu Anfang des 2. Buches von dem Ueberfalle Plataeaes durch Theben, welcher zu der Zeit, als Pythodorus noch 4 Monate zu Athen Archon gewesen war, stattgefunden hatte. Böotarchen waren Pythangelos und Diemporos. Wir lesen, dass Naukleides und andere Plataeer, um ihre Gegner zu verderben und die Stadt den Thebanern in die Hände zu spielen, diesen die Thore geöffnet haben und dass sie dies um des Eurymachos willen, des Sohnes des Leontiades, eines mächtigen Thebaners, gethan hätten. Der Redner gegen Neaera erwähnt dasselbe, nur verwechselt er die Namen und hält Eurymachos für den Boeotarchen (ib. §. 99). Sonst sind sogar die Ausdrücke gleich:

Thuc. II, 2.

ἐπηγάγοντο δὲ καὶ ἀνέῳξαν τὰς πύλας Πλαταιῶν ἄνδρες, Ναυκλείδης τε καὶ οἱ μετ' αὐτοῦ, βουλόμενοι ἰδίας ἕνεκα δυνάμεως ἄνδρας τε τῶν πολιτῶν τοὺς σφίσιν ὑπεναντίους διαφθεῖραι καὶ τὴν πόλιν Θηβαίοις προσποιῆσαι. ἔπραξαν δὲ ταῦτα δι' Εὐρυμάχου τοῦ Λεοντιάδου, ἀνδρὸς Θηβαίων δυνατωτάτου.

(Apollod.) gegen Neaera §. 99.

.... ὕστερον δὲ ὡς πεντήκοντα ἔτεσιν Ἀρχίδαμος ὁ Ζευξιδάμου Λακεδαιμονίων βασιλεὺς εἰρήνης οὔσης ἐνεχείρησεν αὐτῶν καταλαβεῖν τὴν πόλιν. ἔπραξε δὲ ταῦτ' ἐκ Θηβῶν δι' Εὐρυμάχου τοῦ Λεοντιάδου βοιωταρχοῦντος ἀνοιξάντων τὰς πύλας τῆς νυκτὸς Ναυκλείδου καὶ ἄλλων τινῶν μετ' αὐτοῦ, πεισθέντων χρήμασιν.

Hierauf erzählt Thukydides den Einmarsch der Thebaner und dass sie durch Heroldsruf zur Theilnahme an der Bundesgenossenschaft auffordern liessen, ein Passus, den der Redner weglässt, *welcher* unmittelbar an die eben citirten Worte die folgenden an-

PLATAEAE UND ATHEN. 161

Thucyd.	(Apollod.) geg. Neaer.
οἱ δε Πλαταιῆς ὡς ᾔσθοντο ἔνδον τε ὄντας τοὺς Θηβαίους καὶ ἐξαπιναίως κατειλημμένην τὴν πόλιν, καταδείσαντες καὶ νομίσαντες πολλῷ πλείους ἐςεληλυθέναι (οὐ γὰρ ἑώρων ἐν τῇ νυκτί) πρὸς ξύμβασιν ἐχώρηςαν καὶ τοὺς λόγους δεξάμενοι ἡςύχαζον κτλ.	αἰσθόμενοι δ' οἱ Πλαταιεῖς ἔνδον ὄντας τοὺς Θηβαίους τῆς νυκτὸς καὶ ἐξαπίνης αὐτῶν τὴν πόλιν ἐν εἰρήνῃ κατειλημμένην προςεβοήθουν καὶ αὐτοὶ καὶ ςυνετάττοντο.

Bei Thukydides werden hierauf in längerer Ausführung die Massregeln geschildert, welche die Plataeer zur Abwehr der Thebaner ergriffen, als sie erfahren hatten, dass die Anzahl der eingedrungenen Feinde eine geringere sei. Diese Detailschilderung übergeht der Redner als ausserhalb seines Zweckes liegend vollständig und setzt mit der Erzählung erst dort wieder an, wo von dem Kampfe mit den zum Succurs heranrückenden Feinden, die noch ausserhalb der Stadt standen, berichtet wird:

Thuc. II, 5.	(Apollod.) g. Neaer.
οἱ δέ ἄλλοι Θηβαῖοι .... ἐπεβοήθουν· ἀπέχει δ' ἡ Πλάταια τῶν Θηβῶν σταδίους ἑβδομήκοντα, καὶ τὸ ὕδωρ τὸ γενόμενον τῆς νυκτὸς ἐποίηςε βραδύτερον αὐτοὺς ἐλθεῖν· ὁ γὰρ Ἀςωπὸς ποταμὸς ἐρρύη μέγας καὶ οὐ ῥᾳδίως διαβατὸς ἦν.	καὶ ἐπειδὴ ἡμέρα ἐγένετο καὶ εἶδον οὐ πολλοὺς ὄντας τοὺς Θηβαίους ἀλλὰ τοὺς πρώτους αὐτῶν εἰςεληλυθότας· ὕδωρ γὰρ γενόμενον τῆς νυκτὸς πολὺ ἐκώλυςεν αὐτοὺς πάντας εἰςελθεῖν. ὁ γὰρ Ἀςωπὸς ποταμὸς μέγας ἐρρύη καὶ διαβῆναι οὐ ῥᾴδιον ἦν ἄλλως τε καὶ νυκτός.

Da nun der Redner die bei Thukydides vorgetragene Schilderung von der Niedermetzelung der in Plataeae sich befindenden Thebaner übergegangen hat, so ist er genöthigt, dieselbe an dieser Stelle mit eigenen Worten nachzutragen und übergeht auch die bei Thukydides nun folgenden Thatsachen, dass die heranrückenden Thebaner die auf den Feldern weilenden Plataeer ergriffen und als Geiseln für den in der Stadt gefangen gehaltenen Rest ihrer Mitbürger behalten hätten, sowie dass im Wege einer Gesandtschaft der Abzug der Thebaner erreicht und trotzdem von den Plataeern die Gefangenen getödtet wurden. Eine nach Athen entsendete Botschaft berichtete den Thatbestand und der von Athen mit dem Befehle zurückkehrende Bote, dass den Gefangenen nichts geschehen solle, kam zu spät.

11*

Der Redner, welcher die Darstellung des Thukydides für seine Zwecke benützte, stellte die Sache so dar, als ob die Thebaner erst auf die von den Athenern in Folge der Botschaft gewährte Hilfe abgezogen wären, während nach Thukydides diese die Plataeer mit Zufuhr und Besatzung versahen und die Waffenunfähigen mit sich nahmen. Während nun Thukydides als synchronistischer Erzähler uns von den Schicksalen Plataeae's erst wieder Cap. 71 ff. des 2. Buches und Cap. 20 ff. des 3. Buches berichtet, fasst der Redner die ganze Geschichte Plataeaes in Einem zusammen immer unter deutlich wahrnehmbarer Benützung seiner Quelle. Und wie benützt er sie? Er schlägt dasselbe Verfahren ein, welches wir im Vorhergehenden beobachten konnten; er schreibt sie wörtlich aus, nachdem er die für seinen Zweck nicht passenden Theile unbekümmert darum gestrichen, ob der übrig gebliebene Rest noch denselben Zusammenhang darstelle, wie bei Thukydides.

In der Rede gegen Neaera heisst es nämlich §. 101: .... ὁργισθέντες οἱ Λακεδαιμόνιοι ἀπροφασίστως ἤδη στρατεύουσιν ἐπὶ τὰς Πλαταιάς, Πελοποννησίοις μὲν ἅπασι πλὴν Ἀργείων τὰ δύο μέρη τῆς στρατιᾶς ἀπὸ τῶν πόλεων ἑκάστων πέμπειν ἐπιτάξαντες, Βοιωτοῖς δὲ τοῖς ἄλλοις ἅπασι καὶ Λοκροῖς καὶ Φωκεῦσι καὶ Μαλιεῦσι καὶ Οἰταίοις καὶ Αἰνιᾶσι πανδημεὶ ἐπαγγείλαντες στρατεύειν. Woher hat Apollodor diese Bemerkung? Der Ueberfall Plataeaes durch die Spartaner wird von Thukydides erst beim dritten Kriegsjahre erzählt, aber an den ersten Ueberfall durch die Thebaner knüpft er den Katalog der lakedaimonischen und atheniensischen Bundesgenossen und erzählt II 10 unmittelbar darauf, dass die Lakedaimonier die Heere ihrer gesammten Bundesgenossenschaft zum Einfalle in Attika entboten hätten, »ἐπειδὴ ἑκάστοις ἑτοῖμα γίγνοιτο κατὰ τὸν χρόνον τὸν εἰρημένον, ξυνῇσαν τὰ δύο μέρη ἀπὸ πόλεως ἑκάστης ἐς τὸν ἰσθμόν«. Auf diese freilich nicht zum plataeischen Ueberfalle gehörige Stelle wurde der Redner noch durch die Bemerkung des Thukydides bei dem Beginne des zweiten Kriegsjahres (II 47) besonders aufmerksam, wo es heisst: τοῦ δὲ θέρους εὐθὺς ἀρχομένου Πελοποννήσιοι καὶ οἱ ξύμμαχοι τὰ δύο μέρη ὥσπερ καὶ τὸ πρῶτον ἐσέβαλον ἐς τὴν Ἀττικὴν (ἡγεῖτο δὲ Ἀρχίδαμος ὁ Ζευξιδάμου Λακεδαιμονίων βασιλεύς) und fügte an Stelle des Wortes ξύμμαχοι aus dem Kataloge II 9 die Namen derselben ein. Dort sind wirklich wie in der oben citirten Stelle der Rede g. Neaer. von den Peloponnesiern die Argiver und freilich auch die Achaeer aus der Zahl der Bundesgenossen ausgenommen (πλὴν Ἀργείων καὶ Ἀχαιῶν), und von den ausserpeloponnesischen die Boeoter, Lokrer, Phokeer genannt, nicht aber, wie nicht verschwiegen werden soll, die Malier, Oetaeer und Ainianer [1]). Das Folgende wird bei dem Redner sehr summarisch abgethan, während Thuc. II 71 ff. bis 78 die Belagerung Plataeas ausführlich schildert, ferner III 20 ff. bis 24 die Rettung jener 200 Plataeer, welche sich nach Athen durchschlugen, und III 52 ff. bis 68 das Gericht der Lakedaimonier über die gefangenen Plataeer, die in der Stadt geblieben waren. Aber auch hier finden wir eine Spur von wörtlicher Benützung des Historikers c. Neaer. §. 103 οἱ δὲ τηρή-caντες νύκτα καὶ ὕδωρ καὶ ἄνεμον πολύν cf. Thuc. III 22 τηρήcαντες νύκτα χειμέριον ὕδατι καὶ ἅμ᾽ ἀcέληνον.

Nachdem nun der Redner diese Schicksale der Plataeer aufgezählt hat, geht er darauf über, zu berichten, welche Cautelen die Athener bei der Verleihung des Bürgerrechtes an die zu ihnen geflüchteten Plataeer beobachtet hätten. Hievon findet sich bei Thukydides keine Spur und es scheint, dass der Redner hiefür das athenische Archiv benützt hat.

Einen dritten Bericht finden wir bei Diodor XII 41 f. und 52, welcher zwar eine gute Quelle, aber mindestens nicht direct Thukydides benützt hat. (Zu Beginn des Capitels 41, mit welchem die Darlegung der Ursachen des peloponnesischen Krieges abgeschlossen ist, heisst es: Αἰτίαι μὲν οὖν τοῦ Πελοποννηcιακοῦ πολέμου τοιαῦταί τινες ὑπῆρξαν ὡς Ἔφορος ἀνέγραψε.) Diodor erzählt, Plataeae sei autonom gewesen und einige Bürger hätten diese Autonomie auflösen und die Stadt den Thebanern übergeben wollen, wenn diese bereit wären, Hilfstruppen zu senden. Dies hätten die Boeoter durch Entsendung von 300 Mann gethan und die Verräther hätten sie zu Herren der Stadt gemacht. Die Plataeer hätten in der ersten Bestürzung Gesandte nach Theben wegen eines Vertrages geschickt, mit einbrechender Nacht aber erkannt, dass nur wenige Feinde eingerückt seien. Es sei daher zur Schlacht in den Strassen gekommen, bei welcher sich die Thebaner anfänglich tapfer hielten, aber dann,˙ durch die aus den Häusern von Sklaven und Kindern herabgeworfenen Dachziegel verwundet, sich zur Flucht wandten. Einige wären entkommen, andere hätten sich ergeben. Die Thebaner seien nun mit voller Heeresmacht angerückt, hätten die Landleute theils getödtet, theils gefangen, „ἅπαcα δ᾽ ἡ χώρα ταραχῆc καὶ διαρπαγῆc ἔγεμεν“. In

---

[1]) Auch Diodor überliefert uns denselben Katalog, wie Thukydides.

dieser Vorwirrung hätten die Plataeer mit den Thebanern einen Vertrag geschlossen, dass sie gegen Rückgabe der Gefangenen das Land verlassen sollten. Dies wäre geschehen, und die Athener hätten darauf auf Bitten der Plataeer Hilfe gesandt und Weiber und Kinder nach Athen genommen. — Dieser Bericht weicht in mehreren Punkten vom Thukydideischen ab, ganz abgesehen davon, dass dieser detaillirter und anschaulicher ist. Die Namen der Verräther, bei Thukydides genannt, werden hier verschwiegen, die Anzahl der eindringenden Feinde hier genannt und dort verschwiegen. Der bei Thukydides II 5, 5 erzählte Vertragsbruch der Plataeer, dass sie nämlich, obgleich die Thebaner abgezogen waren und sie ihnen die Gefangenen hätten herausgeben müssen, diese getödtet hatten, wird bei Diodor nicht nur verschwiegen, sondern es wird sogar das gerade Gegentheil überliefert: αἰχμαλώτουϲ ἀπολαβόντεϲ... ἀπηλλάγηϲαν.

Ebenso ist bei Thukydides nichts davon zu lesen, dass die Thebaner einige Landleute getödtet hätten, wie bei Diodor: „πολλοὶ μὲν ἀνῃρέθηϲαν". Angesichts solcher Discrepanzen und der totalen Verschiedenheit der Auffassung der ganzen Thatsache, haben einige sehr wenige Congruenzen des Ausdrucks nichts zu bedeuten und finden in der Identität der Erzählung ihre genügende Erklärung.

Die Belagerung Plataeaes durch die Spartaner ist bei Diodor XII 56 dargestellt und bietet in ihrer Kürze der Quellenforschung keinen Anhaltspunkt, obgleich sich einige frappirende Congruenzen mit Thukydides finden. So Thuc. III 20, 1 .. οἱ Πλαταιῆϲ... ἐπειδὴ τῷ τε ϲίτῳ ἐπιλιπόντι ἐπιέζοντο καὶ ἀπὸ τῶν Ἀθηνῶν οὐδεμία ἐλπὶϲ ἦν τιμωρίαϲ, cf. Diod. XII, 56 χρονιζούϲηϲ δὲ τῆϲ πολιορκίαϲ καὶ τῶν Ἀθηναίων μηδεμίαν ἐξαποϲτελλόντων βοήθειαν, obgleich sich Athener unter den Belagerten befanden, ferner Thuc. III 22 τηρήϲαντεϲ νύκτα χειμέριον ὕδατι καὶ ἅμ' ἀϲέληνον cf. Diod. XII 56 τηρήϲαντεϲ οὖν ἀϲέληνον νύκτα und die Zahlangabe, dass blos 200 Plataeer sich nach Athen durchschlugen.

Es bleibt nun auffallend, dass die beiden Historiker von einer Aufnahme der Plataeer in die attische Bürgergemeinschaft nichts erwähnen, obgleich sie beide erzählen, dass dieselben nach Athen geflohen seien, während der Redner uns das Psephisma vorführt, durch welches ihnen das Bürgerrecht verliehen worden ist. Wir könnten nun Apollodor füglich zumuthen, dass er mit der Erzählung von dem plataeischen Kriege die durch Diodor für das Jahr 372 bezeugte Einbürgerung verbunden hätte und daher an derjenigen des Jahres 427 zweifeln, wenn wir nicht gewichtige Zeugnisse hätten, die eine

Einbürgerung in jenem Jahre zweifellos machen. Zunächst die beiden oben citirten Stellen Thuc. III 55 und 63 mit ihren schwachen Andeutungen dieses Ereignisses, dann die durch Thukydides V, 32 und Diodor XII, 76 bezeugte Vertheilung von Skione als Kleruchenland an die Plataeer, wozu das oft besprochene Scholion zu Arist. Ran. 694 kommt, welches durch Kirchhoff in den Abh. d. B. Akad. 1873 p. 9 f. die richtige Deutung gefunden hat, die an der vor dem J. 421 erfolgten Einbürgerung der Plataeer auch nicht den leisesten Zweifel gestattet. Hat man aus Thuc. VII, 57, wo der Katalog der athenischen Bundesgenossen bei der sicilischen Expedition aufbewahrt ist, schliessen wollen, dass die Plataeer zu jener Zeit Bundesgenossen und daher nicht Bürger waren, so beruht dies auf einer irrthümlichen Auffassung der Stelle, indem die Plataeer dort nicht als Bundesgenossen aufgeführt erscheinen, sondern blos gesagt werden soll, welche stammverwandten Völker gegen einander gekämpft hätten. Nachdem nämlich eine Reihe von Bundesgenossen aufgezählt worden ist, an deren Schluss sich die Αἴνιοι befinden, heisst es: οὗτοι δὲ Αἰολῆς Αἰολεῦσι τοῖς κτίcαcι Βοιωτοῖς τοῖς μετὰ Συρακοcίων κατ᾽ ἀνάγκην ἐμάχοντο, Πλαταιῆς δὲ καταντικρὺ Βοιωτοὶ Βοιωτοῖς μόνοι εἰκότως κατὰ τὸ ἔχθος. Schliesslich bietet eine Gewähr für die Einbürgerung der Plataeer in Athen die Rede des Lysias gegen Pankleon, aus welcher mit Sicherheit hervorgeht, dass die Plataeer in die attischen Demen und Phylen aufgetheilt worden sind. Wir haben zwar keine Nachricht darüber, in welche Zeit diese Rede fällt, allein da der Zusammenhang der Rede mit Nothwendigkeit erfordert, dass die Einbürgerung der Plataeer schon lange Zeit, bevor sie gehalten wurde, stattgefunden habe (der Sprecher hat sich nach §. 5 bei dem ältesten Plataeer nach Pankleon erkundigt, offenbar weil dieser ihn, wenn er wirklich Plataeer gewesen wäre, noch von der Heimat her hätte kennen müssen, was bei den Jüngeren nicht der Fall war), so können wir nicht annehmen, dass die Aufnahme in die Bürgerschaft erst 372 stattgefunden habe, weil wir sonst ein zu hohes Alter des Lysias annehmen müssten.

Steht also die Einbürgerung der Plataeer im J. 427 fest, so erklärt sich das Stillschweigen des Thukydides genügend aus seiner Gewohnheit, staatsrechtliche Fragen zu übergehen, das des Diodor, wenn er auf eine andere Quelle zurückgeht, wird sich uns vielleicht später erklären. Uebrigens hat Isler in einem Aufsatze (N. Jahrb. f. Phil. 1871 p. 109 ff. „Das Bürgerrecht der Plataeer in Athen") mit Recht darauf hingewiesen, dass es niemals in Athen ein besonderes plataeisches Bürgerrecht als staatsrechtliche Institution gegeben habe, sondern dieses blos ein an eine grössere Anzahl von Personen verliehenes Privileg war, eine Auffassung, durch welche die Wichtigkeit dieses Ereignisses etwas abgeschwächt erscheint. Weitaus schwieriger ist die Frage der Einbürgerung des Jahres 372. Durch den Frieden des Antalkidas nämlich war, wie aus Pausanias IX, 1, 4 hervorgeht, Plataeae wiederhergestellt worden und offenbar waren eine grosse Anzahl seiner ehemaligen Bürger wieder dahin zurückgekehrt, sei es weil nicht alle athenische Bürger wurden, sei es weil sie den Aufenthalt in ihrer Heimatsstadt vorzogen. Im Jahre 373 wurde jedoch die Stadt abermals durch Theben zerstört, ein Jahr, welches Rehdantz, Vitae Iphicr. Chabr. Timoth. p. 75 f. festgestellt hat, indem er den Bericht des Pausanias als richtig annahm.

Wir besitzen über die zweite Flucht der Plataeer nach Athen den Bericht des Pausanias im Beginn des 9. Buches, den des Diodor im 46. Capitel des 15. Buches, ferner den Plataicus des Isocrates und eine kurze Nachricht bei Xenophon, Hellenika VI, 3: Von all diesen Quellen berichtet blos Diodor von der Verleihung des Bürgerrechtes (τῆς ἰσοπολιτείας ἔτυχον διὰ τὴν χρηστότητα τοῦ δήμου), bei den Uebrigen findet sich nicht die Spur einer solchen Andeutung. Zwar dass der Redner gegen Neaera die zweite Einbürgerung nicht erwähnt, darauf ist kein zu grosses Gewicht zu legen, denn er will die besonderen Schwierigkeiten schildern, welche die Athener selbst so vielverdienten Männern wie den Plataeern bei der Ertheilung des Bürgerrechtes machten, um zu zeigen, wie viel leichter man es der dieser Ehre unwürdigen Neaera gemacht habe, und da liegt es denn nicht in seinem Zwecke hervorzuheben, dass die Plataeer zweimal dieser Ehre theilhaft geworden seien. Auch die Bestimmung des Psephismas vom Jahre 427, (§. 106 καὶ ὕστερον οὐκ ἐᾷ γίγνεσθαι Ἀθηναῖον ἐξεῖναι ὃς ἂν μὴ νῦν γένηται καὶ δοκιμασθῇ ἐν τῷ δικαστηρίῳ) dass in Zukunft kein Plataeer mehr Athener werden könne, konnte durch ein zweites Psephisma im J. 372 möglicher Weise aufgehoben worden sein und das attische Staatsrecht bot wenigstens für die Söhne solcher Plataeer, die früher attische Bürger gewesen sind, ein Mittel, das aufgegebene Recht durch die Kyrosis wieder zu erlangen. Vgl. C. I. A. II 121 und 227. Allein es gibt andere Bedenken, welche die zweite Einbürgerung sehr unwahrscheinlich machen.

Pausanias berichtet uns sehr ausführlich über die zweite Zerstörung Plataeaes, mit auffallender Kürze über die erste. Er erzählt, dass unter dem Archon Asteios die Plataeer trotz der Besetzung der

Kadmea durch die Spartaner den antalkidischen Frieden als zu Recht bestehend angenommen hätten, die Thebaner aber erklärten, er sei eben dadurch aufgehoben. Dies hätte die Plataeer misstrauisch gemacht und sie hätten die Volksversammlungen der Thebaner, bei denen diese meist vollzählig zugegen waren, überwacht. Der Böotarch Neokles hätte nun die List gebraucht, die Thebaner bewaffnet zur Versammlung zu berufen und sie zum Scheine die Strasse nach Attika hinzuführen, die Plataeer, dadurch getäuscht, wären ihren gewohnten Beschäftigungen nachgegangen und plötzlich wäre das thebanische Heer in Plataeae erschienen, hätte den ausserhalb der Stadt befindlichen Plataeern den Einzug verwehrt, die Städter aber genöthigt Plataeae zu verlassen (ἄνδρας μὲν σὺν ἑνὶ, γυναῖκας δὲ δύο ἱμάτια ἑκάστην ἔχουσαν). Pausanias vergleicht diese Eroberung mit der ersten durch die Spartaner, hebt den Gegensatz zwischen der damaligen Ein- und der jetzigen Ausschliessung der Bewohner hervor und schliesst damit, dass die Stadt zerstört wurde, den Plataeern aber ihr Unglück Rettung gewährt habe, indem sie zu Athen aufgenommen wurden (τοῖς δὲ Πλαταιεῦσιν ὁ τρόπος τῆς ἁλώσεως σωτηρίαν παρέσχεν ἐν ἴσῳ πᾶσιν· ἐκπεσόντας δὲ σφᾶς ἐδέξαντο αὖθις οἱ Ἀθηναῖοι). Diese Erzählung unterscheidet sich von der des Diodor nicht nur, wie Rehdantz hervorgehoben hat, durch ihre richtige Datirung (Diodor setzt das Factum unter den Archon Sokratides), sondern auch durch die richtige Auffassung. Wie wir nämlich aus dem Plataicus des Isocrates ersehen, war der Grund oder der Vorwand zur Zerstörung der Stadt der, dass die Thebaner ihren Beitritt zu der unter der Hegemonie Thebens geplanten böotischen Gesammtgemeinde verlangten, ein Plan der kurze Zeit darauf im Friedenscongresse zu Sparta seinen officiellen Ausdruck fand, auf welchem die Thebaner, nachdem sie den Frieden unterzeichnet hatten, die Streichung ihres Namens und die Einsetzung desjenigen der Böoter begehrten, und dass die Plataeer sich dieser Forderung gegenüber auf den antalkidischen Frieden, der ihnen Autonomie verbürgte, beriefen (ὡς διὰ τοῦτο πρὸς ἡμᾶς οὕτω προσηνέχθησαν ὅτι συντελεῖν αὐτοῖς οὐκ ἐθέλομεν). Damit stimmt der Bericht des Pausanias über die Verhandlungen zwischen Plataeae und Theben, ob der antalkidische Friede noch zu Recht bestehe. (ἀλλὰ οἱ Πλαταιεῖς μένειν τὴν εἰρήνην σφίσιν ἔφασαν .... Θηβαῖοι δὲ ἀπέφαινον τήν τε εἰρήνην Λακεδαιμονίους εἶναι τοὺς πράξαντας καὶ ὕστερον παραβάντων ἐκείνων λελύσθαι καὶ. ἅπασιν ἠξίουν τὰς σπονδάς.) Diodor hingegen berichtet: Ἅμα δὲ τούτοις πραττομένοις κατὰ τὴν Βοιωτίαν Πλαταιεῖς ἀντεχόμενοι τῆς Ἀθηναίων συμμαχίας μετεπέμποντο στρατιώτας κεκρικότες τοῖς Ἀθηναίοις παραδοῦναι τὴν πόλιν· ἐπὶ δὲ τούτοις οἱ βοιωτάρχαι χαλεπῶς διατεθέντες πρὸς τοὺς Πλαταιέας καὶ σπεύδοντες φθάσαι τὴν παρὰ τῶν Ἀθηναίων συμμαχίαν εὐθὺς ἐπ' αὐτοὺς δύναμιν ἀξιόλογον ἦγον. Dass nun die Plataeer um jene Zeit die Absicht gehabt hätten, sich der Bundesgenossenschaft Athens anzuschliessen und die Thebaner dies vereiteln wollten, ist eine baare Unmöglichkeit. Athen war mit Theben nicht nur im tiefsten Frieden, sondern die zwischen diesen beiden Städten unter Nausinikos gelegentlich des zweiten attischen Seebundes geschlossene Bundesgenossenschaft bestand sogar in voller Kraft und selbst die von den Athenern so übel aufgenommene Zerstörung Plataeaes hatte zunächst, wie aus Xenophon zu entnehmen ist, nur den Erfolg, dass die Athener mit den Spartanern Frieden zu schliessen sich bereit erklärten[2]) und die Thebaner zur Theilnahme an dem Friedenscongresse in Sparta bewogen. Wenn nun vor der Zerstörung Plataeaes die Bewohner dieser Stadt das Bedürfnis gefühlt haben, sich mit irgend Jemand gegen Theben zu coaliren, so hätten sie dies am besten mit Sparta thun können und wären um so bereitwilliger erhört worden, als dies nicht ihre erste Coalition mit Sparta gewesen wäre (cf. Xen. Hell. V, 4, 10). Gibt sich doch Isokrates genug Mühe, die Plataeer wegen dieser Bundesgenossenschaft vor den Athenern zu entschuldigen. Die weitere Darstellung Diodors, dass bei dem unerwarteten Angriffe die meisten Plataeer auf freiem Feld ergriffen und die übrigen, welche in die Stadt flohen, zu der Verpflichtung gezwungen wurden, Boeotien nicht mehr zu betreten, ist gegen die genaue Schilderung des Pausanias gerade so abgeblasst, wie sein unbestimmtes οἱ βοιωτάρχαι gegen den Namen des Boeotarchen bei Pausanias.

Es fragt sich nun, welche Glaubwürdigkeit der allein bei Diodor berichteten Thatsache von der Verleihung des Bürgerrechtes im J. 372 zukommt. Pausanias hat gewiss, wie aus der obigen Darstellung sich ergeben haben dürfte, seine Quelle mit grösserer Treue und Unmittelbarkeit der Auffassung benützt, als Diodor, dessen Angabe der Motive der Zerstörung zum Mindesten erdichtet ist. Isokrates im Plataicus, welcher die Forderungen der nach Athen geflüchteten Plataeer präcisirt und es nicht an wiederholten Seitenblicken auf die einst gewährte Politie fehlen lässt, bittet nicht mit einem Worte um die erneuerte Verleihung

---

[2]) Es ist für diese Auffassung völlig belanglos, ob wir die Auseinandersetzungen von Rehdantz l. l. p. 70 ff. über die Friedensschlüsse von 374 und 371 acceptiren, da in jedem Falle die politische Lage des Zerstörungsjahres (373) die gleiche war.

derselben. Alles was sie verlangen, ist der allgemeine Schutz, um welchen wankende Staaten zu bitten pflegen (μὴ περιιδεῖν, eine Formel, die sich im Plataicus §. 1, in Xenophon Hellenika VI, 3, 1 und bei Thukydides gelegentlich des ersten Hilfegesuches gegen die Spartaner II 73 findet) und die Restitution ihrer Stadt. Sie berufen sich wiederholt auf die einstige Verleihung des Bürgerrechtes und auf die wohl noch in Kraft bestehende Epigamie, aber verlangen keine Erneuerung. Und der Erfolg war der Friedenscongress zu Sparta mit den auf ihm vorgebrachten Beschwerden der Athener gegen Theben. Kann man unter solchen Umständen glauben, dass den Plataeern das von ihnen gar nicht verlangte Bürgerrecht verliehen wurde? Wenn aber nicht, wie kommt Diodor — allerdings nur er — zu der Behauptung: οἱ δὲ Πλαταιεῖς εἰς ᾿Αθήνας μετὰ τέκνων καὶ γυναικῶν φυγόντες τῆς ἰσοπολιτείας ἔτυχον διὰ τὴν χρηστότητα τοῦ δήμου.? Wir haben oben gesehen, dass Diodor gerade hier seine Quelle etwas frei benützt hat und dürfen ihm von vornoherein einen Irrthum zumuthen. Man kann aber wohl auch mit Sicherheit behaupten, dass er in seiner Quelle nichts von der Verleihung der Isopolitie gelesen hat. Ich halte es zwar durchaus nicht für sicher, dass Isopolitie die wechselseitige Bürgerrechtsverleihung zweier Staaten bedeute (in diesem Falle hätte ja von einer solchen zwischen Plataeae und Athen zu dieser Zeit gewiss keine Rede sein können, da Plataeae eben nicht bestand), sondern glaube, dass dies nur ein anderer Ausdruck für Politie ist, der sich vielleicht local und temporal abgrenzen lässt, aber ein Ausdruck, der einem zeitgenössischen Schriftsteller über Athen — und auf einen solchen muss doch in allerletzter Linie der Bericht zurückgehen — nicht in den Sinn kommen konnte; immerhin aber konnte Diodor statt des vorgefundenen πολιτεία auf eigene Verantwortung ἰσοπολιτεία einsetzen. Pausanias erzählt, dass die Zerstörung Plataeaes σωτηρίαν παρέσχε ἐν ἴσῳ πᾶσιν, etwas Aehnliches dürfte in der Quelle des Diodor auch gestanden haben und da er von einer Einbürgerung der Plataeer in Athen etwas wusste, so setzte er diese, einen formellen Abschluss suchend, an das Ende der plataeischen Selbständigkeit im freien Griechenland, in die Zeit, als die Plataeer zum zweiten und letzten Male nach Athen geflohen waren und dort Schutz fanden.

Hat also eine zweite Einbürgerung der Plataeer in Athen überhaupt nicht stattgefunden, so begreift es sich leicht, dass schon kurze Zeit nach der abermaligen Wiederherstellung Plataeaes nach Verlust der griechischen Selbständigkeit, Ol. 112, 3 = 330/29, der Redner Lykurg ein Psephisma für einen Plataeer Namens Eudemos beantragte (C. I. A. II 176), in welchem demselben für ihn und seine Nachkommen ἔγκτηcιc γῆc καὶ οἰκίαc verliehen wurde. Wenn man, wie ich glaube, annehmen darf, dass Eudemos bei der Restitution der Stadt Plataeae nicht heimgekehrt, sondern in Athen geblieben ist, so hätte er, falls ihm als Plataeer das Bürgerrecht zugestanden hätte, nicht erst ein von diesem eingeschlossenes Recht, die ἔγκτηcιc, erlangen können. Ein weiteres von Lykurg beantragtes datirbares Psephisma für einen Plataeer — es fällt in Ol 112, 1 = 332.1 — findet sich C. I. A. II 173, doch ist dasselbe zu verstümmelt, als dass geschlossen werden könnte, was es enthalten habe; dass aber der in demselben Belobte nicht attischer Bürger gewesen ist, geht aus der Benennung Πλαταιεύc hervor, an deren Stelle sonst das Demotikon hätte stehen müssen. Ob aber der Belobte nach der Restitution in seine Heimatsstadt zurückgekehrt ist und damit ein von ihm besessenes Bürgerrecht, falls ein solches bestanden hätte, aufgegeben hat, lässt sich nicht entscheiden.

In der Zeit Philipps von Makedonien war es ein unerreichter Wunsch der athenischen Patrioten, dass Plataeae wiederhergestellt werde und Aeschines hatte die trügerische Hoffnung genährt, dass Philipp diesen Wunsch erfüllen werde, cf. Dem. f. d. Megalopoliten p. 203 §. 4, p. 208 §. 25, f. d. Frieden p. 59., v. d. Truggesandtschaft p. 347 §. 21, p. 375 §. 111 f., p. 445 §. 325. Die Restitution erfolgte erst nach der Schlacht bei Chaeronea zur Demüthigung der Thebaner und zu einer Zeit, als durch des Demosthenes Bemühungen zwischen Athen und Theben Bundesgenossenschaft bestand. Wir haben bei Pausanias IV, 27, 10 die Nachricht, dass diese Restitution durch Philipp erfolgte (καὶ Ὀρχομενίων δὲ οἱ Μινύαι .... ἐκπεcόντεc ὑπὸ Θηβαίων ἐξ Ὀρχομενοῦ κατήχθηcαν ἐc Βοιωτίαν ὑπὸ Φιλίππου τοῦ Ἀμύντου καὶ οὗτοι καὶ οἱ Πλαταιεῖc), und er knüpft daran die Bemerkung, dass die Plataeer nicht einmal ganz zwei Generationen lang in der Fremde weilten, was für einen Zeitraum von höchstens 36 Jahren etwas zu viel gesagt ist. Pausanias wiederholt diese Nachricht IX, 1, 8: Φιλίππου δὲ ὡc ἐκράτηcεν ἐν Χαιρωνείᾳ, φρουράν τε εἰcαγαγόντοc ἐc Θήβαc καὶ ἄλλα ἐπὶ καταλύcει τῶν Θηβαίων πράccοντοc, οὕτω καὶ οἱ Πλαταιεῖc ὑπ' αὐτοῦ κατήχθηcαν. Daneben besitzen wir den Bericht Plutarchs, dass Alexander Plataeae wiederhergestellt habe: Plut. Alex. c. 34: φιλοτιμούμενοc δὲ πρὸc τοὺc Ἕλληναc ἔγραψε τὰc τυραννίδαc πάcαc καταλυθῆναι καὶ πολιτεύειν αὐτονόμουc, ἰδίᾳ δὲ Πλαταιεῦcι τὴν πόλιν ἀνοικοδομεῖν, ὅτι τὴν χώραν οἱ πατέρεc αὐτῶν ἐναγωνίcαcθαι τοῖc Ἕλληcιν ὑπὲρ τῆc ἐλευθερίαc παρέcχον und Aristid. c. XI ταύτην μὲν οὖν φιλοτι-

PLATAEAE UND ATHEN. 171

μίαν τῶν Πλαταιέων οὕτω cυνέβη περιβόητον γενέcθαι, ὥcτε καὶ Ἀλέξανδρον ἤδη βαcιλεύοντα τῆc Ἀcίαc ὕcτερον πολλοῖc ἔτεcι τειχίζοντα τὰc Πλαταιὰc ἀνειπεῖν Ὀλυμπίαcιν ὑπὸ κήρυκοc, ὅτι ταύτην ὁ βαcιλεὺc ἀποδίδωcι Πλαταιεῦcι τῆc ἀνδραγαθίαc καὶ τῆc μεγαλοψυχίαc χάριν, ἐπειδὴ τοῖc "Ελληcιν ἐν τῷ Μηδικῷ πολέμῳ τὴν χώραν ἐπέδωκαν καὶ παρέcχον αὐτοὺc προθυμοτάτουc, cf. Arrian Anab. 1, 9, 10; der nach der Zerstörung Thebens durch Alexander berichtet: ἐπὶ τούτοιc Ὀρχομενόν τε καὶ Πλαταιὰc ἀναcτῆcαί τε καὶ τειχίcαι οἱ Εὔμμαχοι ἔγνωcαν. Diodor XVII, 14 spricht nicht von Εὔμμαχοι, sondern vom Synedrion der Hellenen und sagt: καὶ πέραc ἐψηφίcαντο τὴν πόλιν (sc. Θηβαίων) καταcκάψαι τοὺc δ' αἰχμαλώτουc ἀποδόcθαι τοὺc δὲ φυγάδαc τῶν Θηβαίων ἀγωγίμουc ὑπάρχειν ἐξ ἁπάcηc τῆc Ἑλλάδοc. Bei der unmittelbar vorher erzählten Einnahme Thebens spricht er davon, dass Plataeer Thespier und Orchomenier Alexander Hilfe geleistet hätten.

Es wäre nicht unmöglich diese beiden Angaben zu vereinigen, da Pausanias nur von der Zurückführung der Plataeer nach Böotien spricht, Plutarch und Arrian aber vom Wiederaufbau und der Befestigung der Stadt. Wir könnten demnach Philipp die Repatriirung der Plataeer, welche nach Diodors Bericht, den wir oben citirt haben, seit 373 Böotien nicht wieder betreten durften, die Restitution der Stadt aber Alexander zuschreiben.

Ob indessen nicht, da Pausanias und Arrian beide von der gleichzeitigen Restitution der Orchomenier und Plataeer nach einer Niederlage Thebens sprechen, von Pausanias das im J. 335 durch Alexander herbeigeführte Ereignis der Eroberung Thebens mit der durch die Schlacht bei Chaeronea (338) erfolgten Niederlage verwechselt worden ist, so dass wir blos eine Restitution durch Alexander annehmen müssten, wage ich nicht zu entscheiden. Aufschluss darüber hätte uns vielleicht bei besserer Erhaltung eine sehr fragmentirte Inschrift (Böckh. C. I. G. I 127 = Le Bas partie I no 512) geben können, welche nach Böckh's Meinung einen Panegyrious auf Athen enthält und die sich offenbar vielfach mit den Schicksalen Plataeaes beschäftigt. Zum Schlusse derselben wird vom Tempel des Zeus Eleutherios gesprochen, dessen Cultus noch zu Pausanias Zeiten in Plataeae blühte, wo auch die Eleutherien abgehalten wurden, Z. 8 von einer προπομπεία, die wenigstens mit der bei Lukian, Erot. §. 18 erwähnten (ὡc περὶ τῆc προπομπίαc ἀγωνιούμενοι Πλαταιᾶcιν) in Verbindung gebracht werden könnte, Z. 10 von der Schlacht bei Marathon u. a. ä. Z. 22 lesen wir endlich deutlich οἱ]κεῖcθαι Πλαταιὰc καὶ τὸ ἱερὸν καὶ τὸν βωμόν. Wären uns die dieser Stelle vorhergehenden und nachfolgenden Worte erhalten, so hätten wir wahrscheinlich eine sichere Nachricht, wenn auch die Inschrift sehr spät anzusetzen ist; denn es wechselt in ihr gebrochenstrichiges mit geradestrichigem Alpha, Pi hat gleich lange Schenkel und Sigma ist parallelstrichig, wie aus der Abschrift von Le Bas sicherer zu entnehmen ist, als aus der im Corpus, welche auf Müller zurückgeht. Doch kann man wohl auch heute über Restitution und Exegese der Inschrift kaum mehr sagen als Böckh gethan hat, der seine Bemerkungen zu derselben mit den Worten schliesst: Sed manum de tabula!

Wien, 1. Januar 1884.   EMIL SZANTO.

Eine Glosse und ihre muthmassliche Quelle.

G. Löwe hat im Prodromus (19. 49) eine interessante Glosse mitgetheilt, die mir noch nicht erschöpfend behandelt scheint: *ninnarius: morio, cuius uxor moechatur; ipse scit et tacet.* Liest nun allerdings die Mehrzahl der Quellen *ninnarus*, so bietet der pfälzer Codex 1773[a], Osbern und die Scaligerglossen die Lesart *ninnarius*, welche ich für richtig halte. Ich leite das Wort nämlich von dem Stamme *nic* (κνώccω ahd. hnîgan, mhd. nîgen) ab, dem *nictus, nictare coniveo* angehören. Wie von *lŭc — lūna*, so entsteht von *nic-* *ninus, oder in Doppelconsonanz (darüber Bährens Ibb. 1883. 774 ff.) *ninnus, vermuthlich das Stammwort zu dem gentile *Ninnius*. Von diesem vorauszusetzenden *ninnus leitet sich *ninnarius* ebenso ab, wie z. B. *legatarius* von *legatus* (Archiv f. l. Lex. I. 25) und tausend andere. Sinn ist also: 'Nicker', einer der 'beide Augen zudrückt', wie wir sagen. Für diese Auslegung finde ich eine Bestätigung bei Festus 173: *Non omnibus dormio. Proverbium videtur natum a Cipio quodam, qui pararenchôn dictus est, quod simularet dormientem quo impunitius uxor eius moecharetur. Eius meminit Lucilius.* (frgt. inc. LXV M.). Man sieht deutlich die Uebereinstimmung in der Erzählung und kann den Gedanken nicht abweisen, dass in der von Festus berührten Stelle der saturae sich Lucilius des (daktylisch auslautenden) Wortes *ninnarius* bedient habe. Ebendaher gehört wohl auch das Frgt. inc. XL M. bei schol. Pers. I. 26.

Freistadt in Ob. Oe.   J. M. STOWASSER.

Die einheitliche Composition der ersten Philippica des Demosthenes.

Seitdem sich Schaefer gegen die Dionysische Spaltung der ersten Philippica und gegen Seebeck's Begründung derselben ausgesprochen hat, trat in der Controverse über die Einheit dieser Rede eine Pause ein. Die Autorität des genannten Forschers auf Demosthenischem Gebiete mag so manchen, der still in sich eine andere Ueberzeugung trug, zurückgehalten haben, den Kampfplatz von neuem zu betreten, so dass allmählich eine stillschweigende Uebereinstimmung in dieser Frage erreicht zu sein schien. Die Ausgaben der Demosthenischen Staatsreden sowohl als auch einzelne Untersuchungen bauten von nun an auf diesem Boden weiter und befleissigten sich noch andere Bausteine herbeizuschaffen, um das bisher Gewonnene zu befestigen und zu erweitern. Westermann und sein Nachfolger Emil Müller[1] nennen die Ansicht des Dionysios ein blosses Hirngespinst; ebenso gilt Blass[2]), Hartel[3]), Fuchs[4]) und Unger[5]) die Einheit der Rede für erwiesen und unbezweifelbar. Und doch glimmte der Funke des Zweifels unter der Asche und flackerte wohl hier und da in akademischen Betrachtungen auf, aber zum sieghaften Durchbruch an die Oeffentlichkeit kam es schon seit mehr als einem Jahrzehent nicht. Erst in jüngster Zeit trat Eichler mit der Abhandlung: Demosthenes' erste Philippica doch eine Doppelrede?[6]) unerschrocken an Seebeck's Seite und entschied sich aus

---

[1]) Ausgewählte Reden des Demosthenes, erklärt von Ant. Westermann, VII. Auflage von Emil Müller, Berlin 1875, S. 126.
[2]) Die attische Beredtsamkeit, III. Abth. Dem. Leipzig 1877, S. 262.
[3]) Demosthenische Anträge, besonderer Abdruck aus den zu Ehren Theodor Mommsens herausgegebenen philologischen Abhandlungen (Commentationes in honorem Mommseni), 1877, S. 9 und ‚Demosthenische Studien' I. in den Sitzungsberichten der Akademie der Wiss. Wien 1877.
[4]) Programm d. evang. theolog. Seminars in Urach (gedr. Tübingen 1875), S. 1.
[5]) Zeitfolge der vier ersten demosthenischen Reden. Sitzungsberichte der bayr. Akad. d. phil. Classe v. 5. Juni 1880 S. 326.
[6]) Jahresbericht über das k. k. Staatsgymnasium im II. Bezirke von Wien, 1883.

äusseren und inneren Gründen für die Trennung und Selbständigkeit der beiden Theile als zweier von einander unabhängigen und zeitlich getrennten Reden. Die Schranken sind somit wieder geöffnet, und ich hoffe keine Eulen nach Athen zu tragen, wenn ich hier die Frage nach der Einheit der genannten Rede neuerdings einer Erörterung unterziehe.

Seebeck [7]) liess sich zunächst durch innere Gründe leiten; er bestritt die Zusammengehörigkeit der beiden Theile, weil der zweite wegen des darin entwickelten Planes zum ersten Theile nicht passe und sogar im offenen Widerspruche mit demselben stehe: es sei im zweiten Theile nur von einer Expedition die Rede, welche weder die grössere noch die kleinere des ersten Theiles sein könne; die grössere nicht, weil sie verschiedene Standorte haben, die eine im Hafen, die andere irgendwo der makedonischen Küste gegenüber; die kleinere könne es auch nicht sein, weil ihre Zwecke verschieden seien, die eine solle freibeutern, die andere angegriffene Punkte vertheidigen, was früher die Aufgabe der grösseren Expedition war. Das zuwartende System, das im ersten Theile durch den ersten Antrag angerathen sei, werde im zweiten Theile völlig verdammt, und das Freibeutern des ersten Theiles sei im zweiten als nicht genügend erklärt. Eichler dagegen sucht seine Stärke mehr in äusseren Gründen, vertheidigt die Autorität des Dionysios von Halikarnasos, beleuchtet von seinem Standpunkte die historischen Anspielungen im zweiten Theile und adoptiert im übrigen Seebeck's Beweisführung, welchen er gegen die geringschätzige und unmotivierte Aburtheilung seiner Gegner in Schutz nimmt.

Wie es kommen kann, dass trotz der allgemeinen Uebereinstimmung dennoch ein Auflehnen gegen das Dogma der Einheit möglich ist, liegt nach meinem Dafürhalten in der nicht allseitig befriedigenden Widerlegung der Seebeck'schen Argumente. Mochte noch so viel Scharfsinn auf die Auffindung und Beleuchtung der übereinstimmenden Momente aufgewendet worden sein, das Resultat der Untersuchung lief doch zumeist darauf hinaus, dass die grössere Expedition des ersten Theiles im Sinne des Scholiasten nur als Zugabe vom Redner betrachtet sei, ohne weiter berücksichtigt zu werden; [8]) der zweite Theil befasse sich demnach nur mit der kleineren Expedition des ersten Theiles. Das ist nun an der Hand Seebeck's leicht zu widerlegen und bietet daher eine bequeme Handhabe für die oppositionelle Auffassung. Das Hinweggehen über

---

[7]) Zeitschrift für die Alterthumswissenschaft 1838, S. 771 ff.
[8]) Schäfer II, 62.

diesen wunden Punkt führte zu einer Versumpfung der Frage, obwohl es von Wichtigkeit ist, hierin festen Boden zu haben, weil hiemit die Bestimmung der Zeit der Rede eng verknüpft ist. Eine Erörterung der Frage in der erwähnten Richtung erscheint demnach berechtigt und muss sich naturgemäss zunächst mit Seebeck auseinandersetzen. Denn wenn auch bei Eichler die äusseren Kriterien eine grosse Rolle spielen und den Leser zu präoccupieren bestimmt sind, so ist doch kein Zweifel, dass man sich zunächst an den Gegenstand selbst, an die beiden Theile der ersten philippischen Rede halten, das Verhältnis derselben, wie es sich aus der abgesonderten Betrachtung derselben ergibt, gehörig beleuchten müsse, bevor den äusseren Argumenten irgend eine entscheidende Beweiskraft zu concedieren ist, weil keines von ihnen, noch alle zusammen, ohne die innere Harmonie oder Disharmonie, unbedingte Beweiskraft besitzen.

Betrachten wir also die beiden Theile abgesondert von einander und zwar, um dem Vorwurfe der Befangenheit zu begegnen, in umgekehrter Reihenfolge, den zweiten zuerst. Wenn dieser nach der Behauptung des Dionys und seiner Anwälte eine selbständige Rede sein soll, so wird sich ja ein zu Grunde liegender Plan, Absicht und Zweck aufdecken lassen.

Die Rede beginnt: „Was ich und einige andere Männer haben ausfindig machen können, ist das eben Vorgelesene." Was aber enthielt das vorgelesene Actenstück? Ich meine, eine πόρου ἀπόδειξις, denn nur von dieser konnte Dem. logisch richtig sagen: εὑρήκαμεν, womit eine Antwort auf eine den Zuhörern vorschwebende Frage: πόθεν ὁ πόρος ἔςται ertheilt zu sein scheint. Die Worte schliessen sich möglichst eng an das Vorgelesene an und bilden eine Art Abschluss des Actenstückes.

Dann heisst es: „Wenn ihr euren Willen durch Handerheben beistimmend kund thuet, werdet ihr einen euch zuträglichen Beschluss fassen, damit ihr mit Philipp nicht blos auf dem Papiere, sondern auch in der That Krieg führet." Worin aber dieser Beschluss besteht, ist nicht gesagt und lässt sich auch vorläufig gar nicht vermuthen. Anzunehmen aber, dass sich derselbe auf die vorgelesene πόρου ἀπόδειξις beziehe, ist nicht glaublich, weil die Frage, woher die Mittel zu beschaffen seien, kein Gegenstand des Volksbeschlusses, sondern Sache des Antragstellers, des Dem., war, welcher ja seiner Verpflichtung nachkam (δεδυνήμεθα εὑρεῖν). Hier sehen wir also eine Lücke, die ausgefüllt sein sollte mit dem meritorischen Antrage, dessen Zweck der Redner mittheilt: ἵνα μὴ μόνον ἐν τοῖς ψηφίcματι καὶ ταῖc ἐπιcτολαῖc πολεμῆτε Φιλίππῳ, ἀλλὰ καὶ τοῖc ἔργοιc, und aus diesen Worten können wir auf die Natur des Antrages einen Schluss ziehen: er soll ein ἔργον, eine entschiedene That schaffen und sich nicht, wie dies früher gewesen sein mag, auf ein ψήφιcμα oder eine ἐπιcτολή beschränken. Und diese That besteht, wie die folgenden Worte lehren, in einer παραcκευή, deren Einzelnheiten uns noch immer unbekannt sind. So viel ist aber klar, dass dieselbe in Partien oder Gruppen gesondert war, weil Dem. sonst nicht zusammenfassend sagen könnte: περὶ ὅληc τῆc παραcκευῆc „über die gesammte Kriegsrüstung (im Gegensatz zu einer im Geiste vorschwebenden Specialrüstung) euch zu berathen."

Das erste wesentliche Merkmal derselben tritt uns im §. 32 entgegen: sie soll eine παραcκευὴ cυνεχὴc καὶ δύναμιc, aber ja keine βοήθεια sein. Da haben wir nun eine allgemein gehaltene positive und negative Definition, und wenn es uns gelingt, von der Allgemeinheit derselben bis zu den greifbaren Einzelbestimmungen vorzudringen, dann werden wir ein Bild von jenem Antrage gewonnen haben, welcher im §. 30 als bekannt vorausgesetzt wird.

Cυνεχήc und βοήθεια, das sind die gegensätzlichen Begriffe, welche die vorgeschlagene Kriegsrüstung charakterisieren: sie soll andauernd, permanent sein, durchaus nicht ein momentaner Hilfszug. Andere Bestimmungen dieser παραcκευὴ cυνεχήc enthält der §. 33: Sold muss den Truppen gezahlt werden, und diese Truppen müssen, wie sich aus αὐτοὶ ταμίαι καὶ πορicταὶ γιγνόμενοι, τῶν δὲ πράξεων παρὰ τοῦ cτρατηγοῦ τὸν λόγον Ζητοῦντεc ergibt, athenische Bürger selbst sein, zu Fuss und zu Pferd; Trieren müssen beigestellt werden, und diese ganze Macht muss auf dem Kriegsschauplatze verbleiben (ἐπὶ τῷ πολέμῳ μένειν); alles allgemein gehaltene Bestimmungen, wie sie zwar an der Stelle, wo Dem. die wohlthätigen Folgen seines Antrages summarisch vergegenwärtigt, ganz passend sind, welche aber in dem Antrage selbst viel detaillierter gelautet haben müssen. Warum diese Kriegsmacht permanent sein, und wo sie sich im Winterquartiere aufhalten soll, enthalten ebenfalls die §. 31 und 32. Die negative Seite der παραcκευή, was sie nämlich nicht werden soll, ist einstweilen, offenbar um den begonnenen Gedankengang nicht zu unterbrechen, ausseracht gelassen, und nur der Grund kurz und treffend berührt: ὑcτεριοῦμεν γὰρ ἁπάντων.

Und nun werden ausser dem παύcεcθ᾽ ἀεὶ βουλευόμενοι noch andere Vortheile angeführt, die sich an die Annahme des Demosthenischen Antrages knüpfen: πρῶτον, ἔπειτα, τὰ τελευταῖα (§. 34).

Diese Vortheile sind eben nur möglich, wenn Philipp durch die παρασκευή cυνεχής im eigenen Lande beschäftigt wird und es ihm durch rechtzeitige Entwickelung der athenischen Seemacht unmöglich gemacht wird, die Bundesgenossen zu beunruhigen. Aller dieser Vortheile, liest man zwischen den Zeilen, haben sich die Athener bisher selbst beraubt, weil sie die gehörige Zeit und passende Gelegenheit ausseracht liessen, und wenn der Krieg in Sicht kam, war daher alles ἄτακτα, ἀδιόρθωτα, ἀόριcτα (§. 36). Bei Festlichkeiten freilich muss alles genau klappen, bei Expeditionen heisst es stets: zu spät. Und nun folgt die classische Stelle, welche eine lebhafte Schilderung jener βοήθειαι liefert, vor welchen im §. 32 gewarnt wird. Sobald man nämlich in Athen erfuhr, dass Philipp irgend einen Angriff gemacht habe, berief man erst die Volksversammlung, um zu beschliessen, ob eine Hilfssendung zu geschehen habe. Mit dem Reden und Hinausschieben der unangenehmen Angelegenheit vergieng viel Zeit, welche Philipp vortrefflich auszunützen verstand so dass schliesslich, wenn die Athener mit der Ausrüstung der Hilfssendung fertig waren, der betreffende Ort bereits sich in Philipps Händen befand, die Hilfe also zu spät ankam (§. 36, und zu vergleichen noch §. 41). Und die Folge eines solchen schleppenden Verfahrens ist die immer mehr zunehmende Keckheit des Feindes, welcher, weit entfernt die historische Grösse Athens zu respectieren, höhnische Briefe über den politischen Verfall der Athener schreibt (37, 38). Der wahre Grund dieser zur Gewohnheit gewordenen Saumseligkeit sei das Wohlgefallen an schönen Reden, durch welche sich die Athener nur selbst täuschen und statt die Ereignisse zu beherrschen, zu Actionen angeleitet werden, wie sie barbarische Faustkämpfer ausführen (39—41). So könne es nicht weiter gehen, es müsse eine Umkehr erfolgen, da ja jedermann einsehe, dass die unnatürliche Rastlosigkeit Philipps zu furchtbaren Consequenzen führen müsse (43). Auf also, Athener, lasset uns selbst die Schiffe besteigen und gegen sein Land ziehen und alle Bedenken (ποῖ προcορμιούμεθα), alle üblen Gewohnheiten (λοιδορουμένων ἀκούοντες) beiseite lassen, weil mit leeren Resolutionen kein Krieg geführt wird, und den Nachtheil hieraus die Bundesgenossen bezahlen müssen (44—46). Was im §. 44 durch die lebhaften Fragen den Zuhörern förmlich aus der Seele gepresst wird, kehrt in §. 47 in ruhigem, aber decidiertem Tone wieder, dass die Umkehr zu einer vernünftigen Kriegführung unbedingt durchgeführt werden müsse, dadurch dass sie selbst die Last des Soldatenlebens wieder auf sich nehmen und Zeugen der Kriegsthaten werden. Darauf folgt sofort das Gegenbild, welches die gegenwärtigen heillosen Zustände in Athen liefern (48), und die Rückwirkung derselben auf Philipp (49); endlich Aufforderung zur Einsicht zu kommen, dass Philipp ihr Feind sei, dass sie auf sich selbst angewiesen seien, dass sie ihre Schuldigkeit thun und nutzlose Reden aufgeben müssen (50).

Werfen wir einen Rückblick auf den ganzen zweiten Theil, so sehen wir: 1) die Berufung auf ein Actenstück, worin etwas ausfindig gemacht worden sei; 2) Aufforderung, einen zweckmässigen Antrag bei der Abstimmung anzunehmen (§. 30); 3) der Antrag besteht in einer παρασκευὴ cυνεχής ohne nähere Detailbestimmungen; Grund der Permanenz und der Aufenthaltsort der Macht werden mitgetheilt. Doch lässt sich aus einer zusammenfassenden Redewendung folgern, dass sich der Antrag bezog: a) auf Soldgewährung, b) persönlichen Kriegsdienst der Athener selbst, c) Trierenbeschaffung, d) Ausharren der Kriegsmacht in der Nähe Philipps auch zur Winterszeit. 4) Vortheile dieser παρασκευὴ cυνεχής (34); 5) richtige Zeiteintheilung und gesetzmässige Anordnung kennen die Athener nur bei Festlichkeiten, nicht bei Ausrüstungen (35, 36); 6) bisheriges Verfahren bei Kriegsrüstungen (36, 37); 7) Folgen dieses Verfahrens (37); 8) Ursache der Saumseligkeit ist das πρὸς ἡδονὴν δημηγορεῖν (38—41); 9) Nothwendigkeit der Umkehr in zwei parallelen Gedankenreihen: (42—46 und 47—49); 10) Nothwendiges Ergebnis: wir haben es mit dem ärgsten Feinde zu thun; daher müssen wir unsere Schuldigkeit thun und eitle Reden vermeiden (50).

In dieser Uebersicht vereinigen sich, wenn man von 1) absieht, die einzelnen Punkte zu drei Gruppen: a) die Rüstung muss eine παρασκευὴ cυνεχής sein und gewährt mehrere Vortheile (2, 3, 4); b) sie darf keine βοήθεια sein (6, 7, 8); c) die aus a) und b) sich ergebende Nothwendigkeit, den bisherigen Weg zu verlassen und zur richtigen Einsicht zu gelangen. Punkt 5 bildet einen Uebergang von der empfohlenen zu der zu bekämpfenden Methode der Kriegführung.

Angenommen, es würde uns nur dieser zweite Theil erhalten sein, könnte er uns als selbständige Rede befriedigen? Ich glaube, nein. Abgesehen von dem abrupten Anfange fehlt der Rede vor allem die Hauptsache, ein präciser, detaillierter Antrag, um dessentwillen dann die Vor- und Nachtheile abgewogen werden. Denn man wird doch niemanden glauben machen wollen, dass der vermisste Antrag im §. 33 präcisiert sei. Im Gegentheil, die ganze Fassung der Stelle und die kurze Reassumierung des Wesentlichsten zwingt anzunehmen, dass der Redner sich mit dem Antrage schon früher eingehend beschäftigte und hier alles in allem zusammenfasst, um an die Annahme des Antrages die Vortheile desselben zu knüpfen. Diese zwingende Nothwendigkeit fühlt denn auch Eichler, wenn er nach dem Beispiele Seebecks behauptet, der Rede sei ein ψήφιcμα vorausgegangen, in welchem der detaillierte und von den Buleuten vorberathene Antrag enthalten gewesen sei. Gut wie stimmt denn aber dazu, dass Dem. von demselben ψήφιcμα einmal im Namen mehrerer sagt: δεδυνήμεθα εὑρεῖν, dann aber es für sich allein in Anspruch nimmt: ταῦτ' ἐcτιν, ἁγὼ γέγραφα? Dass ferner von einem ψήφιcμα unpassend gesagt sei: εὑρεῖν, ist schon früher bemerkt worden, da in solchen Fällen gebraucht wird: φημί oder κελεύω, so dass der Satz zu lauten hätte: ἃ μὲν οὖν ἡμεῖς, ὦ α. Α., παραcκευάcαcθαι κελεύομεν, ταῦτ' ἐcτίν. Drittens, wenn ein ψήφιcμα vorgelesen worden wäre, musste da nicht eine kurze Auseinandersetzung desselben folgen, bevor die Aufforderung beizustimmen erfolgte? Dem. fällt da mit der Thür in's Haus, wenn er ohne Umstände sagt: ἐπειδὰν δ' ἐπιχειροτονῆτε τὰc γνώμαc, ἃ ἂν ὑμῖν ἀρέcκῃ χειροτονήcετε. Von seiner behutsamen, präparierenden Art, Stimmung für seine Anträge zu machen, merkt man hier nichts.

Auch die Reassumierung in §. 33 nöthigt eine ausführlichere Darstellung seines Antrages vorauszusetzen, welche in dem bündigen ψήφιcμα kaum enthalten war.

Es bliebe daher nur noch die Annahme einer Deuterologie übrig, wobei der erste Redner die hier vermissten Theile der Rede entwickelt hätte, eine Annahme, die Schäfer und Eichler mit Recht verwerfen.

Sollen wir also bei dem Mangel eines Prooemiums [9]) (trotz des schärfsten Hinsehens wird man in dem §. 30 kein Prooemium, nicht einmal ein etwas zusammengeschnittenes, wie es Eichler nennt, bemerken können), bei dem Mangel einer Expositio, eines Antrages dennoch glauben, es sei dies eine vollständige selbständige Rede?

Mit Ende des §. 33 wendet sich die Rede überhaupt von dem Antrage selbst ab und ergeht sich über die Vortheile, die er mit sich bringt, und die Nachtheile des bisherigen Schlendrians und bildet so eine regelrechte Commendatio und Refutatio, wie sie sich an die Begründung eines Antrages anzuschliessen pflegen. Im letzten Abschnitt endlich (42—49) kehren zweimal die dringenden Aufforderungen, das bisherige laue Verhalten zu ändern, wieder, wobei

---

[9]) Auch Seebeck meint, der eigentliche Anfang sei sammt dem ψήφιcμα verloren gegangen.

grosser Nachdruck auf den persönlichen Kriegsdienst gelegt wird (44, 47), von dem Antrage selbst bekommen wir nichts mehr zu hören und sind angewiesen, ihn aus den Andeutungen des §. 33 zu combiniren. Alles andere, was sich daran schliesst, schwebt in der Luft, weil man sich nicht deutlich vorstellen kann, welchem Projecte diese Bemerkungen gelten. Das einzig Greifbare ist die mehrfach gestellte Forderung des persönlichen Kriegsdienstes, die Anzahl der Truppen jedoch, der Schiffe, die Verpflegung, kurz das Detail ist als bekannt vorausgesetzt. Als Ziel der Rede lässt sich erkennen die Nothwendigkeit einer Aenderung im Kriegswesen auf Grund der Erkenntnis, dass die bisherige Art nichts tauge, wodurch aber, d. h. durch welchen praktischen Vorschlag sie herbeigeführt werden soll, ist bis auf den einen früher berührten Punkt unklar. Es fehlen daher zu einer selbständigen Rede mehrere wesentliche Erfordernisse: Prooemium, Exposition, der Antrag selbst, ohne dass sich plausible Gründe für den Wegfall dieser Redetheile auffinden liessen. Wir vermögen demnach in dem zweiten Theile nichts mehr als ein Fragment einer Rede zu erkennen, wie es auch die Isokratischen Reden: περὶ τοῦ Ζεύγους und κατὰ τοῦ Λοχίτου sind [19]); denn auch dort ist wohl nicht anzunehmen, dass die Verhandlung mit Zeugenaussagen begann, und besonders in dem letzteren Falle der Kläger sich damit begnügte, in einem Epilog auf eine strenge Bestrafung zu dringen. Dem Mangel der wesentlichsten Redetheile suchte man auch dort durch die Annahme einer Deuterologie abzuhelfen, weil es klar war, dass die Reden, wie sie vorliegen, nicht gesprochen sein können. Vor dieselbe Alternative sehen wir uns gegenüber der Demosthenischen Rede gestellt: entweder Deuterologie oder Fragment. Dass uns darin keine Deutorologie vorliegt, ist allgemein zugegeben, dass sie auch kein Fragment bleibt, wird sich, wie ich hoffe, erweisen lassen.

Wenden wir uns nun zum ersten Theil der Rede und prüfen denselben auf die nothwendigen Erfordernisse einer Rede und verfolgen zugleich den Gedankengang, wie er sich aus einer unbefangenen Betrachtung ergibt.

Wir begegnen zunächst einem Prooemium, welches den Standpunkt des Redners kennzeichnet: es sei Schuld der bisherigen Rathgeber, dass über denselben Gegenstand abermals berathen werden müsse; denn, wenn jene das Zweckmässige empfohlen hätten, wäre die Frage schon lange aus der Welt geschafft. Demosthenes setzt sich

---

[19]) Eichler S. 28.

also in einen bewussten Gegensatz zu den bisherigen Rednern und den von ihnen empfohlenen Massregeln, und dieser Gegensatz ist charakteristisch und wichtig für die Beurtheilung der Demosthenischen Vorschläge im Vergleiche zu den bisher beantragten Mitteln.

Die nun folgende Betrachtung geht von der Thatsache aus, dass sich der athenische Staat wirklich in einer peinlichen Situation befinde, es liege jedoch einiger Trost und die Hoffnung auf Besserung in dem Umstande, dass dieselbe nur durch die Lässigkeit der Bürger herbeigeführt sei. Wollt ihr euch aufraffen, so ist es in eure Hand gegeben, dem schmählichen Zustande ein Ende zu machen. Und ihr könnet es. Das habet ihr damals bewiesen, als ihr die Lacedaemonier, denen gegenüber ihr euch in ähnlicher Lage befandet, wie jetzt dem Philipp gegenüber, besiegtet. Ihr könnet auch Philipp besiegen, wenn ihr mit dem festen Willen auch Thatkraft verbindet. Ein solcher hoffnungsvolle Blick in die Zukunft konnte nicht verfehlen, den gesunkenen Muth aufzurichten und den vorzuschlagenden Massregeln eine bereitwillige Annahme vorzubereiten. Aber in dem Gemüthe der Zuhörer blieben noch grosse Bedenken zurück, die von einem entschlossenen Handeln abschreckten: Philipps Macht sei zu gross und unüberwindlich. Diesem Einwande begegnet Demosthenes durch passende Umkehrung der Machtverhältnisse: ihr waret einmal stärker als Philipp jetzt, er aber stand euch damals, wie wir ihm jetzt, als eine unbedeutende Macht gegenüber und musste, wenn er die Hände müssig in den Schoss gelegt hätte, an eurer Macht verzweifeln. Das that er nicht, sondern war rührig und verdankt seiner Rastlosigkeit die gegenwärtige Macht und Grösse. Thuet das Gleiche und ihr werdet Philipp besiegen. Energisches Auftreten wird euch auch andere Vortheile bringen: seine Macht ist nicht so fest, als ihr glaubet, die Unterdrückten hassen ihn und warten, bis ihr den Anfang zu ihrer Befreiung machet; eure Lässigkeit aber, in der ihr bis jetzt verharret, hält sie ab, sich euch anzuschliessen, und hat den höchsten Grad erreicht. Beweis dessen, dass, falls Philipp stürbe, sofort ein zweiter Philipp sich finden würde, da euch jeder energische Entschluss und jede Zurüstung fehlt (12).

Nach solch kräftigen und aufrichtigen Vorstellungen musste in der Seele eines jeden Atheners der Gedanke Platz greifen, man müsse mit dem Nichtsthun brechen und den Rathschlägen des Redners folgen. Die so erzeugte günstige Stimmung nützt denn auch Demosthenes aus, indem er einen Antrag einbringt, welcher berechnet ist, die Athener zu warnen [11]) und abzuhalten, in die alte Weise der Kriegsrüstungen zu verfallen. Mit solchem Rathe war aber den Athenern schwer beizukommen; sie waren seit langem verwöhnt, nur Soldtruppen ins Feld ziehen zu lassen und die Verantwortung dem Feldherrn allein aufzubürden. Jetzt solle es anders werden, es solle eine Kriegsrüstung in's Werk gesetzt werden, die geeignet ist, aus der demüthigenden Lage herauszukommen (13). Was also Demosthenes vorschlagen will, ist eine καινὴ παρασκευή (14), ihrem Wesen nach gänzlich verschieden von den bisherigen Zurüstungen, die man rasch, aber ungenügend zu machen pflegte. Welcher Art diese βοήθειαι waren, haben wir früher (§. 36) gesehen. Solche Rüstungen konnten den Athenern nicht helfen, und obwohl sie ihnen bequem und fast lieb geworden waren, verurtheilt sie Demosthenes freimüthig. Er bittet deshalb seine Zuhörer, nicht vorschnell zu urtheilen, wenn er seine καινὴ παρασκευή vortragen werde. Wenn daher nach dem bisherigen Zusammenhange die Absicht des Redners, Athen vor den unzweckmässigen βοήθειαι zu warnen und einen neuen Weg zur zielbewussten Kriegführung zu zeigen, klar zu Tage tritt, so muss man sich wundern, wie alte und neuere Erklärer auf den Gedanken kamen, in einem der Vorschläge eine Aufwärmung der βοήθειαι zu erblicken. Ist es auch schon von vornherein ganz widersinnig, dem Redner, welcher eben versicherte, dass er in der Lage sei einen neuartigen Vorschlag zu machen, welcher den Staat aus den grossen Fatalitäten zu befreien geeignet sei, zuzumuthen, dass er dann dennoch auf die alten βοήθειαι zurückgreife und auf diese Weise sich selbst widerspreche: so wird sich aus dem Folgenden ergeben, dass ein grosser Unterschied zwischen einer bisherigen βοήθεια und dem ersten Demosthenischen Antrage besteht.

Was beantragt er denn? Fünfzig Trieren, die Mannschaft aber habe aus athenischen Bürgern zu bestehen, Transportschiffe für die Hälfte der Reiterei (500), endlich entsprechende Lastschiffe. Der Hauptunterschied springt in die Augen: statt der Soldtruppen haben die Bürger selbst den Kriegsdienst zu leisten, was eben früher nicht der Fall war. Ein anderer Unterschied ist die Schlagfertigkeit, denn diese muss vorhanden sein, wenn diese Kriegsmacht bestimmt sein soll ἐπὶ τὰς ἐξαίφνης ταύτας ἀπὸ τῆς οἰκείας χώρας αὐτοῦ στρατείας εἰς Πύλας καὶ Χερρόνησον καὶ Ὄλυνθον καὶ ὅποι βούλεται, d. h. mit anderen Worten: wenn Philipp irgend

---

[11]) vgl. Grote II, S. 252.

wohin einfällt, habet ihr euch sofort aufzumachen und nicht erst, wie früher, darüber zu beschliessen und mit Streitigkeiten die Zeit verrinnen zu lassen.

Die Hauptvorzüge der Demosthenischen Ausrüstung sind Schlagfertigkeit und persönliche Dienstleistung. Die Flotte braucht nicht sofort in See zu stechen, sondern wartet die Gelegenheit ab; aber schon dadurch, dass sie stets schlagfertig dasteht (εὐτρεπεῖς ὑμᾶς ἰδών), bringt sie dem Staate Vortheile, und selbst wenn sie nicht so, wie es Demosthenes wünscht, durchgeführt wird, kann die Rückwirkung auf Philipp nicht ausbleiben: er wird die athenische Macht respectieren oder unerwartet ernsten Widerstand finden (18).

Erwägt man die Nutzlosigkeit der früheren βοήθειαι und die Vortheile der eben vorgeschlagenen Massregel, erwägt man ferner, dass diese Ausrüstung zu einer Zeit empfohlen wird, wo keine Meldung von einem makedonischen Angriffe nach Athen gekommen war, so lässt sich leicht erkennen, welche Absicht der Redner dabei verfolgte: eine zeitgemässe Wehrhaftmachung Athens. Einem Feinde von Philipps Schlauheit und Gewandtheit konnte jedoch diese Ausrüstung allein nicht ganz genügen; man war zwar in der Lage jeden angegriffenen Punkt wirksam zu vertheidigen, aber Philipp's Bewegungen zu beobachten und darnach Vorkehrungen zu treffen, dazu war eine kleinere Flotte nothwendig, welche sich in steter Berührung mit dem Feinde erhalten, und ihn wo möglich zu schädigen trachten musste. Ein solches fliegendes Corps war den Athenern vor allem nöthig, das sollte der kleine Anfang zur erfolgreichen Bekämpfung Philipps sein. Darum legt der Redner besonderes Gewicht auf diesen Theil des Antrages: klein, aber verlässlich soll dieses Corps sein. Die erste Bedingung lautet daher, dass der vierte Theil der Bemannung athenische Bürger seien, ebenso auf 200 Reiter 50 athenische Bürger, dazu 10 Trieren und die erforderlichen Transportschiffe.

Hierauf folgt die Begründung, warum dieses Corps nicht grösser sein brauche, und warum grosser Werth darauf zu legen sei, dass athenische Bürger an der Expedition theilnehmen (23—27). Die Kosten werden minimal mit 92 Talenten berechnet, das Uebrige werde sich finden, wenn nur diese Summe aufgebracht sei. Woher die Gelder zu beschaffen seien, war in einer Urkunde, die in die Rede nicht aufgenommen ist, dargelegt. Hier bricht, wenn Dionysios recht hat, die Rede plötzlich ab.

Ist es nun wahrscheinlich, dass Demosthenes mit dem Nachweise der Geldquellen seine Rede abgeschlossen habe? Recapitulieren wir zuvor den Gang der Rede: 1. Fixierung des Standpunktes des Redners, 2. Aufrichtung des gesunkenen Muthes und Beseitigung sonstiger Bedenken, 3. Nothwendigkeit eines energischen Auftretens und der Lossagung von der bisherigen Lässigkeit, 4. Ermahnung, seine Anträge, wenn sie auch als eine Neuerung erscheinen mögen, nicht vorschnell zu verurtheilen, sondern wohl zu erwägen, 5. die beiden Anträge selbst und die nähere Begründung und Kostenberechnung des letzteren. Punkt 2—4 gehören als vorbereitender Theil zusammen und bezwecken die Nothwendigkeit der vorzuschlagenden Massregeln zu erweisen. Darüber also, dass eine Rüstung nothwendig sei, waren sich die Athener klar (13, 19), ob aber gerade die von Demosthenes vorgeschlagene, neuartige Doppelrüstung dem Zwecke entsprechen und den in Aussicht gestellten Erfolg haben werde, das, meine ich, musste ein Redner, welcher sich erst zu einer politischen Autorität emporarbeitete, nicht blos behaupten, sondern auch plausibel machen. Wodurch sollte sich denn die Neuerung den verwöhnten Athenern empfehlen? Hier fehlt also zum mindesten ein wesentlicher Redetheil, die Commendatio der Anträge [12]).

Wir können demnach Eichler's Behauptung, „dass der Rede in der That kein Mangel in dieser Beziehung anhaftet", nicht beistimmen und noch weniger den Beweis, welchen er hiefür anführt, gelten lassen. Dass nämlich die Worte: καὶ τἆλλα ὡς ἄν μοι βέλτιςτα καὶ τάχιστα δοκεῖ παρασκευασθῆναι (13) von den Unionisten nicht in dem Masse, als es Winiewski wünschte, betont werden, liegt darin, dass sie eine viel zu allgemeine Versprechung enthalten, als dass sich daran bestimmte Schlüsse anknüpfen liessen. Für unsere Frage liegen ganz andere Entscheidungsgründe vor als diese allgemeine Wendung. Wer übrigens darin eine Anregung zu einer in Aussicht gestellten Erörterung sieht, die vor §. 30 nicht gegeben wird, hat vollständig recht, auch diesen Umstand hervorzuheben.

Ausserdem hätte die Rede keinen Epilog, ja nicht einmal ein paar Worte, die für einen Abschluss angesehen werden könnten. Kann man sich vorstellen, dass ein Redner, welcher sich im Prooemium förmlich entschuldigt, dass er als πρῶτος ἀναστάς das Wort ergreife, der alle seiner Absicht ungünstigen Momente aus dem Wege räumt, der sich im Zuhörerkreise die richtige Stimmung und

---

[12]) Seebeck (756) widerlegt das schon von Becker angeführte Argument nicht, wenn er sagt, dass der Zweck der kleineren Expedition von selbst einleuchte. Und wenn man dies auch für diese gelten lassen kann, so bleibt noch immer die Frage offen, welcher Gewinn von beiden Rüstungen zusammengenommen zu erwarten war.

bereitwilliges Gehör geschaffen hat, nachdem er endlich die Anträge vorgebracht und insbesondere ein Actenstück über die Beschaffung der Geldmittel vorgelesen hatte, seine Idee im Stiche lässt und ohne ein Wort der Empfehlung seiner Anträge von der Rednerbühne verschwindet? So unvermittelt abzubrechen und die Zuhörer in einer Enttäuschung auseinander gehen zu lassen wagte noch kein Redner, weder der moderne Parlamentarier, noch der junge Demosthenes, welcher auf die Ausarbeitung seiner Reden bekanntlich viel Fleiss verwendete. Die Rede wäre in der That auch in dieser Richtung ein Unicum. Wie man solches Steckenbleiben mit dem Schlusse der Rede vom Frieden vergleichen kann [13]), ist mir nicht begreiflich. Diese ist ein oratorisches Ganzes und hat ebenso wie jede andere Rede einen Schluss, freilich einen ihr eigenthümlichen; aber gerade dieser Umstand ist es, der uns errathen lässt, warum Demosthenes den Schlager περὶ τῆς ἐν Δελφοῖς σκιᾶς für den Schluss der Rede aufgespart habe: es stand eben nicht dafür.

Wenn wir daher den ersten Theil der Rede allein besässen, müssten wir ihn wegen des Mangels einer Commendatio und eines Epilogs als Fragment bezeichnen. Die Prüfung der beiden Theile führte uns also zu einem negativen Resultat: weder hier noch dort ein abgerundetes Ganzes, beide sind Fragmente [14]).

Wären die beiden Fragmente in der Ueberlieferung an verschiedenen Orten eingefügt und als selbständige Reden bezeichnet, so würde es sich lohnen, dieselben untereinander zu vergleichen und den Versuch zu machen, ob sie nicht Glieder einer und derselben Rede seien. Es muss ja schon äusserlich auffallen, dass das zweite Fragment gerade die Redetheile hat, welche dem ersten fehlen, andererseits das erste die nothwendigen Voraussetzungen enthält, welche im Anfange des zweiten vermisst wurden.

Vereinigen wir also die beiden Theile und sehen zunächst die Vereinigungsstelle genau an, ob sie etwas zu wünschen übrig lasse. Da sehen wir denn, dass die Worte: ἃ μὲν οὖν ἡμεῖς δεδυνήμεθα εὑρεῖν, ταῦτ' ἐστίν vortrefflich zu der vorgelesenen πόρου ἀπόδειξις passen und selbst in dem Falle, dass die beiden Fragmente wegen inhaltlicher Differenz von einander zu trennen wären, wegen des εὑρεῖν darauf führen müssten, dass das zweite Fragment ebenfalls mit einer πόρου ἀπόδειξις begonnen habe. Die Worte haben nur als abschliessende Bemerkung einen Sinn, und hierin liegt auch die Erklärung des viel besprochenen ἡμεῖς.

---

[13]) Eichler S. 28.
[14]) vgl. E. Müller, Einleitung S. 126.

Als mit der Zeit, wie Hartel in seinen Demosthenischen Anträgen S. 9 überzeugend ausführt, in den Schulexemplaren die langen Ziffernreihen der financiellen Beilage lästig und überflüssig befunden wurden, liessen die Lehrmeister das Actenstück fallen, ohne die Schlusswendung mitzunehmen. „Denn Demosthenes würde diesen Satz nicht in seiner vieldeutigen und vielgedeuteten Fassung, die Veranlassung zu grossen Irrthümern ward, belassen haben, wenn er selber diesen Theil der Rede den Lesern hätte vorenthalten wollen." Vollständig wird sich die Sache niemals aufklären lassen, weil das Actenstück eben nicht erhalten ist; denn nur in diesem könnte eine Beziehung zu dem Plural gesucht werden. Nur dann, wenn die πόρου ἀπόδειξις vorläge und den Plural nicht rechtfertigte, würde dem ἡμεῖς jene Wichtigkeit in der Entscheidung der Einheitsfrage zukommen, welche ihm Eichler jetzt ohne Berechtigung beilegt, denn was er darüber sagt, ist ebenso subjective Combination, wie die Erklärungsversuche Anderer[15]). Wenn darunter Buleuten zu verstehen wären, welche mit Demosthenes irgend einen Antrag vereinbart und ihm zur Vertretung vor dem Volke zugewiesen hätten, so müsste man sich fragen, warum denn nirgends sonst dieser Gemeinsamkeit Erwähnung geschieht, obwohl es doch dem Zwecke des Redners dienen musste hinweisen zu können, dass nicht er allein eine so gründliche Aenderung im Kriegswesen für nothwendig halte, sondern dass auch eine so ansehnliche Körperschaft, wie es die Buleuten waren, dafür einstehe.

Der nächste Satz knüpft, wie schon früher angedeutet wurde, nicht unmittelbar an den vorangehenden Gedanken an, sondern hat einen Antrag zur Voraussetzung, welcher das πολεμεῖν aus dem leeren ψήφισμα in ein ἔργον übertragen soll, und greift daher über die πόρου ἀπόδειξις hinaus auf die Anträge selbst zurück und fordert deren Annahme.

Da ist nun ein natürlicher Abschnitt der Rede, und wenn sie an dieser Stelle vollständig abbräche, so würde dies viel weniger unwahrscheinlich sein als nach §. 29; es würde zwar kein schöner, aber doch ein erträglicher Abschluss gemacht sein. Schon dieser eine Umstand sollte die Trennung der Rede vor §. 30 widerrathen. Wichtiger sind die Gründe, welche sich aus der Betrachtung des beiderseitigen Gedankenganges und der zu Grunde liegenden Pläne ergeben.

---

[15]) E. Müller plaidiert übrigens für einen Autorplural und sucht nachzuweisen, dass dieser in solchem Zusammenhange am Platze sei.

Seebeck behauptet freilich, dass der Plan des zweiten Theiles zum ersten nicht passe, ja im directen Widerspruche stehe, da das zuwartende System, welches im ersten Theile durch den ersten Antrag angerathen sei, im zweiten Theile völlig verdammt werde [16]). Unter dem zuwartenden System sind die βοήθειαι gemeint, und die ganze Unvereinbarkeit der Pläne wird auf diesen Begriff gegründet. Ob mit Recht? Um sich das Wesen und den Zweck des ersten Antrages einerseits und den Begriff der βοήθεια andererseits gehörig vor Augen zu stellen und den Unterschied klar zu machen, verweise ich auf den vorhergehenden Abschnitt, wo die Zusammenstellung der beiden Begriffe näher beleuchtet ist, und wiederhole hier nur kurz, dass gerade die wesentlichsten Merkmale einer βοήθεια, die beständige Verspätung und der Mangel der Bürgersoldaten, dem ersten Antrage vollständig fehlen, dass dort ausdrücklich die Selbstbetheiligung der Bürger gefordert und Nachdruck gelegt wird, dass die Flotte schlagfertig vorbereitet gehalten werde, damit sie jeden Augenblick gegen die ἐξαίφνης στρατείας ausziehen könnte. Wie man diesen Antrag trotz des deutlich angegebenen Wesens und Zweckes dennoch mit den βοήθειαι zusammenwerfen und dann von einem Widerspruch in beiden Theilen reden könne, ist, wie schon gesagt, unbegreiflich. Offenbar hat zu diesem auf der Hand liegenden Irrthume der §. 32 Anlass gegeben. Dort heisst es: in Erwägung der uns ungünstigen Witterungsverhältnisse dürfet ihr nicht die Methode der βοήθειαι anwenden, sondern den Krieg mit einer παρασκευῇ συνεχεῖ καὶ δυνάμει führen. Da es nun im ersten Theile von der kleineren Expedition hiess: ἢ συνεχῶς πολεμήσει καὶ κακῶς ἐκεῖνον ποιήσει, und der Wortlaut in unserer Stelle (παρασκευῇ συνεχεῖ) unzweifelhaft auf die kleinere Expediton hinzuweisen schien, so schloss man daraus, dass mit βοηθείαις die grössere Expedition des ersten Theiles gemeint sei, da sie ja angegriffenen Orten zu Hilfe eilen soll. So wurde ganz willkürlich ein Widerspruch hineingelegt, wo keiner ist, und scheinbar unlösbare Verwickelungen herbeigeführt. Um die Inconsequenz, deren sich Demosthenes bei dieser Auffassung schuldig machen würde, auf dem Redner nicht sitzen zu lassen, verfiel schon ein Scholiast auf das Auskunftsmittel, anzunehmen, dieser Antrag sei nur eine Zugabe, um für den anderen

---

[16]) Seebeck S. 776: „Er (Dem.) erklärt also geradezu, dass ein zu Athen zur Hilfe bereit gehaltenes Heer, wie er es noch im ersten Theile vorschlägt, gar nichts nützen werde; Philipp würde zu seinem Angriffe auf den Chersones oder Olynth eine Zeit wählen, wo dieses Heer nicht im Stande wäre, dahin zu kommen."

Antrag die Zustimmung der Athener zu gewinnen; der Redner, welchem vorzüglich um den zweiten zu thun sei, gebe später den ersten völlig preis. Das heisst doch dem Redner eine recht naive Auffassung der Lage zumuthen. Abgesehen davon, dass er doch wissen musste, dass er sich selbst widerspreche, konnte doch auch den Zuhörern ein so starker Widerspruch nicht entgehen und hätte dem jungen Staatsmanne keine schmeichelhafte Kritik eingetragen. Uebrigens führt diese Auslegung zu einem Widerspruch, auf welchen Seebeck mit Recht aufmerksam macht: verstehe man den Redner in dieser Weise richtig, so gerathe man auf eine neue Ungereimtheit. Die kleinere Expedition des ersten Theiles lasse sich nicht mit der Expedition des zweiten Theiles identificieren, weil die Aufgabe der letzteren viel weiter gehe, als die der ersteren, welche nur auf das λῃcτεύειν angewiesen werde.

Alle diese Ungereimtheiten entfallen, wenn man den Irrthum von der Identität der βοήθειαι mit dem ersten Antrage aufgibt und das acceptirt, was Demosthenes nach dem oben dargelegten Zusammenhange beabsichtigte. Er wollte mit dem System der verrufenen βοήθειαι brechen und das glaubte er am besten durch zwei Anträge erzielen zu können, durch zwei zugleich, weil jeder für sich nicht zu genügen schien. Hätte er blos den ersten Antrag gebracht, so würde freilich eine stets schlagfertige Seemacht zu Gebote gestanden sein, allein der Recognoscierungsdienst und die kleinen Stiche, mit denen Philipp beunruhigt werden sollte, wären ausgeblieben. Ausserdem war zu fürchten, dass der grössere Antrag wegen der grösseren Opfer, und weil unmittelbar kein Ort bedroht war, nicht sofort ausgeführt und ad kalendas graecas abermals verschoben werde; brachte er aber nur den kleineren Antrag, so war seine Absicht auch nicht vollständig erreicht; denn die kleinere Expedition konnte sich im Ernstfalle bei einem Angriffe auf irgend eine Stadt mit Philipps Macht nicht messen. Was blieb ihm da übrig als beide Anträge zu stellen und deren Ausführung nicht zugleich, sondern nach einander zu fordern (πρὸ δὲ τούτων), weil die gleichzeitige Ausführung erstens viel Opfer auf einmal forderte [17]), zweitens, weil einstweilen, wo keine Meldung von einem Angriffe Philipps vorlag, der kleine Krieg am Platze war; ein Aufgeben des ersten Antrages konnte

---

[17]) Dass die Finanzverhältnisse Athens um diese Zeit nicht besonders günstig standen, erklärt sich aus mehreren financiellen Opfern, die es zu bringen gehabt hatte, so besonders nicht lange zuvor für das Observationscorps in den Thermopylen. Vgl. Fuchs S. 4.

aber damit nicht gemeint sein, sondern blos die zeitliche Nachfolge nach dem kleineren. Was Demosthenes hier zum Zwecke einer principiellen Reorganisierung der Kriegsrüstung vorschlägt, fordert er im speciellen Falle bei Olynth in ganz analoger Weise, worüber Ol. I, 17 und 18 eine instructive Aufklärung gibt. Dort ist unter cτρατιώτας ἐκπέμπειν dasselbe gemeint, was in unserer Rede mit dem ersten Antrage, und ebenso ist τὴν ἐκείνου χώραν κακῶς ποιεῖν καὶ τριήρεςι καὶ στρατιώταις ἑτέροις identisch mit unserem zweiten Antrage. Was er dort über die eventuelle Nichtausführung der einen von den beiden Forderungen sagt, ist vollständig auf unsere beiden Anträge anwendbar: εἰ δὲ θατέρου τούτων ὀλιγωρήςετε, ὀκνῶ, μὴ μάταιος ἡμῖν ἡ στρατεία γένηται. Auch die Begründung dieses Satzes ist nichts weiter als die Anwendung des Allgemeinen auf den speciellen Fall Olynth. Wer da mit dem Scholiasten der Meinung ist, dem Redner komme es nur auf den zweiten Antrag an, wird sich aus dieser Stelle wohl eines Besseren belehren lassen und zugeben, dass der concrete olynthische Fall die allgemeinere Darstellung in der ersten Philippica voraussetzt, zugleich aber auch annehmen lässt, dass Demosthenes mit der ersten Philippica tauben Ohren gepredigt habe. Beide Anträge wollen daher ungetrennt als gegenseitige Ergänzung und als zwei Theile einer Massregel aufgefasst sein. Dass Demosthenes sich im ersten Theile eingehender mit der kleineren Expedition befasst, liegt in dem Umstande, dass sie zuerst an die Reihe kommt. Wer dagegen stets nur einen von den beiden Anträgen in's Auge fasst und mit dem zweiten Theile vergleicht, muss nothwendig auf beständige Widersprüche stossen. Denn unmöglich kann das, was von zwei Anträgen unter einem allgemeineren Gesichtspunkte gesagt wird, zu dem passen, was früher nur von dem einzelnen Antrage ausgesagt war.

Zu welchen absonderlichen Consequenzen die irrige Auffassung der beiden Anträge führen kann, zeigt sich in den Betrachtungen Weidner's [18]), die er daran knüpft, um Kurzsichtigkeit, gewissenlose Leichtfertigkeit, prahlerische Ueberhebung des Demosthenes daraus abzuleiten. Die verdiente Würdigung solcher Auslassungen gibt Hartel, Dem. Studien I, S. 47 ff.

Und darin liegt eben auch der Fehler Seebecks, dass er den zweiten Theil, obwohl er nach dem dargelegten Zusammenhange nirgends sich ausschliesslich nur mit einem von den beiden Anträgen

---

[18]) Philologus 36, S. 249.

beschäftigt, dennoch stets nur mit einem oder dem anderen Antrage des ersten Theiles vergleicht und sich nicht entschliessen kann, den zweiten Theil mit beiden Anträgen unter einem allgemeineren Gesichtspunkte zugleich zu betrachten und Beziehungen zu beiden Anträgen zu suchen. Seine Behauptung wird sich als unberechtigt erweisen, sobald man den zweiten Theil beiden Anträgen zugleich vom Standpunkte der Nothwendigkeit und des Nutzens gegenüberhält; von einem Heere ist übrigens nicht gesprochen, sondern von einer παρασκευὴ cυνεχής καὶ δύναμις, welche sich ebenso gut in zwei Heere gliedern kann, wie sich in Ol. I, 17 die στρατεία in zwei getrennte Corps gliedert. Dieser allgemeine Gesichtspunkt der Nothwendigkeit und des Nutzens hat sich bei der Zergliederung des Gedankenganges als das herrschende Princip erwiesen und uns die Vermuthung nahe gelegt, dass für derlei Betrachtungen der richtige Platz nur in einer Commendatio eines früher gestellten Antrages sei. Kann es uns da wundern, dass Demosthenes von diesem Gesichtspunkte aus bald den einen, bald den anderen Antrag in Betracht zieht? Ebenso wie der vorbereitende Theil (2—16) auf keinen Doppelantrag schliessen liess, sondern die allgemeine Nothwendigkeit einer Aenderung in Gesinnung und Kriegsausrüstung betonte, ebenso legt die Commendatio den Nutzen und Schaden der empfohlenen und der früheren Massregeln auseinander und meint bald den einen, bald den anderen Antrag. Betrachten wir nun im Einzelnen die Beziehungen des zweiten Theiles zum ersten.

Gleich der Anfang des §. 31 passt vortrefflich zu dieser Auslegung. „Ihr würdet euch viel besser berathen περὶ τοῦ πολέμου καὶ ὅλης τῆς παρασκευῆς." Enthält der Zusatz von ὅλης [19]) nicht den Wink, dass wir es im Folgenden mit beiden Anträgen zugleich zu thun haben werden? Und was nöthigt uns im §. 32 unter der παρασκευή cυνεχής nur die kleinere Expedition und nicht auch die grössere zu verstehen? Etwa cυνεχής? Ist die grössere Expedition, welche zur Abfahrt gerüstet sein soll, nicht auch als cυνεχής zu betrachten? Und wenn als Winterquatiere Lemnos, Thasos und Skiathos genannt werden, was hindert anzunehmen, dass diese Hafenplätze auch der grösseren Expedition dienen können? Man nimmt gewöhnlich an, dass nur die kleinere Flotte sich in Action befinden, die grössere dagegen im athenischen Hafen vor Anker liegen soll [20]). Nun, das

---

[19]) Der Zusatz: ὅλης τῆς πάρασκευῆς gefiel natürlich Held nicht, weil er m zweiten Theile nur die kleinere Expedition des ersten Theiles erblickte und daher diesen Hinweis auf eine Gliederung der παράσκευή nicht brauchen konnte.
[20]) Seebeck, 775.

letztere ist nirgends gesagt, sondern es heisst, die Flotte soll vorhanden sein, und die Athener selbst sie besteigen, ἐάν τι δέῃ, wenn es also nothwendig ist. Wenn nun die Witterungsverhältnisse sich für Athen ungünstig, für Philipp günstig gestalten, soll da die Flotte auch noch im Hafen bleiben und sich in Folge der Nordwinde, welche eine Annäherung an die makedonische Küste gefährlich machen, von einer energischen Action abschneiden lassen? Das hiesse ja den Zweck der grösseren Flotte geradezu vereiteln.
Der folgende Paragraph enthält wohl zunächst eine deutliche Beziehung zum zweiten Antrage. Das zeigen die Worte: ἂν πορίςητε τὰ χρήματα πρῶτον ἃ λέγω (33), ferner: ἐπὶ τῷ πολέμῳ μένειν, τῶν μὲν χρημάτων αὐτοὶ ταμίαι καὶ πορισταὶ γιγνόμενοι, τῶν δὲ πράξεων παρὰ τοῦ ςτρατηγοῦ τὸν λόγον ζητοῦντες, welche Worte eine unleugbare Beziehung zu §. 24 und 25 enthalten; der dort geschilderte Brauch der Söldnerheere: παρακύψαντα ἐπὶ τὸν τῆς πόλεως πόλεμον soll hier durch ἐπὶ τῷ πολέμῳ μένειν beseitigt werden, und die ςτρατιῶται οἰκεῖοι sollen auch dort gelten als ἐπόπται τῶν ςτρατηγουμένων. Diese eine handgreifliche Beziehung des zweiten Theiles auf den ersten paralysiert allein alle Bedenken, welche man aus dem ἡμεῖς des §. 30 gegen die Einheitlichkeit der Rede ableitete. Das fliegende Corps, meint Demosthenes, wird sich gegen die kleinen Raubzüge Philipp's praktisch erweisen, es wird ihn hindern, die Inseln straflos zu beunruhigen und Beute von dort zu holen. Bisher vermochten die Athener weder dies zu hindern, noch auch zur rechten Zeit mit einer βοήθεια einzutreffen (34): οὔτε ταῦτα δύναςθε κωλύειν οὔτ' εἰς τοὺς χρόνους, οὓς ἂν προθῆςθε, βοηθεῖν. Da ist deutlich eine Doppelaufgabe bezeichnet, welche sich an die beiden Ausrüstungen folgendermassen vertheilt: ταῦτα, nämlich die makedonischen Freibeuterstücklein, sind durch die kleinere Expedition zu verhindern, das rechtzeitige βοηθεῖν gegen planmässige Angriffe und Belagerungen aber ist von der grösseren Expedition zu besorgen. Eichler meint (S. 26), dass die Kaperversuche Philipp's nicht durch die kleinere Flotte, sondern durch ein grösseres Geschwader verhindert werden sollen, weil jene angewiesen sei, Philipp zu necken, ohne es je auf den Angriff des Königs ankommen zu lassen (S. 23). So buchstäblich kann dies doch wohl nicht genommen werden, da ja auch der kleineren Flotte, wenn Philipp's Schiffe sie überraschen oder verfolgen, nichts übrig bleibt, als den Kampf aufzunehmen, und weil sie auch nicht ganz unbedeutend sein soll (οὐδὲ παντελῶς ταπεινὴν εἶναι δεῖ), so dass sie bei kleineren Zusammenstössen, die auch im kleinen Kriege vorkommen und wofür die im §. 34 erzählten Affairen wohl anzusehen

sein werden, recht gut verwendet werden kann, von Entscheidungskämpfen hingegen soll sie sich enthalten. Oder sollte sie etwa ruhig zusehen, wenn Philipp ein attisches Schiff kapert? Von nun an schwebt dem Redner die grössere Kriegsmacht vor Augen, wenn er von der rechten Zeit spricht, die zwar bei Festlichkeiten eingehalten, bei Kriegszügen aber regelmässig versäumt wird. Solche verhängnissvolle Versäumnisse, wie bei Methone, Pagasae und Potidaea (36) sollen durch den ersten Antrag hintangehalten werden, welcher ausdrücklich eine Flotte begehrt ἐπὶ τὰc ἐξαίφνης ταύτας στρατείας εἰς Πύλας καὶ Χερρόνησον καὶ Ὄλυνθον καὶ ὅποι βούλεται (17).

In der langen Erörterung, welche Demosthenes den veralteten βοήθειαι widmet, tritt uns als Gegenbild, als Abhilfe dagegen sein erster Antrag lebhaft vor die Augen, besonders wenn er von den reichen Mitteln Athens spricht: πλείστην δύναμιν ἔχοντες τριήρεις ὁπλίτας ἱππέας χρημάτων πρόσοδον (40). Wenn er unwillig ausruft: οὐκ ἐπὶ τὴν ἐκείνου πλευσόμεθα (44), erinnert dies nicht an §. 18, wo es von der grösseren Ausrüstung heisst: μηδενὸς ὄντος ἐμποδὼν πλεῖν ἐπὶ τὴν ἐκείνου χώραν? Ein und derselbe Gedanke liegt zu Grunde §. 50: τινὰ πράξειν ὑπὲρ ἡμῶν, und §. 7: τὸν δὲ πλησίον πάνθ᾽ ὑπὲρ αὐτοῦ πράξειν. § 47: ὅταν ὑμεῖς, ὦ α. Ἀ., τοὺς αὐτοὺς ἀποδείξητε στρατιώτας καὶ μάρτυρας τῶν στρατηγουμένων καὶ δικαστὰς οἴκαδ᾽ ἐλθόντας τῶν εὐθυνῶν variiert den Gedanken aus §. 7 und 25. Und ist nicht schon im ersten Theile angedeutet, wo sich Demosthenes die Seemacht zweckmässig postiert denkt, wenn er §. 12 sagt: ἴσθ᾽ ὅτι πλησίον μὲν ὄντες, ἅπασιν ἂν τοῖς πράγμασι τεταραγμένοις ἐπιστάντες ὅπως βούλεσθε διοικήσαισθε, ὡς δὲ νῦν ἔχετε οὐδὲ διδόντων τῶν καιρῶν Ἀμφίπολιν δέξασθαι δύναισθ᾽ ἄν, ἀπηρτημένοι καὶ ταῖς παρασκευαῖς καὶ ταῖς γνώμαις. Setzt das nicht dieselbe Oertlichkeit voraus, wie sie im §. 32 näher bezeichnet ist? Die Forderung des persönlichen Kriegsdienstes, der Geldopfer, der Controle der Feldherren durch athenische Bürger ist überhaupt der durch beide Theile der Rede deutlich sich hinziehende Faden, welcher nicht so leicht, auch der Autorität des Dionysios zuliebe nicht, zerrissen werden sollte. Denn dieser hat sich den zweiten Theil der Rede, auch nach Eichler's Ansicht, wenig angelegen sein lassen, indem er offenbare Ungereimtheiten darüber berichtet; erstlich dass er eine Deuterologie sei, zweitens dass darin von dem Schutze der Inselbewohner gehandelt werde. Dass ersteres nicht richtig sei, ist schon früher bemerkt worden, und dass letzteres nicht zutreffe, wird jeder aus dem Zusammenhange selbst entnehmen. Als Beweis für diese Behauptung kann doch die Bemerkung in §. 32 nicht gelten, dass die Flotte sich über den Winter bei den Inseln Lemnos, Thasos und Skiathos aufhalten könne, oder wenn im §. 34 als Beispiel kühner Raubthaten angeführt wird, dass Philipp von Lemnos und Imbros etliche athenische Bürger gefangen wegschleppte. Das hat mit dem Ziele der Rede nichts zu thun. Seine Autorität kann nicht den Anspruch erheben, dass wir die zahlreichen Berührungspunkte in beiden Theilen ignorieren, dass wir nicht anerkennen sollten, dass gerade diejenigen Erfordernisse der Rede, welche am Schlusse von §. 29 noch nicht erfüllt waren, im zweiten Theile nachgetragen werden.

Das Eigenthümliche der Rede besteht darin, dass im zweiten Theile keine Sonderung in der Verwendung der vorgeschlagenen Kriegsrüstungen eingehalten wird, so dass der Leser versucht ist, entweder an die eine oder andere zu denken. Diese Eigenthümlichkeit[21]) berechtigt jedoch nicht, daraus einen Grund gegen die Zugehörigkeit des zweiten Theiles abzuleiten. Denn sie würde, wenn wenn der erste Theil eine selbständige Rede sein sollte, diesen in noch höherem Grade als den zweiten Theil in der vereinigten Rede treffen. Man müsste in diesem Falle mit mehr Recht fragen, warum denn Demosthenes gar nicht mehr darauf zurückkomme. Weidner[22]) legt ihm dies als Mangel an Energie aus, er habe den Antrag zu stellen nicht gewagt. Das anzunehmen ist freilich reine Willkür; denn, wie Hartel[23]) sehr treffend bemerkt, einen Antrag auf sofortige Mobilisirung musste er nur dann ausdrücklich stellen, wenn es sich um eine aggressive Operation gegen Philipp, um Zurückweisung eines Angriffes desselben handelte, was nicht der Fall war; denn dieses Bürgerheer hat die rein defensive Aufgabe gegen Philipp auszurücken, wenn dieser einen Punkt, wo Athens Interesse im Spiele steht, bedroht. Die Antwort, welche Seebeck darauf gibt, dass die grössere Flotte, vorläufig bestimmt, im Piraeus liegen zu bleiben, keine Kosten verursachte, und daher der Aufwand für dieselbe nicht zu berechnen war, genügt nicht, weil sie das Stillschweigen darüber nur aus finanziellen Rücksichten erklärt, aber ganz unaufgeklärt lässt, warum sich Demosthenes über die politische Seite, über die Zweckmässigkeit, nähere Durchführung oder Brauchbarkeit nicht eingehender ausspricht. Hat die Rede mit §. 29 ihr Ende, so bleibt der erste Antrag ein Fragezeichen, das gar keine Antwort findet. In

---

[21]) Dem Redner als Fehler angerechnet von L. Spengel in den Δημηγορίαι des Demosthenes; bayr. Akademie, phil. Classe, 9. Bd. (1860), S. 66.
[22]) Philologus 36, S. 251.
[23]) Dem. Studien S. 57.

der vereinigten Rede jedoch finden wir genügende Beziehungen auf die grössere Expedition, wie ja auch Seebeck und Eichler annehmen, dass im zweiten Theile von einem grösseren Geschwader die Rede ist. Dass dieses mit der Freibeuterflotte des ersten Theiles nicht identificiert werden könne, haben wir schon früher gesehen; dass es aber die durch den ersten Antrag angestrebte Kriegsmacht nicht sein könne, haben Seebeck und Eichler nicht erwiesen. Seebeck beruft sich darauf, dass sie im Piraeus liegen bleiben solle, während das Geschwader im zweiten Theile irgendwo an der makedonischen Küste in Action gedacht worden sei. Allein das erstere ist nirgends gesagt, im Gegentheile, aus dem hinzugefügten: ἐάν τι δέῃ πλευcτέον ist, wie schon früher erwähnt wurde, zu schliessen, dass sie je nach Umständen auch sogleich ausfahren könne, und von der Kriegsmacht im zweiten Theile ist so gesprochen, dass man entnimmt, sie solle bereit sein und nicht erst bei unmittelbarer Gefahr beschlossen und gerüstet werden; die schlechte Zeit hindurch solle sie sich bei den Inseln aufhalten, was ja ganz gut auch von dem grösseren Geschwader des ersten Theiles gelten kann. Wo aber von unmittelbarem Eingreifen gesprochen wird, ist wohl eher an die kleinere Flotte zu denken, wie im §. 34. Seebeck lässt freilich die grössere Flotte im Piraeus liegen bleiben, weil er dadurch den Mangel ihrer ferneren Erwähnung erklären will; es ist aber nicht einzusehen, warum sie, wenn einmal ausgerüstet, ihren Standort nicht ebenso anderswo beziehen sollte, dort, wo sie eben nothwendig ist, oder wo sie der Commandant haben will (ἃ μὲν οὖν χρήcεται καὶ πότε τῇ δυνάμει, παρὰ τὸν καιρὸν ὁ τούτων κύριοc καταcτὰc ὑφ' ὑμῶν βουλεύcεται).

Wir sind daher weit entfernt zuzugeben, dass zwischen den beiden Theilen wesentliche Widersprüche obwalten, und fassen das Ergebnis unserer Betrachtung in der Art zusammen, dass wir sagen: Demosthenes hatte in dem dritten Theile seiner Rede, der Commendatio und Refutatio, keinen Grund von seinen beiden Anträgen abgesondert zu sprechen, weil er ja nur im allgemeinen, ich möchte sagen, vom akademischen Gesichtspunkte die Zweckmässigkeit der beantragten Massregeln zu beleuchten hatte und insbesondere die beiden Erfordernisse derselben, persönlichen Kriegsdienst und rechtzeitige Action, seinen Landsleuten begreiflich machen wollte. Er spricht daher von den Vortheilen beider Massregeln, doch so, dass, wo es sich um wirksame Hilfeleistung handelt, überall die Mitwirkung des grösseren Geschwaders vorschwebt.

Die Rede in ihrer Gesammtheit entwickelt uns also ein Programm, welches der angehende Staatsmann, wenn er ernstlich in die Geschicke seines Vaterlandes eingreifen wollte, der Volksversammlung schuldig war, ein Glaubensbekenntnis, welches die Wege seiner Politik zu zeigen hatte. Daraus erklärt sich der warme Ton, womit er seine Vorschläge dem Volke ans Herz legt, und die Ausführlichkeit [24]), deren er sich in der Kritik der gegenwärtigen Zustände befleissigt; daraus erklären sich die Andeutungen und Anregungen, welche mit der principiellen Annahme seiner Vorschläge verbunden waren. „Sein Programm wollte nach der Einführung in der Volksversammlung der reifen Erwägung des Rathes unterbreitet und in seinem Detail noch ausgearbeitet sein, ja einzelne Theile davon waren vielleicht ohne Gesetzesänderung nicht einmal durchführbar. Wer freilich dieselben und die Dinge, wozu sonst Demosthenes in seiner Rede auffordert, so ansieht, als ob sie mit ihrer Mittheilung und der sie begleitenden Empfehlung genügend vorbereitet wären, um sofort vom Volke durch Abstimmung angenommen zu werden, dem muss vieles daran mangelhaft, unverständlich, verkehrt erscheinen." [25]) Zeit und Anlass zu einer solchen Programmrede ist schon früher mit Recht in dem Jahre 351 gesucht und von Hartel in den „Demosthenes'schen Anträgen" S. 9 ff. ausführlich dargelegt worden.

Gegen die Einheit der Rede wendet Eichler ferner ein, dass der zweite Theil eine wesentlich andere Färbung aufweist, dass er uns eine Stimmung enthüllt, die mit Hoffnungslosigkeit starke Verwandtschaft zeigt, während im ersten Theil unverkennbar optimistischen Anschauungen gehuldigt wird, und führt eine Reihe einzelner Sätze aus beiden Theilen an, um seinen Ausspruch zu rechtfertigen. Diese Gegenüberstellung von Gedankensplittern mag durch Eichler's eigenes Wort (S. 11) charakterisiert sein, dass „viele Schriftstellen, falls sie einzeln herausgerissen werden, einen Charakter erhalten, der ihnen gar nicht zugedacht war, und erst im Zusammenhange mit dem Ganzen in die richtige Beleuchtung gerückt werden." Und dieser Zusammenhang will uns bei wiederholter Lectüre der ganzen Rede durchaus nicht jene „Kluft" zeigen, welche „aufgethan" ist zwischen der Hoffnungsfreudigkeit des ersten Theiles der Rede und der Entmuthigung, ja Trostlosigkeit des zweiten." Oder soll es ein Beweis von rosiger Stimmung sein, wenn Demosthenes es als seine erste Pflicht erachtet den Athenern zuzurufen, dass sie

---

[24]) Eichler (S. 29) findet nämlich auch den Umfang der Rede auffällig.
[25]) Hartel, Dem. Studien S. 52 und 63.

doch den Kopf nicht verlieren möchten, wenn auch die Situation ganz schlecht zu stehen scheine (2)? oder wenn sich bereits die Ansicht eingewurzelt hat, dass Philipp schwer beizukommen sei (4)? Wie weit muss die apathische Stimmung vorgeschritten sein, wenn Demosthenes Spott und Hohn anwenden muss, um die Hörer aufzurütteln (25)? Andererseits lehrt uns der §. 50, worauf es dem Redner in moralischer Beziehung angekommen ist. Dort heisst es: wenn wir begreifen, dass Philipp unser Feind ist, und wir auf uns allein angewiesen sind, dann werden wir das Nothwendige (d. h. die zweckmässige Organisierung unserer Kriegsmacht) beschliessen und eitle Reden bleiben lassen; denn man darf nicht immer fragen (was eben die μάταιοι λόγοι thun), was wird die Zukunft bringen, sondern muss begreifen, dass unsere Lage (besonders die Wehrverhältnisse) übel bestellt sei, wenn wir es uns nicht angelegen sein lassen und die zweckmässigen Einrichtungen nicht treffen wollen. Mit anderen Worten: ihr müsset das Nichtsthun und die schönen Reden aufgeben, dafür aber praktische Dinge beschliessen, welche euch wieder heraushelfen können; lauter Gedanken, wie sie Demosthenes im Anfange der Rede (2) vorbrachte, um eine Besserung der Situation möglich erscheinen zu lassen.

Und wenn wirklich eine Steigerung des Tones im zweiten Theile wahrzunehmen ist, wenn die Aufforderung dringender, heftiger wird, wenn grellere Farben aufgetragen werden, trifft da den Redner ein Tadel? Sollte er vom Anfang bis Ende ein Fortissimo anschlagen? Entspricht es nicht auch rednerischen Zwecken, anfangs den Ton zu dämpfen, nicht abzuschrecken, sondern die Herzen zu gewinnen, allmählich erst den Strom der Rede schwellen und brausen zu lassen, um zum Schlusse abermals die Fluten in ruhigeren Gang zu bringen? Uns scheint die Farbenvertheilung in den beiden Theilen der Absicht der einzelnen Abschnitte gemäss gut getroffen zu sein: im vorbereitenden Theile lichtere, in der Commendatio ernstere, in der Refutatio, wo die Folgen einer Ablehnung seiner Anträge beleuchtet werden, noch ernstere, ja düstere Farben.

Die Auslegung einzelner Stellen rücksichtlich des Colorits wird immer etwas Subjectives behalten und je nach der Tendenz, der sie dient, wechseln. Das zeigt sich bei Eichler in der Ermittelung der Tendenz des zweiten Theiles. Wo es ihm darum zu thun ist, die Kriegsmacht des zweiten Theiles im Vergleich zu der kleinen Flotte des ersten Theiles recht gross erscheinen zu lassen, erblickt er die Tendenz der Rede in dem Nachweise, dass die bisherige Kriegführung nichts tauge (S. 22), dass eine gänzliche Aenderung des Kriegsplanes nöthig sei (11), dass ein Angriffskrieg (12), ein grosser Krieg (27) geplant sei; wo er dagegen die Stimmung des zweiten Theiles in den düstersten Farben schildert, meint er, es handle sich nur mehr um anständige Friedensbedingungen (23). Wenn Demosthenes einen Angriffskrieg (natürlich einen erfolgreichen) predigt, warum sollte dabei an eine Züchtigung nicht gedacht werden? Wenn es andererseits schon so weit gekommen sein soll, dass nur noch anständige Friedensbedingungen erwirkt werden können, woher dann die Stimmung zu einem Angriffskriege? Die Tendenz sowohl des ersten als auch des zweiten Theiles besteht darin, die Athener zu einer Aenderung in der Kriegsausrüstung zu bewegen, weil die alte Methode sich als unpraktisch und schädlich erweiset, schädlich insbesondere darum, weil die Kriegsmacht statt Philipp zu züchtigen, wie es anfänglich gemeint war, infolge ihrer mangelhaften Organisation die Angriffe Philipps zurückzuschlagen nicht im Stande ist und daher verschuldet, dass Athen und dessen Bundesgenossen geschädigt werden. Statt der Züchtigung sehen wir aus der Mangelhaftigkeit unserer Kriegseinrichtung nur Schaden erwachsen. Diesen Sinn hat die Stelle in §. 43, aus welchem Eichler ein Ende des Krieges überhaupt herausliest (S. 23), wie mir scheint, mit Unrecht. Denn τελευτὴν οὖσαν ἤδη ὑπὲρ τοῦ μὴ παθεῖν κακῶς ὑπὸ Φιλίππου bezeichnet im Vergleich zu τὴν μὲν ἀρχὴν τοῦ πολέμου die Fortsetzung des Krieges, die Ausführung dessen, was begonnen wurde, aber nicht den definitiven Abschluss des Krieges, an welchen Demosthenes bei der Reorganisierung der Kriegsmacht oder, wie Eichler will, bei einem beabsichtigten Angriffskriege nicht gedacht haben kann. Die Worte τὴν δὲ τελευτὴν lassen sich mit einer sonst geläufigen Wendung umschreiben: νῦν δὲ τὰ πράγματα εἰς τοῦτο προήκει, ὥστε σκέψασθαι δέον, ὅπως μὴ πεισόμεθα κακῶς. Dann ist nicht zu übersehen, dass Demosthenes diese Worte den Hörern in den Mund legt und deshalb um einen Grad stärker aufträgt, um das Gespenst des herannahenden Philipp desto lebhafter vor die Augen zu führen. Ohne Affect würde das heissen: der Krieg begann wohl, um Philipp zu züchtigen, aber der Verlauf desselben zeigt uns schon, dass wir die Kosten bezahlen müssen. Wenn Demosthenes früher (7) den Athenern zurief: κἀκεῖνον τιμωρήσεσθε, so versprach er ihnen mehr, als er halten konnte, und that es, wie ein Arzt, der einem Kranken eine unangenehme Medicin durch allerlei schöne Hoffnungen mundgerecht macht.

Ein bischen rhetorische Uebertreibung steht einem Politiker wohl an, ohne dass man daraus Capital schlagen darf. Will man ihn richtig verstehen, so muss man von solcher übertreibenden Zuthat absehen. „Man hat sich zu hüten, jede überschwängliche Motivierung in eine wirkliche Ueberzeugung des Redners umzusetzen, aus jedem herben Tadel eine historische Thatsache, aus jedem Imperativ ein fertiges Psephisma herauszuschälen; ohne dieses vorsichtige Abwägen nach allen Seiten würde sich eine Würdigung der Politik des Demosthenes in einen Knäuel von Widersprüchen verwickeln [26]).

Dergleichen scheinbare Widersprüche zu hoch anzuschlagen, führt nicht zum gewünschten Ziele. So sieht Eichler in dem Ausspruche (43), dass die Bürger Athens noch niemals gegen einen äusseren Feind zu Felde zogen (εἰ καὶ μὴ πρότερον) einen Widerspruch gegen §. 23, wo ein solcher Fall angeführt wird. Obwohl er selbst zugibt, dass die Worte sich nur auf die Zeit des phokischen Krieges beziehen und keinen Rückblick auf die ganze historische Vergangenheit enthalten können, glaubt er dennoch auf diesem Widerspruch zu Gunsten der Trennung der beiden Theile beharren zu sollen. Müsste es Demosthenes nicht als schleppende Umständlichkeit angerechnet werden, wenn er in den kurzen Fragen (43) auf die Reminiscenz vom korinthischen Kriege zurückgekommen wäre? Andererseits findet es Eichler, welcher den zweiten Theil als selbständige Rede erst nach dem Falle Olynths ansetzt (347), in Ordnung, dass Demosthenes die athenische Hilfssendung zum Entsatze Olynths bei den Worten: εἰ μὴ πρότερον nicht erwähnt, obwohl sie aus athenischen Bürgern bestand und erst vor einem Jahre erfolgte. Seine Clausel, es sei dies kein vollwichtiger Feldzug gewesen, weil er gar nicht ans Ziel kam, hat keine Bedeutung, denn um das handelt es sich nicht, sondern einzig darum, ob die Athener selbst schon einmal zu Felde gezogen seien oder nicht. Nachdem es Demosthenes nach vielen Mühen durchgesetzt hat, dass endlich die Athener selbst die Schiffe bestiegen, soll er sich nun den Anschein geben, als ob er nichts davon wüsste? Der allgemeine Eindruck, den man aus dem zweiten Theile gewinnt, ist, dass bisher überhaupt nichts ordentlich geschehen, und dass es endlich höchste Zeit sei, sich aufzuraffen. Nun haben sich aber die Athener 348 aufgerafft und das Bürgercorps geschickt; wie konnte das Dem. ein Jahr später vollständig ignorieren? Das zeigt uns nur, dass die philippische der olynthischen Rede vorangegangen ist.

---

[26]) Hartel, Dem. Studien S. 43.

Ferner sagt Eichler (12), dass dem Dem. die Mitwirkung von Bürgern bei dem Offensivstosse als ein Wagnis erschienen sei, vor dessen Folgen ihm bange wurde (§. 51), und zu dieser Erkenntnis soll er sich erst nach dem Falle Olynths durchgearbeitet haben (S. 24). Nun ist aber in dem ersten Theile der Rede, welcher auch nach Eichlers Ansicht 351 gehalten wurde, ganz dieselbe Forderung an die Athener gestellt und ausdrücklich als eine καινὴ παρασκευή bezeichnet. Riskierte da Demosthenes nicht schon 351 das, was Eichler ihn erst 347 befürchten lässt? Oder riskierte er zweimal dasselbe Schicksal? Oder, wenn schon im Jahre 348 athenische Bürger nach Olynth mitfuhren, wie durfte er (nach Eichlers Datierung) ein Jahr später dieselbe Forderung als für ihn gefährlich bezeichnen?

Wenn ferner Pseudoaeschines sagt: „als ihr euch mit Aufgebot des letzten Mannes zum Zuge nach Euboia und Olynth rüstetet" [27]), wie kommt es denn, dass Demosthenes im zweiten Theile, vorausgesetzt, er sei erst nach Olynths Eroberung gehalten, so thut, als ob bis jetzt nichts geschehen wäre? Brauchte es erst des Falles von Olynth, damit Demosthenes den Athenern die Augen öffne, ὅτι ἐχθρὸς ἄνθρωπος (§. 50)? So konnte Dem. zu einer Zeit reden, wo die Ziele Philipps noch nicht allen klar waren, wo diese Wahrheit noch der Nachhilfe eines patriotischen Rathgebers bedurfte; nach dem Falle Olynths konnten nur Feinde der griechischen Freiheit jenen Satz bestreiten.

Das Hauptargument, welches bisher für die Datierung der ersten philippischen Rede vor den olynthischen angeführt wurde, dass darin der Eroberung dieser wichtigen Stadt keine Erwähnung geschehe, hat Eichler durch die Parallele mit der Rede vom Frieden nicht entkräftet. Wenn in dieser Rede der schmerzliche Verlust dieser Stadt nur allgemein angedeutet wird, so erklärt sich dies im Hinblick auf den Zweck der Rede vollkommen: Demosthenes wollte die alten Wunden nicht aufreissen, um die Athener nicht aufzuregen und die Kriegsstimmung, in der sie sich ohnehin befanden, nicht zu hellen Flammen anzufachen. Was konnte ihn hingegen in unserer Rede, deren Ziel nach Eichlers Meinung ein Angriffskrieg sein soll, zurückhalten, diesen Punkt zu berühren? Wenn er den Angriffskrieg predigen wollte, so war ja das Unglück der Olynthier das beste Mittel Kriegsstimmung hervorzurufen und zu nähren.

Eichler's Datierung des zweiten Theiles erscheint daher, was den Fall Olynths betrifft, nicht begründet, und mehr Wahrscheinlichkeit besitzen auch die übrigen Deductionen, welche er an die

---

[27]) Eichler S. 14.

historischen Anspielungen des zweiten Theiles knüpft, nicht, zum mindesten keine entscheidende Beweiskraft. Bekanntlich setzt Böhnecke die erste Philippica nach den olynthischen Reden, jedoch noch vor der Eroberung Olynths, in das Jahr 348 an. Dieselben historischen Ereignisse also, welche Eichler für die Zeit nach Olynths Fall reclamiert, passen nach Böhnecke, dessen Argumente theilweise benützt zu haben Eichler erklärt, auch vor Olynths Fall, und nach Seebeck, dessen Beweisführung in diesem Punkte Eichler nicht widerlegt hat, sogar vor das Jahr 350, in welchem er Demosthenes die Rede halten lässt. Die Dehnbarkeit dieser Beweisstücke erhellt schon aus dieser Nebeneinanderstellung und mag an einigen Beispielen im einzelnen beleuchtet werden[28]). So verlangt Eichler, dass die Zeit der Einfälle Philipps auf Lemnos und Imbros und die Wegführung athenischer Bürger unbedingt zwischen der Eroberung Olynths und den Verhandlungen über den Frieden fixiert werde, obwohl er selbst zugibt, dass die erwähnte Beunruhigung der Inseln nicht identisch sei mit der Wegnahme derselben, und beruft sich dabei auf §. 43, wo Demosthenes es offen ausspreche, dass es sich diesmal „wirklich schon um das Eigenthum Athens handelte", weil es in der Stelle heisse, dass sich der Krieg schon darum drehe, nichts Schlimmes von Philipp zu erfahren (ὑπὲρ τοῦ μὴ παθεῖν κακῶς).

Ein Schuss über das Ziel. Denn das allgemeine κακῶς παθεῖν braucht im besonderen Falle nicht den factischen Verlust des Eigenthums zu bedeuten, und findet sich gebraucht auch für Zeiten, wo an den Verlust der genannten Inseln noch nicht gedacht wurde (Ol. III, 1). Auch ist nicht anzunehmen, dass dies der einzige Angriff auf athenischen Besitz war; dergleichen Heldenthaten wird wohl Philipp während der ganzen Kriegszeit öfter ausgeführt haben, so dass nicht ausgeschlossen ist, dass solche Einfälle lange vor Olynths Fall üblich waren. In §. 17 ist ja auch eine ϲτρατεία εἰϲ Ὄλυνθον erwähnt, ohne dass jemand daraus den Schluss gezogen hätte, der erste Theil der Rede sei nach Olynths Fall gehalten worden.

Ein ähnliches Bewandtnis hat es mit dem angeblichen Widerspruche betreffs des Einfalles in den Pylen. Deswegen, weil Demosthenes im §. 41 sich über eine Ausrüstung nach Pylae tadelnd, im §. 17 dagegen lobend ausspricht, braucht noch kein Widerspruch zwischen

---

[28]) Vielleicht hätte die Erörterung der historischen Anspielungen, welche Eichler zumeist auf Böhnecke's Forschungen stützt, zu einem anderen Resultate geführt, wenn dabei die Abhandlung von Fuchs, die sich mit der Widerlegung der Böhnecke'schen Argumente beschäftigt, Berücksichtigung gefunden hätte.

den beiden Theilen zu herrschen, wie es schon Seebeck [29]) zugab, weil dem Redner mehrere solche Ueberraschungen Philipps vorschweben, gegen welche es den Athenern einmal glückte, rechtzeitig einzuschreiten (§. 17), ein anderesmal eben nicht (§. 41). Dass aber Demosthenes wirklich an mehrere Anschläge gegen Pylae dachte, zeigt eben dieser §. 17. Denn wenn er nur jenen belobten Fall, der für ihn bereits vorüber war, im Auge gehabt hätte, wozu hätte er einige Zeilen zuvor eine Ausrüstung beantragt, welche sich gegen die Einfälle nach Pylae, Chersonesos und Olynth richtete, wenn er nicht, von dem einen Falle ausgehend, generalisierend ähnliche Einfälle in der Zukunft besorgte? Wenn also in der Zeit nach Olynths Falle Plünderungen auf den Inseln vorkamen, so schliesst dies nicht aus, dass auch schon früher ähnliche Anschläge ausgeführt wurden, auf welche sich der §. 34 beziehen kann. Es lässt sich überhaupt kein Grund finden, warum alle Freibeuterstücke erst mit oder nach dem Falle Olynths verknüpft werden. Der Kriegszustand mit Athen datiert schon von früher her [30]) und brachte es mit sich, dass Philipp Athen zu schädigen suchte wo er konnte, und sich kaum an irgend eine Zeit band. Wenn man sich übrigens die Situation im aegaeischen Meere nach Demosthenes Ausführungen im ersten Theil der Rede vorstellt, so erscheint sie nicht verschieden von jener, welche der zweite Theil voraussetzt. Die kleinere Flotte hat ja offenbar die Aufgabe, Repressalien zu üben für Philipps Einfälle in die athenische Machtsphäre und ihn so an der Fortsetzung derselben zu hindern und ihm überhaupt den möglichst grössten Schaden zuzufügen. Das λῃcτεύειν derselben ist im Grunde genommen nichts anderes, als was Philipp auf Lemnos bei Geraistos u. s. f. gethan hat. Was also schon 351 zum mindesten möglich war, werden wir ohne zwingenden Grund nicht unter 348 herabdrücken. Als zwingender Grund lässt sich auch Iustinus Zeugnis nicht betrachten, weil es diesem bei seinem excerpierenden Verfahren auf dogmatische Genauigkeit nicht ankam; er knüpfte die Thatsache der Seeräuberei an andere Frevelthaten Philipps an, ohne sich genauer darum zu kümmern, ob nicht gleichzeitig mit oder schon vor Olynths Eroberung dergleichen Fälle vorgekommen seien; sein Gesichtspunkt ist einzig, zu zeigen, dass Philipp jegliches Recht mit Füssen trat. In Eichler's Citat sieht die Sache freilich so aus, als ob Philipp nach Olynths Eroberung zunächst zur Seeräuberei gegriffen hätte

---

[29]) S. 762.
[30]) vgl. Fuchs S. 6, und Hartel, Dem. Stud. 37.

(inde .... piraticam exercere instituit); im vollständigen Texte[31]) dagegen ist mit inde ein anderes Ereignis, die Wegnahme von Gold- und Silberminen, eingeleitet, und daran schliesst sich erst lose die Bemerkung von der Seeräuberei an, weil es Iustin passend fand, diese Handlungsweise mit dem früheren Gewaltact zusammenzustellen. Es muss übrigens dahingestellt bleiben, ob die Quellen des Iustin unter der piratica gerade jene Ereignisse auf Lemnos und Imbros verstanden [32]).

Was endlich den Brief Philipps an die Euboeer anlangt, so wird sich seine Zeit ohne die Kenntnis des Inhalts kaum fixieren lassen. Wenn man aber das, was der Scholiast darüber sagt, und wozu die Worte in §. 38 auch nach Eichler's Erklärung gut passen, für das Wesentliche des Briefes halten darf, dann gehört er gewiss nicht in die Zeit von Friedensverhandlungen (348/7), sondern, wo den Euboeern daran gelegen war, sich der Hilfe Athens zu versichern (ἐλπίζειν εἰς τὴν Ἀθηναίων cυμμαχίαν). Dass daraus nichts wurde, hatten die Freunde Philipps in Athen auf ihrem Gewissen, welche es durchsetzten, dass Athen dem Plutarchos zu Hilfe kam. Philipp arbeitete von zwei Seiten: er suchte durch Verleumdungen der Athener ihre Hilfe als nicht wünschenswert darzustellen und so beide Parteien zu isolieren, und in Athen die Unterstützung des Plutarchos zu erwirken: beides gelang ihm. Nebensächlich ist die Frage, wie Demosthenes in Kenntnis des Briefes kam.

Uebrigens ergibt sich sowohl aus §. 37, als auch aus §. 17, wo des erfolgreichen euboeischen Hilfszuges vom Jahre 357 Erwähnung geschieht, dass zur Zeit der ersten philippischen Rede das friedliche Verhältnis zu Euboea noch aufrecht bestand, und die Trübung desselben aller Wahrscheinlichkeit nach in das folgende Jahr fiel. Der Brief Philipps ist somit nicht nur kein Hindernis, die Rede dem Jahre 351 zuzuweisen, sondern unterstützt sogar die weitere Annahme, dass der Krieg kurze Zeit darnach ausbrach[33]).

Auf die nähere Begründung der Zeitbestimmung dieses Krieges einzugehen liegt ausserhalb des Rahmens dieses Aufsatzes.

---

[31]) Iustinus, hist. VIII, 3: Inde, quasi omnia, quae agitasset animo ei licerent, auraria in Thessalia, argenti metalla in Thracia occupat. Et, ne quod ius vel fas inviolatum praetermitteret, piraticam quoque exercere instituit.

[32]) vgl. Fuchs S. 12.

[33]) Schäfer II, 69, E. Müller, Hartel sind für das Jahr 350, Unger für 351; dagegen Blass, att. Bered. III, 276 und literar. Centralblatt 1878 S. 1161, und H. Weil, les harangues de Demosthène p. 163, und in Revue de philologie, Janvier 1879 für das Jahr des Philochoros 348.

Die historischen Anspielungen in den §. 30—51 erscheinen daher nicht darnach angethan zu sein, die Einheitlichkeit der Rede, welche sich vor allem auf die Concordanz der beiden Theile in Bezug auf Absicht und Plan der Rede stützt, zu erschüttern.

Wenden wir uns zum Schluss noch zu Dionysios und den auf dessen Autorität aufgebauten Argumenten. Man kann aus den erhaltenen Notizen nicht ersehen, dass ihn ein anderer Grund zur Trennung bewogen habe, als der räthselhafte Plural: ἡμεῖς. Möglich, dass er an einer anderen Stelle eine Begründung seiner Ansicht gegeben habe. Ist dies der Fall gewesen, dann müsste er als der Urheber der Spaltung angesehen werden, und dies würde zu der Bedeutung und dem Range dieses Rhetors und Kritikers besser stimmen, als was wir uns nach den erhaltenen Nachrichten über sein Verfahren denken müssen. Wenn er aus eigener Erkenntnis an dem ἡμεῖς einen derartigen Anstoss nahm, dass er die Rede theilte, und als Erklärung des Plurals keinen besseren Grund anzuführen wusste als eine Deuterologie, wo keine sein kann, dann haben wir keinen Grund auf seine Autorität folgenschwere Schlüsse zu bauen. Wenn er aber schon eine Tradition vorfand, wie Eichler annimmt, so musste er als kritischer Kopf zu derselben Stellung nehmen und über die Berechtigung derselben sich ein Urtheil bilden. That er das in diesem Falle wieder nicht anders als durch den Hinweis auf eine Deuterologie und durch die Bezeichnung des Inhalts, dass es sich in der angeblichen fünften philippischen Rede um den Schutz der Inselbewohner handle, dann verdient seine Autorität keinen grösseren Glauben als im ersten Falle.

Er musste sich, wenn er die Tradition von der Doppelrede als eigene Ansicht adoptierte, in anderer Weise darüber rechtfertigen, als es uns bekannt ist. Es bleibt somit wieder nichts anderes übrig als anzunehmen, dass er in einer verlorenen Schrift entweder seine oder die Gründe für die von ihm gebilligte Tradition auseinandersetzte.

Ist dies aber, wie Eichler meint, nicht der Fall, so nahm er es mit der überlieferten Doppelrede ziemlich oberflächlich; denn dieselben Gründe, welche uns für die Einheit der Rede einzustehen bestimmen, konnte er, wenn er wollte, auch sehen statt eine so geschraubte Erklärung aufzustellen, die jeder als unrichtig zu erkennen im Stande war. Er müsste denn höchstens einem so pedantischen Conservatismus gehuldigt haben, dass er gegen seine bessere Ueberzeugung an der überlieferten Doppelrede nichts zu ändern wagte und es vorzog, für die räthselhafte Erscheinung irgend einen plausiblen Grund aufzufinden, ohne zu bedenken, dass die Annahme der Deuterologie in den nächsten Zeilen der Rede widerlegt werde. Dass aber eine solche Doppeltradition entstehen konnte, ist bei der Einrichtung der Manuscriptrollen nicht unmöglich und unwahrscheinlich. Wenn der zweite Theil der Rede auf einer separaten Pergamentrolle geschrieben war, so konnte dieser Umstand leicht auf den Gedanken führen, es sei dies eine selbständige Rede, und war dies einmal auf dem Kopfe der Rolle bezeichnet, so begnügten sich die Nachfolger, den eigenthümlichen Anfang der Rede zu erklären statt die Zusammengehörigkeit wieder herzustellen. Dionysios gehört demnach entweder zu solchen Nachbetern einer zufällig entstandenen, unrichtigen Tradition oder er hat es aus eigener Erkenntnis unternommen, den zweiten Theil als selbständige Rede nachzuweisen. Die letztere Annahme ist wahrscheinlicher, weil sie sich auf Andeutungen über eine specielle Schrift des Dionys über einzelne Reden des Demosthenes stützt[34]). An die Behauptung dieses angesehenen Rhetors scheint sich schon früh eine Discussion der alten Interpreten geknüpft zu haben, besonders über die Frage wie sich die beiden Anträge zu einander verhalten.

Scholion zu §. 15: τινὲс δέ φαϲι ὅτι ἐξ ἀληθείαϲ ὁ ῥήτωρ βούλεται τὰϲ δύο γενέϲθαι παραϲκευάϲ, ἄμεινον δὲ λέγειν ὅτι.. Es muss also auch andere, zu denen der Scholiast selbst gehörte, gegeben haben, die anders darüber dachten.

In ähnlicher Weise macht der Scholiast zu §. 30 gegen Dionys Opposition: ἐντεῦθέν φηϲι Διονύϲιοϲ ὁ Ἁλικαρναϲεὺϲ ἑτέρου λόγου εἶναι ἀρχήν, οὐ λέγει δὲ ἀληθῆ· ἐπειδὴ γὰρ ἄνωθεν ὑπέϲχετο περὶ πόρου χρημάτων εἰπεῖν νῦν τοῦτο δεικνύει· καὶ ἔϲτιν ὥϲπερ ἐπίλογοϲ, ὥϲπερ ἐποίηϲε καὶ Ἰϲοκράτηϲ ἐν τῷ τοῦ Τραπεζιτικοῦ τέλει κατὰ Λοχίτου αἰκίαϲ ἐπίλογον θείϲ. Man sieht, der Scholiast nimmt sich warm um Demosthenes an und schiesst in seinem Eifer weit über's Ziel hinaus, wenn er das Verhältnis der beiden Theile so darstellt, wie es nach seiner Meinung bei den Isokrateischen Reden besteht.

Die Ansicht des Scholiasten, welcher offenbar den Τραπεζιτικόϲ und Λοχίτηϲ für eine zusammenhängende Rede hält, ist beiläufig folgende: er (Dionys) spricht aber nicht die Wahrheit, denn, nachdem er (Dem.) im ersten Theile versprochen hatte, über die Mittel zu reden, thut er dies nun im zweiten Theile, und ist dieser zweite Theil ein Epilogos, wie ja auch Isokrates (obwohl bei viel grösserer Verschiedenheit des Stoffes) an das Ende des Trapezitikos noch

---

[34]) Blass, att. Bered. III, 261, Anmerkung 3.

einen Epilog über die Misshandlung durch Lochites gesetzt hatte. Konnte also Isokrates desgleichen thun, um wie viel mehr Demosthenes, welcher doch nur sein im ersten Theile gegebenes Versprechen einlöste.

Wir stützen uns durchaus nicht auf den Scholiasten, weil uns andere Gründe für die Einheit der Rede leiten, sondern wollen damit nur auf das Alter dieser Streitfrage hinweisen. Eichler legt dem Scholion mehr Wert bei, aber erst, nachdem er sich dasselbe durch Versetzung der Negation zurechtgelegt und gerade das Gegentheil daraus gemacht hatte: λέγει δὲ ἀληθῆ· ἐπειδὴ γάρ . . ., νῦν οὐ τοῦτο δεικνύει. Das ist beinahe dasselbe Kunststück, wie die Versetzung der Interpunction in dem Orakelspruch: ibis, redibis non, morieris in armis.

Ich glaube aber, dass sich der Scholiast, wenn er geschrieben hätte: νῦν οὐ τοῦτο δεικνύει, fehlerhaft ausgedrückt hätte, denn er hätte den Vordersatz concessiv machen sollen, etwa: καίπερ ὑποσχόμενος . . ., νῦν οὐ τοῦτο δεικνύει. So aber, wie der Vordersatz im Texte lautet, lässt er nur einen positiven Nachsatz zu. Wie man sich auch immer das Verhältnis des Dionysios zu der Ueberlieferung vorstellen mag, ob er dieselbe corrigieren oder nur erklären wollte, in keinem Falle können seine Einwendungen den Anspruch erheben, ihnen unbedingten Glauben zu schenken. Erst Seebeck verlieh der Frage durch die Abwägung des Inhaltes der beiden Theile und durch die Betonung der angeblichen Widersprüche eine innere Wahrscheinlichkeit und forderte so zu eingehender Würdigung seiner Einwürfe heraus.

Wir hoffen nun gezeigt zu haben, dass dieselben auf unrichtigen Voraussetzungen beruhen, und dass das scheinbar Disharmonische bei richtiger Erfassung des Zweckes der einzelnen Theile sich zu einer einheitlichen Stimmung vereinigen lasse. Ebenso glauben wir, dass die äusseren Momente und die historischen Beziehungen zu den gleichzeitigen Ereignissen, welche insbesondere von Eichler betont werden, nicht im Stande sind, das wohlgeordnete Ganze aus den Fugen zu heben und in zwei unschöne Trümmer zu sprengen.

Krems.   A. BARAN.

Satura.

1. Georges[7] führt für den substantivischen Gebrauch von *humanus* ein paar Stellen auf, wie Ov. Fast. III. 503 *pulcher et humano maior*; Lucr. III. 80 *vitae percipit humanos odium*; III 849 *caelundum omnibus humanis esset*; Varro (ap. Non. 81. 6) Frg. 289 B. *natura humanis omnia sunt paria* und endlich Pacuv. 295 R. *aeternûm humanûm sator*. Nicht verzeichnet ist Justin. XLII. 3 *primusque humanorum . . . . eam caeli plagam domuisse dicitur*. Diese Beispiele glaube ich vermehren zu können um Varro ap. Non. 71. 16 (Frg. 428 B.): *Aritudinem pro ariditate Varro [. . .] metheo in lib. I. humanarum quandam gentem stirpis con . . . . . quit frigus calore atque humore aritudinem miscet.* An die antiquitates rerum humanarum (wie de Jonghe und Mercier wollten) kann nicht gedacht werden. Scaliger schrieb *humanae*, das in den Ausgaben zu lesen ist. Allein der cod. Paris. 7667 bietet das einzig richtige *humanorum* (= hominum). Darnach schreibe ich:

Varro [Pro]metheo liberato:
húmanorum quándam gentem stirpis con[ditór co]quit,
frígus cal[d]ore átque humore miscet aritúdinem.

Die Lücke in v. 1. habe ich gefüllt nach Verg. Aen. I. 33 *Romanam condere gentem*, Justin. II. 6. 11. *Deucalionem . . . . . a quo . . . . genus humanum conditum dicitur*, Tac. Germ. 2 u. a. m. *Caldor* in v. 2. ist echt varronianisch d. r. r. I. 41. 1; 55. 6, oder III. 9. 15 *evitare caldorem et frigus*, endlich auch frgt. sat. 33, das nach dem Harleianus zu lesen ist: *idque alterum appellamus a calendo calorem vel caldorem* (so m. 2. *candorem* m. 1.), *alterum a fervore febrim*. Die Umstellung am Ende kann nicht auffallen; cf. Wiener Studien V. 252.

2. Ein weiteres Beispiel bietet ein Fragment des G. Gracchus bei Charisius p. 196. 25, welches neulich erst von F. Marx im rhein. Mus. 1884 p. 72 behandelt worden ist, auf den ich den Leser hiemit verweise. Das Fragment lautet: *qui? sapientem cum* (Hss. cum) *faciet, qui et vobis et reipuplicae et sibi communiter prospiciat, non qui pro asylo* (so Marx, Hss. sylla) *humanum trucidet!*

Offenbar wählt Gracchus das Wort des rhetorischen Numerus wegen, das (molossische) *humanum* dringt tiefer ein, als das (anapästische) *hominem trucidat*.

3. Fraglich scheint mir, ob bei Lucilius 745 L. XXVIIII. 17 M (Non. 36. 10) dasselbe Wort gelesen werden soll. Ich verweise auf Stellen wie Pl. aul. IV. 10. 55; pseud. I. 1. 37; Ter. ἑαυττ. IV, 6. 6; Pompon. ap. Non. 40. 25; Caecil. ap. Char. I. 98. Vor allem nahe sind Pl. pseud. I. 3. 117; Poen. prol. 89 und Bacc. V. 2. 51:

senex óptume, quantumst in terra, sine [me] hóc exorare ábs te!

Darnach ergäbe sich etwa
Coniungere: copulare, dictum est a iugo. Lucil. l. XXVIIII: quom mini[ma], quantumst in ter[ra] humanúm, genus rerúmque inter se cóniungat communitas.
Die Hss. *quam mihi .... inter ..... communicat*. Für *quom* siehe Archiv f. lat. Lex. I. 121, *humanúm* wie oben bei Pacuvius 295 R., *coniungat* ist vortrefflich von Marx (studd. Luc. p. 39) vertheidigt worden, *communitas* verdanken wir Lachmanns Scharfsinn.

4. Das bei Müller diesem folgende Fragment 788 L. (Non. 325. 32) ist kaum jambisch:

tú qui iram indulgés nimis, manum ábstinere a múliere mélius est ......

Die Hss. haben *manus*, wol aus *manu* entstanden.

5. Deuerling edirt in dem Programme des Ludwigs-Gymnasiums in München von 1876 p. 31 folgende 'Placidus'glosse: *rationes huiusmodi saltabat, † similitudo a theatro et praecipue pantomimis, qui sub † aliis manibus alias historias ...... aliud intellegi volunt*. Die Emendation ist kaum fraglich. Man lese so: *rationes huiusmodi saltabat simili ludo: a theatro et praecipue pantomimis, qui sub [s]altis inanibus alias historias [alias ......] aliud intellegi volunt*. Für *saltis = saltibus* verweise ich auf ital. *salto*, der Synkretismus der O- und V-Stämme ist dem Vulgärlatein geläufig.

6. In der Gratulationsschrift zu Büchelers Doctorjubiläum (Bonn 1881) behandelt F. Marx (S. 6) die Stelle Ciceros de fin. I. 3, 9, über deren grammatische Unhaltbarkeit Madvig so gründlich gehandelt hat, dass man jedes weiteren Wortes entrathen kann. Wir müssen also zugestehen 'bis verbum omitti contra Tullii leges et usum'. Nun ist Folgendes die Ueberlieferung: *nisi qui se plane Graecum dici velit, ut a Scaevola est praetore salutatus Athenis Albucius, quem quidem locum cum multa venustate et omni sale idem Lucilius, apud quem praeclare Scaevola*. Die ganze Schwierigkeit

liegt in dem *l. c. m.* Zunächst passt *locum* nicht; denn ein 'Gemeinplatz' war es nicht, was Scaevola dem Albucius zurief. Was aber sollte es sein? Offenbar *iocum*, ein 'Scherzwort'. Und damit ist alles klar. Man lese statt *cū multa*: *cumulat* und wird alles richtig haben: *ut a Scaevola est praetore salutatus Athenis Albucius, quem quidem iocum cumulat venustate et omni sale idem Lucilius, apud quem praeclare Scaevola : e. q. s.* Cicero sagt *illustrare orationem ac totam eloquentiam cumulare* (vervollkommnen, auf den Gipfel treiben) und in derselben Schrift (de fin.) 5. 40 (*summum bonum*) *cumulatur ex integritate corporis et ex mentis ratione perfecta.* Man wird diesem Emendationsversuche die Wahrscheinlichkeit nicht absprechen können. Vgl. Plin. ep. III. 1 *hilaritas, cuius gratiam cumulat sanctitas scribentis.*

7. Bei Georges[7] vermisse ich den merkwürdigen Gebrauch von *rarefacere* bei Nonius. Lucian Müller hat sich nämlich getäuscht, wenn er 36. 25 (zu Lucil. XXVIIII. 40) das *depilati dictum rarefacti* angreift. Was er dafür setzen will *pavefacti* entspricht ja durchaus nicht dem Begriffe des 'Haarlassens', oder 'Gerupftwerdens'. Dass nichts zu ändern ist, zeigen die Lemmata 403. 1 *stringere: rarefacere, excidere*; 369. 22 *putare dicitur purgare rarefacere.* Wir sehen, dass Nonius (39. 26) *pilare* und (12. 22) *suppilare* richtig erklärt, warum sollte er das *depilare* falsch verstanden haben? Wir müssen also festhalten, dass die afrikanische Latinität *rarefacere* geradewegs gleich 'rupfen' gebrauchte. Dem Lucrez ist das Wort gleich 'auflockern' (Gegensatz I. 649 *denserier*, ein Wort, das im Lucilius hergestellt werden muss bei Non. 390 710 L. XXVIII. 11 M. — Hss. censeas —:

summittas alios, si quos possis; dénseas ...),

dem Nonius ist's einfach ψιλοῦν γυμνοῦν und der jeweilig zu ergänzende Objectsbegriff verengert diese allgemeine Bedeutung; also *rarefacere* (sc. *frondes*) = ἀποφυλλίζειν; *rarefacere* (sc. *pilos*) = τριχῶν ψιλοῦν. Wenn übrigens Georges[7] *purefacere* aus Nonius doppelt belegt (114. 19 und 370. 4), so ist die erste Stelle zu streichen, da die Hss. *pura facere* haben.

8. Im Petronius c. 66 erzählt Habinnas, was es bei der 'Todtenzehrung' im Hause des Scissa gegeben habe: .... *et catillum concacatum, pax, Palamedes!* Ohne Zweifel erklärt Bücheler richtig: *sit venia verbo foedo*; allein in der Weise, wie er diese Bedeutung in die Worte legt, scheint er mir nicht das richtige gesehen zu haben. Er sagt nämlich: '*Palamedes: inventor* φῖ *litterae*'. Ich erkenne nun allerdings an, dass Palamedes schon seit des Stesichoros Orestie

(Beck. Anecd. II. 783. 14; Cram. Anecd. Ox. IV. 318) als Erfinder der Buchstabenschrift (oder des Φ, X, Θ) geht, worauf z. B. auch Ausonius im Monosyllabenidyll kommt (12):

haec gruis effigies Palamedica porrigitur. Φ;

ja an einer anderen Stelle hat derselbe sogar das Φ gleichbedeutend mit der Interjection *phy* (Ter. ἀδελφ. III. 3. 58) gebraucht nämlich in dem unfläthigen Epigramme auf den *liguritor Eunus* (128):

cui ipse linguam cum dedit suam, Λ est,
veramque in illis esse Φ *notam sentit.*

Aber derlei ist seiner Intention nach himmelweit von dem vorliegenden Beispiele verschieden, und wie käme die gelehrte Reminiscenz in den Mund eines betrunkenen Steinmetzen? Ich fasse die Redensart von einer anderen Seite. In den Menächmen nennt Plautus den Koch von seiner *culina*: *Culindrus*; im Miles heisst der *servus scelestus: Sceledrus* (umgekehrt bei Petron 56 ein Silberbecher und ein Schinken — cκέλοc — *argentum sceleratum*); im Pseudolus berührt sich *carere: Carinus* (II. 4. 47) oder sogar I. 2. 92:

cras Poenicium, poenicio corio invisas pergulam!

Das Vorgebrachte wird zu unserer Erklärung genügen. *Pax* ist Interjection (Auson. l. l. fin. u. a.); qui vero omnia p a l a m e d i t (vel dicit), p a l a m e d e n s sive P a l a m e d e s est. Sollte jemand die Möglichkeit dieser Anlehnung nicht einleuchten, der vergl. Pl. Bacc. II. 3. 49:

adeón me fuisse fíngum, ut qui illi créderem;
cum mi ípsum nomen eíus Archidémides
clamáret demptúrum ésse, si quid créderem.

Wir möchten etwa sagen: ‚Halt' ein, Offenröder!'

9. Nicht viel anders denke ich über (74. 14) den Ausdruck *Cassandra caligaria*. Bekanntlich führt Frau Fortunata im Hause des Trimalchio ein strenges Pantoffelregiment, sie ist also eine quae c a s s a t (quassat) ἄνδρα c a l i g â. Der Ausdruck ist just so verständlich [1]), wie wenn wir von einem geplagten Ehemanne sagen, er treibe 'Simonie', (πραξ. ἀπ. VIII. 18—20) oder 'St. Simon' zu seinem Schutzpatron machen, oder einen Windbeutel 'Blasius' heissen u. s. w. Vgl. Plaut. Cas. II. 8. 59.

10. Einen ähnlichen Ausdruck im Luciliustexte behandelt nach verunglückten Versuchen Anderer F. Marx in den studd. Lucill. p. 31., der in dem Verse XXVI. 52

---

[1]) Das unweibliche, welches Bücheler im Ausdrucke sieht, geht wohl nur auf *caliga* den ‚Männerschuh' zurück.

át libertinis tricorius, syrus iste ac mastigias . . .
das *tricorius* so auslegt, dass er aus Poen. I. 1. 10

> *heri in tergo meo*
> *tris facile corios contrivisti bubulos*

den Sinn erschliessen will: servus plagosus, in quo tria tergina consumpsit erus. Etwas gezwungen ist diese Erklärung. Vor allem fällt schwer ins Gewicht, dass die beste Ueberlieferung *tricolius* ist (Harleian. man. 1.), eine Form, die so uneben nicht ist; denn sie entspricht, da Lucilius die Aspiraten nicht gebrauchte, einem griechischen *τριχόλιος. Χόλιος sagt Palladas A. P. IX. 165. 8:

> οἶδεν "Ομηρος
> καὶ Δία cυγγράψαc τῇ γαμετῇ χ ό λ ι ο ν

und noch auf derselben Seite sagt derselbe Dichter IX. 168. 3

> ᾤμοι ἐγὼ πολύμηνιc, ἔχων τ ρ ι χ ό λ ω τ ο ν ἀνάγκην.

Aber gesetzt auch, es sei *tricorius* in der Ueberlieferung unanfechtbar (Harl. man. 2), so möchte doch dem Worte kaum eine andere Bedeutung zuzumessen sein, als *duricorius* (Macrob. II. 16. 1, für die Bildung z. B. *malicorium* bei Petronius u. a.), da die Vulgärsprache die Bezeichnung der menschlichen Haut durch *corium* liebt *fieret corium tum maculosum quamst nutricis pallium; corium concidere, perdere, petere*. Entweder hat also das Wort Beziehung auf die Unempfindlichkeit gegen Schläge (Becker Gallus II. 147; 153) — *cui robur et aes triplex in tergo est* — oder es ist nichts als παχύδερμος 'Bärenhäuter', wie in Lucians Timon 23: ὁ δὲ, ἐμπεcὼν ἀθρόωc ἐc ἐμὲ ἀπειρόκαλοc καὶ παχύδερμοc ἄνθρωποc. Man sieht, dass die Acten über dieses Wort noch nicht geschlossen werden können.

11. In ebendemselben Werkchen hat Marx p. 50 Luc. III. 39 M. als eine Uebersetzung aus Hom. od. ε 322 erwiesen. Aus demselben Zusammenhange stammt wohl bei Non. 72 das Frgt. inc. 81 M. 1064 L.

algu pro algore: . . . . . . *Lucilius: nantam algu atque nigrore maius*.
(Cod. Harl.: man. 1. *non tam*, m. 2. *nantam*, m. 3. *nam tam*.)

Ich glaube das richtige ist:

> *nantem algu atque nigrore maris* ⏑ ⏑ — ⏑ ⏑ — ⏑

Es bezieht sich das Fragment auf Hom. od. ε 313—475 und gehört eng mit dem von Marx behandelten Bruchstücke zusammen:

> *ore salem expiravit amarum*
> cτόματος δ' ἐξέπτυcεν ἄλμην — πικρήν

Algu atque nigrore ohne Präposition wie häufig bei Lucilius (Marx. l. l. 68) und anderen, man lese z. B. Ov. ex P. II. 7. 25.

quotque natent pisces aequore, certus eris.

Nigror entspricht dem ὀρώρει δ' οὐρανόθεν νύξ bei Homer ε 291 und berührt sich mit dem *noctisque et nimbûm occaecat nigror* des Poeten bei Cicero de or. III. 39, 157.

12. Der Grammatiker de dub. nomm. XI. 857 K. bewahrt ein Fragment des Varro 590 B., das am Anfang ein wenig beschädigt ist. Es soll nämlich sicher heissen:

est[ó t]ibi, inquit, si festinas, pilleum!

Der *pilleus* als Zeichen der Freilassung wie bei Petron c. 41: *liber esto! uer detraxit pilleum apro capitique suo imposuit.* Uebrigens scheinen auch im Petron hie und da rhythmische Zeilen eingestreut zu sein, denn kaum Zufall ist es, dass sich aus cap. 46 fast vollständig ein schöner Hexameter herauslesen lässt:

(fili,) 'crede mihi, quicquid discis, tibi discis',

Dass anderswo ein regelrechter Choliamb steht (c. 72):

'de uná die duás fac, cre; nihíl málo'.

(Hier schreibt man gemeinhin *facere.*) Andere Stellen sind weitaus fraglicher (c. 43, 38, 83, 140 u. a.), nur c. 71 ist es sehr auffallend, dass Trimalchio seine rührende Testamentsverlesung mit einem jambischen Tetrameter schliesst (der auch in der Diction sehr poëtisch ist):

volo sint circa cinerés meos et vinearum lárgiter.

Sollten hier Reste älterer Dichtung vorliegen und sollte von Petron das gelten, was Encolpius c. 68 von dem puer Alexandrinus sagt: *immiscebat Atellanicos versus?*

13. In dem carmen de bello civili schildert Petron. 123. 238 ff. die Verwirrung in Rom bei Cäsars Anmarsch und schliesst mit folgendem Satzbau:

quid tam parva queror? gemino cum consule Magnus
ille tremor Ponti saevique repertor Hydaspis
240 et piratarum scopulus, modo quem ter ovantem
Iuppiter horruerat, quem fracto gurgite Pontus
et veneratus erat submissa Bosphorus unda —
pro pudor — imperii deserto nomine fugit,
ut Fortuna levis Magni quoque terga videret.

Zwei Stellen sind in dieser Ausführung anstössig. Zunächst muss die zweifache Erwähnung des Pontus auffallen, so dass Bücheler *Parthi* vermuthete. Auch an dem *Iuppiter horruerat*, welches eine unvernünftige, dem sonstigen nüchternen Inhalte widerstrebende Hyperbel ist, hat man Anstoss genommen; allein wenn Schrader *ornarat* einsetzen wollte, so bedachte er nicht, dass *tremor* 239, *scopulus* 240, *horruerat* 241, *veneratus erat* 242 eine in sich geschlossene Kette von Begriffen, sozusagen eine Klimax bilden, aus der kein einzelner Ring herausgerissen werden darf. Es war also hier der Fehler im Nomen zu suchen, nicht im Verbum. Dazu ein drittes Bedenken. 'Saevique repertor Hydaspis'. Wie konnte Petronius den Pompeius so nennen, ihn, der den Hydaspes nie gesehen hatte? Einem Alexander hätte der Name etwa angestanden, aber des Pompeius Fuss hatte das Pandschab nie betreten. Was Georges[7] bietet (I. 2867), ist falsch, da man *tremor* nicht mit *Hydaspis* verbinden darf. Auch der *Medus Hydaspes* (Verg. g. IV. 211) kann nach Pauly R. E. III. 1539 nicht herangezogen werden. Soweit die Diagnose. Wie steht es um die Therapie? Ich gehe bei der Betrachtung der Frage von der Thatsache aus, dass die unanfechtbar richtigen Theile der Stelle an der chronologischen Folge der Begebenheiten festhalten. Ich nehme also an dass der Dichter — wie natürlich — den zeitlichen Faden festgehalten habe. Daraus ergibt sich mit Nothwendigkeit, dass die in Vers 239 erwähnten Geschehnisse vor das Jahr 687/67 fallen. In dem räthselhaften *Iuppiter* aber suche ich einen Landnamen, der auf ein Ereignis zwischen dem Seeräuberkriege und den Kämpfen im Pontus Bezug nimmt. Nach Ausweis der fasti Capitol. hielt nun Pompeius (29. und 30. September 693/61) seinen dritten Triumph *ex Asia, Ponto, Cilicia, Paphlagonia, Cappadocia, Creta, Syria, Iudaea, Armenia, Piratis, de regibus Mithridate et Tigrane*. Bezieht sich nun bei Petronius die Erwähnung von Pontus (241) und Bosporus (242) in epischer Breite auf die Unterwerfung des pontischen Reiches, so liegt der Schluss nahe, aus der officiellen Liste statt des *Iuppiter* an *Iudaea* zu denken. In dem *horruerat* läge dann ein richtiger Hinweis darauf, dass des Pompeius blosses Erscheinen in Palästina Ruhe schaffte. Dass übrigens dieses Ereignis den Römern eine gewisse Bedeutung hatte, zeigt neben anderen Stellen schon Tacitus hist. V. 9 (cf. Liv. epit. CII): *Romanorum primus Cn. Pompeius Iudaeos domuit templumque iure victoriae ingressus est*. Wie ist also zu schreiben? Aus *Iuppiter* gewinne ich *Iudaice, eine Namensform wie *Cyrenaice, Marmarice, Chalcidice, Laconice* u. a., die ich aber sonst als Substantivum nicht belegen kann. Welches Ereignis vor den Seeräuberkriegen liegt nun in Vers 239? Die Kriegsthaten wider Sertorius, die dem Pompeius zum zweiten Triumphe verhalfen (31. December 683/71), können nach den Buchstaben nicht gemeint sein. Allein schon früher hat Pompeius im 26. Lebensjahre die Ehre des Triumphes genossen wider Sulla's und des Senates Willen. Lassen wir uns von Appian b. c. I. 80 (Liv. epit. LXXXIX) berichten: ὅθεν αὐτὸν (τὸν Πομπήϊον) ὁ Cύλλας ἔτι νεώτατον ὄντα ἦγεν ἐν τιμῇ. καὶ ἐπιόντος φαcὶν ὑπανίcτατο μόνῳ, λήγοντος δὲ τοῦ πολέμου καὶ ἐc Λιβύην ἔπεμψεν ἐξελάcαι τε τοὺc Κάρβωνος φίλουc καὶ Ἰεμψάλαν ἐκπεcόντα ὑπὸ Νομάδων ἐc τὴν βαcιλείαν καταγαγεῖν. ἐφ' ᾧ δὴ καὶ θριαμβεῦcαι κατὰ τῶν Νομάδων (de rege Hiarba nach den cap. Fasten) αὐτῷ παρέcχεν ὁ Cύλλας ἔτι ὄντι νέῳ καὶ ἔτι ὄντι τῶν ἱππέων. Diese glänzenden Waffenthaten in Africa sind Gegenstand unseres Verses; *Ponti* ist aus *Poeni*, *Hydaspis* aus dem Namen des *Hiarbas* entstellt, auf den das Epitheton *saevi* besser angewandt ist als auf den Fluss im fernen Indien. Statt *repertor* möchte ich *repressor* ('Demüthiger', siehe Georges[7] s. v.) lesen. Die Stelle hiesse dann:

ille tremor Poeni saevique repressor Hiarbae.
240 et piratarum scopulus, modo quem ter ovantem
  Iudaice horruerat, quem fracto gurgite Pontus
  et veneratus erat submissa Bosphorus unda.....

14. In Wölfflins Archiv I. p. 24 hat Löwe eine Glosse *ganeus*: *luxuriosus* mitgetheilt. Ich glaube dies Wort noch nachweisen zu können bei Fulgentius p. XXIII *summates dicuntur viri potentes, simpolones dicuntur convivae, nam et amicus sponsi, qui cum eo per convivia ambulat, simpolator dicitur, ganeum vero taberna est. Unde et Sutrius in comoedia piscatoria ait: 'summatés viri simpolones fácit sunt gánei'*.

In diesem Verse, den L. Müller (Lucil. p. 314) nicht mit Unrecht nach Ritschl melet. Plaut. spec. onom. p. 22 gegen Lersch vertheidigt, scheint gegen Fulgentius das *ganei* nach Anleitung der Glosse aufzufassen; denn die Worte können doch aus einer Comödie stammen, mag nun gleich der *Sutrius* und die *piscatoria* auf Erfindung des Fulgentius beruhen. Aus derselben Quelle stammt ja auch die andere Glosse: *simpolator: amicus sponsi, qui assiduus cum eo in convivio est* (Löwe a. a. O. aus cod. Casin. 402[a], cf. gloss. 'Isid'., wo auch verkürzt *simpulator: conviva* steht).

15. Im Epidicus des Plautus (II. 2. 49) ereifert sich Periphanes über die neuartigen Kleidernamen und gibt eine recht erheiternde Zusammenstellung von Modeausdrücken. Er schliesst mit den Worten:

cumatile aut plumatile, cerinum aut melinum; gerrae maxumae.

Da diese Worte in Bezug auf das Metrum wie auf den Inhalt bedeutende Schwierigkeiten haben, so werden sie von den

Plautinern fast einstimmig für unecht gehalten und ausgeschieden. Allein die Verdachtsgründe sind eben nur metrischprosodischer Natur und ihnen gegenüber steht das Zeugnis der Hss., die diesen Vers an seiner Stelle haben, steht fernerhin das Zeugnis des Nonius 540. 20; 548. 3; 549. 1, der dreimal diesen Vers, einmal mit der Variante *gelinum* citirt. Kann ich nun gleich nicht alle Schwierigkeiten heben, so wird es vielleicht doch möglich sein, der Wahrheit einen Schritt näher zu kommen durch folgende Erwägung.

Niemeier sagt einmal im Hermes ganz mit Recht, dass es mit dem blossen Auswerfen nicht gethan sei; der Verfasser des angezweifelten Verses hat jedenfalls doch einen Vers machen wollen, und dieser Vers muss erst hergestellt sein, ehe er ausgeworfen werden darf. Wie steht es nun um unser Versungethüm? Ist gar keine Möglichkeit, ihn zu retten?

Gleich im dritten Fusse des Septenars (denn ein solcher ist beabsichtigt) steht schon ein unmöglicher Daktylus:

$$c\bar{u}m\bar{a}t\bar{\imath}le \mid a\bar{u}t\ pl\bar{u} \mid m\bar{a}t\bar{\imath}l\bar{e} \mid \ldots$$

So sieht es allerdings aus; denn nach der Erklärung des Nonius 540. 20 *plumatile aut clavatum aut ex plumis factum* fasst man das Wort als 'Brokatkleid', oder besser nach Paul. F. 34 *clavata dicuntur . . . vestimenta clavis intertexta* und Non. 540. 3 *patagium, aureus clavus qui pretiosis vestibus immitti solet* — als ein Kleid mit einer goldgestickten Borte; vergl. auch Nonius v. *plumarium* 162. 20. Allein bei dieser Auffassung bleibt zunächst bedenklich, dass Plautus schon zwei Verse vorher die *tunicam patagiatam* nennt, bleibt das stärkere Bedenken, dass die Form des Wortes ganz absonderlich ist, dass es weiter keinen passenden Gegensatz zu *cumatile* bildet, bleibt endlich zu erwägen, dass sie einen metrischen Fehler im Gefolge hat. Dem allen hilft man ab, wenn man das Wort nicht lateinisch sondern griechisch auslegt, wie die Nachbarschaft des *cumatile* räthlich macht. Denn dies leitet Nonius 548. 3 richtig so ab: *cumatilis aut marinus aut caeruleus: a graeco tractum, quasi fluctuum similis; fluctus enim graece* κύματα *dicuntur*. Wie sich nun *cumatilis* zu κῦμα verhält, so steht meines Erachtens *plumatilis* zu πλύμα. Mit dieser Auffassung schwinden alle Bedenken. Zunächst der metrische Fehler; denn die Scansion ist nun:

$$c\bar{u}m\breve{a}t\bar{\imath}le \mid a\bar{u}t\ pl\breve{u} \mid m\bar{a}t\bar{\imath}l\breve{e}\ldots\ldots$$

Zweitens ist die Bildung nunmehr regelrecht und verständlich; drittens wiederholt sich Plautus nicht, viertens ist der geforderte

Gegensatz hergestellt 'meerwasserfarben — spülwasserfarben'. Dazu aber kommt noch, dass in dieser Auslegung das Wort eine scharfe Spitze in sich birgt; denn πλύμα heisst in der Vulgärgräcität (siehe Passow s. v.) *meretrix*, so dass also hinter dem *plumatile* der Sinn des bublerischen, frechen zu stecken scheint. Mit freilich weithergeholter Anlehnung könnte man übersetzen (man denke an Redwitz[1]):

blümeranten, amaranten........

Die Erklärung des Nonius ist volksetymologisch, ebenso wie man bei blümerant an Blume denken mag — bleu morant.

Soweit glaube ich in der Erklärung des Verses sicher zu gehen, unklar sind mir die Worte *cerinum aut gelinum*; nur soviel steht mir sicher, dass die Ableitung des *cerinum* von *cera* volksetymologisch ist (Non. 549. 1). Vielleicht darf man an *χέρινον[2]) (zu χείρ) denken und in *γέλινον den Stamm von γέλως suchen. Für ersteres wäre auf *chĕragra* bei Hor. (Bentley zu sat. II. 7. 15), Pers., Mart. der Quantität wegen zu verweisen; denn nur in der Form ist der Vers möglich:

cŭmatile aut plŭmătĭle, cĕrīnum aut gĕlīnum; gerrae máxumae!

Ich hoffe, dass diese Zeilen den Anstoss zu nochmaliger Betrachtung der Frage geben werden.

Freistadt in Ob. Oe.   J. M. STOWASSER.

---

[1] Scheffel im Trompeter: '*amarantener* Weihrauchduft der frommen Seele'. Die plautinische Anspielung ist weniger züchtig.

[2] $C = CH$ in den Plautus- und Noniushss. usuell, nach dem Gebrauche der alten Latinität.

Beobachtungen über den Sprachgebrauch der lateinischen Komiker.

I. Ueber eine Form der Prolepsis bei Plautus und Terenz.

Die dem Griechischen so geläufige Anticipation des Subjectes eines abhängigen Satzes als Object des regierenden Satzes ist in der Redewendung *fac..ut* bei den lateinischen Komikern, also in der römischen Umgangssprache[1]), sehr gebräuchlich, ja ich stehe nicht an zu behaupten, dass bei Terenz und wohl auch fast immer bei Plautus, wenn das Subject des Nebensatzes der denselben einleitenden Conjunction vorausgeschickt ist, es regelmässig als Object zu *fac (facite)* gegeben ist.

Für dieses Gesetz die absolute diplomatische Beglaubigung durch unsere Handschriften beizubringen, ist wohl nicht überall möglich, jedoch sind die wenigen dagegen sprechenden Stellen so beschaffen, dass sie sich auf dem ersten Blicke als von den Abschreibern, die, wo es ohne weitere Mühe ging, den Nominativ für den ihnen unverständlichen Accusativ herstellen zu müssen glaubten, corrigiert erweisen. Einer derartigen billigen Correctur widerstand des Metrums halber der deshalb auch in allen Handschriften überlieferte Accusativ in Haut. 84:

'*ne lácruma, atque istuc, quidquid est, fac me ut sciam*'.

Ferner ist die ursprüngliche, zweifellos richtige Leseart noch im Bembinus erhalten Phorm. 670 sq.:

'*quaeso, égo dabo, quiésce: tu modo fílium
fac ut illam ducat, nós quam volumus. Ei mihi*',

wo mit Unrecht Fleckeisen, Wagner und Dziatzko die freilich von allen anderen Handschriften (auch im Bembinus man. rec.) gebotene Leseart *filius* festhielten. Während hier also noch der Bembinus das Richtige bewahrt hat, lassen uns an einer dritten Stelle alle Manuscripte im Stiche: Phorm. 784. Auch da zu Gunsten der oben aufgestellten Regel zu ändern, dürfte mit Rücksicht auf die Natur

---

[1]) Dass diese Prolepsis in der Umgangssprache stets gebräuchlich blieb, zeigt am besten Cic. ad Quint. fr. II. 156, 2: '*haec me ut confidam faciunt*'.

dieser Aenderung wohl nicht allzukühn erscheinen: man hat einfach statt des überlieferten 'illa' zu schreiben 'illam':
'age dum, ut soles, Nausístrata, fac illam ut placetur nóbis'.
Es erübrigt jetzt nur noch die Besprechung von Andr. 483, eines Verses, der, wie es mir scheint, einzig und allein durch Verkennung des Gebrauches des proleptischen Accusatives schon frühzeitig so mannigfach corrigiert und commentiert wurde. Der Vers lautet bei den neueren Editoren in seinem Zusammenhange folgendermassen:
'nunc primum fac ista ut lavét: poste deinde[2]), quod iússi ei dari bibere et quántum imperávi, date: móx ego huc revórtor'.
Die Worte 'fac ista ut lavet', die C¹P bieten, hat auch Donat im Lemma mit der Erklärung: 'ista quae ex puerperio sordebant', eine Deutung, die aus der Verkennung des Sprachgebrauches der Komiker, die lavare gleich lavari gebrauchen, entsprungen ist, in Folge deren Donat den Objectsaccusativ zu lavet vermisste. Dass also das Pronomen keine Neutralform ist, sondern Femininum und sich auf Glycerium bezieht, ist augenscheinlich und wird heute von niemandem bestritten. Dann aber ist es für mich über allen Zweifel erhaben, dass 'istam' (als anticipirtes Subject zu lavet) zu schreiben sei. Denn erstlich berichtet Donat: 'quidam nistamu ipsam puerperam dicunt: sic enim et Menander λούcατε αὐτὴν τάχιcτα', welche Worte mit der vorigen Donatstelle zusammengehalten zwar zeigen, dass Donat auch istam als Object zu lavet, verleitet durch den Menandertext, gehalten wissen will, was uns jedoch völlig gleichgiltig ist, da es nur zu constatieren gilt, dass Donat auch die Form 'istam' gelesen habe. Hiezu kommt ferner, dass das scholium Bembinum zu Ad. III 4, 36 unsere Stelle folgendermassen anführt: 'face illam ut lavet', ein um so wichtigeres Citat, als im Bembinus unser Andriavers doch fehlt und der Scholiast möglicherweise uns die Bembinusleseart bietet. Erwägt man nun schliesslich, dass die (im Uebrigen metrisch unmögliche) Leseart der meisten und besten Handschriften 'istaec' (BC²EG, istaec || ut D) ist, was sicherlich doch eher auf ein 'istam', als 'ista' des Archetypus schliessen lässt, so glaube ich erwiesen zu haben, dass 'istam' zu lesen sei.

Damit ist zwar unserer oben aufgestellten Regel Genüge geleistet, jedoch halte ich den Vers noch nicht für geheilt, und es sei mir gestattet, gleich an dieser Stelle einen weiteren Emendationsvorschlag vorzutragen.

---
[1]) Spengel: post déinde, was die Handschriften bieten.

Ich habe. in meiner Schrift 'Studia Terentiana' (Wien 1883) p. 72 sq. nachzuweisen gesucht, dass Terenz die archaistische Form 'poste', die Fleckeisen auch an unserer Stelle, um die dreisilbige Messung des darauffolgenden 'deinde' zu vermeiden, statuierte, niemals angewendet habe. Dadurch glaubte ich mich gezwungen, der Ansicht Spengel's beizutreten, der die sonst unerhörte Messung des 'deinde' durch das bacchaische Metrum für entschuldigt hielt.

Heute jedoch bin ich überzeugt, dass ebensowenig ein dreisilbiges 'deinde', als das 'poste' statthaft sei. Um beidem auszuweichen, schreibe man:

'nunc primum fac istam ut lavétur, post deinde'.

An der medialen Form 'lavetur' ist so wenig Anstoss zu nehmen, als Eun. 595: 'véntulum huic sic facito, dum lavamur', wo kein Grund vorliegt, die Lesart gerade der besten Handschriften A D G zu verlassen. Dass so frühzeitig die active Form in den Vers gerieth — Donat hat ja nach Obigem nur *lavet* vorgefunden — scheint der Accusativ 'istam' bewirkt zu haben.

Nach dieser Abschweifung kehren wir nun wieder zu unserem Thema zurück und wollen die Giltigkeit unserer Eingangs aufgestellten Behauptung auch für Plautus auseinandersetzen. Es sind folgende Stellen: Pseud. 214: 'te ipsam culleo égo cras faciam ut déportare in pérgulam', Asin. 28: 'elóquere: ut ipse scíbo, te faciam út scias, Aul. 443: 'ego té faciam misérrumus mortális ut sis', Capt. 610: 'ego te faciam ut verus reperiare Tyndarus', Asin. 140: 'ego edepol te faciam, ut quae sis nunc et quae fueris scias' ; ebenso ist Accusativ Stich. 309: 'aperíte atque adproperáte, fores facite út pateant: removéte moram', Pseud. 145: 'ita ego vostra látera loris fáciam valide vária uti sint', Asin. 90: 'face id ut paratum iam sit'. Weitere Stellen, wo *facere* in prägnanter Bedeutung gebraucht ist, wie Poen. II, 5: 'sex agnos immolavi nec potui tamen propitiam Venerem facere ut esset mihi', Pseud. 1099 sq.: 'quid ego cesso Pseudulum | facere út det nomen ád molas colóniam', Most. 389: 'si ego advenientem ita patrem faciam tuom | nón modo ne intro eat, verum etiam ut fugiat'; weitere Fälle (mit scire, experiri etc.) findet man zusammengestellt bei Lorenz zu Most. 376 und Pseud. 14, sowie bei Brix zu Trin. 373.

Als eine Ausnahme müssen wir Capt. 337 bezeichnen: 'fác is homo ut redimátur. Faciam, séd ted oro [hoc], Hégio', die ganz singulär dasteht. Dagegen wird durch die Stellung hinlänglich erklärt Ter. Eun. 1042: *tu fráter ubi ubi est fác quam primum haec audiat. Visám domum*', so dass es nicht nöthig ist den Accusativ 'fratrem', obwohl er sich ohne weitere Aenderung in den Vers einführen liesse, zu setzen.

II. Syncopierte und volle Formen der vom Perfectstamm gebildeten Tempora.

Conradt hat im Hermes Bd. X, p. 104 für den Gebrauch der Perfectformen auf -*averam*, -*everam*, -*overam*, -*iveram* bei Terenz folgendes Gesetz aufgestellt: 'In denjenigen Formen, die von Perfecten auf -*avi*, -*evi*, -*ovi*, abgeleitet sind, und in denen die angehängte Endung mit *er* beginnt, contrahiert Terenz jedesmal, wenn die Form mitten im Verse steht in -*aram*, -*eram*, -*oram*; bei denen, die von Perfecten auf -*ivi* gebildet sind, stösst er in gleichem Falle stets das *v* aus und verkürzt das *i*. Die vollen Formen gebraucht er nur im Versschlusse'. Merkwürdigerweise vergass Conradt daraus den äusserst naheliegenden Schluss auf die Anwendung dieser Formen in der Umgangssprache zu ziehen: wenn nämlich Terenz sich die vollen Formen nur am Versende, das dem Dichter stets grössere Licenzen gestattet, wie wir dies in unserer eigenen Sprache so gut, wie in jeder anderen sehen, erlaubte, so geht daraus hervor, dass die verkürzten Formen zu Terenz' Zeit im sermo urbanus, im Kreise der Scipionen, in dem sich der Dichter bewegte, die einzig gebräuchlichen gewesen sein mussten.

Indess auch in einer anderen, noch viel wichtigeren Beziehung ist Conradt's Beobachtung nicht erschöpfend: sie lässt sich nämlich auf alle Perfectformen, auch wenn die angehängte Endung nicht mit *er* beginnt, ausdehnen, so dass nunmehr die Regel zu lauten hat: Terenz gebraucht regelmässig die verkürzten Perfectformen und gestattet sich die vollen Formen in freierer Weise nur am Versende. Dies soll nun im Folgenden begründet, und zugleich auch die sich unmittelbar aufdrängende Frage beantwortet werden, wie es in dieser Hinsicht Plautus gehalten, ob und welcher Unterschied im Gebrauche bei beiden Dichtern sich geltend macht. So viel ich nämlich weiss, hat Fleckeisen sein im Philol. II p. 61 gegebenes Versprechen, über den Gebrauch dieser Formen bei Plautus eingehend zu handeln, bisher nicht eingelöst, obgleich er über das Resultat einer derartigen Untersuchung folgende Andeutung a. O. gibt: 'Ich werde nachzuweisen versuchen, dass Plautus in dem abwechselnden Gebrauch der syncopierten und vollen Formen der

Perfecten und davon abgeleiteten Tempora sich ein mit dem Versbau in genauem Zusammenhange stehendes Gesetz auferlegt hat, von dem schon Terentius keine Ahnung mehr hatte'.

Mit einem Worte muss ich hier vor Allem auf die Glaubwürdigkeit der Handschriften in Bewahrung der vollen oder contrahierten Perfectformen hinweisen. Drackenborch hat zu Livius XXI 44, 7 die Bemerkung gemacht, dass in älteren Handschriften sich öfters die syncopierten, in jüngeren die vollen Formen fänden; für Terenz gilt folgende Zusammenstellung, die zeigen kann, dass gerade die besten Handschriften am öftesten die unrichtige Form bieten. So A Haut. (884), 831, Hec. 235, Ad. 55, Haut. 527, 1059 (mit E), Phorm. 382[a]), (Eun. 328), Haut. 429; ferner Haut. 487 (D), 584 (G), 727 (D G), Andr. 652 (D), Eun. 933 (D E), Phorm. 265 (D E), 391 (D G), Hec. 212 (E F G), Andr. 238 (C E G P); sonst hat noch E die unrichtige Form Andr. 586, Eun. 387: nur an wenigen Stellen bieten alle Handschriften Umpfenbachs, ausser A, das falsche, wie Hec. 148 (B C D E F P; G fehlt), 791 (detto), Eun. 115 (B C D E G P; F fehlt). Die wenigen zweifelhaften Stellen sind natürlich hier nicht in Betracht gezogen.

Merkwürdigerweise haben die Handschriften des Plautus die richtigen Formen im Ganzen sehr getreu bewahrt, abgesehen von den Perfectformen der Composita des Verbums *ire*. Die Belege dafür werde ich später beibringen: mir genügt es hier diese allgemeine Bemerkung vorausgeschickt zu haben, die gegen diejenigen gerichtet ist, welche auch in dieser Beziehung über den 'verliederlichten' Plautustext allzusehr klagen. Wir behandeln nunmehr

1. Die Perfecta auf -avi.

Die contrahierten Formen bei Terenz vorzuführen mag vielleicht als überflüssig erscheinen: da jedoch der Unterschied im Gebrauche bei Plautus festgestellt werden soll, kann ich von der Aufzählung nicht abstehen. Wir finden also:

Andr. 106 *beasti*, 591 *narrasti*, 653 *altercasti*, 832 *impestrasti*, 847 *curasti*, Eun. 240 *parasti*, 868 *conturbasti*, 981 *interrogasti*, Haut. 258 *conlocupletasti*, 641 *cogitasti*, 653 *conservasti*, 891 *nuntiasti*, Phorm. 718 *putasti*, 743 *dictitasti*, 804 *errasti*, 842 *onerastis*, 843 *exonerastis*, 969 *instigasti*, Hec. 84 *oblectasti*, 581 *firmasti*, 862 *amasti*,

---

[a]) Die Handschrift bietet NOISSES, was sich am einfachsten auf diese Weise erklärt; es ist deshalb nicht an ein altes *nossis* zu denken, vgl. meine Studia Terentiana p. 55.

Ad. 236 *enumerasti*, 686 *vitiasti*, 763 *curasti*, 764 *administrasti*, 774 *potasti*.

Andr. 112 *amasset*, 648 *lactasses*, 796 *habitasse*, Eun. 672 *cessassem*, 827 *amasse*, 982 *praenarrasse*, Haut. prol. 17 *contaminasse*, prol. 23 *applicasse*, 978 *rogasse*, Phorm. prol. 20 *certasset*, 190 *convasassem*, 327 *deverberasse*, 369 *existimassem*, Hec. 147 *sperasse*, 227 *curasse*, 483 *postputasse*, 557 *peccasse*, 657 *celasse*, Ad. 211 *concertasse*, 630 *indicasse*, *exorassem*.

Andr. 241 *denegarat*, 379 *negaris*, 520 *amarit*, Eun. 43 *factitarunt*, 417 *iugularas*, 452 *cogitaras*, 593 *conlocarunt*, 673 *adornarat*, Haut. 487 *denegaris*, 584 *indicarit*, 727 *renuntiarit*, 976 *pararis*, Phorm. 84 *curarant*, 893 *adsimularam*, Hec. prol. 5 *occuparat*, 796 *segregarit*, Ad 519 *defetigarit*, 602 *relevaris* (Conject.), 649 *migrarunt*, 844 *alligaris*, 858 *putaris*.

Am Versende stehen die vollen Formen Andr. 664 *auscultaverim*, 673 *advigilaveris*, [alt. ex. v. 16 *applicaveris*, v. 17 *existimaveris*] Phorm. 516 *conduplicaverit*, 914 *incusaveras*, 975 *exstillaveris*, Hec. 235 *adsimulaverit*, Ad. 843 *pugnaveris*.

Der obigen Liste von contrahierten Formen steht nach unserem Texte eine uncontrahierte Form im Verse entgegen: denn sicherlich falsch ist es, wenn Umpfenbach den Vers Haut. 884 nach dem Bembinus so gibt: 'dic mihi, Cliniae quae dixti nuntiavisti? Omnia', und mit Recht haben die übrigen Editoren die Lesung der Calliopischen Recension 'quae dixi nuntiastin' vorgezogen; hat ja doch A gleich einige Verse später (v. 891) neuerdings falsch *nuntiavisti*, wo es Umpfenbach selbst nicht aufnahm. Es ist also nur übrig Hec. 544: 'sed ut olim te ostendisti, eadem esse nihil cessavisti usque adhuc', welcher Vers auch schon wegen der bei Plautus freilich nicht ungewöhnlichen Betonung *cessávisti* nicht heil sein kann. Vielleicht ist es mehr als Zufall, dass auch der Riccardianus E, dessen Schreiber, wie wir oben sahen, gerade für die vollen Formen eine besondere Vorliebe verräth, hier *cessasti* bietet.

Nicht auffallen darf *laverit* Haut. 618 (*laverimus* Eun. 596). Denn wenn sich Conradt a. O. p. 106 über diese Form nicht so ganz beruhigen kann, so mag an die Priscianstelle (X, 16 = I 508, 11 H.) erinnert werden: 'ideo autem addidimus „adiectam", quoniam, si in positione sit u consonans, syncopam pati non potest, ut lavo lavi lavisti, non possumus dicere lasti, nec pro lavistis lastis nec pro laverunt larunt'. Es wäre also vielmehr auffällig, wenn sich die contrahierte Form von diesem Verbum fände.

Wenn wir zu Plautus übergehen, so zeigt sich sofort ein grosser Unterschied zwischen ihm und Terenz. Ausser dass sich bei ihm die vollen Formen beiläufig 78 Male am Versende finden, sind sie an folgenden Stellen inmitten des Verses ziemlich sicher — die Buchstaben innerhalb der Klammern beziehen sich hier, wie sonst, auf die Handschriften, die an der betreffenden Stelle die kürzere Form bieten:

Trin. 648 *praeoptavisti*, Mil. 17 *difflavisti*, 495 *lúdificávisti* (CF), 506 *inspectavisti*, 510 *tractávisti*, Bacch. 167 *celávisti*, 726 *imperávisti*, Pseud. 352 *iuravistin* (F), 354 *périurávisti* (F), 367 *vérberávisti* (B), Men. 783 *mandavisti*, 1065 *servavisti* (C), Most. 438 *peccavisti*, 918 *servavisti*, Truc. 167 *properavistis*, Amph. 717 *salutavisti*, 735 *cenavisti* (F), 767 *narravisti* (F), 800 *salutavisti*, 804 *cenavisti*, fragm. XI *exiuravisti*, Merc. 163 *ádportávisti*, 736 *ádvocávisti* (CDF), Curc. 18 *cenávistine*, Epid. 472 *conciliavisti*, Aul. 268 *deblateravisti*, Stich. 656 *donavisti*, Cas. 254 *imperávisti*, 823 *obsecrávisti*, Capt. 445 *mandávisti*, 515 *orávisti*, 672 *dilaceravisti*, *deartuávistique*, 717 *postulávisti*, Poen. 357 *iuravisti*, 409 *évocávisti* (codd. ausser A), 1228 *celavistis*, Pers. 829 *ádmutilávisti*, Vid. V 15[1]) *narravisti*, V 29 *oravisti*.

Trin. 176 *óbsecrávissét*, 1127 *exaedificavisset*, Mil. 726 *parávissé*, 733 *parávissént*, Bacch. 433 *peccavisses*, 760 *laudávissé* (codd.), 1139 *potavisse*, Truc. 484 *memoravisse*, Amph. 746 *éxpugnávisses*, Merc. 67 *spectávissét*, 70 *laboravisse*, 482 *narravisse*, Epid. 509 *curavisse*, Aul. 738 *peccávissé*, Stich. 412 *adportavisse*, Capt. 688 *praeoptavisse*.

Mil. 263 *participaverit*, Most. 1007 *vocaverit*, Asin. 561 *fraudaveris*, Epid. 32 *trávoláverúnt*, Rud. 401 *speraverint*, Poen. 760 *cónciliáverúnt*, 840 *placavere*.

Dieser Reihe von vollen Formen steht eine beiläufig gleich grosse Anzahl von contrahierten Formen gegenüber:

Trin. 136 *inconciliastin*, 137 *exturbasti* (Fleckeis.), Mil. 1269 *orasti*, Bacch. 121 *putasti*, 195 *factitasti*, 677 *errasti*, Men. 822 *exmigrasti*, 823 *exmigrastis*, Most. 183 *adiurasti*, Amph. 304 *conlocastis*, 797 *obsignasti* (Fleckeis.), Asin. 253 *dormitasti*, 721 *impetrasti*, Merc. 481 *narrasti* (A), Curc. 254 *somniasti*, 549 *mandasti*, 718 *iudicasti*, Epid. 130 *mandasti*, 493 *pugnasti*, Stich. 576 *vocasti*, 666 *somniastin* (Conject.), Cas. prol. 14 *probastis*, Capt. 677 *per-*

---

[1]) Ich citiere die Vidularia nach Studemund's zweiter Ausgabe (Verhandlungen der 36. Philologenversammlung. 1882 S. 43 ff.).

mutastis, 929 *memorasti*, Poen. 553 *servastis*, Pers. 222 *offirmastin*, 321 *orasti*, 528 *recitasti*, Vid. III 10 *locastin*. Trin. 666 *errasse*, 667 *obscurasse*, 927 *appellasses*, 956 *mándassé*, Mil. 1224 *exorasse*, Bacch. 564 *mándassém*, Men. 622 *nutasse*, 885 *obligasse*, Most. 175 *laudasse*, 243 *sacrificassem*, 244 *locassem*, 974 *destinasse* (Conject.), 976 *perpótassé*, 1139 *liberasse*, Truc. 140 *servassem* (A), 390 *adsimulasse*, 842 *iudicasse*, Amph. 83 *mandasset*, 207 *asportassent* (F), Merc. 76 *parasse*, 694 *vocasset*, Curc. 343 *visitasse*, Epid. 427 *adlegassem*, Aul. 828 *probasse*, Stich. 590 *vitassem*. Trin. 587 *péccarim*, 656 *foédarim*, Mil. 1415 *vapularim*, 1432 *cessarunt*, Most. 183 *amarim*, Amph. 92 *invocarunt* (J), 211 *iterarunt*, Asin. 562 *periuraris*, 570 *periuraris*, 572 *pernegaris*, 765 *abalienarit*, Stich. 203 *pararit*, 568 *denegarit*, Rud. 129 *adórnarit*, 191 *impiarim*, Capt. 47 *compararunt*, Poen. 442 *immolarit*, 1123 *impetrarunt*, Pers. 634 *rogarat*.

Man ersieht aus dieser Zusammenstellung, dass Plautus in der Mitte des Verses die kürzeren Formen vom Perfectstamme der Verben der sogenannten ersten Conjugation beiläufig in gleichem Masse verwendete, wie die vollen. Am Versende gebraucht Plautus die vollen Formen fast viermal so oft, als Terenz, bei welcher Berechnung die ungleiche Stückzahl beider Komiker schon in Anschlag gebracht ist; man sieht daraus, dass Terenz sich auf ein Minimum beschränkte, während Plautus ohne Zwang die unverkürzten Formen nach Belieben und Bedarf anwendete.

Um obige Stellensammlung vollständig zu machen, sind noch fünf Stellen beizubringen, die jedoch getrennte Behandlung verdienen. Da nämlich ein Blick auf die zusammengetragenen Beispiele die Richtigkeit meiner Bemerkung von der relativ sehr grossen Zuverlässigkeit der plautinischen Handschriften in Bewahrung der vollen oder contrahierten Perfectformen beweisen kann, so halte ich es in den meisten Fällen für unzulässig, den consensus librorum in Hinsicht auf diese oder jene Form für so belanglos zu halten, dass man bei corrupten Stellen in der Nichtbeachtung desselben das leichteste Heilmittel gefunden zu haben meint. So haben die neuen Herausgeber der Asinaria Goetz-Loewe V. 910:

'*invocasti*. P. *Ecquis currit pollinctorem arcéssere*'

das durch alle Handschriften bezeugte *invocasti* nach Camerarius' Vorgange in '*invocavisti*' geändert — nach meiner Ansicht mit Unrecht, da der Hiatus durch den Personenwechsel entschuldigt ist. Auch Fleckeisen hat in seiner Ausgabe *invocasti*. Poen. 764 haben alle Handschriften *adlegaverunt*, wo es ebenfalls unnöthig ist mit Bothe, dem Geppert gefolgt ist, *adlegarunt* zu schreiben: man lese *eum* einsilbig, was dann wegen des folgenden Vocales ohne metrische Geltung ist (vgl. Lorenz zu Most. 232, Mil. 384), so findet man mit der handschriftlichen Leseart sein Auslangen: '*sum adlégaverunt suóm qui servom díceret*'.

Mil. 382 bieten alle Handschriften, A inbegriffen, *somniavisti*, welche Form durch Tilgung des folgenden *ego*, wie es Ritschl vorgeschlagen und Fleckeisen im Texte durchgeführt hat, gehalten werden kann. Bacch. 880 lautet nach den Handschriften folgendermassen:

'. . . . . *váh salus*
Mea servasti me quam mox dicó dabo?'

Ritschl und Fleckeisen schrieben: '*vah salus*, | *Me servavisti ehem, quam*'. Möglich, dass damit das Richtige getroffen ist; es verdient dann zum mindesten besonders hervorgehoben zu werden, dass hier der, man kann sagen, fast singuläre Fall vorliegt, wo bei Plautus alle Handschriften die contrahierte Form *servasti* für *servavisti* haben. Ein Analogon gibt nur Most. 760, wo Bothe die handschriftliche Leseart:
'*nam síbi laudásse | hásce ait architéctonem*',
um den Hiatus (in der Cäsur) zu entfernen, in *laudavisse* geändert hat. Endlich kommt noch Curc. 268 in Betracht, ein Vers, der, wie er überliefert ist:
'*si quidem incubare velint qui periuráverint*'
gegen den Satz: '*anapaestum ars vetuit binorum vocabulorum consociatione fieri, quorum prius in media anacrusi finiretur*' (Ritschl, praef. zum Mil. p. XXII) verstösst; Fleckeisen, dem Götz folgte, suchte durch Umstellung und Einführung der contrahierten Form zu helfen '*qui periurarint velint*'. Sollte es wirklich ganz unmöglich sein, das *incubáre velínt* zu halten? Es bilden doch beide Worte zusammen gewissermassen ein unter einem Accent gesprochenes Ganzes, gleich einem *incubaverint*, weshalb ich die Nichtbeachtung obigen Gesetzes an unserer Stelle ebenso entschuldigt finde, wie in den Fällen, die CFW Müller in den 'Nachträgen zur Plautinischen Prosodie' p. 13 anführt.

Wir haben nun auf die Frage einzugehen, ob Terenz das contrahierte Perfect in der 3. Sing. und 1. Plur. kennt. Dziatzko bejaht sie im Commentar zu Adelph. V. 365: '*enarramus*: contrahirtes Perfect (so auch nach Donat), wie es in der 3. Sing. und 1. Plur. Lucrez, Vergil, Properz u. a. sicher, die älteren Dramatiker dagegen nur in wenigen unzweifelhaften Fällen gebraucht haben;

nomus für *novimus* steht bei Enn. trag. 199 V. Von den Belegen aus Plautus, welche Lachmann zu Lucrez S. 290 f. anführt, kommen fast alle in Wegfall (s. Fleckeisen in N. Jahrb. 1851, S. 60 ff.). An unserer Stelle sprechen *modo* und *haberet* für ein Präteritum im Hauptsatze'.

Soviel mir bekannt ist, ist Dziatzko jetzt so ziemlich der einzige Vertheidiger des contrahierten Perfects an jener Terenzstelle. Spengel und Wagner vertheidigen das Praesens und verweisen auf Brix' Commentar zu Trin. 14, woselbst sich dieser ganz entschieden gegen eine solche Perfectform verwahrt. Auch ich möchte dieser Ansicht beitreten, denn derselbe Fleckeisen, der stichhältig, wie ja auch Dziatzko zugibt, bewiesen hat, dass Plautus solche Perfecte nicht gebraucht habe, hat a. O. p. 65 auch im Verse aus den Adelphen das *enarramus* als Praesens mit Glück vertheidigt. Dass *nomus* für *novimus* nicht auf ganz gleiche Linie mit einem *enarramus* gestellt werden könne, bemerkt Wagner richtig in seinem Commentare.

2. Perfecta auf -evi.

Von solchen Perfecten finden sich folgende contrahierte Formen bei Terenz:

Andr. 604 *quiessem*, 691 *quiesset*, Hec. 555 *consuesset*.

Andr. 238 *decrerat* (C E G P), Hec. 148 *decrerim* (alle codd. ausser A, G fehlt), 212 *decrerunt* (E F G), Ad. 55 *insuerit* (A).

Ausserdem kommen noch dreimal die vollen Formen vor, und zwar in Mitte des Verses: Phorm. 584 *spreverit*, Hec. 24 *sprevissem*, von denen das erstere auch Conradt in den Kreis seiner Betrachtungen gezogen hat. Er empfiehlt, da auch die Form *sprerit* einen richtigen Vers ergebe und auf die Schreibung der Handschriften nicht viel zu geben sei, diese in den Vers zu setzen. Man muss zwar zugeben, dass in den Formen, die von Perfecten auf -*cvi* abgeleitet sind und in denen die angehängte Endung mit *er* beginnt, die Contraction den Schreibern unserer Handschriften nicht sehr geläufig gewesen zu sein scheint, wie sich dies aus obigen vier Stellen ergibt, jedoch habe ich ein gewichtiges Bedenken gegen die von Conradt vorgeschlagene Contraction. Es ist nämlich der Perfectstamm des in Frage kommenden Verbums einsilbig, und dies hinderte, gerade wie bei *lavi*, die Contraction: wir finden deshalb nirgends contrahierte Formen, denn Prudent. Diptych. 123 (cf. Neue, Formenlehre II² 531), wo *sprerunt* gelesen wird, ist ja in gar keiner Beziehung ein Gegenbeweis. Somit wären beide Stellen im Terenz, wo *spreverit* und *sprevissem* steht, gerechtfertigt. Auffallend ist allein Andr. 219 *decreverunt*, da sich von diesem Worte doch an drei Stellen (darunter einmal gerade auch *decrerunt*) bei Terenz contrahierte Formen, wie man sie auch hier erwarten sollte, finden. Conradt hat diese Stelle, obwohl die angehängte Endung des Verbums mit *er* beginnt, nicht berührt. Ich glaube, dass der Gebrauch der vollen Form mit einer bestimmten Absicht des Dichters zusammenhängt; man lese nur V. 218 f.:

'nam incéptiost améntium, haud amántium:
quidquid peperisset, décreverunt tóllere'.

Wie fein lässt nicht der Dichter den Sklaven den diesem unfassbaren und wahnwitzig erscheinenden Entschluss des Liebespaares, das zu gebärende Kind auf alle Fälle anzuerkennen und aufzuerziehen, durch einen einzigen, aber durch das aus vier Längen bestehende Wort *dēcrēvērūnt* sehr wirksamen, die Empfindung des Sklaven äusserst glücklich wiedergebenden Vers erzählen! Die volle Form ist also hier mit Absicht angewendet.

Ganz anders stellt sich das gegenseitige Verhältniss der vollen Formen zu den contrahierten bei Plautus dar: bei ihm finden sich ausser *sprevisti* Mil. 1072 nach folgende volle Formen:

Epid. 557 *obsevisti*, Aul. 454 *implevisti*, 552 *implevisti*, Cist. I 1, 98 *consuevisti*.

Trin. 31 *succrevere*, Pseud. 100 *fleveris*, Asin. 79 *consueverunt* (BDEJ), 727 *consuevere* (libri), Capt. 656 *sublevere*, Poen. 1279 *replevero* (Conject.); ausserdem am Ende des Verses Trin. 530 *obseveris*, Amph. 1016 *compleverit*.

Die contrahierte Form ist nur ein einziges Mal ganz sicher Curc. 703 *decrero* und vielleicht auch Poen. 603 *consuerunt*, obwohl DP *consueverunt* haben. An einer anderen Stelle hat sie Ritschl nach Dousa's Vorgange im Persa v. 78: 'quiérint recte nécne: num is fuerit febris eingesetzt, wo BCD *quierenerint nerecte*, F (Z) *qui erenerint recte* bieten — Lesearten, die zum mindesten das ausser Zweifel stellen, dass an *quiererint* nicht getastet werden darf; warum schreibt man nicht nach den besten Handschriften mit Weglassung des *necne*:

'quiéverintne récte: num is fuerit febris'?

Wir sehen also, dass bei Plautus im selben Masse die vollen Formen vorwiegen, als Terenz die contrahierten anwendet.

3. Perfecta auf -ovi.

Derartige contrahierte Formen hat Terenz inmitten des Verses:
Andr. 441 *nosti*, 503 *pernosti*, 586 *cognosti* (E), Eun. 349, 351, 405, 563, Haut. 180, 239, Phorm. 64 *nosti* (*nostin*), Hec. 8 *cognostis*, Ad. 177, 573, 780 *nostin*.
Andr. 952 *nosse*, Eun. 767 *cognosse*, 940 *nosse*, Phorm. 278 *nossem*, 382 *nosses*, *nossem*, 388 *nosses*, Hec. 811 *cognosse*, 863 *nossem*, Ad. 648 *nosse*.
Andr. 10, 489 *norit*, 502 *noram*, 652 *cognoris* (D), 914 *noris*, 934 *noram*, Eun. 511 *noram*, 566 *noris*, 698 *norasne*, 933 *cognorit* (DE), Haut. 889 *noris*, 1059 *cognoris* (AE), Phorm. 101 *commorat*, 265 *cognoris*, *noris* (DE), 362 *norat*, 384 *noras*, 391 *noram* (DG), 804, 805 *norat*, 941 *noram*, Hec. 791 *cognorint* am Versschlusse (alle codd., G fehlt, in A ist der Vers ausgelassen), Ad. 271 *norimus*, 465 *noras*.

Am Versende stehen die vollen Formen:
Andr. 10 *noverit*, 640 *promoveris* (alt. ex. 19 *noveram*) Haut. 153 *noveras*, Phorm. 390 *noveras*, Hec. 155 *cognoverit*, 439 *noveris*, 694 *amoveris*, Ad. 573 *noverim*.

Nicht auffällig kann es sein, wenn wir Hec. 434 *novisse* lesen: die contrahierte Form dieses verbum simplex als eines einsilbigen Stammes war ja nie in Gebrauch. Unrichtig schreiben Fleckeisen und Wagner Haut. 527:

'*vicinum tunc: novisti? at quasi is non ditiis*',

denn da A *novistin*, die übrigen Handschriften *nostin* haben, so ist es klar, dass *nostin* zu schreiben; auch kann man hier die Fragepartikel *ne* der Deutlichkeit halber nicht entbehren. Bei Eun. 778 *noveram* und Haut. 370 *novisti* dürfte die Synaloephe der Schlusssilbe die vollen Formen in Versesmitte entschuldigen. Dagegen kann ich nicht gutheissen, dass alle Herausgeber die volle Form *novistin* aus dem Bembinus Eun. 328 aufgenommen haben:

'*novistin?* PA. *Quid ni?* CH. *Is, dum hánc sequor, fit mihi óbviam*',

ein im Uebrigen zwar tadellos gebauter Vers, der aber doch Misstrauen erregt, weil alle Handschriften ausser A, sowie Nonius und Donat die Form *nostin* haben. Die Unzuverlässigkeit ferner des Bembinus in diesem Punkte haben wir eben an mehreren Beispielen kennen gelernt, weshalb ich mit Hiatus beim Personenwechsel zu schreiben vorschlage:

'*nostin?* PA. *Quid ni?* CH. *Is, dum hánc etc.*'

womit man den gleichen Versanfang Phorm. 64:

'*nostin? DA. Quid ni? GE. Quid?*

vergleichen möge,[5]) auch ein nicht zu verachtender Beweis für die grosse Wahrscheinlichkeit unseres Vorschlages.

Die einzige Stelle[6]), an der wir statt der vollen Form die contrahierte erwarten sollten, ist Haut. 248 *noverunt*, die Conradt a. O. völlig ignoriert hat.

Bei Plautus herrscht genau wieder das umgekehrte Verhältnis: bei ihm finden sich die uncontrahierten Formen in der Mitte des Verses:

Trin. 905 *novistin*, Mil. 428 *novisti*, Bacch. 837 *novistine*, Pseud. 619, 971, Men. 299, 379, 438, 503, 505, *novisti*, 748 *novistin*, Truc. 406 *novistin*, Curc. 505 *novisti*, Epid. 503 *novistin*, 638, Aul. 171, 584, 777 *novisti*, Rud. 539 *movisti*, Curc. 181 *vovisti*, Rud. 1033 *novisti*, Poen. 583 *novistis*, 1031 *novisti*, 1109 *novistin*.

Trin. 451, 700 (codd.), 953, Mil. 40, 430, Men. 296, 633, 750, Most. 1079, Amph. 104, Asin. 345, 348, 349, Merc. 767, Curc. 233, 342, Epid. 480, 580, 599, 700, Capt. (565), 986, Rud. 1095, 1098, 1214 *novisse*, Trin. 957 *novissem* (codd.).

Trin. 913 *noveris* (Ritschl ed. 1, Fleckeis.), 952 *noverisne* (Ritschl ed. I, Fleckeis.), Mil. 923 *noverim*, 925 *noverit*, Men. 337 *noverit*, Truc. 163 *noveris*, 164 *noveram*, Asin. 344 *noverim*, Merc. 311 *movero*, Curc. 391 *noverim*. Ferner am Versende an 20 Stellen, die auszuschreiben überflüssig sein dürfte.

Dass Plautus die contrahierten Formen *nosse*, *nossem* geflissentlich meide, hat schon Fleckeisen (Neue Jahrb. XCV [1867] p. 632) bemerkt. Das Compositum *internosse* findet sich in den Prologen Men. 20, Amph. 142. Die anderen zusammengezogenen Formen von *novi* hat schon Brix gesammelt im Anhange zu Trin. 1141, in welchem Verse alle Handschriften *noram* geben, was von Ritschl in der zweiten Ausgabe mit Streichung von *cum ante* in *noveram* mit Unrecht, wie ich glaube, geändert wurde. Brix schreibt also a. a. O.: 'es steht *nosti* sicher Men. II 2, 20 [294], *nostin* Curc. III 53 [423], Aul. II 1, 49 [171], wohl auch Truc. IV 2, 14 [726], *norit* Poen. IV 2, 42 [864 Gepp.], Pers. 1 3, 52 [132], *norim* Vid. fr. II 2 [V 2 ed. 2], *norunt* (Cas. prol. 15), Pers. IV 3, 47 [516], Poen. 1370 Gepp. (wo *Verum étiam furacem [aiunt] qui norunt magis* zu schreiben ist), *noram* Rud. IV 3,16 [956], *pernoram* Bacch. II 3, 42 [276], zweifelhaft ist *norit* Capt. III 2, 10 [511].' Dazu habe ich nur

---

[5]) *nostin* am Anfange des Verses auch Eun. 563, Ad. 780.
[6]) *vovisse* (Hec. 434) ist wohl nicht nur zu Terenz' Zeiten, sondern stets die allein übliche Form gewesen.

zu bemerken, dass Goetz nach Camerarius Aul. 171 *nóvisti* (codd. *novistin*) ediert hat; Pers. 516 würde die Form *noverunt* den sonst zu statuierenden Hiatus beheben:
'*quaé istaec lucrificást Fortuna? T. Istás quae noverúnt roga*'.
Truc. 726 geben die Handschriften *novistin*, wo auch Schoell *nostin* schreibt: daraus geht hervor, dass auch Goetz Aul. 171 *nostin* gemäss dem *novistin* der Handschriften hätte schreiben sollen. Eine Stelle endlich (Truc. 595) ist zweifelhaft: die Handschriften haben *novisti*, was Brix zu halten geneigt scheint, da er die Stelle oben nicht berührt; Schoell schreibt *nosti*. Ganz überzeugt bin ich, dass Capt. 511 das überlieferte *noverit* ans Versende zu stellen sei, weshalb es nicht mit Fleckeisen in *norit* geändert werden darf. Ich habe es deshalb auch schon unter die 20 Fälle gerechnet, wo eine volle Form am Versende steht.

4. Perfecta auf -ivi.

Wir wollen vorerst diejenigen Formen bei Terenz vorführen, die aus der Contraction von -*ivi*- entstanden sind:
Andr. 785 *audistin*, 975 audisti Haut. 684, 685, 731 *audisti*, 1029 *quaesisti*, Phorm. 79 *scisti*, 318 *intristi*, 329 *audisti*, 349 *audistis*, 577 *audisti*, 612 *audistin*, Hec. 550, 784 *audisti*, Ad. 467 *audisti*, 539 *audistin*.
Andr. 239 *praescisse*, 258 *rescissem*, 808 *scissem*, Eun. 34 *scisse*, 115 *audisse* (BCDEGP), Haut. 844 *resipisse*, Phorm. 13 *lacessisset*, 20 *audisset*, Hec. 222 *scissem*, Ad. 272 *scisse*, 771 *constabilisses*, 857 *scisse*.

Formen durch Ausstossung des *v* entstanden:
Andr. 177 *audierat*, 341 *audierit*, 922 *audierim*, Eun. 235 *abligurrierat*, 387 *rescierint* (E), 429 *audieras*, 665, 699 *audieram*, Phorm. 185 *audierit*, Hec. 262, 519 *rescierit*.

Am Ende stehen die vollen Formen:
Andr. 494 *resciverim*, Haut. 718 *resciverit*, Hec. 567 *resciverit*.
Phorm. 573 haben die besten Handschriften (ADG) *audieras*, Hec. 813 alle *audierit*, beide Male am Ende des Verses: da sonst nach Ausstossung des *v* das vorhergehende *i* verkürzt erscheint, so wäre man geneigt, hier als an den Versenden die vollen Formen einzuführen, obwohl ich die unumgängliche Nothwendigkeit, dies zu thun, keineswegs einräume: es mag ja die Stellung am Versende die Kraft gehabt haben, das *i* zu längen, zumal da dies von der Form *ierant* zu Ad. 27 Donat ausdrücklich angibt: '*ierant*] *producta i pronuntiandum, quod nos addita v* '*iverant*' *dicimus*.'

Was die wenigen Stellen anbetrifft, wo die vollen Formen in der Mitte des Verses gelesen werden, so lässt sich ihre Zahl noch bedeutend verringern. Haut. 429 ist der Vers mit *audisti* ganz tadellos, und mit Unrecht haben Fleckeisen und Wagner in beiden Ausgaben dem *audivisti* des Bembinus zu Liebe eine Umstellung der Worte vorgenommen. Ebenso verhält es sich mit Haut. 816, wo durch Einführung der contrahierten Form der Vers in Ordnung und die Tilgung des *me* mit Fleckeisen und Wagner unnöthig ist. Hec. 313 wird allgemein so gelesen:
'*fortásse unum aliquod vérbum inter eas iram hanc concivísse, eré*; *concivisse* las neben *conciverit*, das unsere Handschriften (A *concluserit*) bieten, Donatus, *ere* fügte des Metrums halber Bentley dazu. Obwohl wir durch die Schreibung *cóncierit* den Handschriften mehr gerecht würden, so liegt es mir ferne, für dieses zu plädiren, sondern ich halte die volle Form durch die Synaloephe entschuldigt, ebenso wie Andr. 931 *audivere*, welches ausserdem in der Cäsur bei folgendem Personenwechsel, also am Schlusse der ersten, für sich ein abgeschlossenes Ganze bildenden Vershälfte steht (DGV *audiere*). Unmöglich kann ich aber glauben, dass der Vers Hec. 517 von Terenz herrühre; man lese nur:
'*misera?* | *nam audivísse* | *vocem* | *púeri* | *visust* | *vágientis.*'

Das ist kein Vers, das ist die reinste Prosa: der Zusammenhang wird nicht im Mindesten gestört, wenn man diesen Vers auslässt. Er dürfte seine Entstehung jemandem, der das *ita* des nächsten Verses sich anders nicht zu erklären wusste, verdanken. Man streiche also den Vers, so ist man mit ihm auch das *audivisse* los.

Bei Plautus finden sich die vollen Formen in der Mitte des Verses:
Mil. 775 *insanivisti*, Pseud. 490 *rescivisti*, Amph. 620 *obdormivisti*, 748, 752 *audivistin*, Epid. 570 *excivisti*, Aul. 331 *dispertivisti*, 538 *audivistin*, Stich. 264 *audivisti* (CDF), Capt. 544 *servivisti*, Rud. 355, 993 *audivisti*, Poen. 137 *contrivisti*, 911 *audivistis*, Pers. 798 *scivisti*, Cist. I 1, 14 *excivisti*, II 3, 3 *audivisti*, Vid. fr. III 5 *audivisti*.

Men. 688 *rescivisse*, Amph. 272 *óbdormivissé* (libri), Merc. 944 *indaudivissé*, (-*iisse* CD, -*isse* BF), 993 *scivissém*, Epid. 254 *audivissé*, Aul. 266 *inaudivisse* (BDJF), 770 *rescivisse*, Rud. 899 *dormivissét*, Cas. 326 *expetívisse*, 497 *árcessivissé*, Cist. V 5 *quaesivisse*.

Mil. 566 *muttivero*, 604 *resciverint*, Pseud. 818 *triverunt*, 1116 *siverat*, Most. 401 *siveris*, Rud. 330 *exquisivero*.

Am Versende findet sich die volle Form beiläufig 26mal, darunter Trin. 538 *audiveris*, Pers. 219 *audivero*, wo F, und Cas. 471 *audiverit*, wo V die verkürzte Form haben; in Versmitte haben alle Handschriften Mil. 1265 *audieris*, auch da hat man mit vollem Rechte die volle Form hergestellt.

Von contrahierten Formen findet sich besonders häufig *siris* Trin. 521, Bacch. 402, Epid. 400, *sirit* Curc. 27, *siritis* Poen. 943, *sirint* Bacch. 468, Merc. 613, an welch' letzter Stelle Buecheler Rhein. Mus. XV (1860) p. 444 nicht *sierint* vorschlagen durfte, da Plautus diese Form nicht[7]) kennt (*siverint* steht am Versende Merc. 323). Ausserdem kommen vor Trin. 1086 *audisses*, Mil. 730 *dispertisse*, Most. 434 *imposisse*, Truc. 575 *audisse* (libri), [Capt. 1023 *audisse*], Rud. 899 *sapisset*, Cist. II 3, 32 *exquisisse*, Mil. 1344 *resipisti*, Cist. I 3, 22 *audistis*, Cas. 753 *audierint*, Pers. 218 *sciero*, Men. 937 *insanisti* (Ritschl libri '*insanus*').

Wir sehen also auch hier wieder, dass bei Plautus die vollen Formen vorherrschen, während Terenz sie nur mehr ganz ausnahmsweise gebraucht. Ausserdem ist zu bemerken, dass weder Plautus noch Terenz für die 1. und 3. Person Sing. und 1. Plur. andere Formen haben, als auf -*ivi*, -*ivit*, -*ivimus*: also ein *audiit* oder *audimus* (für *audivimus*) findet sich nicht. Das *cupiit* Capt. 463, das Neue noch in der 2. Auflage anführt (II² 521), ist von Fleckeisen selbst, der es in seinen Text aufgenommen hat, neuerdings verworfen (Fleckeisen Jahrb. 1870 p. 431), vgl. auch Brix im Anhange z. d. V. Als einzige Ausnahme ist '*siit*' Ter. Ad. 104 zu bezeichnen, eine Form, die A hat (die übrigen '*sivit*') und Diomedes p. 374, 13 K. bezeugt. Nach des Diomedes Zeugnisse a. a. O. scheint sie später allgemein und allein im Gebrauche gewesen zu sein; jedoch hat Terenz auch '*sivi*' Andr. 188 an einer Versstelle, die ein '*sii*' wohl zuliesse, welche Aenderung jedoch wegen der ausreichenden Zeugnisse für die andere Form nicht angeht. Daraus geht hervor, dass man zu Terenz' Zeiten noch eine grössere Neigung für die volle Form dieses Verbums anzunehmen hat. Zu weit jedoch geht Ladewig in der 'Zeitschrift für Alterthumswissenschaft' 1844 S. 627, wenn er mit den Handschriften der calliopischen Recension auch Ad. 104 *sivit* beibehalten will:

'*non sivit egestas fucere nos. tu nunc tibi*'.

---

[7]) Mit Unrecht hat Fleckeisen sie Bacch. 402, 468, Curc. 27 ediert, da die Handschriften dieselbe nirgends bieten. Und selbst wenn sie sich handschriftlich fände, so wäre darin nur die alte Form für *sirim* '*seirim*' zu suchen. Vgl. über die Seltenheit von *sierim* etc. auch Neue, Formenlehre II² 619.

denn abgesehen davon, dass *siit* der Bembinus und Diomedes bezeugt, ist ausserdem der Vers mit *sivit* fehlerhaft, indem da im zweiten Fusse ein Anapaest mit Wortende nach der ersten Thesis zu stehen käme.

Anhangsweise wollen wir nunmehr an dieser Stelle die Perfectformen des Verbums *ire* und seiner Composita in ihrem Gebrauche bei Plautus und Terentius behandeln.

Was da zuerst die Perfectformen mit *v* anbetrifft, so scheint sie Terenz gar nicht gebraucht zu haben. Die Handschriften überliefern sie wenigstens nirgends. Hec. 332 schreiben zwar alle Editoren:
'*servom ilico intro ivisse dicent Sóstratae*',
wo die Handschriften '*introisse*' bieten, jedoch ist ohne Zweifel *introiisse* zu schreiben (vgl. Phorm. 706, Hec. 345 *introiit*). Denn kein Fehler in den Terenz- (und Plautus-) Handschriften ist häufiger, als dass sie statt des doppelten *i* einfaches geben. Unzählige Beispiele dafür beizubringen, wird sich bald die Gelegenheit bieten, hier genüge es hinzuweisen auf Haut. 980, wo statt des vom Versmass geforderten *rediisse* alle Handschriften *redisse* haben. Die zweite Stelle, wo man seit Bentley *ivi* schreibt, Andr. 850 ist sehr corrupt überliefert. Bentley, dem Fleckeisen, Wagner und Umpfenbach folgen, schrieb:
'*mihin? Tibi ergo. Módo ego intro ivi. Quási ego quam dudúm rogem.*'
Anstatt der gesperrt gedruckten Worte geben die Handschriften blos *modo introii* (*introi* BC), nur D hat vor *modo* das *ego*. Spengel will '*intró modo ivi*', äussert aber selbst über die Richtigkeit seines Vorschlages Bedenken. Dass man die sonst bei Terenz nicht nachweisbare Form '*ivi*' durch Conjectur einsetze, halte ich nicht für rathsam, und vielleicht ist das *ego* in D doch mehr als 'einer der vielen werthlosen Zusätze in dieser Handschrift', wie Spengel meint. Dass es in den übrigen Handschriften fehlt, ist wegen des unmittelbar vorhergehenden *ergo* sehr begreiflich. Eben deshalb kann ich aber auch Bentley's Transposition, der *ego* nach *modo* stellte, nicht billigen. Vielleicht ist das Richtige getroffen, wenn man den Vers so herstellt:
mihin? Tibi ergo. Egó modo ii intro. quási ego quam dudúm rogem.

ire intro statt *intro ire* hat Terenz häufig (Andr. 171, 424, 956, Eun. 377, 715, 917, Haut. 409, Hec. 324, 429, 565, 611, Ad. 168, 277*), 712, 854 u. ö.), auch die Form des Perfectum simplex *ii* ist nicht auffallend, man vgl. *iit* Eun. 593, 892. Jedenfalls ist der Vers anders, als durch Einführung von *ivi* zu heilen. Terenz hat ja augenscheinlich ganz absichtlich die vollen Perfectformen selbst beim Verbum simplex gemieden, wie dies das durch alle Handschriften und das ausdrückliche Zeugnis des Donat beglaubigte *ierant* Ad. 27 beweist, wo der Dichter lieber das *i* lang gebrauchte, als *iverant* zu sagen — eine Form, die hier als am Versende stehend sonst völlige Entschuldigung fände. Ich halte demnach für ausgemacht, dass Terenz die vollen Formen des Verbums *ire* und seiner Composita nirgends gebraucht, eine Thatsache, die durch den äusserst spärlichen Gebrauch jener Formen bei Plautus ihre weitere Bestätigung findet.

Von den contrahierten Formen, die also Terenz allein kennt, können wir jene gleich ganz kurz behandeln, bei denen die dem Perfectstamme angehängte Endung mit *er* beginnt: das *i* des Stammes wird nach Ausstossung des *v* verkürzt, gerade wie bei den anderen Perfecten auf -*ivi*. Hieher gehören folgende Stellen: Andr. 534, 799, Eun. 290, 611, 633, 702, 1043, Haut. 150, 316, 906, Phorm. 143, 248, 423, 445, 471, Hec. 382, 419, Ad. 127, 226, 232, 283, 378, 549, 581, 691, 718, 743. Der Länge in *īerant* Ad. 27 wurde bereits Erwähnung gethan.

Nicht so einfach ist zu beantworten, wie es Terenz mit dem Gebrauche derjenigen Perfectformen, wo an das *i* des Perfectstammes ein weiteres *i* der Endung tritt, gehalten hat, ob er beide *i* beibehalten oder sie contrahiert hat. Nach der Analogie der anderen Perfecta auf -*ivi* möchte man nur das letztere erwarten, jedoch sprechen die Thatsachen beinahe gerade für's Gegentheil.

In der 1. und 3. Person Sing. Perf. ist das doppelte *i* von Terenz stets beibehalten und auch von den Handschriften zum weitaus grössten Theile bewahrt. Hierher gehören die Ausrufe *perii, disperii, interii*, darunter folgende Stellen, an denen der Bembinus allein falsch einfaches *i* bietet: Eun. 378,

---

*) Hier hat Dziatzko zweifellos richtig *i intro* geschrieben statt des einfachen *intro* der Handschriften; er hätte bei dieser Gelegenheit auf Eun. 715, wo ebenfalls für das *i intro* die Handschriften D G P (A hat ININTRO) nur *intro* haben hinweisen können. Dagegen haben alle Handschriften ausser E das richtige *i intro* Ad. 168. Vgl. ausserdem bei Plautus Truc. 176, 197, 329, wo die adnotatio critica weitere Belege für diesen gewöhnlichen Handschriftenfehler bietet.

610, 644, 664, 770, 905, Haut. 631, 736, 970, Phorm. 386, 1006, Hec. 528, Ad. 227, 355, 543, 633, 637. Ausser diesen Ausrufen kommt die 1. und 3. Person Sing. Perf. noch an 40 Stellen vor, treu bewahrt von allen Handschriften, ausser dem Bembinus, der gegen das Metrum (Eun. 593 *it*), Haut. 113 *redit*, 904 *abit*, Phorm. 147 *redit*, Hec. 251 *adi*, 510 *abit*, Ad. 26, 35 *redit*, 703 *abit* hat; Eun. 593 haben auch DG *redit*. An einer einzigen Stelle⁹) bieten alle Handschriften unrichtig einfaches *i*; es ist Phorm. 802: '*redi mecum in memoriam*', wo die irrthümliche Meinung der Schreiber, es mit einem Imperativ zu thun zu haben, leicht erklärlich ist. Richtig steht *iit* im Bembinus, während DEFP *it* haben, Eun. 892¹⁰).

Während wir bis jetzt nur solche Stellen betrachteten, die, sei es durch das Metrum oder die Auctorität der Handschriften, oder auch durch beides zugleich, hinlänglich gesichert sind, so sollen nun diejenigen Stellen besprochen werden, wo die durch den, in dieser Hinsicht, wie wir sahen, sehr unzuverlässigen Bembinus gebotene contrahierte Form des Metrums halber sich als die richtige herausstellt, während die von allen oder den meisten übrigen Handschriften gebotene Form mit doppeltem *i* nothwendig zu verwerfen ist. Das Resultat dieser Untersuchung ist, um es gleich jetzt zu sagen, dass es sich da immer um ein Präsens, nicht aber um eine Perfectform handelt. So ist *redit* ganz sicher Präsens Phorm. 55, obwohl DG *rediit* haben, und Ladewig in der Zeitschrift für Alterthumswissenschaft 1844 S. 628 es als Perfect fasst:

'*praesértim ut nunc sunt móres: adeo rés redit:
siquís quid reddit, magna habendast grátia.*'

Ebenso Phorm. 686 (*rediit* BCFP):

'*ad réstim mihi quidem rés redit planíssume*'.

Hec. 347 ist *redit* (*rediit* BCDEFP) trotz des parallel stehenden (*ex corde*) *excessit* Präsens¹¹), da letzteres logisches Perfect und

---

⁹) Falsch ist es, wenn Neue II² 522 behauptet, es stehe *it* (für *iit*) Phorm. 4, 4, 25 (706): es haben vielmehr daselbst alle Handschriften und alle Editoren '*introiit*'.

¹⁰) Haut. 655 ist '*it*' natürlich Präsens.

¹¹) Die Länge des *it*, auch für das Präsens hat Ritschl wohl überzeugend nachgewiesen (siehe Fleckeisen in Jahn's Jahrb. LXI. (1851) S. 23. 60 ff.). Ausserdem ist sie hier umso weniger auffällig in der Wortverbindung *mihi rédit*.

als solches einem *non amplius est* (*in corde*) gleichzustellen ist (auch hier hält es Ladewig a. O. für ein Perfect):
'*hem, istóc verbo animus mihi redit et cúra ex corde excéssit*'.
Klar ist ferner Hec. 184, wo BCEFP *abiit* haben:
'*simulát se ad matrem accérsi ad rem divínam. abit*',
und Ad. 782 (*abiit* BCDEFGP):
'*an tíbi iam mavis cérebrum dispergam híc? Abit*'.
Mit dem zuerst angeführten Beispiele ist zusammenzuhalten Andr. 567 f.:
'*nempe incommoditas dénique huc omnis redit, si evéniat, quod di próhibeant, discéssio*',
zu dem zweiten vgl. Haut. 931:
'*Menedéme, mihi illaec vére ad rastros rés redit*'.

Hier haben die Handschriften keine Variante, hier scheint also keinem Schreiber der Gedanke an ein Perfectum gekommen zu sein. Ausserdem bieten noch alle Handschriften das Präsens *redit* Haut. 278, Phorm. 317, Ad. 71, *prodit* Haut. 276.

Somit bliebe nur übrig: Eun. 522:
'*ecquis cum ea una, quid habuisset, cúm perit*',
(*conperit* A, *comperit* F, *cum periit* BCDEGP) und auch hier muss man sich für das Präsens entscheiden, vgl. Luebbert, Grammatische Studien II die Syntax von Quom. Breslau 1870, S. 64, 224.

Auch die 1. Person Plur. Perf. hat stets das *ii*: freilich haben dies die Handschriften schlecht bewahrt. So geben alle Handschriften ohne Ausnahme *perimus* Ad. 324, 458, wo das Metrum *periimus* verlangt. Deshalb kann auch kein Zweifel sein, dass man Eun. 539 *coiimus*, was noch dazu zwei Handschriften BD (in Rasur) haben, mit Umpfenbach zu schreiben hat, obwohl auch *coimus* in den Vers passen würde. Es ist einleuchtend, dass der Dichter die Form mit einfachem *i* aus Deutlichkeitsrücksichten, um den Gleichklang mit dem Präsens zu vermeiden, nicht gebrauchte. Andr. 591 '*num nam perimus*' haben die '*editiones antiquae*' *periimus*: es ist jedoch das '*perimus*' der Handschriften völlig richtig, und als Präsens zu fassen; Wagner übersetzt im Commentar sehr treffend: '*I hope we are not going to the dogs after all*'. Stets Präsens bei Terenz, wo es vorkommt, ist '*imus*', wie Andr. 117, Eun. 465, 492, 1025, auch Phorm. 103 '*imus, venimus, videmus*', wo *venimus* in der Mitte zweier Praesentia als logisches Perfect weiters nichts Auffälliges an sich hat.

Schwieriger ist zu entscheiden, wie es mit den Formen der 2. Person Sing. (und Plur.) Perf., des Infinitivs, sowie des Conjunct. Plusquamperf. Terenz gehalten hat. Könnten wir den Handschriften folgen, so hätte Terenz stets nur einfaches *i* gebraucht; jedoch gerade hier ist das Uebereinstimmen aller Handschriften an allen Stellen von gar keinem Belang. Denn an fünf (resp. sechs) Stellen ist nothwendig des Metrums halber die Form mit doppeltem *i* herzustellen (Eun. 521 *périissét*, 1065 *périistí*, Haut. 980 *rédiissé*, Phorm. 315 *ábiissé*, Hec. 289 *rédiissés*; daraus ergibt sich auch klar, dass ebenfalls Hec. 332 das *introisse* der Handschriften in *introiisse*, wie wir dies bereits oben auseinandergesetzt, nicht in *introivisse* zu verbessern ist). Wenn wir nun sechsmal Formen mit doppeltem *i* statuieren mussten, wer bürgt dafür, dass sie nicht auch da, wo das Metrum uns nicht gerade dazu zwingt, diese Formen einzuführen, einst standen? Mindestens ist es auffallend, dass alle hier in Betracht kommenden Stellen das doppelte *i* sehr wohl zulassen, es sind dies: Eun. 55 *peristi*, 724 *abisse*, 1016 *perisse*, Haut. 304, 412, 433 *redisse*, Phorm. 119 *redisset*, 153, 460 *redisse*, 466 *abisse*, Hec. 326 *perisse*, 435 *redisset*, 504 *redisti*, 578 *abisse*, Ad. 169 *abisti*, 273 *redisse*, 517 *abisse*. Dagegen ist *isses* Hec. 222 durch das Metrum gesichert;

'*quód si scissem, illa híc maneret pótius, tu hinc issés foras*',

sowie aus demselben Grunde auch *isse* Hec. 76:

'*senéx si quaeret mé, modo isse dícito*'

vorzuziehen ist.

Demnach hat es fast den Anschein, als ob Terenz bei den Compositis des Verbums *ire* in den eben besprochenen vom Perfectstamme gebildeten Formen doppeltes, beim Verbum simplex dagegen einfaches *i* gebraucht habe. Jene 17 Stellen nämlich dieser Observation gemäss gegen die Handschriften zu corrigieren, halte ich um so weniger für ein Wagniss, als ja auch an den 5 (resp. 6) Stellen, wo doppeltes *i* nothwendig und von den Editoren längst restituiert ist, die Handschriften einfaches *i* bieten. Auch nicht der Einwurf kann mich abschrecken, dass es merkwürdig sei, dass alle Handschriften an allen Stellen das Unrichtige bieten sollten. Ein ganz analoges Beispiel bieten die Terenzhandschriften in Betreff des Imperfects der Verba auf -*ire*: sie haben *sciebam* etc. wo nur *scibam* etc. in den Vers passt, vgl. Eun. 1004, Haut. 309, Hec. prol. 16, Eun. 700, Phorm. 529, Eun. 113, 155, 736 Andr. 38, ebenso *aiebam* etc. für *aibam* etc., z. B. Ad. 561, Andr. 932, Phorm. 480, Ad. 717, Andr. 534, Phorm. 572,

Hec. 238 u. s. w., kurz die Formen auf *ibam* etc., die an beiläufig 20 Stellen im Terenz erforderlich sind, hat kein einziger Codex (ausser A Phorm. 582) bewahrt [12]). Die Schreiber kannten eben nur die eine Form mit *ie* (vgl. meine Studia Terentiana p. 56 f.). Dass in unserem Falle auch nicht einmal der Bembinus das eine oder andere Mal das Richtige hat, ist bei einer Handschrift, die das doppelte *i* auch häufig dann nicht hat, wo es die anderen Codices richtig bieten, wie wir oben gesehen, nicht zu verwundern.

Für Plautus ist die Untersuchung bereits geführt durch Fleckeisen, der in seiner Erstlingsschrift 'Exercitationes Plautinae' Göttingen 1842 sämmtliche vom Perfectstamme abgeleiteten Formen des Verbums *eo* und seiner Composita, die sich bei Plautus finden, eingehend behandelt hat. Ich konnte die Schrift selbst zwar nicht einsehen, jedoch bin ich über ihre Resultate hinreichend orientiert durch die umfangreiche Recension Ladewig's in der 'Zeitschrift für Alterthumswissenschaft' vom Jahre 1844 S. 617 ff.

Bevor wir jedoch auf die Besprechung der contrahierten Formen eingehen, wollen wir sehen, wie Plautus den vollen Formen gegenüber sich verhält. Dass diese nur ganz sporadisch zuzulassen sind, kommen die Editoren immer mehr zur Ueberzeugung. Wenn also Camerarius es für die leichteste Art, einen Vers zu heilen, hielt, indem er *abivit* für *abiit* schrieb (Amph. 125, 639, Men. 550, Bacch. 900), und ihm Fleckeisen in der obigen Schrift theilweise beipflichtete, so hat der Letztere in seiner Ausgabe ein *abivit* schon längst nicht mehr anerkannt und heute dürfte es wohl keinen Vertheidiger haben. Truc. 758 möchte es wohl am einfachsten erscheinen aus dem *incluit* des Vetus und dem *induit* des Decurtatus und Ursinianus mit Camerarius ein *hinc ivit* zu deducieren: dass jedoch vielmehr ein *lusit* darinnen steckt, haben sowohl Schoell als Seyffert (siehe die adnotatio critica bei Schoell) gesehen. Aus *inero* von B C D Truc. 547 hat die editio princeps *ivero* gebildet: Schoell hat den zweifellos richtigen Vorschlag Bugge's, *venero* zu schreiben, in den Text aufgenommen. Aul. 344 geben der Vetus, Ursinianus und Britannicus für *perierit* merkwürdigerweise *periverit*, eine Form, die schlecht in den Vers passt und merkwürdig deshalb ist, weil sie sonst den Schreibern gar nicht geläufig war. Unangefochten sind eigentlich nur drei Stellen: *ivisse* Most. 842, *exivissem* Rud. 534, *ambiverit* Amph. 74,

---

[12]) Nur das nicht so geläufige Wort *insanibat* Phorm. 642 (nicht Eun. 642, wie durch einen Druckfehler in meinen Studia p. 56 angegeben ist) haben alle Handschriften.

wo die vollen Formen auch durch alle Handschriften bezeugt sind. Von allen Handschriften (auch A) ist ferner bezeugt *exivi* Stich. 459, wo zwar Ritschl *exii* edierte, aber Fleckeisen die volle Form, obwohl er sie in den Exerc. p. 23 angezweifelt hatte, in seiner Ausgabe wiederhergestellt hat. Als fünfte für mich sichere Stelle gilt *exivi* Capt. 109, wo nur der Britannicus *exii* hat. Dazu kommt noch *ivero* Capt. 194 am Versende, wo uns die Auctorität des Vetus und Britannicus, die *iero* haben, nicht bewegen kann, auch für Plautus ein *īero* anzunehmen, wie wir dies bei Ter. Ad. 27 thun mussten. Ich mache hier noch besonders darauf aufmerksam, dass **die vollen Formen nur vom Verbum simplex und von solchen Compositis, deren erster Compositionsbestandtheil aus einer Länge besteht, sich finden**: damit steht in directem Zusammenhange, dass auch gerade nur die eben erwähnten Worte in der 2. Sing. und Plur. Perf. im Conjunctiv Plusquampf. und im Infinitiv. Perf. in der Contraction einfaches *i* statt doppeltem haben, wie wir später zeigen werden.

Jene eben vorgeführten sechs Formen werden jetzt wohl allgemein als sicherstehend angenommen: dagegen kann ich mich mit den zwei nachfolgenden Stellen, wo jetzt allgemein die vollen Formen ediert werden, nicht einverstanden erklären. Es sind dies Pseud. 1090:

'*eam vēnivisse militi Macédonio*',

wo alle Handschriften '*venisse*' haben, und Stich. 232:

'*haec vēnivisse iám opus est quantúm potest*',

wo der Ambrosianus, in dem der Vers an zwei Stellen geschrieben steht, zuerst (nach V. 208) VENISSE, hier aber VENIISSE hat; die übrigen Handschriften haben *venisse* (*vaenisse*). Die volle Form hat an beiden Stellen Fleckeisen (Exerc. p. 48) eingeführt, dem alle Herausgeber mit Unrecht, wie ich glaube, gefolgt sind. Denn überall haben die Handschriften die vollen Formen bei den Compositis von *ire* getreu bewahrt, warum sollte gerade an diesen zwei Stellen keine einzige Handschrift, auch nicht der Ambrosianus das *v* bewahrt haben? Wenn ferner im ganzen Plautustexte nur sechs Mal dergleichen volle Formen vorkommen, fordert es da nicht eine methodische Textkritik, dass man jene nur in den zwingendsten Fällen zulasse? Ein solcher liegt aber hier gewiss nicht vor. Fleckeisen a. O. hat zwar die Behauptung aufgestellt, Plautus habe stets das Verbum in der Form *venum ire* und deshalb habe auch die volle Form als die des Simplex (*venum*) *ivisse* nichts auffälliges. Dagegen ist zu bemerken, dass damit in Widerspruch steht Pers. 584:

'hóc age opusnest hác tibi empta? Sí tibi venissést opus'.
Den zweiten noch hiehergehörigen Vers hat Fleckeisen zwar nicht
übersehen und ihn sogar zu Gunsten seiner Behauptung ausgebeutet,
jedoch hat über denselben die Kritik noch nicht ihr letztes Wort
gesprochen. Es ist Pers. 654, den Ritschl so edierte:
'vaénisse, aderit húc et abs te rédimet me. Quid nunc? Quid est?'
die Handschriften haben 'venisse huc aderit hic' und 'me absentem
redimet'. Fleckeisen schrieb a. O. S. 49:
'vénum ivisse huc, áderit et me abs té redimet . . .'
Jedermann wird wohl gestehen müssen, dass Ritschl's Schreibung manches vor der Fleckeisen's voraus hat. Zum Mindesten
ist also *venisse* sicher Pers. 584, weshalb wir kein Bedenken
tragen, auch in den beiden Versen, von denen wir ausgingen, die
kürzere Form einzuführen. Mit *venisse* indess geht es freilich nicht,
warum sollte aber Plautus nicht *veniisse* geschrieben haben, was
noch dazu der Ambrosianus in dem einen Verse selbst bietet —
ein Zeugniss, was um so gewichtiger ist, als sonst gerade der Ambrosianus das doppelte *i*, genau wie der Bembinus des Terenz, viel
seltener bewahrt hat, als die anderen Handschriften, vgl. Mil. 251,
491, Epid. 246, 510 etc. Wenn man nun weiters erwägt, dass ebenso
rediisse Trin. 618, *abiisse*, Mil. 1167, Merc. 223, *periisse* Asin. 900,
adiisse Aul. 815 geschrieben werden muss, wo die Handschriften
redisse, abisse, perisse, adisse geben, so sehe ich keinen Grund,
warum man nicht auch *veniisse* Pseud. 1090 für das *venisse* der
Handschriften, und ebenso Stich. 232 schreibt, wo es der Ambrosianus allein hat, gerade wie er auch *periisse* Mil. 178, *rediisse,*
Stich. 507 allein bietet.

Mit den syncopierten Formen hat es Plautus ganz wie Terenz
gehalten. Bei den Formen, wo die dem Perfectstamme angehängte
Endung mit *er* beginnt, wird das *i* des Stammes nach Ausstossung
des *v* ausnahmslos verkürzt, vgl. Trin. 10, 429, 535, Mil. 297, 298,
524, 1165, 1169, 1176, 1432, Bacch. 231, Pseud. 647, 1031, Men.
206, 295 u. s. w.

In der 1. und 3. Person Sing. Perf. gebraucht er
nur die Formen mit doppeltem *i*. Wenn Fleckeisen in den
Exercitationes noch an 13 Stellen contrahiertes *it* vertheidigte (und
zwar an drei Stellen die 3. Sing. Perf. des Simplex, an 10 von
Verbis compositis), so hat er auch diese wenigen Stellen beseitigt
in seiner gehaltreichen Recension des Ritschl'schen Plautus in Jahn's
Jahrbüchern Bd. LXI (1851) S. 23, 60 ff. (vgl. auch Brix Trinumm.
717 im Anhange); dass natürlich die Handschriften hie und da

einfaches *i* haben, ist selbstverständlich, so z. B. alle Handschriften Truc. 45, 52, 618, Aul. 249, Merc. 947, Most. 485 u. s. w., sowie sie umgekehrt doppeltes *i* bieten, wo man es mit einem Präsens zu thun hat; vgl. Mil. 178, Truc. 565 u. ö.

Auch die 1. Pers. Plur. Perf. hat stets bei Plautus das doppelte *i* beibehalten (Fleckeisen a. O. S. 27—29). Diese sehr richtige Beobachtung schränkte Fleckeisen insofern ein, dass er Most. 486 ein contrahiertes Perfect statuieren zu müssen glaubte: *tuus gnátus, postquam rédiit a cená domum, abímus omnes cúbitum, condormivimus'*.

Als Präsens erklärte er die von allen Handschriften überlieferte Form in der oben erwähnten Recension SS. 25 und 65. In dieser Satzverbindung ist aber ein Präsens zum mindesten höchst auffallend: wäre Fleckeisen damals ein solcher kritischer Apparat zu Plautus zur Verfügung gestanden, wie uns heute, so hätte er sicher anders geurtheilt. So weit ich nämlich sehe, so hat keine einzige Handschrift auch nur ein einziges Mal das doppelte *i* in der 1. Plur. Perf. bewahrt; man sehe nur die adnotatio critica zu folgenden Versen ein: Trin. 515, Men. 1015, Most. 364, Merc. 134, 609 [Rud. 1048], wo überall *periimus* statt des handschriftlichen *perimus* stehen muss, weiters Pseud. 543 *iniimus* (alle Handschriften *inimus*; falsch Camerarius und Bentley zu Ter. Andr. I 3, 11 *inivimus*), und Amph. 807 *abiimus* (Handschriften *abimus*). Daraus ergibt sich, wie ich meine, mit voller Evidenz, dass auch Most. 486 *abiimus* geschrieben werden muss. An einer einzigen Stelle (Capt. 282) bieten die Handschriften (Vetus und Britannicus) *abiimus* und da ist es gerade unrichtig (vgl. Brix z. d. St.).

Was die 2. Pers. Sing. und Plur. Perf., den Infin. Perf. und den Conjunctiv Plusquamperfecti betrifft, so hat Fleckeisen Exercit. S. 41—44 die Regel zu begründen gesucht, dass Plautus von den Compositis auf *ire* die beiden verkürzten Formen gebrauche und zwar mit dem Unterschiede, dass die Form mit doppeltem *i* nur dann gewählt sei, wenn der Accent nicht auf die vorletzte Silbe falle. Diesen Satz bestritt Ladewig a. O. am heftigsten und gemäss dem Gebrauche bei den späteren Dichtern und Schriftstellern will er nur die Formen mit einfachem *i* gelten lassen, alle des Metrums halber dem widersprechenden Stellen macht er gefügig, indem er die Präpositionen *ab, per, in* etc. durch den Ictus gelängt sein lässt. Die Verkehrtheit eines derartigen Beginnens hat nachträglich Fleckeisen selbst in den 'Plautinischen Analecten' Philol. II 60 mit wenigen Worten genügend charakterisiert.

Dass Fleckeisen's Theorie sich an allen Stellen durchführen lässt, kann nicht bestritten werden: sie ist aber keine Theorie, der der Dichter vermöge seines Sprachgefühles gefolgt ist, sondern einfach eine aus dem Versmasse der Comödie sich ergebende Deduction. Denn in einem jambischen oder trochäischen Verse kann in einer Form, wie *peristi* (*perisse, perissem*) die Präposition nie den Ictus haben, sonst müsste es *periisti* (*periisse, periissem*) heissen — wenn dagegen die Paenultima betont ist, so ist allerdings stets die Form mit dem einfachen *i* zulässig, da die Metrik an ein *peristi*, wo die Präposition die zweite Kürze der vorausgehenden Arsis bildete (in welchem Falle dann natürlich doppeltes *i* nothwendig wäre), zu denken verbietet. Soweit wäre also Fleckeisen's Bemerkung richtig, d. h. sie muss richtig sein, ohne dass man erst lange die einzelnen Stellen zu untersuchen brauchte[13]). Jedoch darin hatte Fleckeisen Unrecht, dass er bei Betonung der Paenultima nur die eine Form mit einfachem *i* für zulässig erklärte. Kann denn z. B. im jambischen Verse ein *periisti* nicht ebenso gut den ersten Fuss bilden, als *peristi*? Es ist daher in einem solchen Falle die Entscheidung, welche von beiden Formen zu statuieren sei, in erster Linie doch von der Autorität der Handschriften abhängig. Selbst Ritschl hat im Anfange sich von Fleckeisen's Beobachtung bei der Edition des Trinummus, Miles, der Bacchides vollständig leiten lassen; jedoch in der 2. Auflage des Trinummus steht er bereits auf dem Standpunkte, dass er die Formen mit doppeltem *i* überall setzte, auch da, wo keine einzige Handschrift sie bot (vgl. V. 618., 931). Ihm ist auch theilweise Brix gefolgt, sowie von den neuesten Herausgebern Goetz-Loewe, die Asin. 900, wo sie gegen die Handschriften und ohne weiteren zwingenden Grund *periisse* edieren. Jedoch vermisst man bei allen Herausgebern eine gewisse Consequenz in der Schreibung dieser oder jener Form. Wir wollen im Folgenden deshalb untersuchen, ob, gestützt auf das handschriftliche Material, nicht eine consequente Durchführung der Norm, nach welcher Plautus die beiden Formen angewendet haben mag, möglich ist.

Während wir bei Terenz gesehen haben, dass die Handschriften dieses Dichters niemals das doppelte *i* bewahrt haben, erweisen sich die plautinischen Codices etwas zuverlässiger, wie wir bald sehen werden.

---

[13]) Demnach ergibt sich, dass diese von Fleckeisen als Eigenthümlichkeit des Plautus angeführte Thatsache ebenso für Terenz und die Fragmente der anderen scenischen Dichter gelten muss.

1. Von den Stellen, wo die Präposition den Ictus hat und deshalb doppeltes *i* nothwendig ist, sind richtig überliefert Bacch. 933, Cas. 289 *periisti* in allen Hss., Trin. 891 *periisse*, 992 *periisses*, Men. 416 *periisti* in allen mit Ausnahme des unbedeutenden Lipsiensis F. Dagegen bieten alle Handschriften das Unrichtige: Trin. 1010 (*abiisti*), Amph. 691, 737 (*abiisti*[14]), Asin. 251 (*abiisti*), Pseud. 912 (*abiisses*[15]) siehe Lorenz z. d. V.), Merc. 223 (*abiisse*), Aul. 669 (*periissem*), 815 (*adiisse*), Cas. 804 (*periisti*). Allein das richtige *rediisse* hat der Ambrosianus Stich. 507. Ausserdem geben falsch BCD Merc. 804 (*abiisse*), BJ Capt. 537 (*periisti*), AD Poen. 1365 (*periisti*). Keinen genauen Aufschluss zu geben vermag ich über die handschriftliche Gewähr von Rud. 452 (*periisse*), 1056 (*abiisti*).

2. Wir gehen nun zu jenen Stellen über, an welchen von den in Rede stehenden Formen die Paenultima betont ist und deshalb doppeltes *i* durch das Versmass nicht gefordert ist. Alle Handschriften haben dieses jedoch an folgenden Stellen: Trin. 1026 *periisse*, Mil. 828 *periisti*, Bacch. 1045 *periisse*, Men. 556 *abiisse*, Cas. 528 *periisti*, Poen. 770 *periisti* [Cist. II 3, 39 *periisti*]. Alle mit Ausnahme von F: Trin. 1178 *rediisse*, Bacch. 954 *periisset*, Merc. 269 *periisse* (A hat PERIEISSE); von J: Curc. 530 *periisse*; von B: Pers. 300 *abiisse* (A ist vorhanden und hat das Richtige); von BF: Mil. 398 *periisse* (CD das Richtige). Der Ambrosianus allein hat das doppelte *i*: Mil. 178 *periisse*, Stich. 411 *rediisse*, Stich. 232 *veniisse* (vgl. oben S. 238), und ziemlich wahrscheinlich auch Most. 185 *periisti*.

3. Nur durch eine Handschrift bezeugt ist das doppelte *i*, u. zw. durch F: Mil. 1167 *abiisse*, Curc. 131, 132 *periisse*; durch J: Capt. 693 *interiisse* und *periisse*.

4. Endlich geben alle Handschriften die Formen mit einfachem *i*: Mil. 163 *disperistis*, 1224 *adisse*, Bacch. 485 *perisse*, Most. 349 *perisse*, 375 *disperisti*, 989 *abisse*, Asin. 900 *perisse*, Trin. 618 *redisse*, 931 *adisti*, Truc. 634 *abisti*, 670 *redisse*, Amph. 758 *abisse*, 948 *redissem*, 962 *redistis*, Merc. 596 *redisse*, Epid. 356 *redisses*, Aul. 300 *perisse*, Stich. 585 *redisse*, Capt. 679 *abisse*, 749 *peristis*, Cas. 528 *peristi*, Poen. 68 *perisse*, 348 *peristi*, [Rud. 65 *abisse*, 138 *perisse*, 395 *abisse*, 813 *peristis*, Cist. I 1, 8 *inistis*].

An den sub 2—4 angeführten Stellen kann überall die Form mit doppeltem *i* stehen: dagegen ist blos einfaches *i* durch das Versmass geboten Trin. 939:

---

[13]) An diesen beiden Stellen jedoch F *abiisti*.
[14]) Auch hier hat F *abiisses*.

'séd quid ais? quo inde isti porro? Si ánimum advortes, éloquar',
Trin. 944 (nach Brix):
'álii di isse ad víllam aiebant sérvis deprómptúm cibum',
Stich. 743:
'út ego huc iam dudúm similu exíssem vobiscúm foras',
Pers. 584:'
'hóc age. opusnest hác tibi empta? Sí tibi venissést opus',
und vielleicht auch Pers. 654 (siehe oben S. 239):
'vénisse, aderit húc et abs te rédimet me ...'
Aus dem in dieser Weise nun übersichtlich zusammengestellten Material ergibt sich die Folgerung, dass Fleckeisen's Behauptung, es sei bei den Formen, die auf der Paenultima den Ictus haben, stets einfaches *i* zu schreiben, nicht haltbar ist: dagegen spricht die grosse Zahl der unter 2. aufgeführten Beispiele. Andererseits geht es aber auch nicht an, den Handschriften genau zu folgen: denn schon bei Terenz haben wir gesehen, dass sie das doppelte *i* gerade in den hieher gehörenden Fällen gar nie beibehalten haben und für Plautus bezeugt dasselbe eine ganze Reihe der unter 1. angeführten Stellen. Weiters betrachte man beispielshalber den Vers Cas. 528, den Geppert so ediert hat:
'quid periisti? Perii et tu peristi? Ah périi. quídnam id est.'
Hier haben an erster Stelle alle Codices *periisti* und *perii*, dann aber *peristi* und *peri*; dass *perii* auch das zweite Mal zu schreiben sei, ist evident: ist es nun glaublich, dass in diesem Verse das *peristi* von Plautus herrührt? Gewiss nicht; es ist hier jedenfalls auch *periisti* zu schreiben. Ebensowenig glaube ich, dass in dem Verse Most. 375:
'válet ille quidem atque égo disperii. Disperisti? qui potest'
disperisti unmittelbar nach *disperii* richtig ist. Erwägt man nun, dass die Handschriften verhältnissmässig eben so oft doppeltes *i* nicht bewahrt haben, wo es gesetzt werden muss (siehe unter 1.), als sie es nicht bieten, wo es stehen kann (siehe 2—4), so liegt von Seite der handschriftlichen Autorität wohl kein Grund vor, nicht an allen Stellen, wo es angeht, doppeltes *i* zu setzen. Dies Princip hat Ritschl, wie erwähnt, in der 2. Auflage des Trinummus bereits stillschweigend durchgeführt, man folge ihm daher auch in den anderen Lustspielen.

Aus denjenigen Stellen aber, wo einfaches *i* erforderlich ist, das auch alle Handschriften bieten, lernen wir, dass Plautus im Verbum simplex und in denjenigen Compositis, in denen die Compositionssilbe eine Länge ist[16]), einfaches *i* gebrauchte. Somit sehen wir, dass Plautus und Terenz sich in dem Gebrauche der Formen vom Perfectstamme des Verbums *ire* und seiner Composita fast vollständig gleich bleiben (Composita mit langer Compositionssilbe finden sich bei Terenz nicht). Dass aber jene Beobachtung betreffs der beiden Fälle, in welchen allein das einfache *i* gestattet ist, nicht auf einer blossen Zufälligkeit beruht, ergibt sich aus der oben erwähnten Thatsache, dass die hiehergehörigen Worte allein auch die volle Form haben können: sie folgen also ganz der Analogie der Verba der vierten Conjugation, die auch entweder die volle Form oder die contrahierte mit einfachem *i* haben, niemals aber doppeltes, wie beispielshalber *audivisse* oder *audisse*, nie aber *audiisse* bei Plautus vorkommt.

Zum Schlusse sei noch auf den auffallenden Unterschied aufmerksam gemacht, der zwischen dem Gebrauche der Perfectformen von Verben der sogenannten vierten Conjugation und dem von den Compositis von *ire* bei den Komikern besteht. Während nämlich ein *audiisti, audiisse, audiissem* bei Plautus sowohl, als bei Terenz unerhört ist, ist *periisti, periisse, periissem* das Regelmässige; in gleicher Weise war *audii, audiit, audiimus* unstatthaft, wogegen *perii, periit, periimus* als die einzig gebräuchlichen Formen galten.

Nach diesem ziemlich langen Excurse zu meinem eigentlichen Thema zurückkehrend, habe ich nur darauf hinzuweisen, wie wir durch eine Prüfung sämmtlicher Stellen bestätigt fanden, dass Terenz in den vom Perfectstamme auf *av-, ev-, iv-, ov-* gebildeten Formen regelmässig Contraction eintreten lasse: wo eine volle Form vorkommt, ist sie durch ihre Stelle im Verse oder sonst auf diese oder jene Art entschuldigt. Es galt für ihn schon, was Cicero von seiner eigenen Zeit sagte (Orat. 47, 157): '*quid quod sic loqui „nosse, iudicasse" vetant, „novisse" iubent et „iudicavisse"? quasi vero nesciamus in hoc genere et plenum verbum recte dici et imminutum usitate*'[17]).

Wenn bei Plautus dagegen die vollen Formen weitaus überwiegen, so kann ich nicht umhin auf eine ähnliche Erscheinung,

---

[16]) Es scheint, dass in diesem letzteren Falle die andere Form nicht ganz ausgeschlossen war, wie *veniisse* (Stich. 232, Pseud. 1090) beweist. Oder sollen hier wirklich die Codices Unrecht haben und doch *venivisse* zu schreiben sein? Dadurch stünde allerdings die von uns eben aufgestellte Regel ohne jegliche Ausnahme da.

[17]) Die Programmarbeit Eugen Frohwein's 'die Perfectbildungen auf -*vi* bei Cicero' Gera 1874 konnte ich bis jetzt mir leider nicht verschaffen.

die ich in meinen Studia Terentiana S. 61 ff. besprochen habe, hinzuweisen. Ich habe nämlich dort gezeigt, dass Terenz syncopierte Perfectformen, wie *dixti, duxti, intellexti, sensti, amisti* etc. mit Vorliebe gebraucht, die so weit geht, dass er in sechs Stücken sie öfters anwendet, als Plautus in seinen erhaltenen 20. Wie beide Formen, ein *dixti*, sowie ein *nuntiasti*, aus dem Streben der Sprache u. zw. namentlich der Umgangssprache, nach möglichster Kürze und möglichst bequemer und leichter Sprechbarkeit hervorgegangen sind, so hat Terenz in seinem Streben nach Glattheit und Geschmeidigkeit in der Sprache, wie im Versbau sich ihrer bemächtigt und zeigt auch in diesem Punkte vom Neuen, welch' ein Abstand zwischen ihm und Plautus ist.

III. Terent. Adelphi V. 28 und Plaut. Asin. V. 273.

1. Zu den corruptesten Partien im Terenztexte gehört die 1. Scene des 1. Actes der Adelphi. Eine Stelle daraus soll hier im Zusammenhange besprochen werden. V. 27 ff. lauten nach den Handschriften:

'*Profécto hoc vere dicunt: si absis úspiam,*
Aut íbi si cesses évenire ea sátius est
Quae in te úxor dicit ét quae in animo cógitat
Iráta quam illa quaé parentes própitii'.

Ritschl schlug im Rhein. Mus. VI (1848) 446 Anm. (=Opuscula III 797 ff.) mit Tilgung der ersten Hälfte des Verses 29 und der zweiten des Verses 30 folgende Lesung vor:

'..... *sí absis uspiam*
Quae in te uxor dicit evenire ea satius est
Irata quam illa ......'

Er scheint Anstoss genommen zu haben an der Wiederholung von '*cesses*' (VV. 29 und 32), vielleicht auch an dem dem '*dicit*' scheinbar matt nachhinkenden '*cogitat*', hauptsächlich aber, und dies mit Recht', an den Worten '*aut ibi si cesses*', die, sowie man sie jetzt liest, eine höchst überflüssige, nichtssagende Tautologie zu dem vorausgehenden '*si absis uspiam*' enthalten. Dass diese Uebelstände durch Ritschl's genialen Vorschlag beseitigt werden, ist ebenso wenig zu läugnen, als man zugeben muss, dass dadurch die zusammengehörigen Worte *uxor* und *irata* nicht gerade vortheilhaft getrennt werden, wie auch Dziatzko im Anhange z. d. St. sehr richtig hervorhebt. Diesen Anstoss zu beseitigen, schlug Klette (Exercitationes Terentianae Diss. Bonn 1855) wie es scheint (vgl. S. 17) mit Ritschl's eigener Zustimmung Folgendes vor:

'..... si absis uspiam,
Ea evenire satiust quae uxor cogitat
Irata, quam illa .....'

Ihm stimmte Maximilian Hoelzer (De interpolationibus Terentianis. Diss. Halle 1878 p. 30 f.) bei [18]), Ritschl folgte Fleckeisen, und auch Wagner zog Ritschl's Emendation jener Klette's vor. An der Ueberlieferung halten Umpfenbach, Spengel und Dziatzko fest, von denen Spengel der Partikel 'aut' hier dieselbe Bedeutung, wie 'et' zuschreibt: er vergleicht V. 145 ff. 'verum si augeam aut etiam adiutor sim eius iracundiae, insaniam profecto cum illo', V. 601: 'si ita aequom censes aut si ita opus est facto, eamus', und fügt bei, dass sich dies in Bedingungssätzen oft finde. Ich kann nicht zugeben, dass beide Beispiele zur Erklärung unseres Falles passen; denn dort ist an beiden Stellen die Partikel 'aut' völlig gerechtfertigt (vgl. Hand Tursell. I. 539 ff.) und lässt sich auch ganz gut in unserer Sprache wiedergeben, wie V. 145 f.: 'aber vermehrt' ich seinen Zorn oder bestärkt' ich ihn noch gar, dann wär' ich wahrlich mit ihm toll', V. 601: 'wenn Du es so für recht hältst oder wenn's so gethan werden muss, so lass' uns gehen'. Eine derartige Uebersetzung verbietet aber der Sinn unserer Stelle ganz entschieden und ich schlage deshalb vor, für 'aut' 'atque' zu schreiben. Wie oft diese beiden Partikeln selbst in den besten Handschriften verwechselt werden, ist ja bekannt. Man sehe nur die adnotatio critica zu Verg. Georg. III 329 ein, oder vgl. Dietsch's Sallustausgabe in den comment. S. 126. Ausserdem liefert eine reiche aus Sallusthandschriften genommene Sammlung hierhergehöriger Belege Cortius zu Sall. Iug. 82, 2. — Dass durch Setzung von 'atque' der ganze Satz geheilt ist und keiner Resection bedarf, bin ich überzeugt. Denn der Sinn desselben ist folgender: 'Wenn jemand vom Hause fern irgendwo weilt und sich dort verspätet, d. h. zur angemessenen Zeit nicht zurückkehrt, so sei es besser, es warte auf ihn zu Hause seine Frau, als seine Eltern; denn die Frau wisse sich gar bald den Grund seiner Verspätung zu erklären, während die Eltern in Sorge, es möchte dem Kinde ein Unglück zugestossen sein, vergeh'n' [19]). Wenn Hoelzer a. a.

---

[18]) Irrthümlich nennt Hoelzer C. Fr. Hermann als Autor der Ritschl'schen Conjectur: es ist zwar richtig, dass im Rhein. Mus. a. a. O. sich ein Aufsatz C. Fr. Hermann's findet, jedoch rührt die obigen Vorschlag enthaltende Anmerkung von Friedr. Ritschl, dem damaligen Herausgeber dieser Zeitschrift, her.

[19]) Etwas ungenau und in einer nicht ganz richtigen Fassung gibt Spengel den Sinn an: Wenn ein junger Mann einmal die Nacht vom Hause fern blieb, so ist noch weit besser, er ist des Vergnügens halber fern geblieben, wie dies in solchem Falle eine Frau von ihrem Manne anzunehmen pflegt, als wenn ihm, was ein zärtlicher Vater fürchtet, ein Unglück zugestossen ist.

O. S. 30 sagt: 'verba 'ibi si cesses' nihil novi continent et sermonem magis retardant, quam promovent', so kann ich dies nicht zugeben, denn gerade auf diesen Worten liegt der Nachdruck, und nicht deshalb haben Gattin oder Vater ihre eigenen Gedanken, weil der Mann oder Sohn irgendwo hingegangen ist (si absis uspiam), sondern weil er sich dort verzögert und am Abend nicht wieder heimkommt. Darum steht V. 32 'si cesses' und V. 35 'quia non rediit (scil. hac nocte) filius'. Dass weiter an dem 'dicit .. cogitat' kein Anstoss zu nehmen sei, setzt Spengel sehr gut auseinander. Andererseits, wenn man mit Ritschl das Hemistichium 'et quae in animo cogitat' streichen wollte, würde das allein passende Verbum, das zum Satze 'quae parentes propitii (scil. cogitant)' zu supplieren ist, fehlen.

Man schreibe also 'atque', sonst ist alles im Satze heil, und übersetze: 'bist Du irgendwo fern vom Hause und verspätest Du Dich dort, so ist es besser Dir begegne, was Deine Gattin in ihrem Zorne über Dich sagt und ausserdem noch bei sich denkt, als was zärtliche Eltern denken.'

2. Plaut. Asin. V. 27 f. geben Goetz-Loewe, sowie Fleckeisen so:

'illic homo aedis cónpilavit, móre si fecit suo:
vaé illi qui tam indiligenter óbservavit iánuam'.

Da die adnotatio critica bei den neuesten Herausgebern über das Wort observavit schweigt, so scheint in allen Handschriften so zu stehen. Ich gebe zwar zu, dass die Anwendung jenes Wortes an vorliegender Stelle nicht unmöglich ist[20]), jedoch so oft ich die Verse lese, muss ich unwillkürlich an das in der Verbindung mit ianua so nahe liegende obseravit denken. Bei Einsichtnahme von älteren Ausgaben sehe ich auch, dass bereits Camerarius so schrieb. Dass darüber bei Goetz-Loewe nichts erwähnt ist, scheint mir nicht gerechtfertigt; denn nach meiner Ansicht ist das obseravit nicht nur passender dem Sinne nach, sondern auch die Autorität der Codices schützt observavit nicht so anfechtungslos, dass eine so geringfügige Aenderung kurzweg nicht zulässig wäre. Das Wort obserare kommt nämlich so selten vor, dass es uns nicht Wunder nehmen darf, wenn es die Schreiber mit dem bekannten observare verwechselten. So hatten z. B. zwei Codices des Terenz (EF) ursprünglich observa Eun. 763: 'tu abi atque obsera ostium intus' und einen weiteren Beleg bin ich aus Claudianus Mamertus beizubringen im Stande. Beschäftigt

---

[20]) Vgl. observare fores Mil. 328, wo es jedoch die prägnantere Bedeutung 'nicht aus den Augen lassen' hat.

nämlich mit Zusammenstellung der adnotatio critica zu Claudianus (Ausgabe für das Wiener corpus scriptorum eccles. latin.) kann ich mittheilen, dass gerade die Unkenntniss des Wortes *obserare* an einer Stelle dieses Autors grosse Verwirrung verursacht hat. Wir lesen nämlich bei Migne tom. 53, S. 703 Z. 29: '*non tractatorem profitetur se iste, sed vatem, cum virginis partus ore vatum observaverit, ut vaticinia reseraret*'. Alle mir bis jetzt bekannten Handschriften geben hier '*ora*': *ore* ist eine billige Conjectur und jedenfalls war diese Aenderung nothwendig, um dem Satze einen, wenn auch nur verkehrten Sinn zu geben. '*observaverit*' haben der cod. Paris. 2164 s. XI, Paris. 2165 s. XII, Paris. 18080 s. XII und Montepessul. H. 145 s. XII; dagegen ist die Stelle (auch das *ora*) vollkommen klar, verständlich und heil in folgenden älteren Handschriften, indem sie '*obseraverit*' bieten: Paris. 16340 s. IX, Paris. 2779 s. X, Sangallensis 846 s. X, Einsidlens. 318 s. X—XI, Vindob. 1030 s. XI inc. (*obseravit*). Wie wenig weit deshalb es in solchen Fällen mit der Autorität von Handschriften, die noch dazu wie die Plautinischen zur Asinaria, sich nicht durch besonderes Alter auszeichnen, her ist, dürfte dieses Beispiel hinlänglich gezeigt haben. Es ist dies ein Grund mehr, warum ich bei Plaut. Asin. 273 *obseravit* zu schreiben angelegentlich empfehlen zu müssen glaube. Man vergleiche ausserdem Aul. 89:

'*abi intro, occlude iánuam: iam ego hic ero;
cave quémquam alienum in aédis intromiseris*;'
sowie Cist. III 18:
'*ubi éstis servi, occlúdite aedes péssulis*',

durch welche Parallelstellen es wohl ziemlich entschieden zu sein scheint, was an der von uns besprochenen Stelle geschrieben werden muss.

Wien. AUG. GODF. ENGELBRECHT.

Ueber den Codex Casinensis der Schrift ‚De aquis urbis Romae', nebst einer neuen Collation desselben.

Von dem Cod. Casinensis 361, welcher das Archetypon aller Handschriften des Werkchens De aquis urbis Romae und somit die ausschliessliche Grundlage des Textes bildet, hatte zu Anfang dieses Jahrhunderts Kellermann eine Abschrift genommen, welche von Dederich und Bücheler für ihre Ausgaben benutzt wurde. Mehrfache Widersprüche zwischen den Angaben Kellermanns und Poleni's, für welchen Erasmus Gattola zu Anfang des vorigen Jahrhunderts die Handschrift collationiert hatte, veranlassten mich, dieselbe während eines kurzen Aufenthaltes im Kloster Monte Casino einer genauen Durchsicht zu unterziehen, wozu ich mich der Bücheler-schen Ausgabe (Lipsiae 1858) bediente. Die Ausbeute war in mehrfacher Hinsicht eine lohnende. Einerseits fanden sich unerwarteter Weise einige früher nicht beachtete Lesarten, die der nächsten Ausgabe zu Gute kommen werden. Andererseits kann auf Grund der neuen Collation der Apparat vereinfacht und Bücheler's Beschreibung des Codex, welche im Allgemeinen ganz entsprechend ist, in einzelnen Punkten richtig gestellt werden.

Die Handschrift, in Lang-Quart oder Gross-Octav, hat 110 Blätter. Blatt 1 bis 21^a enthalten Vegetius De re militari, doch ist der Anfang der Schrift verloren. Bl. 21^b ist leer. Auf Bl. 22^a bis über die Mitte von 33^a steht der Text des Frontin. Es folgen drei ganze und eine vierte fast ganz leere Zeile, darauf das Fragment aus Varro: Capitolium dictum u. s. w. bis Bl. 34^a oben. Nun roth: Incipit ‚plogus petri diaconi c̄as ad guibaldū casinensē z stabulensē abbatē in libro de locis s̄cis. Auf den zwei letzten Blättern steht ein Fragment aus Ciceros Verrinen saec. XIV. Diese Pergamentblätter zeigen andere Färbung und sind dem Codex offenbar nur zufällig beigebunden worden.

Ueber das Alter der Handschrift ist man bisher nicht ins Klare gekommen. Nach dem Kataloge, welchen einzusehen mir verweigert wurde, gehört sie ins 11. bis 12. Jahrhundert, Poleni setzte sie ins 13. bis 14., Bücheler möchte sie eher dem 13. als dem 11. zutheilen. Auf dem Vorsetzblatte findet sich folgende Notiz: Seculi XII. Codex, quem tamen ad XIII. Seculum amandavit Poleni, qui Characterum huius Codicis specimen exhibuit in Exercitationibus ad Frontinum, male. `mea quidem sententia Scriptus esse uidetur circa annum 1192. et conferendus cum Cod. sign. num. 1257. Dieser letztere Codex, welcher gleichfalls Schriften des Petrus Diaconus enthält und dem 12. Jahrhundert angehört, beweist jedoch für unsere Handschrift nicht das Mindeste, da er einen völlig verschiedenen Schriftcharakter zeigt. Ich stimme Büchelers Ansicht, dass unser Codex im 13. Jahrhundert geschrieben sei, rückhaltlos zu. Auf dieses Jahrhundert deutet mit Bestimmtheit der ganze Charakter der Schrift, jener Minuskel, in welcher n, u, ii, ti, it, ct; ni, in, ui, iu, m; mi, im, nu, un, nn, uu einander zum Verwechseln ähnlich sehen, ferner Kürzungen wie m̄ā = meam, mltiſ = multis, das fast ausschliesslich verwendete z =· et (gewöhnlich auch ſz = set), — für er und schliessendes te, z. B. locauāt, ınvenīm, đ = der, manen = manente, par̄ = parte, aū = ante, p für por wie t p̄e = tempore, p̄tā = praeterea, aū = aut und autem und anderes.

Der Frontin-Text ist nicht durchaus von einer und derselben Hand geschrieben. Eine zweite schrieb das erste Drittel von fol. 31ᵃ (von uerum eiusdem cap. 105 an) und zwei Drittel oder drei Viertel von fol. 31ᵇ (cap. 112 fistulae subiectae bis cap. 118 ac uagum proximis). Diese Hand bedient sich einer dunkleren Tinte als die erste und zeigt eine Vorliebe für die sonderbarsten Schnörkel an und über den Buchstaben, z. B. ſpatiū̃, was Bücheler p. X irriger Weise der Hand eines Correctors zuschreibt. Eine jüngere bessernde Hand ist äusserst selten bemerkbar. Die Correcturen hat, wie weiter unten in der Collation gezeigt werden wird, zumeist schon der Schreiber selbst vorgenommen. Punkte über den i (ii) habe ich sehr selten und nur auf den letzten Blättern wahrgenommen, wohl aber findet sich oft der Acut zur Bezeichnung des Tones verwendet.

Die Schrift Frontins ist im Casinensis im Ganzen noch sehr gut lesbar erhalten. Allerdings ist die braune Tinte hie und da etwas abgebröckelt, so dass man mit der Lupe scharf zusehen muss. Jedoch die Hauptschwierigkeit beim Lesen einzelner, aber auch nur einzelner Wörter und Silben besteht darin, dass der Schreiber bei dem offenbar sehr traurigen Zustande seiner Vorlage mitunter selbst nicht wusste, was für Charaktere er zu copieren hatte, und an diesem Umstande vermag auch die beste Erhaltung der Tinte nichts zu ändern. Was Blume (vgl. Bücheler p. VII) über einzelne halb zerstörte Blätter berichtet, bezieht sich offenbar auf andere im Codex enthaltene Schriften. Die Löcher im Pergamente jenes Theiles, welcher den Frontin-Text enthält, waren ursprünglich schon vorhanden und sind vom Schreiber in üblicher Weise übersprungen worden.

Dass der Codex, aus welchem der Casinensis abgeschrieben wurde, hart mitgenommen und beschädigt war, namentlich am Anfange und Ende der Schrift, beweisen zahlreiche Stellen, an denen der Abschreiber den Raum für einzelne Buchstaben, Silben und Wörter, mitunter auch für mehrere Wörter, freiliess. Die Art, wie er an einigen dieser Stellen verfährt, scheint mir den Schluss zu gestatten, dass seine Vorlage ein Codex in Uncial- oder Capitalschrift war. So steht S. 5, Z. 3 f. der Ausgabe Büchelers im Casinensis geschrieben portū*RRΛ**.nā, wofür Bücheler portam + RRa... nam einsetzt. Der Schreiber malte offenbar die im Archetyp zwischen den gut lesbaren Buchstaben vorfindlichen Charaktere so nach, wie er sie fand, nämlich zwei R in Majuskelschrift und dazu den Rest eines A. Denn das, was im Casinensis steht, ist weder A noch a. S. 51, Z. 6—7 lautet der Text nach sicherer Verbesserung multae dictio coercitioque esto, der Codex aber hat multa'edici po.*o*R citi questo. Auch hier gehört der Majuskelbuchstabe R der Vorlage an. Nun ist aber die Möglichkeit, dass ein Minuskelcodex getrennt hätte coe.Rcitio völlig undenkbar. S. 50, Z. 8 muss es im Texte cogendi heissen, der Codex aber bietet cogē.De, was sich aus COGĒDI unschwer erklärt. Ē für en in der Mitte eines Wortes bietet z. B. der in merowingischer Halb-Unciale geschriebene Augustodunensis 24 saec. VII. S. 41, Z. 25 steht im Codex quinonaginta statt quinquaginta, was sich aus QUINOIIAGINTA erklärt (Q und U unleserlich). Auf eine sehr alte Vorlage weisen ferner die Schreibungen set, scribtus, quadtuor, permidtatur, dimidtunt, ud, aud, sid, ed, dad, dextrosus, sinistrosus, is statt iis, z. B. S. 25, Z. 28 quinaris für quinariis, endlich Quom S. 45, Z. 5 (das darüber geschriebene o zu a gebessert, also Quomoda für commoda).

Bücheler bezweifelt (p. VIIII), dass der Schreiber des Casinensis die Lücken seiner Vorlage richtig wiedergegeben habe. Trotzdem gibt er im Apparat oder im Text regelmässig die Anzahl der Buchstaben an, welche auf die einzelnen Lücken im Codex kommen. Aber diese Angaben sind selten zutreffend. Da die Möglichkeit nicht ausgeschlossen ist, dass zuverlässige Daten über die Länge der Lücken hie und da für die Kritik erwünscht und dienlich sein können, so habe ich dieselben nach den Buchstaben der darüber und darunter stehenden Zeile genau abgemessen. Dieses Verfahren ist bei unserer Handschrift ebenso einfach als zweckmässig, weil die Zeilen ungemein eng an einander liegen und die Schrift klein ist, so dass man auch bei etwas längeren Lücken höchstens um einen oder zwei Buchstaben irren kann. In der unten folgenden Collation ist die Buchstabenzahl bei längeren Lücken durch Ziffern, bei kürzeren durch Sternchen angegeben. Ein Punkt hinter den Sternchen bezeichnet, dass möglicher Weise noch ein Buchstabe Platz fände; also **. ist = spatium 2—3 litterarum. Für sich allein stehende Punkte gehören der Handschrift an.

Kellermanns Abschrift des Casinensis muss im Ganzen als sorgfältig bezeichnet werden. Eine Anzahl von gröberen Versehen findet sich nur zu Anfang der Schrift, weiterhin nimmt die Genauigkeit zu. Immerhin aber bleibt noch eine bedeutende Nachlese zu verzeichnen. Vielleicht that Kellermann nicht gut daran, die Schriftcharaktere nachzuahmen. Wenigstens kann ich mir eine Menge von unrichtigen Angaben bei Bücheler nur daraus erklären, dass die Charaktere sich in der Abschrift etwas anders ausnehmen als im Codex. Anderes ist offenbar falsch gelesen worden. Der Codex ist überhaupt bei weitem correcter geschrieben, als man nach Kellermanns Abschrift zu urtheilen geneigt sein kann. Man muss nur die an und für sich undeutliche Schrift und die mitunter äusserst flüchtigen, während des Schreibens selbst vorgenommenen Correcturen richtig zu lesen verstehen. Dass ich meine Collation mit erklärenden Anmerkungen begleite, hat seinen Grund darin, dass ihre Mittheilung ohne dieselben undurchführbar wäre. Die Capitel 39 bis 63 des ersten Buches mussten sogar vollständig aufgenommen werden, da dort ein blosses Varianten-Verzeichnis leicht zu Irrungen Anlass geben könnte. Interpunction und grosse Initiale bleiben zumeist unberücksichtigt. Derlei genau zu verzeichnen hat nach meiner Ansicht keinen Sinn, weil der Text dadurch nirgends beeinflusst wird. Im Uebrigen theile ich alle, auch die unbedeutendsten Abweichungen des Codex von Büchelers Text und Apparat mit, selbst Schreibungen wie cōposui, wofür Bücheler conposui schreibt, und Aehnliches. Allerdings ist die Nichtassimilation für Frontins Zeit ohne Zweifel richtig, in der Minuskel aber bedeutet cō regelmässig com, nicht con. Für epistula steht im Codex immer epla.

S. 1, Z. 2 naturali' = naturalis [1]) — 7 per principes — celuitatis — 9 suscepi — 12 officium. ///ex [2]) — 13 p̄cosit ei adi ✱✱ orua decurrit. usū. — 14 quorum et ʙi — 15 agentis ✱✱✱✱✱✱. Quapropter — ptinentia contraere — 17 seruato [3])

S. 2, Z. 1 respicere possem (spat. 18—20 litt.) in (resp. possem von zweiter Hand) — 2 cōposui — 5 scriptus [4]) — m̄ā = meam [5]) — 6 p̄termisisse — 8 influunt [6]) — 9 c̄fulıb; — 10 at (nicht ac) — 16 minoribus [7]) — 18 usibeneficio — iustuendarum.que — 19 *id* (nicht idem) [8])

S. 3, Z. 3 cum — 5 caminaras et apollinaris. inetiuīne (d. i. inetiuturne) [9]) — 6 c̄fluunt = *confluunt* — 7 uirgo (spat. 10 litt.) que — 8 anioo oder anipo (undeutlich) — 10 īducta = *inducta* — 11 postea (7 litt.) fuit cognomen (8 litt.) *et* uiam [10]) appiam (8 litt.) capena usq⟩ (6—7 litt.) capuam — 14 uenocis [11]) — 17 ml̄nſ = multis — censurā [12]) — 20 *sinistrosus* — 22 *trigeminam* wie S. 4, Z. 10.

S. 4, Z. 1 sᴜpsuū [13]) — 3 sexaginta. (6 litt.) iungitur ei ad s✱✱em — 4 torquatianorum *et* [14]) ✱✱✱norum ramum auguste aba✱✱✱ in — 5 additū ✱✱· toco nomen ✱✱✱ denti — 7 deūticulo = deuerticulo — 9 trecentos [15]) *octoginta* — 10 distribui ✱· imo — 11 salineap-

---

[1]) naturali steht am Ende der Zeile, weshalb der Schreiber das s oben hinzugab, wie S. 17, Z. 18 Quotien', S. 41, Z. 17 paulu' = paulus; ähnlich S. 27, Z. 18 miſcebatur d. h. miscebatur.

[2]) Es ist ein schmaler, auf der Linie stehender Buchstabe, wahrscheinlich ſ, radiert.

[3]) Das Wort ist etwas undeutlich geschrieben.

[4]) Der Schreiber machte zuerst statt des Schluss-ſ den ersten Strich eines m und corrigierte sich sodann.

[5]) Ebenso m̄ō = meo S. 43, Z. 5. Bücheler schliesst an beiden Stellen unrichtig.

[6]) Das zweite u ist so geschrieben, dass man es mit freiem Auge auch für a lesen könnte. Hinter dem Worte steht nichts als ein quer gezogener Strich ∕.

[7]) Vom o fehlt die unterste Partie, indem die Tinte abgebröckelt ist.

[8]) Das d hat, wohl nur zufällig, einen kurzen feinen Ansatz, der aber auf keinen Fall das Zeichen für em vertreten kann, welches sonst durchgehends als kräftiger, quer durch das d gezogener Strich erscheint: đ.

[9]) So las ich. etiu sind unsicher, aber auf keinen Fall ist sc zu lesen.

[10]) Ƶ uiam (Ƶ = et).

[11]) o etwas undeutlich.

[12]) Der Strich über dem a ist allerdings schwach.

[13]) Der letzte Buchstabe ist ein n, welches unten mit einem feineren Striche geschlossen, also zu u corrigiert ist.

[14]) Ƶ = et von erster Hand.

[15]) In trecentos ist ſ ganz deutlich, vom o ist der untere Theil verwischt, so dass es gegenwärtig die Form n hat.

pellantur — 14 anionis [16]) — 18 aq⁾ opc · irefent ✱✱✱ nocumi ✱✱✱ ptortūex ✱✱· tus ✱✱· ulto — 20 sunt ouri [17]) ✱✱ locauāt [18]) fuluius
S. 5, Z. 2 pertimuit — 3 anyo (deutlich) — 4 portā✱RRΛ✱·nā ubi partem ✱✱· in [19]) — 11 amionisq⁾ — 12 est (nicht ēst) — 17 perduceret (7—8 litt.) oresductusrci ✱✱✱· tertiamilliobrioq̣ (6 litt.) duxit [20])·
— 22 alterum *est* prorogatum
S. 6, Z. 4 tp̄e = tempore — 9 *sinistrosus* — fontin (7 litt.) sub ✱✱✱ buspetrei ✱✱✱ statim ✱✱✱ stagnimo ✱✱ colore — 15 trium ✱✱ eo — 16 locis p. R. uallis — 21 c̄ditam deutlich — 22 hypsaponi — 25 uia (nicht m̄a)
S. 7, Z. 1 deūticula = deuerticula — dextror‖ſus ✱✱✱✱ milium passuum duum ✱ inde [21]) — 3 post ✱✱✱✱✱ agrippa — 6 *dextrosus* — 10 quindecim (so) — 11 opc = opere — 16 īprobauerat — 17 Ec (nicht Eo) — 19 moderationē (deutlich) — 20 par ✱✱✱✱ oius — 22 ˙c̄oplendi
S. 8, Z. 1 c̄opluribus, ebenso Z. 17 — 8 militibus *puella* uirguncula — 12 adiuuatur *et* c̄oplurib; — 15 decē″ miliū″ duū [22]) — 18 aquisitionum [23]) — 19 subterranei (so) — 29 alsietino (nicht alsientino) — 30 qua͡rto [24]) — *destrosus*
S. 9, Z. 4 agēnt = agerent — 15 Klhſ = Kalendis — 16 cerulo [25]) — 20 om̄s = omnes [26]) — cognom̄ uot̄is = cognomen ueteris — 22 īt̄ = intra (nicht inntra) — 25 marcie q quoq. [27])

---

[16]) Die erste Hand schrieb nur is; in dem leeren Raume ergänzte m. 2 mit kleineren Buchstaben anion, das o so undeutlich, dass man ganz gut auch e lesen könnte.

[17]) So, nicht curi.

[18]) D. h. locauerat; ein et steht nicht im Codex.

[19]) Das Zeichen hinter dem zweiten R steht auf der Linie; es ist kein a.

[20]) Nicht dixx; die linksseitige untere Rundung des x ist stark ausgebaucht und lehnt sich so an den unteren, nach rechts gezogenen Theil vom zweiten Schenkel des u, dass man auf den ersten Blick leicht ixx für ux lesen kann.

[21]) Nicht blos das r am Ende der Zeile in dextrorsus, sondern auch sus ist von zweiter Hand hinzugefügt.

[22]) D. h. der Schreiber stellte um: milium decem duum, nicht decem duum milium.

[23]) Das zweite i ist kleiner und steht am äussersten Ende der Zeile.

[24]) Das darüber gesetzte in ist zweifellos von erster Hand.

[25]) Es ist sicher ein r, nur hatte der Schreiber schon einen anderen Buchstaben angefangen.

[26]) Vgl. zu S. 18, Z. 6 und S. 41, Z. 19. on̄is und ōs bedeuten omnes, nicht omnis.

[27]) Der Schreiber verklexte ein q gänzlich, weshalb er ein neues machte. Radiert oder gestrichen ist nichts.

S. 10, Z. 7 sebtuaginta — 12 sūbriuno [28]) — 25 par̄ = parte (nicht pār) — 28 quadringentos (nicht quadragintos) — 31 cōpares

S. 11, Z. 2 cōplecti — 9 *ueluti* — 13 colless isint = colles si sint — 19 suptile, nicht suptiler — 22 ducr'us (so) — 27 libram̄ = *libramen* — 28 p̄ducerentur — 29 alsyetyna

S. 12, Z. 3 m̄suris [29]) — 4 marcia — 8 libram ✳✳✳✳. minalisc ҅ ✳✳✳. nte ‖ a✳✳entes — 11 castellis [30]) — 12 palllantianos — 25 uie, nicht me

S. 13, Z. 8 ostenđe = ostendere — 9 puplicis [31]) — 13 ᵘᵒmine, deutlich, Alles m. 1 — 18 cōputatur — 19 īuenīm = inuenerim — 23 uncię ī pp‿pula [32]) — 24 uncia/ [33])

S. 14, Z. 3 uitrúuiū [34]) — 18 perymetro, nicht p̄erymetro — 28 sptuncem (so)

S. 15, Z. 4 t̄c = *tunc* — 5 usū — conuulneretur (nichts weiter) — 19 deinceps p īcrem̄ito͜ʠ, Alles m. 1 — 21 qᵎ = que oder quae ganz deutlich — 22 uīqᵎ = utraque — 23 cōputationem

S. 16, Z. 3 uicenum — 8 cur deutlich — 11 error/// nec (e radiert) — 17 assidue (e undeutlich) — 23 qb; = quibus — 26 nam *pro* uicenaria

S. 17, Z. 4 se ✳✳✳ item — 5 tamquam (a nach t sicher, die Tinte unten etwas abgebröckelt) — 16 quotiensex ✳✳✳.o — 20 deperderet. Ideo — 23 libram (nichts weiter) — 24 c̄ūsus = *conuersus* ganz deutlich

S. 18, Z. 1 uł = uel — 3 lum̄ = lumen — 6 om̄s = omnes — 10 hec deutlich — 14 sescuncia *et* scripulis — 17 digitū

S. 18, Z. 20 Fistula quinaria diametri digitum unum digitos tres ⊃ ZZZIIII. capit quinaria una. — 22 Fistula diametri digitum unum semis perimetri digitos IIIISZ⸝⊃III. capit quinarias nouē. ¹ZZ⸝ [35]

---

[28]) Mit schwachem Strich über dem u.

[29]) m̄ = men ist durch den darunter gesetzten Punkt getilgt und ausserdem noch der Querstrich halb radiert.

[30]) Das Schluss-s ist nicht halb radiert, sondern nur verwischt.

[31]) Alles m. 1, das Ursprüngliche nicht zu ersehen.

[32]) Nach dem ersten p mochte der Schreiber zunächst ein zweites und corrigierte dasselbe zu a.

[33]) Der schiefe Strich am Ende der Zeile kann höchstens die Geltung eines Unterscheidungszeichens haben.

[34]) Der Name ist ganz richtig geschrieben, das Accentzeichen auf den ersten Strich des u gesetzt.

[35]) Das erste Zeichen hinter nouē ist die Zahl Eins, das folgende von Z ganz verschieden.

S. 19, Z. 1 Fistula septenaria diametri digitum ·IS:·³⁶) perimetri digitos sex · capit quinarias ·:· L· ³⁷) in usu non est. — 3 Fistula octonaria diametri digitos duos, perimetri digitos sex · capit quinarias II·ζΣ⟩ quinque. — 5 Fistula denaria diametri digitos duos et semis, perimetri digitos septem ·:⟩ VIII· capit quinarias IIII⁰ⁿ. — 7 Fistula duodenaria diametri digitos sex · $=$ $=$ —⟩ capit quinarias quinque ·ζZ—⟩. in usu non est. alia aput aquarias abebat diametri digitos ·III·S⟩Y capacitatis quinarias sex. — 11 Fistula quinum denum diametri digitos IIII·Z⁰ⁿ— perimetri digitos duodecim — $=$ · L· Alia capit quinarias nouem. — 13 Fistula uicenaria diametri digitos quinque ·Σ⟩ perimetri digitos XII·ς$=$$=$⟩ VIς· capit quinarias sedecim ·Z/. aput aquarios habebat diametri digitos octo ·ς· capacitatis quinas Jni·³⁸) — 16 Fistula uicenum quinum diametri digitos quinque ζ·Z⟩ V· perimetri digitos decem et septem ·ζ Σ⟩ VII· capit quinarias XX $=$$=$ Σ/⟩ IIII· in usu non est. — 19 Fistula tricenaria daametri sex ·Z⟩III· perimetri digitos

S. 20, Z. 1 decem et nouem ·ZZ— capit quinarias uiginti quadtuor. ZZ—⟩ quinque. — 3 Fistula tricenum quinum diametri digitos sex ·ζ·⟩II· perimetri digitos ς$=$ZΣ⟩IIII· capit quinarias XX· in usu non est. — 6 Fistula quadragenaria diametri digitos septem ·Σ⟩III· perimetri digitos XXII·ZZ⁓ capit quinarias XXXII·ζ⁓ — 8 Fistula quadragenum quinum diametri digitos septem ·⅃·Z—Σ⟩ octo · perimetri digitos XXIIII·ζ Z⁀Σ capit quinarias capit quinarias XXXVI·ζΣ⟩ octo · in usu non est. — 11 Fistula quinquagenaria diametri digitos septem ·ζ$=$Z—Σ⟩ quinque · perimetri digitos XXV·Σ⟩IIII· capit quinarias XL·ζZΣ⟩IIII· — 14 Fistula quinquagenum quinum diametri digitos octo. $=$$=$Σ⟩ decem · perimetri digitos XXV·$=$—Σ· capit quinarias XLIIII·ζ$=$—Σ⟩ nouem. in usu non est. — 17 Fistula sexagenaria diametri digitos nouem ·ζ·ZΣ⟩ octo · perimetri digitos XXVII·ΣZΣ· capit quinarias XL· octo ·ζZZ·⟩ octo.

S. 21, Z. 1 Fistula sexagenum quinum diametri digitos nouem ·⟩III· perimetri XX octo. ζ/ capit quinarias quinquaginta duo ζ$=$·Σ⟩ octo. in usu non est — 4 Fistula septuagenaria diametri digitos nouem $=$$=$⟩ sex. perimetri digitos XXI·Xζ$=$/·³⁹) capit quinarias LII·⟩ sex. — 6 Fistula septuagenum quinum diametri digi-

---

³⁶) Das Zeichen vor S bedeutet Eins.
³⁷) L = 50.
³⁸) Das erste Zeichen erscheint nur hier und ist räthselhaft, das zweite hat die Form eines n. das dritte ist die Zahl Eins.
³⁹) Die dritte Ziffer ist unzweifelhaft Eins.

tos nouem ·ᵹ ⊒⇁϶ sex · perimetri digitos XXX·ᵹ = Σ· capit quinarias quadraginta unum. —϶IIII· in usu non est. — 9 Fistula octogenaria diametri digitos decem. —϶II· perimetri digitos XXXII·=Σ· capit quinarias LXV·=. — 11 Fistula octogenum quinum diametri digitos decem. ==Σ϶ septem · perimetri digitos XXXII·ᵹ=϶IIII· in usu non est. — 14 Fistula nonageria⁴⁰) diametri digitos decem. ᵹ ≃ ϶X· perimetri digitos triginta tres. ᵹ===/϶Iɩ· capit quinarias septuaginta tres. == · Σ϶IIII· — 17 Fistula nonagenum quinum diametri digitos. X·ᵹ ===—Σ϶

S. 22, Z. 1 VIIII· perimetri digitos IIII·ᵹ Σ. capit quinarias LXXVII·==Σ϶IIII· in usu non est. — 3 Fistula centenaria diametri digitos XI·==—϶ VIIII· perimetri digitos XXXV · ==⌐Σ⁴¹) capit quinarias octoginta unum ==I϶x· aput aquarios habebat diametri digitos XII· capacitatis quinarias nonaginta II·Σ϶· — 7 Fistula centenum uicenum diametri digitos duodecim · =⊐϶VI· perimetri digitos XXXVIII·ᵹᵹ ===· capit quinarias octoginta septem ·ᵹ= /. aput aquarios habebat diametri digitos XVJ· capacitatis quinarias centum sexaginta tres. ᵹ=/ qui mdus duarum centenariarum est.

S. 22, Z. 14 cōpensum — 17 g̊ = ergo — 18 septingente ⁴²)

S. 23, Z. 2 cōputabatur — ¦6 quā — 8 cōmentariis — 11 octingentarū — 15 drodantis — 24 id ꝗ = id quod — 27 inf·ïrāterrā

S. 24, Z. 1 Anióni (Accent wohl m. 2) — 6 aū quam = antequam — 11 cōīīentariis — 26 quomco ꝗ (also quod, nicht que)

S. 25, Z. 2 quinariis — 8 uīꝗ⁾ = utraque — 9 īter = inter — 12 p̄tām =. praeteream oder praeter eam — cōpendisse — 14 Tepulae ⁴³) — 16 sunt ⁴⁴) — 19 Pretā = preterea (wie p̄tā) — 20 centum ⁴⁵) — 22 queinerogaīne = que in erogaturne — cōparent — 23 Iuliae wie Z. 14 — 24 capt = caput ⁴⁶) — 25 set⁎⁎sextum

S. 26, Z. 7 habe (= habere) posuimus ganz deutlich — 14 celony deutlich — sam deutlich — 17 quinquaginta ⁎⁎⁎ mbus (oder nibus) — 20 Alsietinae, nichts weiter — 21 *praesenti* — alsyetyno — 22 exabatino — 25 Claudiae wie S. 25, Z. 14 und 23 mit dem Ansatze am e

---

⁴⁰) So!
⁴¹) Die vierte Ziffer ist V, nicht II.
⁴²) Das letzte e schlecht geschrieben.
⁴³) Rot; das Schluss-e hat einen Ansatz e', der einfach Verzierung ist.
⁴⁴) Schlecht geschrieben.
⁴⁵) Das e verklext, so dass man allerdings auch contum lesen könnte.
⁴⁶) Ganz gewöhnliche Kürzung im Codex.

S. 27, Z. 2 duabus **** adeoaūnostr ** tior (adeo deutlich) —
11 saltēad — 21 claudie (e etwas undeutlich) — 23 p̄tā = praeterea
— 25 quē inuentūī marcie subplem̄tum ⁴⁷)

S. 28, Z. 1 ne (e undeutlich) — 3 cōm̄tariis ⁴⁸) — 6 cōm̄tariorum deutlich — 10 duceⁿ (= ducente) undecim — in deutlich —
12 Pretā = preterea — 15 cōprehensam — 17 ampliat deutlich —
22 eosrecessissecredā ⁴⁹) — 23 ips ** . m̄suris — 28 e꜠ q̣ ⁵⁰)

S. 29, Z. 5 fit deutlich — 8 dicta sunt in — 18 diui deutlich
— 22 cuiusque. *et* uelut (*l* = et) — 27 cōp̄ensio · ‖ nescio — ieiunum deutlich

S. 30, Z. 6 cōputationem — 14 quadraōngente — 19 partienda
— 23 humiliorturetia· metitoribus

S. 31, Z: 1 castris ·I· (nicht Z) — 7 intra deutlich — 11 unis,
nicht imis — 13 quinarie — quadtuor, nicht quatuor — 19 CXVI
deutlich — 21 XL₁· (= 41, nicht XV) — 22 CCLVI· deutlich —
26 XXXIIII·ᴼᴿ

S. 32, Z. 15 quartadecimam — 18 lacib; deutlich — 24 IIIIᴼᴿ —
26 erogabātur — confundebātur — 27 CCXIVI· (200 + 11 + 6)

S. 33, Z. 5 qⁿdecī· V· (also 15 + 5) — 6 ∞XV· — 10 cōputata — 13 adcreūat = *adcreuerat* ⁵¹) — 14 prope¸'publicata ⁵²) —
partitione ⁵³) — 21 sallentes

S. 34, Z. 6 otiose (so) — alla — 8 p̄tīt = praeterit — 16 uniuersⁱˢ
— 19 quia (nicht qua) — qꝫ = *quae* (nicht q̣ = quod) — 22 antensis — 24 lacumoblib ***** tamen

S. 35, Z. 1 imþribus (also p zu b corrigiert) — exiit deutlich
— 5 ūo = uero deutlich — 8 riuorome (so) — 11 iprudentiam —
12 splendore aus splendere — 24 oþpidis (b zu p) — 26 opacitatē
inūbrat us ⁵⁴) — sim𝑙 = simul

S. 36, Z. 14 c̄cedentibus — 17 iure deutlich — 18 censores es
erant (so) — 25 ed, nicht ea

---

⁴⁷) Also inuentum in; der Strich sollte für u und i ausreichen.
⁴⁸) Zwischen o und m ist allerdings etwas Raum; aber es hat nicht einmal
ein ſ Platz.
⁴⁹) Nur das r in recessisse ist etwas undeutlich.
⁵⁰) quod sicher; e′ soll wol est bedeuten, obschon der Codex sonst wie
üblich ē hat.
⁵¹) Sicher at, nur ist das a schlecht geschrieben.
⁵²) Hinter prope die bekannten Trennungszeichen.
⁵³) Das erste t schlecht geschrieben.
⁵⁴) at stark verklext.

S. 37, Z. 3 derivar* auderet [55]) — 4 circus deutlich — 5 quidē = quidem — 8 q = qui richtig — c̄tra richtig — 12 sesitiorum — multatum est ooletito — 13 iubebant̄ [56]) — 22 c̄suli ī re queusq· = consuli in re quae usque — 24 cōplexus

S. 38, Z. 2 cominiuſ (mit dem Accentzeichen) — quasi — 7 q· (nicht q) — 8 cū ius (nicht cuius) — 12 cetıſ = ceteris — 15 decē ⁂ oximis — 21 consul..ambo ⁂ rue — 22 uidebitur ⁂ bitis p̄tor ⁂ qui

S. 39, Z. 10 capitoni. (5 litt.) c. antistio — 15 serasinius celera ⁂ tonio — 20 laecȯnio [57]) — 21 telesinus (nicht celestinus) — 25 tito (nicht uto)

S. 40, Z. 11 idem in (nicht idemm) — 14 ūba = uerba

S. 41, Z. 15 q̇nq̊gꞃuta [58]) — 17 paulu' ‖ (= paulus) — p̓uatos = priuatos — 18 C. (nicht E.) — 19 licer& = liceret — ōſlıq̇b. d. i. omnes ii quibus [59]) — 20 es = ex — ducerent˙ = ducerent [60])

S. 42, Z. 1 lacerentur — 8 intra*· qui urbem — 11 *balinearum* — 23 possıd̄e [61]) ⁑· Impetrata — 27 et aeo aque (so)

S. 43, Z. 4 subieci (spat. 17 litt.) caducam — 5 m̄o = meo — 13 quā — 14 ne, nicht re — 16 ābitio — procuratoris ganz deutlich — 18 uſlıcı, nicht inlici — 20 acciderant' = acciderant [62]) — 22 illuc athuc — 23 diligentiæ — 24 c̄p̄hensum — 26 oı̄ = omni — 27 oportet [63]) ⸺ 28 caẋıx [64]) — inferior plus trahit ganz deutlich

S. 44, Z. 1 ducit. — in [65]) — 7 ipsarum [66]) — 9 acdiūsa — 10 q· = quae deutlich — 11 cōpari — passim deutlich — 18 sunt. (spat. 14—15 litt.) familie — 24 aliquod [67]) — 28 q̄q· — 29 a^d — cōpluribus — 30 ıcubuerit

---

[55]) An der Stelle des Schluss-e von deriuare befindet sich ein wie ein o gerundeter Tintenklex; au ist ganz deutlich lesbar.

[56]) Das erste b ist sehr klein und halb verwischt, aber trotzdem doch nicht zu verkennen.

[57]) m. 1 corrigierte o zu a und schrieb dann noch a darüber.

[58]) quinquaginta ist von erster Hand. Auf fol. 31ᵃ schreibt nämlich, wie bereits erwähnt, eine andere Hand bis etwa zum dritten Theile der Seite. Diese Hand zeigt in ihren Schnörkeln noch mehr den Charakter des 13. Jahrhunderts. Kellermann hat sich hier und fol. 31ᵇ recht wunderlich verlesen.

[59]) ii zeigt an erster Stelle langes i, nicht l.

[60]) Der Ansatz am t ist blosse Verzierung. Ebenso ist Z. 22 possent' als possent, nicht als possentur zu lesen. tur drückt dieser Schreiber durch $\frac{t}{r}$ aus.

[61]) = possidere.

[62]) Der Schnörkel ist Verzierung, wie S. 41.

[63]) eᵗ = et.

[64]) D. h. dieselbe Hand besserte x zu l.

[65]) Blosse Verzierung vor in.

[66]) m. 1 besserte u zu a. — [67]) m. 1 schrieb zuerst t und machte daraus d.

S. 45, Z. 1 ābitionē ā (= aut) neglegentiā — 4 q̇q⟩[68]) — 5 cōprehenderetur — Quoṁ[69]) — 7 olic · difficisue — 8 ēt (beides von derselben Hand) — 14 impense[70]) — 18 uł = uel — 20 an = ante deutlich — auxilio deutlich — 22 opus, nicht apus — 28 possesorum

S. 46, Z. 2 1_nrecen‖τρb; fere[71]) — 4 ab'plicate[72]) — 8 cursubueniatur — 11 ıt̄ = iter, nicht inter — 13 und 15 p̣ıleq̄q⟩[73]) — 14
Refici
tofo deutlich — 26 cōbibat — c̄robetur — 27 maṝiam = materiam — 28 posscit

S. 47, Z. 7 difficultatibus — 11 p̄parationisi alicuius (so) — 12 succurreret̄ — 15 iulie — 18 reficerentur (spat. 9 litt.) ex — 19 ⁻ırā = terram — 21 arbitratu (ras. 4—5 litt.) estimata — 26 īpotentia

S. 48, Z. 2 et c̄camerationes et — 3 agrestesq· (que deutlich) — 6 itiña = itinera — 12 ut̄q· = utraque deutlich — 17 cōmiserit und 19 cōmisisset — 23 uindinarentur[74]) — 24 neeaquidem

S. 49, Z. 1 uendinderint — 4 suetossa — 5 quantulūcūque — 7 prohıbentur = prohiberentur — 9 consul ⁎⁎⁎· populum — 11 tribui, nicht tribus — 15 peiorēue — 17 duci quouemanus — 21 data uł (= uel)

S. 50, Z. 1 lacus//// midtatur[75]) — 2 ita fecĭt (= fecerit) — 8 De, nicht he — 9 aapiendi[76])

S. 51, Z. 1 sentes (spat. 15 litt.) curatores — 3 fortuni ⁎⁎⁎ et — 5 uti ɋ (= quod) — 6 multa edici po ⁎ o ⁎ R citi questo — 8 isto (spat. 12—13 litt.) quo — 21 impatoris — 23 fidem otiā p offensas.

[68]) Der darüber gesetzte Buchstabe ist eher a als o.
[69]) m. 1 besserte Quoṁ = quomodo zu quomoda. Von welcher Hand das Wort durchstrichen ist, lässt sich nicht erkennen.
[70]) So kann man nämlich ganz gut lesen.
[71]) m. 1 besserte Irecenrebus zu In recentibus.
[72]) m. 1 machte d aus b.
[73]) Der durch das P gezogene Strich steht gerade über dem e von Refici in Z. 15 und ganz nahe an demselben, so dass wahrscheinlich Pile quoque und Remfici zu lesen ist.
[74]) m. 1 besserte n zu c.
[75]) Es ist höchst wahrscheinlich q· = que radiert.
[76]) Das erste a ist schon von erster Hand zu e corrigieit.

Graz. M. PETSCHENIG.

Emendationen zu Corippus.

Dritter Beitrag.

Ioh. I, 232 et iam stelliferas maris asperat Hesperus undas. Lies *stella feras*. — stella Hesperus wie bei Varro de re rust. III, 5, 17 stella Lucifer interdiu, noctu Hesperus.

Ioh. I, 520 f. sic bene sollicito dispensans pectore ductor admonet ipse duces.

Statt ductor bietet T¹ duce, T² ducem. Zu schreiben ist *uoce*. Vgl. III, 41 respondens uoce magistro. IV, 482 f. sociosque ex more monebat uoce suos, VIII, 341 talia uoce rogat.

Ioh. II, 255 f. praecelsis ueluti surgunt de montibus Euri Aeoliis feruentque graues.

praecelsis schrieb Bekker für das überlieferte precettis. tt findet sich aber im Trivultianus oft für pt geschrieben; vgl. I, 300. II, 38. 187. VI, 503. Aus preceptis ergibt sich das richtige *praecipites*.

Ioh. II, 297 f. Da sich im Lager der Mauren gefangene Provincialen befinden, ist Iohannes unschlüssig, ob er den Kampf sogleich aufnehmen oder vorher unterhandeln soll. Thut er das erstere, so sind die Gefangenen verloren. Schiebt er aber den Kampf auf, so verzichtet er auf den Vortheil seiner gegenwärtig günstigen Lage. inter utrumque uolans animus decernit et obstat.

pectore pugna furit. pietas occurit et ira.

Dass sich die pietas der Kampfbegierde entgegenstellt, ist begreiflich. Aber was soll hier ira? Ich schreibe pietas occurrit *at irae*.

Ioh. IV, 652 ff. prospiciens acies uidit Guenfeius hostis ductorem Antalas media inter signa Iohannem, agnouitque procul celsa inter tola suorum.

655 egrediens tunc fertur equo, magnique magistri transiit ante oculos, domini post terga reflectens cornipedem frenis.

Im V. 656 ist domini unverständlich. Iohannes ist nicht der dominus seines Feindes. Wie soll man es sich ferner vorstellen, dass Antalas, der zum Kampfe heransprengt, das Pferd des Iohannes zurückdrängt, indem er es am Zaume fasst? domini ist unzweifelhaft aus *domitum* (domitū) entstanden. Vgl. V. 856 domitum ferrata calce fatigans ... equum, VII. 340 f. non frena retardant cornipedes domitos. Antalas lenkt also sein eigenes Pferd zurück, womit V. 659 arripit ille fugam stimmt. — Im V. 654 rührt celsa inter von Lachmann her, in T dagegen ist celsa per überliefert. Ich schreibe mit veränderter Interpunction:

    agnouitque procul. *celso* per tela suorum
    egrediens tunc fertur equo.

Ioh. IV, 899 schrieb Partsch Antalas medium truncat, qua cingitur artum.

Dass das überlieferte arcum richtig ist, wird durch V. 538 f. bewiesen:

    lumbis tela gerit pharetramque *arcumque* sonantem *cinctus*.

Ioh. VI, 82 ff.   captiuas cernere Mauras
    ire iuuat, celsis *ut crispa* fronte camelis
    impauidae sedeant, paruosque sub ubere natos
85 contineant, ausae geminis ambire lacertis
    sarcinulas super et parui cunabula lecti.
    heu miserae matres! uultu maerente laborant,
    impia corda gerunt. miseris modo matribus Afris
    iam seruire uolunt.

Statt ausae, wie Mazzucchelli schrieb, bietet der Codex alie, wonach die Stelle so zu emendiren ist:

    contineant. *aliae* geminis ambire lacertis
    sarcinulas super et parui cunabula lecti
    (heu miserae matres!) uultu maerente laborant.
    impia corda *gemunt*.

Ioh. VI, 309 f. deposuit miseras erumpens uoce querelas
    miles Romanus. 'si tristia fata minantur' u. s. w.

Im V. 310 überliefert T milex armatus ait si, wonach zu schreiben ist: miles. *amarus ait*: 'si tristia fata minantur'.

Ioh. VI, 389 f. proxima seiunxit. sed tunc male fida Latinis
    Urceliana manus Romanis addita fatis.

Der Satz proxima sciunxit ist durchaus unverständlich. Ich schreibe:

    proxima *se iunxit*, sed tunc male fida Latinis,
    Urceliana manus Romanis addita fatis.

Unmittelbar darauf wird erzählt, dass auch ein anderer benachbarter Stamm, die Astrices, eine Friedensgesandtschaft an Iohannes schickte.

Ioh. VII, 180. Die Gemalin des Unterfeldherrn Iohannes

beklagt denselben, der auf der Flucht in einer Lagune umgekommen war:

    ah miserande, iaces externus clausus harena.

Dass das überlieferte externus keinen Sinn gibt, haben Mazzucchelli und Bekker erkannt; aber auch ihre Coniecturen externa und extrema können nicht befriedigen. Ich schreibe *aeternum*. Vgl. Iust. III, 36 aeternum, pater alme, uale.

Ioh. VII, 368 ff.   nec iam sua castra locare
    permittit terror, sed longas pellit ad oras
370 Massylas gentes. bis quinos Africus ignes
    auxerat igniuagis exurens cuncta procellis.
    tot fugiens hostes acies inimica diebus
    se procul a fessis posuit terrore Latinis.

Der Ausdruck bis quinos ignes auxerat anstatt bis quinis diebus ignes auxerat ist jedenfalls sehr kühn und schwer verständlich. Schreibt man bis *quinis* (nämlich diebus, welches sich aus V. 372 leicht ergänzt) mit Komma oder Kolon hinter procellis, so kann auch das handschriftliche ingens, wofür Mazzucchelli ignes einsetzte, unangetastet bleiben. auxerat steht natürlich reflexiv wie VI, 145 auxisse.

Ioh. VII, 374 ff. ductoris iussu hostes explorare tribunus
    Caecilides, numero pariter comitante feroci
    uictorum, egreditur.

uictorum ist unmöglich, nachdem der Dichter soeben im vorhergehenden sechsten Buche von einer empfindlichen Schlappe der Römer berichtet hatte. Da aus der nachfolgenden Erzählung hervorgeht, dass das ganze Streifcorps aus Reiterei bestand, kann Corippus nur *uectorum* geschrieben haben.

Ioh. VIII, 92 ff. Im Lager der Römer entsteht ein Aufruhr:
    clamor tentoria miscet
horrificus, saeuis resonat clangoribus aether.
non aliter dubiis quam ferret proelia fessis
omnia conturbans Nasamon.

Es ist zweifellos *fossis* d. i. castris zu schreiben. dubius hat hier wie an anderen Stellen der Iohannis die Bedeutung 'gefährdet'.

Ioh. VIII, 115 ff. Iohannes spricht zu den meuterischen Soldaten:
    ferum me nempe putabas,
miles, acerba furens? si fas ciuilibus armis
iusque datum est ensum, propera, si bella uetari
me pereunte putas, si Martis causa Iohannes
ciuibus.

Der Genetiv ensum wäre zwar nicht gegen die Analogie, aber man kennt kein anderes Beispiel. Neue I², S. 258 ff. führt nicht einmal unsere Stelle an, weil sie von den Herausgebern in ihren Indices nicht angegeben ist [1]). Es wird einfach zu schreiben sein: iusque datum est, *en, sum*: propera u. s. w.

Ioh. VIII, 499 ff. Der tödtlich verwundete Putzintulus fordert seine Soldaten auf, den Sieg zu erstreiten: ´si uincitis hostes,
dum uideo, dum uiuo, magis gaudensque per umbras
Laguantan gentes propriis aptabo triumphis.
que verbindet hier sonderbar genug magis und gaudens. Vermuthlich hat Corippus geschrieben: si uincitis hostes,
tum uideo, *tum* uiuo magis, gaudensque u. s. w.

Ioh. VIII, 565 f. celsior aduersi conto fodit ardua membra
Cernisati, trepidique celer praecordia Derci.
Die Handschrift hat cernis ait. Da das t sich offenbar wegen des folgenden trepidi angehängt hat, ist *Cernisai* zu schreiben. Zu dem maurischen Namen Cernisaus vgl. Ceraus VI, 732 und Stontaus VI, 733.

Ioh. VIII, 618 f. nec fractum conscia uirtus
eripuit fatis aut sacro nomine Gurzil.
Lies *numine*.

In der Praefatio zum Panegyrikus auf Iustinus lesen die Herausgeber V. 16 f. nach einer Coniectur Barth's:
pars inimicorum cecidit tum magna tuorum
perfidia punita sua. Die Handschrift jedoch hat quum, weshalb es nahe liegt, zu schreiben:
pars inimicorum cecidit *quam* magna tuorum
perfidia punita sua!

Der gleiche Fehler im Codex findet sich Iust. I, 124, wo schon Ruiz richtig herstellte: aggere non aliter quam uicto flumen inundans. Partsch hingegen nahm mit Dempsterus cum auf. Aber man vgl. die oben behandelte Stelle Ioh. VIII, 92 ff.

Iust. I, 208 ff. nam quis temptaret obesse,
cum deus imperium sancto iam dixerat ore
Iustino Sophiaeque dari, muroque potenti
cinxerat atque armis totam caelestibus aulam?
Da die Handschrift cinxerat et armis überliefert, ist ohne

---

[1]) Auch das seltene Neutrum specus (VIII, 393) wird nicht verzeichnet, wie überhaupt die Herausgeber auf Alles eher als auf die Vulgarismen und Africismen geachtet haben.

Zweifel cinxerat *et turmis* zu lesen. Vgl. III, 32: tu, pater, angelicas inter, sanctissime, turmas.

Iust. I, 223 ff. heisst es vom comes excubitorum Tiberius:
hic bene suscepti primordia prospera regni
discreta ratione uocans, properare fideles
urguebat famulos et cuncta parare iubebat.

Ruiz vermuthete notans, nolens, uidens. Hingegen construirte Vonck: hic uocans famulos fideles, urguebat properare primordia prospera regni bene suscepti ratione discreta, et iubebat parare cuncta, was ich für ganz unmöglich halte. Bis etwas Besseres gefunden wird, möchte ich mich bei *iuuans* beruhigen.

Iust. I, 242 ff. Die entseelte Hülle Justinians liegt mit freundlichem Gesichtsausdruck da, so dass man einen ruhig schlafenden Menschen zu sehen glaubt.   requiescere somno
credere quod [2]) possis, non duro funere, corpus.
haut, reor, inmerito sic laetus et ore benignus
245 ille foret moriens, nisi mens sibi conscia recti
in caelum properans securos linqueret artus
et tutum imperium firmato herede locaret.

Die Verse 244 ff. haben offenbar den Sinn: 'Nicht mit Recht (nicht mit Grund) würde er so freundlich daliegen, wenn nicht der Geist zum Himmel enteilt und auf der Erde ein thatkräftiger Erbe zurückgeblieben wäre'. Dieser unumgänglich nothwendige Sinn wird durch haut aufgehoben, da haut inmerito im Spätlatein regelmässig die Bedeutung von iure 'mit Recht, mit Grund' hat. Daher ist das überlieferte aut in *at* zu ändern. Ferner kann securos nicht richtig sein, was auch Partsch fühlte, indem er secura hos vorschlug. Ich schreibe properans [s] *exutos*. Vgl. IV, 341 ff.:

cum *carne relicta*
spiritus ascendens claram penetrauerit aulam.

Iust. II, 47 ff. ipsa etiam summi consors castissima regni
uirginis et matris templum sublime petiuit,
cuius adoratum limen feliciter intrans u. s. w.

Corippus schrieb ohne Zweifel *odoratum*. Vgl. V. 8 f.:
ilicet Angelici pergens in limina templi
inposuit pia tura focis.

Iust. II, 159 ff. postquam cuncta uidet ritu perfecta priorum,
pontificum summus plenaque aetate Iohannes
adstantem benedixit eum.

---

[2]) Dass quod hier das consecutive ut vertritt, scheint noch Niemand bemerkt zu haben.

eum fügte die zweite Hand des Codex hinzu; das Ursprüngliche aber war sicher *crum*³).

Iust. II, 228 f. In der Anrede an die Senatoren hebt Justinus hervor, dass man für die niedrigen Classen der Unterthanen eben so sorgen müsse, wie der einzelne Mensch die minder wichtigen Körpertheile pflege. Genannt werden die Füsse, Hände, Augen, und die wichtigen Dienste der Füsse besonders hervorgehoben. Dann heisst es:

  quin et causa rei cultu est ornanda diurno.
  nullus uile putet, quod nouit corporis esse.

Für das ganz und gar unverständliche causa rei ist zweifellos *caesaries* zu schreiben. Von dem protospatharius Narses wird III, 222 f. ausdrücklich gesagt:

  Augustam *cultu* praefulgurat aulam
  comptus caesarie.

Iust. II, 263 f. Iustinian hatte bedeutende Schulden des Fiscus hinterlassen, welche Iustinus bezahlen will:

  quod minus ob senium factumue actumue parentis,
  tempore Iustini correctum gaudeat orbis.

factumue actumue schrieb Partsch nach einer Coniectur von Rittershusius für das überlieferte factum actumue. Der unerträglichen Tautologie factum actum würde ich Vonck's factum aetatemue vorziehen. Vielleicht schrieb aber Corippus factum *fastumue*. fastus hat nicht immer die Bedeutung unseres 'Hochmuth' im tadelnden Sinne, sondern streift mitunter hart an den Sinn von fastidium. Das Horazische ad fastum Sat. I, 1, 95 erklärt Porphyrion: hoc est, ad fastidium. Auch die Wachen am Thore des kaiserlichen Palastes bezeichnet Corippus Iust. III, 209 als fastu nutuque tremendi, selbstverständlich ohne mit fastu auch nur im Geringsten etwas Verletzendes ausdrücken zu wollen.

Iust. II, 278. protinus et magni uisit fastigia circi.
Die Handschrift überliefert in magni und iussit, wonach zu schreiben ist: protinus in magni *uasit* fastigia circi.

Iust. II, 302 f. auratum scandens solium sedemque paternam
     instructam plumis pulchrisque tapetibus altam.

Da der Codex structam liest, empfiehlt es sich aus paläographischen Gründen *extructam* zu schreiben. Bekanntlich findet sich in Handschriften unzählige Male s statt ex am Anfange eines Wortes.

Iust. II, 308 f.   aurea plebes
  tempora principibus centenis uocibus optat.

---

³) Partsch schreibt gegen die Handschrift überall herus.

obtat ist allerdings von erster Hand überliefert. Dennoch glaube ich, dass die Correctur obtant richtig ist, da plebes im Panegyrikus durchaus als Plural erscheint. Vgl. V. 216, 351, 392, IV, 50, 72, 254[4]).

Iust. II, 321 f. exaltata putes placidis bene flantibus Euris
ludere coniferae frondosa cacumina siluae.

Die erste Hand des Codex hat exatata, die zweite exaltata. Die Herausgeber beruhigen sich mit der Bemerkung des Caspar Barth: nimirum 'exaltata cacumina' pro erectis et uento subleuatis, et deinde v. 329 mansuctis planatur aquis. Aber im V. 329 ist vom Meere, nicht von Bäumen die Rede. Zu behaupten, dass die Baumwipfel durch einen starken Wind in die Höhe gehoben werden, konnte nur einem Barth einfallen. Corippus schrieb natürlich *exagitata*.

Iust. III, 292 ff. Der Gesandte des Avarenkönigs erzählt, wie das Avarenheer über zugefrorne Ströme gezogen sei:

fremitusque sonorum
cornipedum liquidos ceu terruit ungula campos
insanum uoluens strepitum.

Zunächst ist, wie schon Partsch verlangte, fremituque sonoro zu schreiben. ceu ist Correctur der zweiten Hand. Die erste hat caue, wonach *caua* herzustellen ist. Vgl. Enn. Ann. 419 plosu caua concutit ungula campum. Möglicherweise ahmte Corippus diesen Vers nach. Sicher schrieb er nicht terruit ungula campos, sondern *percutit*.

Iust. III, 399 ff. Der Avare ist einigermassen bestürzt über Iustinus drohende Sprache:

contremuit stupefactus Auar, magnoque timore
diriguit. siccis uox humida faucibus haesit,
turbatusque malis Augusta ab sede recessit.

malis kann ich nicht verstehen, da ja weder die Avaren noch ihre Gesandten etwas Uebles erfahren hatten. Wenn man die Schilderung erwägt, welche Corippus vom Eintreten der Gesandtschaft macht (V. 231 ff.), in der es unter Anderem heisst: horrescunt lanceas saouasque instare secures (V. 242) und hunc Auares alii simili terrore secuti in facies cecidere suas (V. 260 f.), so wird man es für wahrscheinlich halten, dass Corippus turbatusque *magis* geschrieben hatte.

---

[4]) Auch dieser Vulgarismus wird von den Herausgebern nicht notirt.

Iust. IV, 20 ff. rarescunt luci, campi spoliantur opaci,
  arboribus ferrum sedit, gemit undique fessus
  concisor nemorum.
Der Codex überliefert opaces, wonach zu emendiren ist:
  campi spoliantur *opacis*
arboribus, ferrum *stridit*. — stridĕre findet sich auch IV, 48, wo im Codex tractes trudunt für tractae stridunt verschrieben ist, die Herausgeber aber unbegreiflicher Weise strident lesen.

Iust. IV, 179 ff. Iustinus beschenkt die niedrigeren Beamten ebenso wie die Senatoren:
  fertilis hic Augusta manus felixque uideri
  plus uoluit, nullumque suo praeferre fauori.
  namque illos donis conscriptis patribus aequos
  esse dedit, cum distet honor.
praeferre fauori gibt keinen Sinn. Es ist offenbar *fauore* zu schreiben: 'er wollte *in* seinen Gunstbezeugungen keinen bevorzugen'.

Iust. IV, 256 ff. sic, bene quaesitas ut pullis porrigat escas,
  mitis hirundo redit: postquam sua tecta uidendum
  garrula per patulas fuerit delata fenestras,
  matris in aduentum uido corsurgit ab omni
  turba loquax.
Mommsen schlug uidet dum vor, Partsch wollte in sua tecta (uidendum!); die Vermuthungen früherer übergehe ich. Das einfachste ist wohl, *uidendo* zu schreiben.

Iust. IV, 347 ff. lässt der Dichter den sterbenden Iustinian mit Bezug auf seinen Nachfolger sagen:
  cognoscet amantes,
  quos fidos habui. mihi qui nocuere nocentue,
  ipsum etiam facto simili temptare parabunt.
Die Coniectur nocentue für das handschriftliche nocuit kann ich nicht für gelungen halten, da mit nocuero und facto simili offenbar Verschwörungen gemeint sind und wir nichts davon wissen, dass eine solche unmittelbar vor dem Tode des Kaisers stattgefunden habe. Es scheint vielmehr nach dem Zusammenhange gemeint zu sein: 'Meine Getreuen werden auch meinen Nachfolger lieben, meine Gegner auch ihm zu schaden suchen'. Daher schreibe ich mit geänderter Interpunction: cognoscet amantes,
  quos fidos habui: mihi qui nocuere, *nocebunt*.
  ipsum etiam u. s. w.

GRAZ.   M. PETSCHENIG.

Herodianea.

Ut paucis annis ante de Appiano, sic nuper de Herodiano egregie meruit L. Mendelssohn editione librorum ab excessu divi Marci apparatu amplissimo instructa. qua cum certum orationis constituendae iactum sit fundamentum, iam accedere licet ad satis multas quibus Herodiani historiae deformatae sunt corruptelas tollendas. itaque coniecturas, quae mihi, cum Herodiani libros studiose lectitarem, de locis aliquot natae sunt, breviter explicatas proponam, de aliis alio loco ac tempore disputabo.

p. 45, 1 sq. ἐμοὶ δὲ ταῦτα μεγάλα ὄντα καὶ ἐξαίρετα τιμῆς τε αἰσθήσει ἐκπλήττει. nihil lucramur coniectura a Bekkero proposita, qui αἰσθήσει in αἴσθησιν mutavit; nam ut omittam αἴσθησιν inepte dictum esse, quo modo τε explicetur omnino non intellego. si autem Politianum secuti ἐμὲ restituimus atque τιμῆς τε αἰσθήσει 'honoris sensu' interpretamur, ne hac quidem ratione probabilis sententia efficitur. quis enim quaeso sibi persuadeat ineptum illud τιμῆς τε αἰσθήσει ab Herodiano profectum esse? quae cum ita sint, vide num ἐμὲ recepto pro αἰσθήσει scribendum sit ἀηθείᾳ 'insolito honore'; cf. VI 6, 1.

p. 47, 8 sq. verba ἑκάστῳ τὸ κατ' ἀξίαν ἀπονέμων, χάριτος ἀπρεποῦς καὶ βίας ὠμῆς ἀλλότριος insiticia esse censet M. et profecto concedas oportet hoc loco ea ferri non posse. sed nihil impedit, quominus haec verba post ᾠκειώσατο (v. 2) transponendo aptum eis tribuamus locum, modo χάριτος ⟨δ'⟩ et ἀλλότριος ⟨ὢν⟩ scribatur. patet enim desiderari hoc loco enuntiatum, quo explicetur, quo modo facillime ceterorum gratiam Pertinax sibi conciliaverit. atque hac re nisi fallor simul comprobatur p. 46, 28 verba τοὺς μὲν πρεσβυτέρους post καὶ τῆς transponenda esse. qua coniectura recepta vitium, quod hoc loco latere putat M., tolletur.

p. 49, 15 egregie M. χωρήσας mutavit in χωρῆσαι, sed erravit eo, quod verba προῆλθεν .. αὐτοῖς tamquam ab interpolatore addita exstirpanda esse censuit. nam quo modo confirmari possit haec opinio, non video. immo προῆλθεν mutandum esse videtur in προελθεῖν θ'; his enim praemissis iam recte pergit Herodianus: καὶ δὴ τοῦ δωματίου προελθών.

p. 74, 15 sq. πρόβλημα όχυρόν νομίζων των εν τη άνατολη όδων τό δύςβατον τοῦ ὅρους. Μ. dubitanter δλων pro όδων proposuit; malim δρων, quae coniectura nisi fallor commendatur eis, quae haec proxime excipiunt, ὁ γὰρ Ταῦρος μεταξὺ ὧν Καππαδοκίας τε καὶ Κιλικίας διακρίνει τά τε τῇ ἄρκτῳ καὶ τὰ τῇ ἀνατολῇ ἔθνη προσκείμενα.

p. 75, 22 vix ferendum est ὡς τῶν μὲν ἀνατολικῶν εὐθέως θραῦcαι τὴν ἐλπίδα subiecto infinitivo non addito. quam ob rem post ὡς intercidisse puto ταῦτα, de quo mente ex substantivis, quae antecedunt, supplendo cogitavit Bergler. paullo ante v. 17 leniore fortasse remedio ἥν τ' αὐτὸς quam ex Mendelssohnii coniectura ⟨καὶ⟩ ἥν αὐτὸς restituetur.

p. 77, 2 corruptum est καθαιρέςει. quod cum nullo pacto explicari possit, M. adsentitur Strothii coniecturae, qui verbis (3, 3) τῷ αὐτῷ ζήλῳ καὶ μίςει collatis hoc quoque loco μίςει legendum esse suspicatur. malim καταφρονήςει, ex qua scriptura librario oculis ad verbum καθαιρεῖν, quod paullo post legitur, aberrante facile oriri potuit καθαιρέςει.

p. 78, 18 καὶ διὰ τὸ θανάτου καὶ κινδύνων ῥᾳδίως καταφρονεῖν πάντα τολμῶντες recte molestum esse ῥᾳδίως dicit M.; sed facile huic loco mederi possumus hac voce ante πάντα transposita.

p. 87, 26 sqq. ἕνα δὲ ἄνδρα τρεῖς καθελόντα βαςιλέας ἤδη κρατοῦντας, καὶ τοῦ μὲν ἐν Ῥώμῃ στρατοῦ σοφίᾳ περιγενέςθαι καὶ τὸν ὄντα ἐν τῇ βαςιλείῳ αὐλῇ καθῃρηκέναι, τὸν δὲ τῶν ἐν τῇ ἀνατολῇ κρατοῦντα πάλαι καὶ ὑπὸ Ῥωμαίων βαςιλέα κληθέντα, τὸν δὲ ἐν Καίσαρος τιμῇ καὶ ἐξουσίᾳ γεγονότα χειρωσάμενον ἀνδρείᾳ, οὐκ ἔστιν ἄλλον ῥᾳδίως εἰπεῖν. miror equidem Mendelssohnium probasse Sylburgii coniecturam, qui hunc locum ita constituit: ἕνα δὲ ἄνδρα τοῦ τε ἐν Ῥώμῃ στρατοῦ σοφίᾳ περιγενέςθαι καὶ τρεῖς βαςιλέας ἤδη κρατοῦντας καθῃρηκέναι, τὸν μὲν ἐν τῇ βαςιλείῳ αὐλῇ ὄντα, τὸν δὲ τῶν ἐν τῇ ἀνατολῇ... nam ut omittam summa licentia in hoc loco refingendo usum esse Sylburgium, quis quaeso non intellegat ea coniectura neque aptam verborum conformationem effici et disiungi ea, quae inter se quam artissime conectuntur. patet enim id quod praecedit τρεῖς καθελόντα βαςιλέας ἤδη κρατοῦντας eis, quae secuntur, ita illustrari, ut qui fuerint singuli quaeque imperii eorum condicio exponatur. accedit quod verba τοῦ μὲν ἐν Ῥώμῃ στρατοῦ σοφίᾳ περιγενέςθαι nullo pacto seiungi possunt ab eis, quae haec proxime excipiunt, καὶ τὸν ὄντα ἐν τῇ βαςιλείῳ αὐλῇ καθῃρηκέναι, cum et hoc et illo membro una eademque res significetur, Iuliani interitus. denique neque infinitivi illi περιγενέςθαι et καθῃρηκέναι accommodati sunt ad totius loci constructionem, cum in enuntiato ἕνα δὲ ἄνδρα .. οὐκ ἔςτιν ἄλλον ῥᾳδίως εἰπεῖν non infinitivi, sed participia requirantur. quam ob rem alia medela quaerenda est loco laboranti. ac possis certe cum ita sanare, ut participia περιγενόμενον et καθῃρηκότα restituantur. sed haud rectam puto inibit viam, qui id suaserit; nam quo modo illati sint infinitivi illi haud intellegitur. quae cum ita sint, ὥςτε post κρατοῦντας inserendum[1]) et χειρωσάμενον in χειρώςασθαι mutandum esse censeo, nisi forte statuere licet Herodianum ita variasse constructionem, ut enuntiato, quod pendet a particula ὥςτε, adiecerit participium. scio equidem ne sic quidem omnes difficultates sublatas esse, cum aequabilitatem in singulis membris aegre desideres. sed haec res puto potius scriptori ipsi quam librariis vitio vertatur. quod autem M. verba χειρωσάμενον ἀνδρείᾳ in A omissa pro insiticiis habuit, id non recte mihi statuisse videtur. nam Iulianum non tam armis quam astutia deiecit Severus, id quod Herodianus ipse verbis τοῦ μὲν ἐν Ῥώμῃ ϲτρατοῦ ϲοφίᾳ περιγενέϲθαι significat, Nigrum et Albinum armis contudit illatis. unde patet ἀνδρείᾳ oppositum esse ei, quod modo illustravimus ϲοφίᾳ, et χειρωϲάμενον seu mavis χειρώϲαϲθαι ἀνδρείᾳ utrique membro commune esse.

p. 88, 10 sqq. recte M. librorum deteriorum scripturam (πεπομφέναι τὴν κεφαλὴν αὐτοῦ (Albini) δημοϲίᾳ περίοπτον), ἵνα αὐτὸϲ οἱόνπερ ἐδείκνυεν αὐτοῦ τὸν θυμὸν ἴδῃ καὶ τὴν πρὸϲ ἐκείνουϲ ὀργήν eis praetulit, quae in melioribus libris leguntur mirum quantum depravata atque interpolata. erravit tamen dicens vocula αὐτὸϲ carcri posse, cum ea sublata simul acerbissimum, quod his verbis continetur, tollatur ludibrium. suis enim ipse oculis ut videret amicorum caedem Albinus, voluit Severus.

p. 89, 26 non intellego quid sibi velit M. πολιτικῶν pro ϲτρατιωτικῶν restituendum esse coniciens. nam rerum civilium administrationem Severi non ea laude dignam fuisse adparet ex iudicio, quod de eo fecit Herodianus 15, 2. ceterum conferas quaeso I 6, 4 τάϲ τε πράξειϲ ἁπάϲαϲ καὶ τὰϲ διοικήϲειϲ τὰϲ μὲν πολιτικὰϲ . . τὰϲ δὲ ϲτρατιωτικὰϲ . .

p. 90, 9 nihili est ἀνδρείας μαθητὰς nec quicquam lucramur Sylburgii vel Bergleri coniecturis, quas commemorare et refellere longum est. patet enim restituendum esse ἀθλητὰϲ, quod littera λ omissa in μαθητὰϲ mutatum est. ἀθλητής autem cum genetivo iunctum haud raro invenitur; cf. Stallbaum ad Plat. de re publ. III 403 e, Schweighäuseri lex. Polyb. s. v.

---

[1]) ὥϲτε quoque p. 79, 8 post ἁρμογάϲ intercidisse videtur.

p. 91, 18 recte offendit M. in verbis λανθάνοντα καὶ παρειςιόντα τιτρώςκοντά τε, sed non recte fecit, quod λανθάνοντα καὶ exulare iussit. immo καὶ tantum expungendum est. nam quamquam iam in ipso verbo παριέναι inest notio clam ingrediendi, tamen ei interdum, ut res accuratius significetur, adiungitur λανθάνειν vel λάθρα, cf. Plut. Publ. 17, Antig. Hist. mir. p. 16, 16 K.

p. 95, 26 sq. corrupta sunt verba ἐπεὶ μήτ' ἐμὲ ἔτι τοιαῦτα κελεῦςαι προςδόκα μήτε cὲ ὑπακοῦςαι, quibus sine dubio quae antecedunt ἀκωλύτωc εἰc τέλος ἄξεις confirmantur. negat enim Plautianus quicquam obstare, quo minus res a tribuno perficiatur. neque enim ea, quae omnino fieri non possent, se imperaturum fuisse neque eam sibi spem fuisse, ut sibi in tali re obsequium praestaretur. quae cum ita se habeant, vide num scribendum sit: ἐπεὶ μήτ' ἐμὲ ⟨cὺ⟩ τοιαῦτα κελεῦςαι προc⟨ε⟩δόκα⟨c ἄν⟩ μήτε ⟨cὲ ἐγὼ⟩ (sc. προcεδόκων ἄν) ὑπακοῦςαι. paullo post (p. 96, 4) M. γὰρ, quod post μετασχὼν legitur, in δὲ mutandum esse suspicatur. possis lenius ἄρα refingere, sed recte se habet γὰρ, quod refertur ad verba ἀνὴρ δὲ γενναῖος γενοῦ. haec igitur dicit Plautianus: virum fortem te praebeas; nam ut periculorum partem in te suscepisti, ita rei bene gestae summa tibi gloria continget.

p. 102, 22 scribendum esse videtur τῆc ἀναθυμιάcεωc [καὶ] παχυτάτης ⟨οὔcης⟩; nihili enim est, quod de figura, quae dicitur ἓν διὰ δυοῖν, somniant interpretes, cum praesertim ἐξ cum ὧν, non cum ἀναθυμιάcεωc coniungendum sit.

p. 104, 8 καὶ ὅτι ἀμφοτέρους ἴcouc δὴ ἐκ παίδων παραθρέψειαν. ferri non posse hoc loco παρατρέφειν intellexit M. scribendum videtur ἀναθρέψειαν (cf. VI 9, 5) et statuendum παρα eo ortum esse, quod librarius ad id quod sequitur παρείχοντο oculis aberravit. simul ἴcωc quod in A legitur manu altera adiectum praeferam.

p. 112, 19 καὶ γὰρ διὰ τοῦτο τοὺς ἐκείνου ἐν τοῖς ὑπηρέταιc ἐκέλευcα παρεῖναι. Reiske, ut verba ἐν τοῖς ὑπηρέταιc explicari possent, πιcτοτάτους vel φιλτάτους post ἐκείνου addita volebat, Wolf ἐν τοῖς ὑπηρέταιc ut ab interpolatore adiecta seclusit, Mendelssohn denique Politiani interpretationem 'omnes illius ministros' secutus πάντας τοὺς ἐκείνου ὑπηρέτας scribendum esse coniecit. ego, ut codicum vestigiis quam maxime insistam, malim ἐν ταῖς ὑπηρεcίαιc; cf. II 3, 5 οἱ ἐν τῇ βαcιλείῳ ὑπηρεcίᾳ.

p. 116, 9 obscurissima sunt verba τῆc πρὸς Ἀλέξανδρον cυναφείας. quae res non librariis, sed Herodiano ipsi vitio vertenda est, nimium in hac Caracallae dementia describenda brevitatis studioso. sed fortasse post τῆc excidit αὐτοῦ. quo restituto facilius ea quae

Herodianus dicere voluit intellegantur. imagines enim Caracallae et Alexandri significat iuxta positas variisque modis inter se coniunctas. mirum autem Herodiano insolitam atque adeo ridiculam visam esse hermarum formam, qua uni cervici bina imposita sunt capita occipitiis ita inter se coniunctis, ut ex capitibus illis dimidiatis quasi unum efficiatur.

p. 117, 5 ἐπήνει δὲ καὶ cτρατηγῶν μάλιcτα Cύλλαν τε τὸν Ῥωμαῖον καὶ Ἀννίβαν τὸν Λίβυν ἀνδριάντας τε αὐτῶν καὶ εἰκόνας ἀνέcτηcεν. recte M. haec adnotavit: 'ἐπήνει .. ἀνέcτηcεν alieno loco stare mihi cum Webero videntur'. meliorem certe locum habebunt in sectione altera post verba Ἀλεξάνδρου τε καὶ Ἀντωνίνου collocata et sermonis continuationi media interposita (cf. Ael. Spart. Car. 2, 2). sed cum eis hoc etiam loco enuntiatorum conexus turbetur ac praeterea molestum sit cτρατηγῶν, nihil aliud restare videtur, nisi ut aut a lectore quodam haec adiecta esse statuamus, id quod mihi minime probatur, aut ab Herodiano ipso curis secundis in margine adscripta atque alieno loco in orationem illata.

p. 119, 24 recte M. 'post πεδίου participium desidero'. excidit aut ῥέουcιν aut φερομένοις; cf. V 5, 8.

p. 121, 22 ἐcθῆτί τε χρυcῷ καὶ βαφαῖc διαφόροιc πεποικιλμένον. Stephanus coniecit ⟨ἐν⟩ ἐcθῆτι χρυcῷ .. πεποικιλμένῃ, Bekker ἐcθῆτι .. πεποικιλμέν⟨ῃ κεκοcμημέν⟩ον, cui oblocutus est Nauck Mel. Gr.- R. II 321, collato eo, qui legitur V 2, 4, loco: προῄει τε πόρπαιc καὶ ζωcτῆρι καὶ χρυcῷ πολλῷ καὶ λίθοιc τιμίοιc πεποικιλμένοc. M. denique voce ἐcθῆτι expuncta τε post χρυcῷ collocavit. sed coniecturae a Mendelssohnio propositae id obstat, quod βαφαῖc διαφόροιc πεποικιλμένοc recte de veste dici potest, nullo pacto autem de hominibus nisi forte de eis, qui ab omni cultu remoti cutem suam compungere coloribusque pingere solent. quae cum ita sint, cum Stephano scribendum esse videtur ⟨ἐν⟩ ἐcθῆτι (vel ἐcθῆcι) χρυcῷ τε καὶ β. πεποικιλμένῃ (-ναιc). de vocula ἐν hoc loco inserenda cf. II 13, 3; VII 11, 2. simili modo dixit Herodianus VIII 6, 2; 7, 2 ἐν εἰρηνικῷ cχήματι, unde patet II 13, 2 quoque post ἐξελθεῖν praepositionem illam adiciendam esse. IV 8, 2 legitur ἐν Μακεδονικῷ cχήματι; quam ob rem non dubitabis mecum V 3, 6 τ' ἐ⟨ν⟩ cχήματι, V 5, 7 ⟨ἐν⟩ τῷ πρ. cχήματι restituere.

p. 124, 21 vocula καὶ transposita legendum esse καὶ ἐπὶ τοιοῖcδε γράμμαcι recte intellexit Herwerden Mnem. XI 19. sed restituendum etiam αὐτῷ.

p. 125, 16 τῆc βαcιλείαc corruptum est. quod in A legitur, τῆc cτρατοπεδείαc, quin a correctore illo profectum sit, qui saepissime

18*

scripturam codicis, ex quo manavit A, pro arbitrio immutavit, dubitari non potest. cum igitur apud Ioannem Antiochenum haec legantur: ἀπὸ τῆc ἐν Κάρραιc αὐλῆc, fortasse scribendum est τῆc βαcιλείου αὐλῆc. haud raro enim in libris Herodiani, quibus utimur, in eius modi adiectivis genus masculinum, quod est commune, mutatum est in femininum. qua scriptura recepta quo modo expulsa sit vox αὐλῆc facile intellegitur.

p. 127, 13 μαχομένουc, quod excidisse recte intellexit Sylburg, non post δόραcιν, sed ante μακροῖc inserendum esse videtur[2]).

p. 127, 14 nescio an scribendum sit ἀλγεῖν μὲν ἡμᾶc; nam certe tutius rem egit Macrinus, si tali modo apud commilitones locutus est[3]). atque huic coniecturae aliquod subsidium eo paratur, quod paullo post in codicibus omnibus ἡμετέροιc legitur. quae si recte se habent, in v. 22 quoque cum Sylburgio ἡμᾶc scribendum esse patet.

p. 128, 1 suspectum est παραcπονδήcαντεc; nam tantum abest, ut Macrinus concedat foedere violato bellum illatum esse, ut neget contra, id quod facile ex eis, quae in sectione octava leguntur, adparet, tale quid admissum esse a Romanis. neque certe sapienter rem egisset apud milites, si tale crimen in Caracallam contulisset. quam ob rem vide num παραcπονδήcαντεc ut insiticium expellendum sit. facile autem ex sectione octava inferri potuit.

p. 128, 9 corruptum est ὡριcμένον. Sylburg coniecit ἠθροιcμένον vel ὡπλιcμένον, M. aliud, velut cυνιcτάμενον, in corruptela latere putat. ego malim ἡλιcμένον, quo verbo Herodianum Xenophontis exemplo ductum usum esse puto. nam quamquam Herodianus non in eorum scriptorum numero habendus est, qui alienas opes expilarunt, tamen certum est eum Xenophontis Anabasim compluribus locis imitatum esse.

p. 128, 15 verba τήν τε προτέραν νίκην πιcτώcεcθε transponenda sunt ante καὶ δόξηc, ut δείξετε cum verbis ὡc .. ἐκρατήcατε coniungatur. num autem ἠδικήcατε in libro A, quem secutus est M., omissum delendum sit, equidem dubito. nam neque ineptum est ἠδικήcατε et eo recepto simul aequabilitas illa membrorum, quam in orationibus tanto opere sectatur Herodianus, servatur.

p. 129, 14 malim πρὸc δὲ (codd. τε) τὸ φυγεῖν.

p. 130, 4 κωλυόμενοι τοῖc ἄλλοιc ἐπιέναι. M. τοῖc ἀντιπάλοιc coniecit. mihi ea ratio simplicior esse videtur, ut, postquam ἀλλήλοιc levi

---

[2]) in eodem enuntiato scribendum cum Reiskio et Leisnero ἀπό θ' ἵππων καὶ καμήλων ἄνωθεν; cf. 15, 2.

[3]) plane alia est orationis Pertinacis condicio II 5, 7.

errore in ἄλλοις abiit, τοῖς a librario quodam adiectum esse statuamus.

p. 130, 13 λέγων τὸν μὲν περὶ τὰς cπονδὰς καὶ τοὺς ὅρκους ἀδικήσαντα βαςιλέα τεθνηκέναι δίκας τε ἀξίας ὧν ἔδραςε δεδωκέναι, Ῥωμαίους δέ, ὧν ἐςτὶν ἡ ἀρχή, ἑαυτῷ τὰ τῆς βαςιλείας ἐγκεχειρικέναι cum in codicibus melioribus, in quibus verba δίκας .. δεδωκέναι propter ὁμοιοτέλευτον quod vocatur omissa sunt, legatur ῥωμαίοις, M. Herodianum haec scripsisse suspicatur: δεδωκέναι Ῥωμαίοις, ⟨τοὺς στρατιώτας⟩ δέ, ὧν .. at verba ὧν ἔδραςε ad nihil aliud referenda sunt nisi ad foedus et iusiurandum violata; de aliis enim rebus Macrinus in litteris ad Parthorum regem datis verba omnino facere non poterat[4]). unde patet nihil tribuendum esse scripturae Ῥωμαίοις. adde quod vix Macrinus in tali epistula, quamquam ab exercitu ei delatum est imperium, scribere potuit sc id a militibus accepisse. quae cum ita sint in vulgata acquiesco scriptura, ita tamen, ut litterula post ὧν adiecta restituam: ὧν γ' ἐςτὶν ἡ ἀρχή.

p. 134, 1 nescio cur M. Irmischii coniecturam neglexerit sane non spernendam παραβάλλοντος δὲ τῇ μνήμῃ τὴν Ἀντωνίνου δίαιταν ἐπιστρεφῆ τε καὶ στρατιωτικὴν γενομένην. patet enim, cum τῇ μνήμῃ solito errore in τὴν μνήμην abiisset, accusativos qui secuntur in dativos mutatos esse. certe haec coniectura ei, quam ipse proposuit M., τὴν Ἀντωνίνου ⟨ἐν⟩ δ. ἑ. κ. ς. γενομένου, longe praeferenda esse videtur. ac fortasse germanae scriptura extat vestigium in eo, quod legitur in AVi. ἐπιστραφείςῃ. quod natum esse potest ex littera η verbo ἐπιστραφεῖ superscripto.

p. 135, 14 malim δεικνύντες εἰκόνα Ἡλίου; molestissimum enim est δεικνύουςιν εἰκόνα τε Ἡλίου. ceterum nemo puto adsentietur Mendelssohnio verba οὕτω βλέποντες, quae Politianus in interpretatione omisit, expellenti, cum Herodianus, id quod iam Irmisch animadvertit, paullo post (4, 4) eisdem plane utatur verbis: βλέπειν γὰρ οὕτως ἤθελον.

p. 136, 18 succurrere conatur M. loco laboranti ἔχειν post ἑτοίμως inserto. sed multo lenior adhibetur medicina vocula ἄν addita. neque vero opus est ut cum Stephano πάντα, quod Bekkerus in πάντ' mutavit, ἂν προέςθαι scribamus, cum scriptura προέςθαι ⟨ἂν⟩ πάντα recepta res bene se habeat ac simul, quo modo intercepta sit ea vocula, facile intellegatur.

p. 136, 21 interciderunt post ἔνδον verba τό τε μειράκιον vel similia, nisi forte statuendum est olim scriptum fuisse καὶ δεξάμενοι πᾶν τὸ γένος ἔνδον τὸ μειράκιον.

[4]) cf. 8 αὐτάρκη τιμωρίαν τὸν παραςπονδήςαντα δεδωκέναι νομίζων.

p. 137, 11 miror Mendelssohnium codicum BVj scripturam καὶ τὸ Ἀντωνίνου τῆc μνήμηc πάθοc, quae omnino intellegi non potest, recepisse, cum praesertim quae in libro A leguntur καὶ ἡ Ἀντωνίνου μνήμη καὶ ὁ πόθοc et aptissima sint et Ioannis excerptis, quae ἡ Ἀντωνίνου μνήμη praebent, confirmentur. patet autem vitiosam ceterorum librorum scripturam ex frequenti sane vocum πόθοc et πάθοc confusione ortam esse.

p. 137, 22 in repetito ἐδείκνυcαν iam haesit Bekker, qui in editione altera id in προύτεινον mutandum esse suspicatus est. verum quid scripserit Herodianus edocemur ab Ioanne, qui ἐπεδείκνυον praebet, unde patet ⟨ἐπ⟩εδείκνυcαν restituendum esse.

p. 140, 15 Reiske, cum intellexisset scripturam traditam verbis transpositis deformatam esse, eam egregie ita emendavit: διαχρύcοιc τε πορφύραc ὑφάcμαcι. sed debebat etiam τε expellere. manifestum enim est haec verba ad ea, quae antecodunt, illustranda addita esse.

p. 144, 3 recte intellexit M. ἦγεν ex ἦν ortum esse. sed in eis, quae paullo post leguntur graviter corrupta τάc τε ἡνίαc κατεῖχεν· οὐδέπω δὲ τοῦ ἅρματοc ἄνθρωποc ἐπέβαινεν αὐτῷ δὲ περιέκειντο ὡc ἡνιοχοῦντι δὴ τῷ θεῷ, refingendis ab eo dissentio. nam quae proposuit αἵ τε ἡνίαι αὐτῷ περιέκειντο ... θεῷ· οὐδέ ποτε δὲ (vel γὰρ, quod iam Reiske conieccrat) .. ἐπέβαινεν longius recedunt a scriptura tradita nec περικεῖcθαι ab Herodiano cum dativo, sed cum accusativo consociatur (cf. II 13, 8; III 5, 7; IV 2, 9; 15, 2; V 4, 7), si unum exceperis locum (VI 1, 1), quo quidem dativus legitur, sed ita ut verbum περικεῖcθαι sensu translato adhibeatur. quae cum ita sint, patet κατεῖχεν ab interpolatore esse profectum. quo illato ea, quae secuntur, licentius immutata sunt. scribendum igitur videtur τὰc δὲ ἡνίαc (οὐδέπω δὲ τοῦ ἅρματοc ἄνθρωποc ἐπέβαινεν) αὐτὸc περιέκειτο ὡc ἡνιοχῶν δὴ ὁ θεόc.

p. 148, 3 sqq. naratur Heliogabalum voluisse Alexandrum eo honore, qui Caesaribus tribuebatur, spoliare. qua re factum esse, ut neque iam in salutationibus neque in prodeundo puer conspiceretur. milites autem id aegre tulisse, quod ille imperio spoliatus esset (ὅτι δὴ τῆc ἀρχῆc παραλυθείη). at non erat iam spoliatus imperio Alexander, sed id Heliogabalus tantum eo, quod removebat puerum a publicis negotiis, efficere studebat. quae cum ita sint, iam adparet libri A scripturam παρωθεῖται quam maxime commendari, cum ea recepta huius loci sententiae optime consulatur; παραλυθείη autem, quod in ceteris libris legitur, illatum est ex eo, quod antecedit. παραλῦcαι.

p. 148, 11 κατακλείcαντές τε αὐτοὺc ἐν τῷ cτρατοπέδῳ τὸν Ἀλέξανδρον ἐν ἱερῷ ἠξίουν ἰδεῖν. cum ἐν ἱερῷ haud facile intellegatur, Sylburg articulo ante ἱερῷ adiecto rem expedire conatus est. sed mirum certe Herodianum paullo post accuratius dixisse ἐν τῷ ἱερῷ τοῦ cτρατοπέδου, hoc autem loco, quo res sine dubio clarius significanda erat, tantum verbis ἐν τῷ ἱερῷ usum esse [5]). quae cum ita sint, Herodianus ἐν τῷ ἐκεῖ ἱερῷ vel simile quid scripsisse videtur. in eis, quae proxime secuntur, magno opere adridet scriptura libri A παραλαβὼν τὸν Ἀλέξανδρον καὶ cυγκαθεcθείc; molestissima autem sunt verba cὺν τῷ Ἀλεξάνδρῳ, omissa ab Ioanne. cui etsi non omnibus locis fides habenda est, quippe qui semper fere Herodiani verba in brevius contraxerit, tamen fortasse hoc loco, ut verba illa supervacanea expellantur, aliquid tribuendum esse videtur.

p. 148, 23 τοὺc δὲ αἰτίουc δῆθεν cτάcεωc καὶ θορύβου, quem locum coniecturis temptarunt Stephanus et Sylburg, particula δὲ cum A g l eiecta nihil profecto est, quo offendamur. Heliogabalus enim milites, qui laetissimis prae ceteris vocibus Alexandro acclamassent, dictitans eos seditionis tumultusque auctores esse ad supplicium comprehendi iussit. quam ob rem miror Mendelssohnium haec verba ut spuria notantem.

p. 149, 18 Ὁποίῳ μὲν δὴ τέλει ὁ νέοc Ἀντωνῖνοc ἐχρήcατο. νέοc in solo A legitur, in ceteris μέγαc, quod ferri non posse intellegitur. quam ob rem Politianus de coniectura μείζων cogitavit, Aldus δηλωθείc temere invexit. sed ne νέοc quidem aptum esse videtur. nam cum Herodianus hoc loco tantum more solito ea, quae in libro, qui antecedit, ultimo narraverat, repetat, haud facile intellegas, cur illud νέοc addiderit, praesertim cum in eis, quae antecedunt, Heliogabalum semper Antoninum attributo non adiecto vocaverit. longe alia certe est loci, qui legitur 137, 13, ratio, ubi rectissime dictum est πρὸc τὸν νέον Ἀντωνῖνον. adde quod haud facile intellegas, quo modo ex νέοc. si re vera ab Herodiano profectum est, ceterorum librorum scriptura μέγαc oriri potuerit. quae cum ita sint, νέοc illi tribuam, qui libri, ex quo fluxit A, scripturam multis locis immutavit atque interpolavit, eodem modo illatum, quo ab Ioanne Heliogabalus p. 237, 10 et 239, 2 Ἀντωνῖνοc ὁ νέοc dicitur, μέγαc autem a librario quodam additum esse videtur, ita tamen, ut is non μέγαc, sed μάγοc scripserit eoque verbo fraudem ab Heliogabalo admissam notaverit.

p. 150, 8 in A legitur ἰδίουc ἀρχαίουc, quae scriptura cum libris gl confirmetur, qui ἰδίουc καὶ ἀρχαίουc praebent, sane aliquam

---

[5]) cf. IV, 4, 6 et 5, 1.

habet auctoritatem. negari enim non potest magis convenire ἰδίουc κάρχαίουc quam id, quod in BV extat, ἀρχαίουc καὶ ἰδίουc. si autem illud mecum restitueris, concedes nihil tribuendum esse Mendelssohnii opinioni verba καὶ ἰδίουc tamquam insiticia delentis.

p. 150, 16 haec adnotavit M. ʽεὐτάκτοιc] ἐπαρχικαῖc, εἰρηνικαῖc vel sim. coni. Sylb. latet aliud'. simillimus est locus II 1, 4 ἐν πολλαῖc cτρατιωτικαῖc τε καὶ πολιτικαῖc εὐδοκιμήcαc πράξεcι, quocum comparari possunt quae leguntur II 3, 2 τὰ ἐν ταῖc cτρατιωτικαῖc πράξεcιν ἦν εὐκλεήc. sed quamquam insolenter hoc de quo agitur loco dictum est εὐτάκτοιc, tamen id nolim mutare. certe et aptissima est disciplinae militaris commemoratio neque quid aliud pro εὐτάκτοιc restituatur video, nisi forte de coniectura haud commendabili ἐν τῆc τ᾽ εὐταξίαc cogitandum est. ἐν εὐτάκτοιc πράξεcιν igitur dixit Herodianus ita, ut res gerendas, in quibus quid valeat modestia militaris adparet, significaret.

p. 150, 19 nescio quid moverit Mendelssohnium, ut aut ἔτυχε τε βαcιλικῶν τιμῶν delendum aut saltem ταφῶν scribendum esse statueret. certe si Maesae corpus tantum in Caesarum sepulcra illatum esset, non habuisset Herodianus, cur eam rem hoc loco commemoraret. nam id factum esse per se patebat. immo aliam rem significare vult, eis honoribus, qui tribui soleant ipsis Caesaribus, ornatam esse Maesam. quod ut intellegas, conferas quaeso ea, quae de funere modico Liviae narrat Tac. Ann. V 1, cui quominus caelestis religio decerneretur obstitit Tiberius. quae cum ita sint, non dubitabis simul reicere Mendelssohnii coniecturam, qui in eis, quae proxime secuntur, καὶ οἷc scribendum esse suspicatus est.

p. 150, 21 probatur Mendelssohnio Bekkeri coniectura, qui in editione priore ἐν ἀκμῇ proposuit. atque concedas oportet librarios eodem modo vocabulum tritissimum ἀρχῇ hoc loco inferre potuisse, quo III 1, 7 ἀρχὴν irrepsit in locum germanae scripturae ἀρετὴν. sed iure opinor ipse Bekkerus hoc commentum in altera editione abiecit. nam molestissimum est ἐν ἀκμῇ coniunctum cum νεανίαν, praesertim cum id proxime excipiat ἡλικία ἀκμάζουcα. multo maioris autem momenti est quod in A legitur τὸν υἱὸν νεανίαν. quae scriptura tanto opere adrisit Bekkero, ut cam curis secundis recipere non dubitarit. hanc igitur si contuleris cum eis, quae in ceteris libris leguntur,τὸν νεανίαν, fortasse mihi adsentieris statuenti ἐν ἀρχῇ ⟨αὐ⟩τὸν νεανίαν restituendum esse. unde iam patet τὸν υἱὸν in A a librario ad αὐτὸν explicandum adiectum esse.

p. 151, 9 M. verba καίτοι .. ὑποπεcόντων cum eis quae antecedunt coniungenda esse statuit et ἀλλ᾽ ante ὅμωc inserendum. sed ut omittam ea re nequaquam aptam enuntiati utriusque conformationem effici, nonne veri similius est post καίτοι intercidisse voculam γάρ, qua haec verba cum eis quae praecedunt aptissime coniunguntur.

p. 153, 9 recte offendit M. in verbo κωλῦcαι, pro quo in A legitur λῦcαι. verum non id, quod collato Thucydidis loco II 89, 8 commendavit M., restituendum esse videtur, sed κολοῦcαι, cum κολούειν et aptissimum sit hoc loco et saepissime in libris cum κωλύειν confundatur; cf. I 8, 8; III 11, 3.

p. 153, 20 dubito, num recte temptaverit M. διοικεῖcθαι, quod nisi fallor Herodianus propter id quod proxime antecedit λόγοιc posuit. verum si quid mutandum sit, non κρίνεcθαι restituam, sed διακρίνεcθαι; cf. III 4, 4.

p. 153, 27 M. haec adnotavit: 'περcῶν O, om. i P, dubitanterque retinui. fuit fortasse ἀνδρῶν.' quod si Περcῶν ferri non potest, tutius esse videtur id cum deterioribus expellere quam ἀνδρῶν inferre, quod quo modo in Περcῶν abierit nemo profecto explicabit. sed recte se habere librorum meliorum scripturam docemur eis, quae paullo post (155, 11) leguntur 'Ἀρταξέρξηc, ἀνὴρ Πέρcηc .. τήν τε ἀρχὴν ἐc Πέρcαc μεταcτήcαc.

p. 156, 28 non intellego, cur M. πρέcβειc deleri voculamque δή post καταπλήξειν collocari iusserit ac simul paullo post Περcῶν in πρέcβεων mutaverit. insolita enim sine dubio erat eiusmodi legatio; quam ob rem Herodianus recte fecit quod statim commemoravit equites illos legationis causa ab Artaxerxe missos esse. simul explicatur ea re vocula δή, quae non solum ad ἔπεμψε, sed ad verba πρέcβειc ἔπεμψε refertur. τῶν Περcῶν autem rectissime positum est, ut ei quod antecedit τοὺc Ῥωμαίουc opponatur.

p. 157, 15 expellenda est cum libro A particula καί, quae eodem modo hoc loco illata est, quo paullo ante post Ἀλεξάνδρου et scribendum cτρατιωτῶν ⟨τῶν⟩ vocula τε aut abiecta aut ex Stephani coniectura in τῆc mutata.

p. 158, 4 καὶ γενναιοτάτην omisit Politianus in interpretatione, quod recte fortasse eum fecisse dicit M. sed conferas quaeso 159, 13 cὺν δὲ τρίτῃ μοίρᾳ, γενναιοτάτῃ οὔcῃ καὶ μεγίcτῃ. unde ne illud καὶ γενναιοτάτην in hunc, de quo agitur, locum illatum esse suspiceris, memineris quaeso Herodianum saepissime ea quae dixerat repetere solere non sine quadam, quae ea re paratur legentibus, molestia. cuius rei ut unum hoc loco proferam exemplum profecto luculentum, videas ea, quae leguntur 157, 4 εἶναι γὰρ αὐτὰ Περcῶν προγονικὰ κτήματα eisdem verbis iam paullo ante (152, 24) prolata.

p. 158, 16 reponas τόξοιc δέ. quam saepissime τε et δέ confusa sint in Herodiani libris, facile intelleges vel obiter perlustratis Mendelssohnii commentariis.

p. 167, 6 οἱ δὲ τὴν μητέρα ἐμέμφοντο ὡc φιλάργυρον καὶ τὰ χρήματα ἀποκλείουcαν, διά τε μικρολογίαν καὶ τὸ πρὸc τὰc ἐπιδόcειc ὀκνηρὸν τοῦ Ἀλεξάνδρου μεμιcημένου. offendit in his Reiske, qui aitían post ὀκνηρὸν inseruit et quae secuntur verba in τοῦ Ἀλέξανδρον μεμιcῆcθαι mutavit. cum Reiskio facit M., nisi quod malit τοῦ Ἀλεξάνδρου μίcουc. mihi contra alio loco turbata esse videtur scriptura et tale quid restituendum ⟨καὶ⟩ διὰ ⟨τήν⟩ τε μικρολογίαν ⟨αὐτῆc⟩ καὶ...

p. 169, 5 οἳ cυνῆcαν τῷ Ἀλεξάνδρῳ cύνεδροί τε ὑπὸ τῆc cυγκλήτου βουλῆc ἐπιλεχθέντεc. turbata haec esse recte censet M. neque tamen coniecturas a Reiskio probat, quem vocula τε deleta rationem certo falsam iniisse dicit, ὅcοι autem post τε adiecto ne constructioni quidem consuluisse. fortasse post cύνεδροί τε excidit καὶ cύμβουλοι (cf. VI 1, 2); solet enim Herodianus eisdem fere uti verbis in rebus iterum commemorandis.

p. 171, 7 ὃ δὲ ᾔcθη μὲν ἐπὶ τῷ ἔργῳ, cτερηθεὶc δὲ πολεμίου, ὡc ᾤετο, ἐκεῖνον μέν (μέντοι A)... ἀπέκτεινεν. scriptura libri A recepta expulit δὲ M. (quamquam eodem iure statuere possis δὲ ex δὴ ortum esse) et post ᾤετο intercidisse suspicatus est οὐκ εὐκαταφρονήτου. nec quin exciderit tale quid dubito, etsi quid ab Herodiano profectum sit haud facile eruatur; nam quid obstat quominus πολεμίου οὐ φαύλου scriptum fuisse putemus. sed male M. in eis quae secuntur verba ἄπιcτόν τε γενόμενον περὶ τὸν φίλον in suspicionem vocavisse ostendunt ea quae leguntur apud Iulium Capitolinum Maximin. 11, 5 'postea tamen ut *proditorem* odio habuit.'

p. 172, 22 ἑαυτοῖc δὲ δι' ἐμπειρίαν τῆc χώραc ἐγνωκόcι τὰ ἄβατα καὶ ἀντιτυπῆ τῶν τόπων ἐc γόνυ τε βρεχομένοιc διατρέχειν ῥᾳδίου. Reiske coniecit χώραc ⟨cυμμάχου ὡc⟩ ἐγνωκόcι ... διατρέχειν ῥᾴδια, quam coniecturam commemoravit M. his additis 'sententia quidem iusta.' at eo commento, si quid sentio, neque iusta sententia efficitur et aequabilitas membrorum plane pervertitur. quod si τε post γόνυ mutaveris in γε, nihil habebis in hoc loco quo offendaris.

p. 173, 5 ὡc τὸν λοιπόν .. τολμῆcαί τε καὶ τοῖc ἕλεcιν ἐπειcελθεῖν. non legitur molestum illud τε in libro A, qui haec verba manifesta interpolatione foedata praebet: τολμῆcαι κἂν τῷ βάθει τῶν ἑλῶν. minoris est momenti, quod Politianus in interpretatione τε καὶ omisit. quae cum ita sint, vide num scribendum sit τολμῆcαι καὐτὸν τοῖc. num quid veri lateat paullo post in libri A scriptura βαρβάρων ἐπὶ πολύ (τὸ πολύ?) καὶ cχεδόν τε (cχεδόν τι) τὴν τότε π. δ. αὐτῶν, haud facile diiudices.

p. 173, 10 (ὧc) τήν τε λίμνην αἵματι κερασθεῖσαν πεζομαχοῦντι στρατῷ ναυμαχίας ὄψιν παρασχεῖν. 'πεζομαχ. στρατῷ aut corrupta aut delenda' M. sed neque dativus offendit (nam πεζομαχ. στρατῷ coniungendum est cum verbis αἵματι κερασθεῖσαν, quae unam notionem efficiunt), et eleganter inter se opponuntur πεζομαχοῦντι et ναυμαχίας; cf. quae congesta sunt in thesauro Stephani huius rei exempla s. v. πεζομαχεῖν.

p. 174, 2 mire dictum γυμνοῦντα καὶ τὰς οὐσίας ἀφαιρούμενον τῶν οἰκείων. expectes τῶν οὐσιῶν ἀφ. τοὺς οἰκείους, ut legitur 4, 3 πατρῴων .. οὐσιῶν αὐτοὺς ἀφαιρεῖσθαι. hoc modo (dico verborum terminationes transpositas) non semel peccatum est in Herodiani libris. velut ut unum adferam exemplum, M. 6, 7 recte ὑποκολπιδίοις ξίφεσι mutavit in ὑποκολπίοις ξιφιδίοις; cf. 11, 3.

p. 175, 1 ἃ δὴ μικρὰ καὶ ὀλίγα οὐδ' αὐτάρκη τῇ αὐτοῦ βουλήσει ᾤετο. recte intellexit iam Reiske participium hoc loco requiri; neque dubitari potest, quin inepto glossemate depravatus sit hic locus. adscriptum enim erat ad verba τῇ αὐτοῦ βουλήσει: ὡς ᾤετο[6]), unde praeter ᾤετο, quod in libris omnibus legitur, fluxit libri A scriptura ὡς δὴ μικρά. quae cum ita sint, οἷα δὴ μικρὰ .. βουλήσει λαβὼν id quod coniecit M. vel simile quid (nam de participio ipso res incerta est) legendum esse videtur. glossema autem illud iam invenit in libro suo Ioannes qui hoc enuntiato in epitomen redacto praebet ᾠήθη μετελθεῖν.

p. 175, 10 ὥς τινας τῶν δημοτῶν καὶ χεῖρας ἀντιθεῖναι καὶ τοὺς νεὼς φρουρεῖν. Sylburg ἀντιτεῖναι suspicatus est, quod quamquam per se non improbatur, tamen id quod intellexit M. displicet additum χεῖρας. sed quid quaeso impedit, quominus χεῖρας non manus, sed vim significare statuamus. atque idem sensisse videtur Ioannes apud quem legitur καὶ εἰς χεῖρας ἐλθεῖν. vi igitur vim, si qua illata esset, repellebant et ne inferretur aedes custodiis saepiebant.

---

[6]) cf. ut unum alterumve proferamus eius rei exemplum 5, 4, ubi κατασιγάσας illustratum est a librario quodam his adiectis ἡσυχάζειν προστάξας; eodem modo ex glossemate, quod ad παλινδικίαν adiectum erat, orta est libri A scriptura ψῆφον δικαίαν 6, 4. adde II 13, 12, VIII 5, 5, quibus locis vocabulo ἐπιλέκτους (ἐπιλέκτοις) nil nisi glossam contineri ad λογάδας (λογάσιν) illustrandum adiectam iam eo docemur, quod priore loco duo vocabula coniunctione καὶ non interposita iuxta collocantur; cf. VIII 6, 5 quo loco τούς τε ἀπὸ Ῥώμης ἐπιλέκτους et τοὺς ἀπὸ τῆς Ἰταλίας λογάδας inter se opponuntur.

p. 175, 18 οὔτι γε ἄλογοι ˙om. Io., bene' M. sed cur haec in suspicionem vocemus, non intellego. mirum certe non est Ioannem, qui brevitati quam maxime studeret, haec verba ut sescenta alia omisisse. conferri potest εἰκότως saepius ab Herodiano, ut suum ipsius iudicium siguificaret, additum, veluti I 1, 6; II 6, 11; 7, 6; 11, 6 al.

p. 179, 4 οὐδὲ ἀηδῶς ὑπέςτη. ˙οὐκ?' M. fortasse post φιλόδοξος ὤν quaedam exciderunt, veluti μετ' ὀλίγον. atque haec ratio ei quoque praeferenda esse mihi videtur, quam secutus est van Herwerden, qui Mnem. XII 14 οὐ δὴ commendavit. paullo post comma post δέοι tollendum est et καὶ ante τελευτῆςαι expellendum ex ultima vocabuli antecedentis littera ut videtur natum.

p. 179, 16 M. verba ὥςπερ ἐν 'Ρώμῃ corrupta esse putat; expectare enim se dicit ὡς ἐπιςημότατα vel simile quid. sed nisi hoc loco ὥςπερ ἐν 'Ρώμῃ legatur, haud facile intellegas, quid sibi velint ea quae secuntur, quibus Carthaginis cum urbe Roma comparatio continetur. Carthaginem igitur cum sedem imperii constituisset, tamquam in urbe ipsa regnare videbatur Gordianus. atque haec Carthaginis cum Roma collatio iterum paullo post infertur eis, quae in sectione altera leguntur.

p. 180, 10 excidisse post τοῦτον voculam γὰρ recte intellexit Reiske; sed quominus cum eodem post ᾔδει inseramus ἔργα, id obstat, quod ἔργα πράττειν nusquam apud Herodianum invenitur. quam ob rem vide num eis, quae IV 3, 3 leguntur: ὁ δ' Ἀντωνῖνος ἐμβριθῶς τὰ πάντα καὶ θυμοειδῶς πράττοντα, collatis et hoc loco πάντα vel τὰ πάντα sive post τραχύτατα sive post ὠμότατα adiciendum sit, quod propter litterarum similitudinem excidere potuisse nemo non concedet.

p. 181, 6 non cum Reiskio fecerim, qui μηδὲ in μηδέπω mutari iussit; nam neque convenit μηδέπω cum eis, quae secuntur, et bene se habet μηδὲ πολλοῦ πλήθους παρόντος cum ἰδιάζοντι coniungendum. sed paullo post nisi fallor pro οὐδὲ scribendum est οὐδέπω, quod ratio flagitat. adde quod πω ante verbum προεληλύθεςαν facillime potuit evanescere.

p. 182, 22 scribendum esse videtur καὶ ⟨τοῖς ἐν τῷ⟩ ςυνεδρίῳ βουλεύουςι, nisi forte mavis καὶ ⟨τοῖς⟩ [ςυνεδρίῳ] βουλεύουςι; nam fieri certe potuit, ut verbis τοῖς βουλεύουςι a librario quodam adiceretur ςυνεδρίῳ. quarum coniecturarum ut prior commendetur, conferas quaeso 11 3, 2 ἐπὶ τὸ ςυνέδριον τῆς βουλῆς. certe id quod conieci propius accedit ad scripturam traditam quam si idem, quod loco modo commemorato legitur, restituimus: ⟨τῷ⟩ ςυνεδρίῳ ⟨τῆς⟩ βουλῆς.

HERODIANEA.

p. 183, 26 haec adnotavit M. 'τε post ἀρετῆς seclusit Bekker, quod ita probo, ut verba δόξης .. ἀρετῆς post ἡγούμην collocentur.' recte ut mihi videtur. sed praeterea scribendum est δόξης τε τῆς ὑμετέρας ⟨καὶ τῆς⟩ ἐν τοῖς ὅπλοις ἀρετῆς.

p. 185, 7 corrupta sunt verba τήν τε ὑπὸ Ῥωμαίοις δύναμιν nec tamen cum Mendelssohnio delenda. quid enim significare voluisset Herodianus, bene intellexit Politianus, qui haec verba ita interpretatus est 'atque universas adducens Romanas copias'. haec igitur ut restituatur sententia, scribendum erit τήν τε ἀπὸ Ῥωμαίων δύναμιν ἅπασαν. omnes, qui in provinciis Romanis conscripti erant, milites secum duxit Maximinus. quo modo autem corruptela orta sit, facile intellegitur. nam postquam levi errore ἀπὸ in ὑπὸ abiit, Ῥωμαίων mutatum est in Ῥωμαίοις, ἅπασαν autem ante εἵπετο propter quandam litterarum similitudinem intercidisse videtur.

p. 187, 21 sqq. laborat constructio. ac nisi fallor post ἐδηλώθη excidit ὅτι, quod pendet a verbo φασιν. voculam ὅτι enim olim ante ὡς scriptum fuisse minus probabile esse videtur. paullo post δὴ post ἀπογνώσει expellendum esse puto, cum in solo A legatur, ceteri autem δὲ praebeant sine dubio ad constructionem fulciendam temere illatum. adde quod hac vocula reiecta non iam in Herodianum cadit iusta inepte eius ter in eodem enuntiato positae vituperatio.

p. 188, 27 ἐπιλεξάμενοι τῶν ἐν ἡλικίᾳ καὶ ἀξιώματι προυχόντων. ἐν seclusit M. sed recte coniungitur προυχόντων cum verbo ἀξιώματι, non autem cum ἡλικίᾳ. quae cum ita sint, malim de participio ὄντων post ἡλικίᾳ librarii cuiusdam socordia omisso cogitare.

p. 191, 14 φοβηθέντες τοῦ δήμου τὸ πλῆθος ἄνευ τε ὅπλων ὄντες ἔφυγον. ita libri omnes praeter A, cuius scriptura φοβηθέντες δὲ καὶ τοῦ .. ἄνευ τῶν ὅπλων ὄντες ἔφευγον mihi sine ulla dubitatione praeferenda esse videtur. nam ea recepta apta utriusque membri conformatio efficitur magisque rei convenit imperfectum ἔφευγον quam aoristus ἔφυγον. ac fortasse post ἐκπλαγέντες excidit μὲν, quod saepissime factum esse in codice archetypo non est quod exemplis adlatis evincam. paullo post num recte se habeat δεικνύς τε τοῖς ὄχλοις, quod in solo A legitur (in ceteris enim omissum est τοῖς ὄχλοις), haud facile diiudices. quamquam enim non inepte est additum hoc loco τοῖς ὄχλοις (cf. V 6, 9; VII 3, 11; 4, 1; 7, 1; 10, 5; 11, 7; 12, 5), tamen plane eodem modo, quo in ceteris libris legitur δεικνύς dativo non addito, VIII 6, 7 dixit Herodianus ἐπεὶ δὲ ἀφίκοντο εἰσέπεσόν τε ἐς τὴν πόλιν δεικνύντες τὴν κεφαλὴν τοῦ πολεμίου ἀνεσκολοπισμένην.

p. 192, 9 οἱ δὲ στρατιῶται μετὰ πολλῆς ἐμπειρίας ὡπλιςμένοι τε τὰς ἐπάλξεις καὶ τὰς ἀςπίδας. recte hunc locum desperatum dixit M., qui Politiani interpretationem et coniecturam a Stephano propositam secutus haec fortasse ab Herodiano profecta esse suspicatus est: ἐμπειρίας προβαλλόμενοι τάς τε ἐπάλξεις καὶ τὰς ἀςπίδας. ac latet sine dubio mendum in verbo ὡπλιςμένοι, quod ex scriptura corrupta natum esse patet. at non participium hoc loco requiritur, sed verbum quod vocatur finitum. quam ob rem malim ἐμπειρίας πρόβλημα ἐποιοῦντο; cf. 9, 6 βύρςας τε .. καὶ ξύλα .., ὡς ἕκαςτος ἐδύνατο, πρόβλημα τοῦ ςώματος ἐποιεῖτο. postquam igitur πρόβλημα excidit, ex litteris corruptis vel evanidis ΕΠΙΟΥΝΤΟ ortum est foedum illud commentum ὡπλιςμένοι.

p. 192, 23 recte scripsit M. στρατιῶταί τε οὖν κατελέγοντο ἐκ πάςης τῆς Ἰταλίας λογάδες ἥ τε νεολαία πᾶςα ἠθροίζετο. sed requiritur praeterea aliquid, quod verbis ἐκ πάςης τῆς Ἰταλίας accurate opponatur. nam non tota ex Italia congregabatur iuventus, quae tantum militum manum suppeditabat delectam, sed ea, quae erat urbis Romae. adde quod in libro A non νεολαία legitur, sed ῥώμη. quae scriptura certe ita explicari potest, ut quemdam vocis νεολαία explicandae causa ῥώμη (robur) adscripsisse existimemus. sed concedes puto fieri etiam potuisse, ut ἐν 'Ρώμῃ omissum a librario et postea supra νεολαία adiectum id expulerit. unde iam patet scribendum esse ἥ τ' ἐν 'Ρώμῃ νεολαία πᾶςα ἠθροίζετο. quam ad coniecturam confirmandam praeterea conferas velim VIII 6, 5 ἔνθα τούς τε ἀπὸ 'Ρώμης ἐπιλέκτους καὶ τοὺς ἀπὸ τῆς Ἰταλίας λογάδας ἠθροίζετο.

p. 193, 9 τῶν δὲ στρατιωτῶν ἀγανακτούντων ὅτι δὴ ταῦτα ὑπὸ 'Ρωμαίων ὡς ὑπὸ βαρβάρων πάςχουςι. nihil lucramur coniectura a Mendelssohnio proposita ὥςπερ βάρβαροι. immo sententiam huius loci egregie intellexit Politianus cum ita interpretatus: 'ea se a Romanis passos esse quae vix umquam a barbaris exspectassent'. scribendum est ὅτι δὴ τ⟨οι⟩αῦτα ὑπὸ 'P. οἷ' ⟨ἂν οὐχ⟩ ὑπὸ β. π.

p. 196, 27 succurrendum est loco a Mendelssohnio violenter sane temptato leni remedio. quem sic mecum refingas: ἡ δὲ Ἀκυληία καὶ πρότερον ἅτε μεγίςτη πόλις ἰδίου ⟨τε⟩ δήμου πολυάνθρωπος ἦν καὶ ὥςπερ τι ἐμπόριον Ἰταλίας, ἐπὶ .. ἰδρυμένη, τά τε ...

p. 199, 5 non intellego, quid sibi velint haec: ςωτῆρας δὲ καὶ προμάχους Ἰταλίας πάςης ἀναγραφῆναι. neque aliter de hoc loco iudicavit Politianus, cuius interpretatione 'neve titulum servatae et propugnatae totius Italiae aspernarentur' quae sententia requiratur hoc loco perbene indicatur. quam facile restituas, modo mecum scribas: πίςτιν ⟨τό τε⟩ cωτῆράс τε καὶ ....

p. 199, 8 memorabilis est subita ad orationem directam transitio in enuntiato πολλάκιc γάρ atque mox reditio ad orationem obliquam verbis μηδ' .. cτρατοῦ, quae excipit enuntiatum eodem modo quo prius conformatum. quod si M. verba καὶ τῆс παρ' ἑτέρῳ ἐсομένηс εὐδαιμονίαс, εἴπερ γένοιτο pro insiticiis habet, miror profecto, cui in mentem venerit talia huic loco inserere. adde quod scriptura tradita bene, si quid video, explicari potest. haec enim dicit Herodianus: ii enim, qui pro alio homine pugnas subeunt, ut ille, si res prospere cesserit, summa felicitate floreat.

p. 199, 25 corrupta sunt verba ἐλέγετο δὲ τῇ ἐνcτάcει τοῦ πολέμου ἐμμεμενηκέναι πολλῶν ἔνδον (ἔνδον omittunt codices meliores) ὄντων περὶ θυτικήν τε καὶ ἡματοcκοπίαν ἐμπείρων τά τε ἱερὰ αἴcια ἀπαγελλόντων. M. hanc coniecturam proposuit: λέγονται δὲ τῇ ἐ. τ. π. ἐ. οἱ πολλοὶ ἐναγόντων τῶν περὶ .. ἐμπείρων τὰ ἱερὰ αἴс. ἀπ. sed nisi fallor in scriptura tradita acquiescere licet, modo ἐλέγοντο δὲ ⟨καὶ⟩ τῇ ἐνcτάcει .. vel ἐλέγετο δὲ ⟨καὶ αὐτοὺс⟩ τῇ ἐ. .. scribatur.

p. 203, 20 τούτουс εὕριсκον οὐκ ἀντέχονταс μόνον ἀλλὰ καὶ ἀνθεcτῶταс. 'expectabam κρείττουс vel sim.' M. requiritur verbum, quo non solum hostium impetus sustinuisse oppidanos significetur, sed ipsos eos adgressos esse. ac patet Herodianum in hoc verbo eligendo figurae annominationis rationem habuisse. quam ob rem scripserim leni usus medicina ἀντ⟨εν⟩εcτῶταс.

p. 204, 26 φῆμαι δὲ μείζουс ἐξ ὑποψίαс ἀληθείαс διεδίδοντο. recte haesit in verbis ἐξ ὑποψίαс Leisner (inepta enim est suspicionis hoc loco commemoratio), sed nihil effecit eis post ἀληθείαс transpositis. neque magis fidem habebis Mendelssohnio ea ut insiticia delenti. quis enim quaeso ad secundum confugiat, priusquam periculum fecerit leniore remedio adhibendo? mendum enim frequenti illa praepositionum ἀπό et ὑπό confusione ortum esse existimo. cum igitur ἐξ ἀπόπτου in libro archetypo scriptum esset, id in ἐξ ὑπόπτου abiit, unde natum est quod nunc legitur ἐξ ὑποψίαс.

p. 206, 16 Γορδιανοὺс δὲ ἔλεγον ἐκείνουс ἐc οὐρανὸν καὶ θεοὺс ἀνακεχωρηκέναι. haesit in verbo ἐκείνουс Weber; neque minus haerere videtur M. sed sanam esse scripturam probatur simili loco 8, 7 Γορδιανόν τε ἐπελέξαντο, ἐκείνου τε ἀπόγονον. eo tantum differt hic locus ab illo, quod ibi Gordianus nepos diserte avo opponitur, hic Gordianus puer tecte significatur. iure igitur Iulius Capitolinus Maximin. 23, 4 haec verba interpretatus est 'priores Gordianos'. atque eodem modo quae leguntur 8, 7 reddere poteris ˉsuperioris nepotem.

p. 208, 1 delendum esse τε post ἕκαστος recte suspicatus est M.; nam hoc loco de magistratibus tantum et senatu agi ex eis, quae proxime secuntur, intellegitur. sed si ἕκαστος per appositionem nominibus antecedentibus adiunctum esse statuimus, nulla profecto causa est, cur codicum meliorum scripturam ὑπερευφραίνοντο postponamus numero singulari ὑπερευφραίνετο in deterioribus et Ioannis excerptis, quem ortum esse τε post ἕκαστος temere illato manifestum est.

p. 211, 12 ἑκατέρωθέν τε εὐγενεῖς καὶ (καὶ om. dett.) εὐπατρίδαι (εὐγενὴς καὶ εὐπατρίδης A) καὶ γένους πλῆθος αὔταρκες (ἔχων add. A) ἐς ἐπιθυμίαν μοναρχίας ἔπειθεν (ταῦτα ἑκάτερον ἐρᾶν τῆς μοναρχίας ἔπειθεν A). difficile certe est in tanta librorum discrepantia hunc locum vel cum quadam veri specie refingere; sed nemo tamen propter magnas, quibus emendatio huius loci obstricta est, difficultates adsentietur Mendelssohnio haec verba ut a librariis illata eicienti. nam ut omittam omnino intellegi non posse, quid causae fuerit librariis, ut ea insererent, gravissimae sine dubio eis res continentur. uterque enim imperator et sua nobilitate et gentilium numero fretus id expetebat, ut solum imperium obtineret. quae si recte disputata sunt, iam id quaeritur, utrum ab libro A an ab ceteris proficiscendum sit in hoc loco restituendo, utrum scripturam codicis A manum interpolatricem sapere statuamus, id quod contendit Weber, an in A germanam quodam modo nobis traditam esse scripturam, in ceteris deformatam ac violenter immutatam. atque inesse quaedam in libri A scriptura, quae vel maxime adrideant, unus quisque puto concedet. aptissime enim dictum est ἐρᾶν idque coniunctum cum verbo ἔπειθεν, contra quae in ceteris leguntur ἐς ἐπιθυμίαν ἔπειθεν quod sciam altero apud Herodianum loco non confirmatur. sed quod gravissimi momenti est, ex codicis A scriptura leni mutatione effici potest apta oratio: ἑκατέρωθεν δὲ εὐγενεῖς καὶ εὐπατρίδας ⟨ὄντας⟩ καὶ γένους π. αὔτ. ἔχον⟨τας⟩ ταῦτα ἑκάτερον ἐρᾶν τῆς μ. ἔ. ceterorum autem librorum scriptura, nisi fallor, ita tantum refingi potest, ut scribatur ἑκ. δὲ τό τ' εὐγενὲς [καὶ εὐπατρίδαι][7] καὶ γ. π. αὔταρκες ⟨ὂν⟩ ἐς ἐπιθυμίαν μ. ἔ.

p. 212, 18 M. recte Ioannem secutus scripsit ἀπῆλθον ἐς τὸ στρ. καὶ κλείσαντες, nisi forte propius ad codices accedendo restituendum est ἀπῆλθόν τ' ἐς.

Vindobonae.　　　　　　　　　　　　CAROLUS SCHENKL.

---

[7] nam aut haec expellenda sunt aut legendum τῶν εὐπατριδῶν.

Lateinische Rhythmen des Mittelalters. II.

V[1]).

(*De mundi miseria*).

Aus dem Codex Vind. 883 f. 61.

Mit dem Titel de mundi miseria findet sich das folgende Gedicht schon unter den latin poems commonly attributed to Walter Mapes (ed. Thomas Wright, London 1841, p. 149). Doch die Ueberlieferung im Cod. Vindob. weicht in Bezug auf Umfang, Anordnung und Texirung der Strophen bedeutend von Wright's Edition (nach englischen Hdsch.) ab, woraus zu entnehmen ist, wie willkürlich in den verschiedenen Ländern die Vagantenlieder verändert und dann weiter verbreitet wurden[2]). Für den Literarhistoriker erwächst daraus die Verpflichtung, bei Zusammenstellung dieser Gedichte sich nicht mit der Angabe der Anfangs- oder Schlusszeile, die am meisten (namentlich die erste) Veränderungen unterliegen, zu begnügen, sondern auch einige Zeilen aus der Mitte des Gedichtes und besonders die Gesammtzahl der Verse anzugeben.

1 *Qui rerum considerat omnium eventum:*
  Una dies melior olim quam nunc centum.
  Ex hoc multi sentiunt per experimentum,
  Quod qui vivit hodie suffert detrimentum.
2 *Ordo rerum vertitur, sapiens fit stultus*[3]),
  Et mundus prosternitur vicio sepultus.
  Exulat iusticia, cessat Christi cultus,
  In omni provincia oritur tumultus.
3 = Map v. 4—8, v. 8 mit der Leseart *miris speciebus*.
4 *Loquitur apostolus cum sermone tali*
  Dicens quod velociter dies instant mali.
  Et nos libro legimus in proverbiali,
  Quod homo nil amplius habet animali.
5 *Iuxta ewangelii vocem sic dicentem:*
  Exurgat cotidie gens adversum gentem,

---

[1]) Vgl. Band V S. 144 ff. [2]) Vgl. Jacob Grimm, Gedichte auf Friedrich den Staufer S. 47. [3]) cf. Walter Map v. 2 seq.

Pauperes superbiunt erigendo mentem,
Divites exacuunt in egenos dentem.

6 †*Quoniam reridicam vocem Jheremie:*
Omnis clerus seminat semen Symonie;
Sed non omnes pereunt, nam quorundam vie
Magis sunt flexibiles ad vivendum pie.

7 *Iste sanctus* ⁴) *etiam dicit hos sermones,*
Quod omnes desiderant retributiones,
Nam adoptant homines plus possessiones
Quam suorum scelerum satisfactiones.

8 = *Map* v. 9−12.

9 = *Map* v. 13—16 mit den Varianten v. 13 *et vultu* 14 *es plenus* 15 *mihi nil, quod si sim.*

10 = *Map* v. 17—20 mit den Var. 17 *Ergo dum sis* 18 *sum* 19 *dives sum et sapiens* 20 *tunc ego, et om.*

11, 12, 13, 14, 15, 16, 17, 18 = *Map* v. 21−52 mit den Var.
 v. 21 *dum*
 v. 27 *saciando*
 v. 29 *tria posset*
 v. 35 *quando moriturus est omnis homo nescit*
 v. 36 *hic qui vivit hodie cras forte putrescit*
 v. 37 *miror quod letatur*
 v. 41 *de morte dum* 42 *sed tempus*
 v. 43 *ultimum quod* 44 *ut suis iungi merear seruis deum oro,*
45, 47, 48, 46.

19 *Et si in cor hominis scelus occultatur* ⁵)
 Hoc discreto iudici secum declaratur.

20 *Rogemus propterea regem supernorum,*
 Ut det nobis fugere vitam perversorum,
 Et qui mole premimur scelerum nostrorum
 Mereamur scandere ad alta celorum.

21 *Et virgo piissima natum tuum ora,*
 Ut ipsius gratia in mee necis hora,
 Relaxentur omnium peccatorum lora,
 Et me velit ducere secum sine mora.

22 *Ut non cruciatus sim infernali pena*
 Mea nec sit anima deo aliena,
 Sed semper cum angelis decantet amena,
 Ubi semper cantica laudibus sunt plena.

---

⁴) is $\overline{scs}$ *C* ⁵) Zwei Zeilen fehlen.

23 *Quisquis hec audierit antequam recedat,*
Non ipsius animam demon umquam ledat
Et [cum] ferventi baculo ipsum numquam cedat,
Ex ipsius labiis statim amen edat.

VI.
(Signa iudicii).
Vgl. Cod. Vind. 883 f. 63 u. 62.

Ueber dieses Gedicht hat nach E. Sommer (Zeitschr. f. deutsches Alterth. III 523 ff.) und Mone (Schauspiele des Mittelalters I 320), am eingehendsten R. Peiper gehandelt (Zur Geschichte der mittelalt. Dichtung IV, in Schnorr's Archiv f. Literaturgeschichte 1880 116 ff.). Peiper hat die Wiener Handsch. bereits benützt.[6]) Wattenbach war die Anmerkung f. 63: residuum quere supra in alio folio. adtuli signum entgangen, darum die Fortsetzung f. 62: Sacerdotes emuli clerici venales als Anfang eines eigenen Gedichtes im erwähnten Verzeichnisse angegeben wurde.

VII.
Aus dem Cod. Vind. 883 f. 62.

1 *Utinam attenderet*
Et clerum defenderet,
Populum et regeret
Servus servorum Dei!
2 *Heu clerus opprimitur*
Et nefas extollitur,
Vera fides moritur,
Exultant Philistei.
3 *Plurimi pontifices*
Doli sunt artifices,
Cleros rodunt supplices
Quos perturbant rei.
4 *Inditur malicia,*
Pervertit iudicia,

Succumbit iusticia
Si non detur ei.
5 *Quidam semet offerunt,*
[Et] capsas[7]*) amplas deferunt*
Et clero se preferunt
Mendaces Pharizei.
6 *Hi*[8]*) detractionibus*
Clerum pungunt gravibus,
Imitantur[9]*) actibus*
Virum Helizei[10]*).*
7 *Lanam, linum colligunt,*
Potiora diligunt,
Commoda non neglegunt
Noctis et diei.

---
*) Einiges scheint übersehen zu sein. z. B. II 17, 1 Vos qui in. ') ca/pas C
*) hÿ C) ymitant C ~ 10) cf. Walter Map lat. poems p. 166 V. 121.

VIII.
Aus dem Cod. Vind. 883 f. 76.

1 Quid ultra tibi facere
　Vinea mea potui?
　Quid potes ante reddere,
　Qui pro te cedi, conspui
5 Et crucifigi volui.
　At tu pro tanto munere
　Baptismi fracto federe
　Praesumis vice mutui
　Me rursum crucifigere
10 Et habere contemptui.
　Existimasti temere
　Et me et mundo perfrui;
　Non possunt mihi vivere
　Qui non sunt mundo mortui.
15 At tu quas sperni docui
　Non cessas opes querere
　Relicto Christo paupere
　Et que signari volui
　Paupertatis karactere.'
20 Mundano vacas luxui.
　Quid quod ipsa religio
　Fert crucem in angaria,
　Et cum datur occasio
　Recurrit cum leticia
25 Ad pepones et allia.
　Simulato negotio
　Aplangentis officio
　Redit ad secularia
　Qui derelicto pallio
30 Fugerat ab Egyptia.
　Verum a sanctuario
　Prodit ista malicia
　Et a cleri contagio
　Monstra creantur omnia.
35 Qui diffluit luxuria
　Turpique marcet ocio
　In apparatu regio
　Facitque mutatoria
　De meo patrimonio
40 Qui sto nudus ad ostia.

　Quasi non ministerium
　Inditum sit pastoribus
　Sed regnum ad imperium,
　Nudum precinctis renibus
45 Vacuisque lampadibus.
　Usurpatur sacerdotium
　Pensantque lane precium
　Et non curant de ovibus,
　De quorum sanguis omnium
50 Requirendus est manibus.
　Meum ire vicarium
　Meis deceret passibus
　Meumque patrimonium
　Meis dare pauperibus
55 Non agnavis parentibus.
　At in ovile ovium
　Non ingressi per ostium
　Sed vel vi vel muneribus,
　Quesitis per flagicium
60 Abutuntur honoribus.
　Prope est dies domini:
　Mei qui me diligitis
　Tunc conformes imaginis
　Sicut summe videbitis.
65 Beati qui nunc plangitis,
　Quia consolabimini;
　Nam vos qui me sequimini
　Super sedes sedebitis
　Et qui nunc iudicamini
70 Mecum iudicabitis.
　At vos qui gloriamini
　In opibus illicitis,
　Qui vobis mortem domini
　Prodesse non permittitis,
75 Qui Lazari et divitis
　Exemplo non terremini:
　Cum ipso puniemini.
　Quidquid tamen feceritis,
　Dum licet convertimini
80 Ad me et salvi eritis.

IX.
Aus dem Cod. Vind. 883 f. 77.

1 *Impudenter circumivi*
  Solum quod mare terminat,
  Indiscrete concupivi:
  Quidquid amat coinquinat.

2 *Hic amo, forsan non amor,*
  Tunc pro mercede crucior;
  Aut amor ut in me amor,
  Tunc ingratus efficior.

3 *Porro cum amor et amo,*
  Mater Enee media [11])
  In momentaneo spasmo
  Certaminis materia.

4 *Ex quo caro longe fetet*
  Ad amorum aculeos
  Quis igitur ultra petet
  Uri amoris . . . . [12])

5 *Fas est vel non est amare?*
  Fas est; quam ergo virginem?
  Que meruit baiulare
  Verum deum et hominem.

6 *Meruitque virtuosa,*
  Pre cunctis plena gratia,
  Potens munda speciosa
  Dulcis humilis et pia.

7 *Cum quis hanc amat amatur,*
  Est ergo grata passio
  Sui amor quo beatur
  Amans amoris bravio.

8 *O Maria virgo parens,*
  Meum sic ure spiritum,
  Quod amori tuo parens
  Amorem vitem irritum.

Darauf folgt ein Hymnus auf Maria mit 26 Zeilen (*Virtutibus laudabilis* bis *peccatorum miserere*). Den leeren Theil der Seite benützte ein lebensfroher Schreiber zu folgendem Erguss (*corrupt*):

Dulcis meus loquitur m[ea]
Surge propera amica m[ea],
Iam enim hiemps transiit,
Imber abiit et recessit,
Flores apparuerunt.

(Es folgt eine Rasur von 2½ Zeilen, die vielleicht lasciven Inhaltes waren).

. . . . in terra
Nostra. Tempus putacionis
Advenit. Veni veni veni!
Coronaberis.

Vgl. Carmin. Bur. 98 u. ff., besonders 136ᵃ.

X.
(*Modus confitendi.*)
Aus dem Cod. Vind. 883 f. 64.

Von diesem Gedichte, das seinem Inhalt nach eine besondere Dichtgattung [13]) vertritt, kann hier nur eine Probe mitgetheilt werden,

---
[11]) m̄r enea C [12]) amoris ereos (?) C [13]) Vgl. A. Koberstein, Geschichte der deutschen Nationallit. 1⁵ S. 78.

da der Umfang desselben (es zählt weit über 100 Strophen) den zur Verfügung gestellten Raum weit überschreiten würde.

1 Recognosco quod erravi,
Deus pater, et peccavi
Ultra quam possum fari;
Verum dico cum meorum
Nullus posset peccatorum
Horrorem meditari.

2 Tam sum rea, tam maligna
Quam revera non sum digna
Te patrem appellare;
Tamen his conabor verbis
Dolorosis et acerbis
Me tibi accusare.

3 Inde est quod confitendo
Universum reprehendo
Statum mei temporis:
Omnis motus voces actus
Sensus gustus nutus tactus
Cordis oris corporis.

4 Post hoc dampno quod negavi
Factis te et recusari
Tuis subdi legibus;
Fidem primam non servari,
Spiritale violavi
Votum multis vicibus.

5 Feci ac si possiderem
Bonum a me uel tenerem
Meis datum meritis;
Quod ex miserationis
Tue pure datum donis
Habui gratuitis.

— — — — — — — —

(Schluss.)
Supplex supplico lecturis,
Scriptum hoc vel audituris
Ut laudent creatorem;
Pie arguant erratum,
Corrigant inscium et occupatum
Excusent dictatorem [14]).

XI.
(*Contra mulieres.*)
Aus dem Cod. Vind. 4453, s. XV. f. 320.

Schmähgedichte gegen das weibliche Geschlecht [15]) waren im Mittelalter sehr beliebt und darum wurden sie viel verbreitet. Wattenbach sprach wiederholt über dieses von den mittellateinischen Dichtern vielfach behandelte Thema und stellte die erhaltenen Gedichte dieser Art zusammen (vgl. Anzeiger f. Kunde deutscher Vorz. XVIII 306, XX 257 [16]), XXX 123). Vor kurzem besprach und bereicherte diese Literatur Fr. Novati, Carmina medii aevi. Flor. 1883 p. 15 f., ohne jedoch die genannten Arbeiten Wattenbach's verwerthet zu haben. Die von Novati herausgegebenen Gedichte stehen mit den bereits bekannten in naher Beziehung (vgl. carm. I

---

[14]) dictatorem] Explicit modus confitendi rigmicus C   [15]) Vgl. O. Hubatsch, Die lat. Vagantenlieder S. 73 ff.; K. Francke, Zur Geschichte der lat. Schulpoesie S. 71 f.   [16]) Das daselbst veröffentlichte Gedicht findet sich auch mit einigen Textabweichungen und um 13 Verse erweitert im Cod. Guelferbytanus (Gud. 192) s. XIII f. 60. Diese Mittheilung verdanke ich Herrn Professor K. Schenkl.

10—13 mit Anz. XXX 144). Von den folgenden Gedichten besteht der Schluss des zweiten (XII) zum Theil aus bekannten Versen, die aber in einzelnen Lesearten sehr von einander abweichen, daher ein vollständiger Abdruck auch der Schlussverse angemessen erschien.

1 *Versus et versus in me dum confero versus,*
Non valeo fari, non scribere, non meditari;
En fateor verum, quae sit feritas mulierum.
Sed licet ad votum nequeam describere totum
5 *Quicquid de stilla feritatis habundat in illa,*
Dicam pauca tamen si det mihi Musa solamen.
Prestat in orbe feris cunctis feritas mulieris,
Tigridi predoni, prestat rapidoque leoni;
Vincitur irarum rabies feritasque ferarum.
10 *Femina flamma furens et flammis acrius urens,*
Totum concussit mundum, succendit et ussit;
Hec est cunctorum caput et scintilla malorum,
Orbis que metas semper facit inrequietas.
O mala scintilla! quisquis succenditur illa,
15 *Ille nec indigne misero consumitur igne,*
Nec nisi divina valet extingui medicina.
Hec hominem primum de celso trusit in ymum,
Intulit et penam mundo mortisque ruinam.
Sponsum serpentem vitam genus Omnipotentem
20 *Prodidit emisit sprevit viciavit amisit.*
Nil fugit incestum, capit omne quod est inhonestum,
Nil dubium dubitat, nil evitabile vitat,
Nil intemptatum sinit ad scelus omne patratum [17]).
Femina mors mundi, mala fabula, femina mundi
25 *Exicium reges insontes federa leges*
Attulit orbavit stravit sorbit violavit.

Unten steht der vereinzelte Vers:
Nusquam tuta fides, idcirco fallimur omnes.

Darauf folgt das bekannte Gedicht gegen die Ehe (vgl. Du Méril poés. popul. (1847) p. 179, Hubatsch a. a. O. S. 74).

XII.
(Contra mulieres.)
Aus dem Cod. Vind. 4453 s. XV f. 322.

Quondam colla iugo Veneris submiserat Hugo,
Presbiter elate mulieri sibi sociate.

---
[17]) *patum exp. C*

Hanc amat atque puri scire se credit amari;
Hec iuxta morem meretricum finxit amorem.
5 Inde sacerdotum quivis in scriptis citatur,
Presuli ut notum [18]) fiat [19]) qua lege fruatur.
Dum clerus coram cathedrali sede locatur,
Non faciendo moram mox presul talia fatur:
Lex et scriptura vetat amplexus mulierum,
10 Et canonum iura cogunt castos fore clerum.
Hugo procul pelle vitando cubile puelle
Aut spoliatus eris ratione tue mulieris
Clavibus et dote, nemo rogat animo pro te.
Elige, nulla mora dabitur, cur perditur hora,
15 Que nos infestant maiora negotia restant.
Egreditur [20]) dubius Hugo qua parte fruatur,
Quid sit ei melius animi motu meditatur.
Suasit cecus amor faciesque pollita decore,
Perdat decus ipse ut arc mulieris amore.
20 Heu mihi quod clerum sic fallit [21]) amor mulierum!
Advocat hunc iterum presul synodusque sacrata;
Iam quia per clerum crevit sententia [22]) lata
Distat, usque datur fandi mora sicque prophatur:
Os rubeum, dentes nivei, voltusque placentes
25 Et arridentes oculi ceu stella nitentes
Suadent me vere muliebria velle tenere.
Clavis dos data tibi sint amboque remota,
Forma puellaris mihi plus placet omnibus horis,
Pro tali latum non curo pontificatum.
30 Finis erat dictis. Synodo sociisque relictis
Hugo confusus rediit male sensibus usus.
Quo procul inspecto de molli subdola lecto
Surgit adolatrix, rerum, non cordis amatrix:
Hospes, ait, care, venias, te semper amare
35 Torqueor absente noctesque labant mihi lente,
Sed te presente redeunt mihi somnia repente,
Gaudia que mente vix suffero te tribuente.
Hunc amplexatur et ei dulcissima fatur;
Hugo dolens meret, defixis voltibus heret.
40 Quem mulier mestum cernens dolet esse molestum:
Dic mihi quid factum tibi sit synodove peractum,

---

[18]) motum C   [19]) fiat (bis) C   [20]) egodit C   [21]) sic vallit C   [22]) sentetio C

Nunquam svevisti fore tristis quando redisti,
*Ast arridebas, en xenia ferre*²³) *solebas.*
Cur solito more premeris plus Hugo dolore?
45 *Is ait: orbatus sum plebanatus honore*
Doteque privatus, merito premor ergo dolore.
Sed vitare non rennuo flos mulierum;
Mox mihi sincerum presul decus abstulit datum.
Desine, quid loqueris, o pudor est, ait hec, ea fari
50 *Per que turbari poterit facies mulieris.*
Quid faciam tecum, non te ducam quasi cecum,
Non mendicabo tecum sine re neque stabo.
Clericus hinc tristis verbis usus fuit istis:
Mulier grata mihi, pre cunctis adamata,
55 *Noli turbari super his neque solicitari.*
Temerarius inquam numquam promitto relinquam.
Talibus auditis furit mulier anxia litis.
Blanda prius verba venefica promat acerba:
Clerice delire, iam vera tibi dabo scire.
60 *Assensu suavi non te, tua semper amavi*
Meque tuis pavi rebus, te sic asinavi,
Mens mea non curat tibi iam prebere favorem;
Nullus amor ducitur nisi fructus servet amorem.
Iam sibi mendicam mendicus querat amicam;
65 *Divitis uxor ero, quia res et munera quero,*
*Wandelmuot dicor, qui plus*²⁴) *dant his adamicor.*
Sic miser uxore caret hic et dotis honore.
Hugo turbatus iratus et infatuatus
Inpalam dicit: me subdola femina vicit,
70 *Iamque doteque muliereque privor utroque,*
En liquide claret quod amor decrescit et aret.
Munera quando caret argenti, femina paret
Omnibus incestis, mala femina, pessima pestis,
Si fieri posset hec superans fallere nosset.
75 *Femina fallere, fingere, prodere quando cavebit?*
*Sequana piscibus*²⁵) *et mare fluctibus ante carebit.*
Felicum patitur risum quem mollit inanis
Libido, quatitur templamentisque vanis.
Mobilis, impia, mens mala, conscia, plena venenis,
80 *Horrida noctua*²⁶), *publica ianua, semita trita,*

---

²³) *foē C* ²⁴) *plus C* ²⁵) *Secana C* cf. Novati p. 24 v. 43 *Mantua piscibus ac mare fluctibus ante carebit.* ²⁶) *nocua C*

Igne voracior[27]), aspide sevior, est tua vita.
Vipera pessima, fossa novissima, mota lacuna,
Omnia suscipis, omnia decipis[28]), omnibus una.
Femina vile forum, res publica, fallere nata.
85 O miserabilis, intolerabilis, insaciata:
Credere qui tibi vult, mala sunt sibi multa parata.
Nunquam mente rata femina, pessima felle pirata,
Quoslibet elige, dilige, collige, sint tibi mille;
Sit tibi carior aut preciosior iste vel ille.
90 Mens tua vitrea, plumbea, saxea, ferrea, nequam;
Fallere, prodere, fingere, perdere[29]) rem putat equam.
Femina dum gaudet, dum perficit omne quod audet,
Femina, fex sathane, rosa fetens, dulce venenum.
Hec animum plane solet obtenebrare serenum.
95 Summa potencia funditus omnia destruit ante,
Quam mea sumere vel mea tangere me dominante[30]).
Femina quem superat nunquam vivit sine pena,
Libertate caret turpi constrictus habena.
Lenit, adulatur verborum nectare plena,
100 Subter[31]) et verbis latitant mellita venena.
Adforis arridet et blanditur quasi lena,
Interius stridet frendens[32]) quasi seva,
Attrahit in cellam leones ista serena.
Heu, nisi mors rapiat, vix rumpitur ista catena.
105 Ut liber vivas mulieris tu fuge frena;
Est leo dum petitur, caper est dum fetet in actu:
Enervat nervum, facies de principe servum.
Si tibi copia, si sapientia, formaque detur
Impia femina destruit omnia si dominetur.
110 Ingenium, vires[33]), animam, res, corpus, honores
Tot perdit bona vere clericus in muliere.
Hanc animo stabili vita, Karissime vale,
Exemplo simili ne te derideat alter.

[27]) foracior C   [28]) despicis C   [29]) perdere] addidi.   [30]) omnia C
[31]) subt, C   [32]) et om. C   [33]) virens C

Wien.   I. HUEMER.

De nova scholiorum in Iuvenalem recensione instituenda.

I.

Crisin Iuvenalianam imprimis inniti libro omnium praestantissimo Pithoeano (P, vel etiam Montepessulano, quod nomen ex loco, quo nunc asservatur ei est inditum) et lemmatibus scholiorum, quae et in Sangallensi no 870 (Sg.) plene nobis sunt servata, dudum a vv. dd. cognitum est probatumque. sed in hac ratione obsequenda quamvis Otto Jahn, qui primus pleno apparatu critico congesto saturas et scholia (Berol. Reim. 1851), deinde adnotationibus magis restrictis, saturas solas una cum Persii et Sulpiciae carminibus (Berol. Weidm. 1868) edidit, quique post eum editiones Iuvenalis curaverunt, rectissime sibi constiterint: tamen omnibus quae adhuc in lucem prodierunt editionibus errores inhaerere non paucos, qui in librorum optimorum lectionibus aut neglectis aut minus accurate enarratis continentur, codicibus occasione data iterum inspectis luculenter apparuit.

Quod cum iam ante hos XIII annos nonnullis lectionibus, quae in cod. P inveniuntur, cum falsis Jahnii adnotationibus comparatis F. Ruehl (Pilolog. XXX, 676 sq.) reprehendisset, neque A. Weidner (D. J. Iuv. sat. Lips. 1873) neque Ioannes Mayor[1]) (Thirsteen Satires of Iuvenal Lond. ed. 3. 18$^{80}/_{81}$) huius rei gravissimae satis rationem habuerunt respectis tantum et versuum ipsorum et lemmatum ad scholia pertinentium falsis, quas Jahn congessit, lectionibus. miser autem hic crisis Iuvenalianae status multo magis est cognitus, cum Ruehl (Königsberger Wiss. Monatsbl. 1879 139 sqq.) maiore parte versuum denuo comparata collationem, qua Jahn usus erat, erroribus plenam esse demonstrasset, J. Wirz autem (Herm. XV. 437 sqq.) et nuperrime Chr. Stephan in libello, quem con-

---

[1]) qui vir optime de Iuv. satiris explicandis meritus cum iam in alt. ed. praef. p. IX novam cod. P collationem se instituturum promisisset, in hac novissima in editione promisso suo non expleto iterum 'in course of time' se hoc negotium subiturum pollicetur.

scripsit 'De Pithoeanis in Iuvenalem scholiis' (Bonnae 1882) etiam scholiorum collationes a Jahnio nobis propositas plurimis locis omni fide carere nos edocuissent. his rebus omnibus permotus, ut tandem aliquando querelis vv. dd. de tristi artis criticae in Iuvenalis saturis et scholiis factitandae condicione imponeretur finis, omnia subsidia critica iterum in discrimen vocare constitui. et postquam cod. Sg. anno 1882 ipso in monasterio St. Galli contuli, superiore anno etiam, id quod vel maxime desiderabam, intercedentibus magistris dilectissimis G. ab Hartel et C. Schenkl nec non Gordonio bibliothecae medicinae Montepessulanae praefecto et Leithio viro humanissimo, qui bibliothecae univ. Vindobonensis praeest, ut codicem quoque Pithoeanum hac in urbe non solum inspicere, sed commode etiam excutere penitusque perscrutari potuerim mihi contigit. harum collationum, quas plene et quantum potui diligenter institui, fructum ex omnibus partibus repetitum dum maiore in disputatione exponere in animo est, iam hoc loco ea, quae proxime pertineant ad scholia corumque novam recensionem instituendam mihi liceat proferre. rem autem ipsam quae accuratius tractetur haud indignam esse visum iri spero.

Atque scholia in Iuvenalem antiquissima duobus potissimum exemplaribus, dico P et Sg., nobis servata esse iam supra dixi. verum hisce temporibus alia eaque haud contemnenda detecta sunt recensionis adminicula. Wirz enim Hermae l. c. notitiam attulit fragmentorum quorundam, quae Argoviae nuper reperta et versuum et scholiorum partes nonnullas exhibent, pertinentes illas ad eam, quam in codd. P et Sg. invenimus recensionem optimam. disputavit autem de his fragmentis ita, ut satis tute, quo quidem modo ea in usum vocari debeant, possimus iudicare; de ratione vero, quae inter has membranas Argovienses et reliqua intercedit exemplaria, num verum viderit Wirz, postea disseremus. idem vir doctus quod sciam primus accuratius egit de versibus et glossis intermixtis, quae in cod. Sg. 'integro commentario' inde a pag. 40 incipienti praeeunt; inveniuntur enim in his ipsis glossis scholia quaedam excerpta, quae quamquam ad eandem sine dubio recensionem referri debent, quae in P et Sg. legitur, tamen ex neutro horum exemplarium descripta sunt, sed et origine et varietate lectionis proprium obtinent locum. nam quae in illis duobus quaternionibus exstant, ut alio loco demonstrare studui[2]), non ad in-

---

[2]) in censura libelli a Stephano conscripti, annal. gymn. austriac. 1884 p. 186 sqq.

tegrum commentarium pertinent, licet in eodem hodie legantur volumine, et per se respiciantur necesse est; scholia autem ipsa paululum licentius excerpta in nova recensione instituenda quanti sint aestimanda item infra enucleare studebimus. ad infimum autem locum reicere debemus ea, quae Georgius Valla in editione Iuvenalis (Venet. 1486) ex eo quo usus est commentario nobis tradidit; qui cum ad eandem classem scholiorum, quam tractamus, pertinere videatur, tamen licentissime a Valla excerptus paucissimis locis cum aliqua fide in usum vocari poterit. quae cum ita sint, accuratius nobis agendum est de recensionis fundamentis et subsidiis his: I. De codice Montepessulano P, II. De codice Sangallensi Sg., III. De fragmentis Argoviensibus A, IV. De glossis excerptis E.

Iam vero accedamus ad codicem optimum P, a quo ut tota res critica in Iuvenali tactitanda ita nostra quoque disputatio petere debet principium, qui et auctoritate et fatis et toto omnino habitu vel maxime est insignis; nam si non plures, tamen vel minime octo librarii manus ei admoverunt aut exemplaria sua fideliter depingentes aut ex arbitrio corrigentes vel potius depravantes aut denique explicantes: ut inde a simplici monacho, qui nono saeculo accurate et diligenter librum suum exaravit, omnibus fere quae usque ad sextum decimum insequebantur saeculis homunculos male doctos, pro dolor, ludibria sua in hoc libro exercuisse recte putaveris. sed hoc κειμήλιον cum quod accuratissime omnibus ex partibus describatur maxime dignum sit, hoc negotio ad aliam occasionem dilato ea tantum, quae nostra in disputatione in discrimen venient, fusius exponere libet[3]); id quod iam propterea ex re esse videbatur, quod vv. dd., qui nuper de codice rettulerunt, in iis ipsis quaestionibus, quae proxime ad scholia accedunt, nequaquam inter se conspirant. constat autem et Persii saturas quae in eodem codice leguntur et Iuvenalis omnes ab initio usque ad finem una eademque manu exaratas esse. sed versus iam antiqua manu in utroque margine circumdati sunt scholiis, paucioribus quidem in Persii, amplis in Iuvenalis saturis, quae hic illic etiam a summo margine incipientia infra lineam uniuscuiusque folii ultimam descendunt. huius manus scriptura ita est comparata, ut apicibus diligenter examinatis num eadem sit quae versus et scholia exaraverit incertus haereas. ac Jahnius quidem a Bertino, qui collationem confecerat, ita edoctus esse videtur diver-

---

[3]) cf. interim descriptiones huius cod., quae inveniuntur in catalogo biblioth. prov. publ. (catal. des bibl. publ. des départements I. 530 sq.) et Stephani libelli cap. I, in quo hic v. d. ea, quae Bonnetus, vir erga me quoque egregie moritus, de cod. P ei rettulit, publici iuris fecit.

sas manus distinguendas esse (cf. praef. ed. min. p. 6); simili quoque modo Ruehl, subtilis ille talium rerum existimator, duas manus distinguit, unam scilicet quae versus (P'), alteram quae scholia scripserit ('die Scholienhand' Königsberger Wiss. Monatsblätter 1879 p. 141). contra nobis imponit Bonneti auctoritas, qui Stephano (cf. eius lib. p. 5 adn. 1) et verba Iuvenalis et scholia ab una manu scripta esse rettulit et correctiones, quae a scholiorum librario Ruehlio profectae esse videbantur, aut ad P^1 aut ad alteram manum, quae scholia interpolavit, pertinere nobis persuadere studuit. neque vero Ruehl hac re a sententia sua deductus esse videtur; litteris enim mihi datis (a. d. V Kal. Mai. a. 1883) scribit haec: *Ob die Hand, die ich als Scholienhand bezeichnet habe mit P' identisch ist oder nicht, also etwa blos ein anderer Ductus derselben Hand, kann m. E. nur eine längere Beschäftigung mit dem Codex entscheiden, als mir vergönnt war.*

Rebus ita comparatis iam liceat hac in quaestione, quae quanti sit momenti infra apparebit, paululum commorari. ante omnia autem manus, quae versus ipsos scripserat, naturam respiciamus. litterae quidem ipsae sunt scripturae Carolingicae, ab omni parte perfectae atque excultae pulcherrimeque depictae; prima uniuscuiusque versus littera est capitalis. quod autem ad aetatem scripturae attinet, universa forma litterarum rotunda ductibus nondum refractis, scapi litterarum *d, h, l* in imum accrescentes, litterae *r* virgula obliqua longius producta, alia scripturam saeculo nono esse tribuendam plane demonstrant, et ex imaginibus a societate palaeographica Britannica tabula 122, qua folium cod. St Emeranensis anno 815 scripti exhibetur, apto conferri potest. contra scholia non solum minutioribus litteris, sed etiam multo tenuiore ductu sunt exarata ; praeterea, id quod vel maxime pro Bertini et Ruehlii sententia facere videtur, compendia inveniuntur his in scholiis, quae in versibus numquam usurpata videmus: sic fol. 13^r *largiar*', fol. 22^r *paup*, fol. 23^r *vestib'* fol. 23^r *utilisq'* fol. 24^v *naq*' fol. 36^r n͠ra, lemma ad vs IX, 71 *ēē*. verum enimvero his recte perpensis non solum quaecumque in versuum et scholiorum scripturis diversa videantur revera diversa non esse, sed unam eandemque manum et satiras et commentarium antiquum exarasse omnibus numeris facili negotio probari potest. nam neque tenuior litterarum ductus neque compendia in scholiis nos miros habere debent. nimirum librarius, cui angusto margine relicto ampla illa scholia erant addenda, nisi artiore linearum et litterarum forma usurpata negotio suo fungi nequibat; inde tenues litterulae atque compendia supra allata, ne iis quidem temporibus, quibus scripturam versuum attribueris, inusitata; quod si alio exemplo comprobari necesse est, codex Durlacensis 36 f., nunc Carolirubae asservatus, qui Prisciani periegesin exhibet et a Baehrensio in ed. poet. minor. in usum vocatus est, prorsus similem scripturae speciem praebet, iisdem fere compendiis adhibitis. est autem hic codex ut ex nota addita edocemur scriptus anno 840[*]).

Omnes igitur difficultates evanescent, si subtiliore tantum penna litteras scholiorum exaratas esse nobiscum constitueris; inde sane explicatur diversitas scripturae iis locis, ubi librarius scholia describens versibus iam a se depictis manum admovit. quae res sola et Bertinum fefellit et Ruehlium (cf. quae adnotat ad v. I. 85) et omnes fallere debebat non satis diu in his scripturis conferendis versatos. quod autem ad universam formam et speciem utriusque scripturae attinet, ea ita comparata est, ut ovum ovo non sit similius; id quod nullibi melius conspicitur quam in lemmatibus. unum igitur librarium, qui et versus et scholia descripserit, esse statuendum, cum iam ex causis a forma litterarum repetitis veri simillimum sit, certis errorum generibus, quae et in hos et in illa irrepserunt, plene collectis accuratiusque perpensis multo magis probatur. librariorum autem naturam nulla re melius dignosci posse quam erroribus calami diligenter respectis eamque rationem in optimo quoque libro recte adhibitam non solum perutilem, sed, si artem criticam scite factitare velis, vel maxime necessariam esse nemo nescit. quod cum nondum in hoc praestantissimo codice sit institutum talisque mendorum collectio ad quaestionem propositam non nihil conferat, iam accuratius in hanc rem inquiramus.

Primum quidem librarium latinae linguae parum gnarum fuisse vel adeo fere plurima, quae descripserit, perverse intellexisse vitium nobis ostendit, quod ei maximo familiare est, verba dico male distincta vel coniuncta. quod mendum sane ex natura exemplaris, ex quo et scholia et versus descripta sunt, originem duxisse magnam habet veri speciem: sed de hoc archetypo postea nobis fusius erit agendum. ex plurimis autem quae id genus afferri possunt exemplis enumero haec[b]). vs. I. 2 *thesei de co//di* (*cordi* J. f.), recte *Theseide Cordi.* I. 22 *me*

---

[*]) Verbo quidem commemorare possumus hac in nota 'Si vis scire, quoti sint anni ab incarnatione dm̄ı, scito, qd fuerint ordines indictionū: ut puta anno p̄senti indict. VIII. LV hos p. XV multiplica, fiunt DCCCXL.' errorem subesse; respondet enim annus p. Ch. n. 840 non octavo indictionis LV anno, sed LVII indictionis anno III.

[b]) Quod ad haec exempla attinet, in transcursu mihi monendum consulto me eos imprimis locos respexisse et congessisse, de quibus Jahnii in adnotationibus

viatus cum, r. *Mevia Tuscum*. I. 27 *tyria sum erore vocante*, r. *Tyrias umero revocante*. II. 6 *picta conemit*, r. *Pittacon emit*. III. 120 *auther marcus (hermarcus* J. f.), r. *aut Hermarchus*. III. 224 *frusi nonne*, r. *Frusinone*. III. 302 *quis polliet*, r. *qui spoliet*. IV. 25 *pretios quam e (squamae* J. f.), r. *pretio squamam*. IV. 149 *venis sed epistula*, r. *venisset epistula*. V. 118 *maior est*, r. *maiores*. VI. 64 *tucclave sica*, r. *Tuccia vesica*. VI. 101 *prandente terrat*, r. *prandet et errat*. VI. 153 *mercatoria sum*, r. *mercator Iason*. VI. 306 *Inunget*, r. *i nunc et*. VI. 320 *positas aut feta*, r. *posita Saufeia*. VI. 352 *conducito gulnia*, r. *conducit Oguluia*. VI. 379 *Sic//audet*, r. *si gaudet*. VI. 475 *dies in nocte*, r. *die si nocte*. VI. 576 *revocat at hrasylli* (corr. ips. P) *revocata Thrasylli*. VI. 655 *multa & ibi*, r. *multae tibi* et plurima alia similia in reliquis saturis. eodem prorsus modo peccatum videmus a librario in scholiorum verbis male distinctis; respiciendas autem esse in hac quaestione lectiones tantummodo cod. Sp., non eas, quae et in Sp. et in Ssg. eodem vitio laborant, per se patet; sic. I. 62 *sat'rcenam* (sic.), r. *satyrice nam* I. 111 *personam illo*, r. *persona in illo*. II. 160 *miriaqua*, r. *mari a qua*. III. 263 *LINTE ACVTO* (J. f. *GVTO)*, r. *LINTEA GVTO*. VI. 569 *sutor nise secum*, r. *Saturni sese cum*. VI. 587 *prae caclo cum*, r. *prece locum*. VII. 35 *TER SPICO. R.*, r. *TERSPICOR*. VIII. 13 *CVRALLO. B.*, r. *CVR ALLOB*. VIII. 29 *CLAMATOS IRI .... deos iri*, r. *CLAMAT OSIRI .... de osiri*. IX. 144 *lectycirios*, r. *lecti cyrios*. X. 60 *se quia ut,* r. *sequi aut*. XII. 101 *haec atomben*, r. *hecatombem*. XIII. 122 *horti socio*, r. *hortis otio*. XIV. 273 *quod urāmque* (sic.), r. *quo duramque* et sic h. g. plura.

Non minus saepe aliud et in versibus et in scholiis scribendis commisit librarius mendum, quod quamquam ut illud, quod verbis male aut coniunctis aut disiunctis continetur, etiam in aliis codicibus hic illic invenitur, huius librarii quasi proprium arbitreris; positum autem est in eo, quod syllabas singulas antecedentium vel etiam insequentium quae una legerat vocabulorum memoria deceptus male praecepit aut repetivit. cuius sei congessi exempla ex versibus deprompta haec: I. 25 *gravis iuvenis*, recte *gravis iuveni* I. 63 *nonme*

---

aut nihil aut falsa inveniuntur; numerum mendorum ex Jahnii notis facile suppleri et augeri posse in propatulo est. siglis autem utor his: P cod. Pithoean. m. 1., p cod. Pithoean. m. 2., Sg. cod. Sangallensis 871., S scholiorum lectio et in P et in Sg. ipsis litteris expressa, Σ Scholiorum lectio ex interpretatione petenda, Sp. scholiorum lectio ex solo cod. P repetita, S$_{1}$, scholiorum lectio ex solo cod. Sg repetita, A fragmenta Argoviensia, E. scholia excerpta in codice Sg. V = Valla, J = Jahn. J. f. = Jahn falso.//rasuram unius litterae indicat.

libet medio, r. *nonne* I. 149 *stetis* utere *velis*, r. *stetit*. II. 17 locus insignis est; librarius in exemplari *vultu morbum* legens primum scripsit *vultum*, deinde *m* ipse linea obliqua ducta delevit; sed statim voce *vultu* deceptus in sequenti verbo scribendo erravit *morbu* pingens, id quod p denique correxit virgula, quam P aut numquam aut rarissime in versibus usurpavit, supra addita. III. 14 *aquis* (haec est cod. P vera lectio) *viridis*, r. *viridi*. III. 69 *hic amycdone relicta*, r. *Amidone*. III. 171 sq. *in quam* (sic) *nemo togam*, r. *in qua*. III. 226 sq. *brevis nec reste movendis in tenuis*, r. *movendus*. V. 75 *impleri planis*, r. *panis*. VI. 219 sq. *servis supplicium quis testis*, r. *servus*. VI. 354 *mandata puella*, r. *puellam*. VII. 37 sq. *relicta ipsa* (J. f. *ipse* P), r. *ipse*. VII. 197 *volet fiet* (ubi iam P *fies* correxit). VII. 234 *anchisae patriaeque novercae*, r. *patriamque*. XIII. 41 *iudaeis iupiter*, r. *Idaeis*. eodem mendo loci ex scholiis deprompti laborant satis multi, velut: I. 72 (p. 179. l. 2) *quidam uxorem*, r. *uxores*. II. 13 *vestigia medica* (sic.) corr. a. m.? II. 99 *vicissimo*, r. *vicesimo*. II. 160 *miria*, r. *maria*. V. 38 *gemmis factis*, r. *factas*. VI. 117 *in publice in circo*, r. *publice in circo*. VI. 311 *noctem per lunam*, r. *nocte*. VIII. 120 *quos Marios* corr. ead. m. *Marius*. X. 315 *quamquam*, r. *quam quae*.

Ut verba male distincta, ita alia quoque menda ex codicis archetypi scriptura explicanda esse videntur, quae qualis fuerit iam ex his, quae modo prolaturus sum, facile apparebit. confunduntur enim saepe in P litterae *c* et *g*[6]). I. 28 *dicitis*, r. *digitis*. II. 124 *secmenta*, r. *segmenta*. III. 168 *necabis*, r. *negavit*. III. 192 *Cabiis* corr. *Gabiis*. III. 199 *Ucalecon*, r. *Ucalegon*. III. 263 *Stricilibus*, r. *striglibus*. III. 319 *refigi*, r. *refici*. V. 112 *genes*, r. *cenes*. VI. 147 *emunceris*, r. *emungeris*. VI. 159 *reces*, r. *reges*. VI. 306 *Inunget*, r. *Inunc et*. VI. 379 *sic//audet*, r. *si gaudet*. huic quidem generi in Sp respondent exempla tantum haec: I. 158 *crassantur*, r. *grassantur*. II. 106 *iuculavit*, r. *iugulavit*. II. 141 *grassa*, r. *crassa*, III. 199 *Ucalecon* (S. falso *Ucaleon*), r. *Ucalegon*; *g* cum *e* confunditur XI. 138 (J. p. 342 l. 13) *pyeargus*, recte *pygargus*. compluribus etiam locis confunduntur in P litterae *l, t, i*; cf. vs. III 40 *locari*, r. *iocari*. IV. 7 *maius*, r. *malus* IV 95 *iam*, r. *tam*. IV. 113 *Vellento*, r. *Veiento*. VI. 40 *multorum*, corr. ead. m. *mullorum*. VI. 216 *ianistis*, r. *lanistis*. VII. 115. *alax*, r. *Aiax*. X. 247 *fulta*, r. *fuit a*, alia. huius generis menda inveni in Sp. haec: VIII. 200 *mirmilio*, corr. iam Sp. *mirrmillo*. VIII.

---

[6]) Causam confusionis non ex pronuntiatione repetendam esse docent exempla vss. I. 28, III. 319, V, 112, VI. 147, VI. 159, alia.

254 *culus dux*, r. *cuius dux*. IX. 5 *Lucullus* (scriptum fuisse videtur in exemplari LUCILLIUS, cf. schol. I 106; *Lucullus* etiam praebet S$_{sg}$.). XIV. 182 *ad vitium*, r. *victum*.

Iam vero omissis iis, quae saepissime et in versibus et in scholiis inveniuntur, mutationibus, velut *ae* et *e*, *ti* et *ci* (*ph* et *f* in vocibus Graecis), ad id, unde egressi sumus, revertamur. et horum mendorum generum, quae et in versibus et in scholiis inter se respondent, quamquam singula ipsa minus valere ad unam eandemque manum cognoscendam concedimus, tanta omnibus in vitiis similitudo, nisi ab uno eodemque librario utrumque textum profectum esse putamus,.explicari nequit, ita ut indicia et ex forma litterarum et ex mendis ipsis repetita eandem manum statuendam esse clament omnia. priusquam autem ad reliqua scholiorum exemplaria transeamus, de alia etiam re pauca sunt monenda.

De ceteris enim, quas in hoc codice apparere constat, manibus cum Bonnetus diligentissime rettulerit Stephano (l. c. cap. I), de vestigiis manus recentioris, quae scholiis aut emendandis aut supplendis vacavit, agere supersederi posse putavit. non satis autem puto adhuc intellectum est reliquos librarios, qui radendo corrigendo interpolando textum audacissime depravaverunt, scholiis ubique fere abstinuisse; quo magis igitur insignis haec, quae primo obtutu ad saec. XV fin. pertinere videtur, manus est accuratioreque disputatione fortasse haud indigna. neque Jahn in notis criticis ad scholia pertinentibus huius manus correctiones prorsus silentio praeteriit. legimus apud eum schol. I. 1 (p. 173 l. 5) '*cram (corr 2m etiam)*', sch. IX. 27 (p. 308 l. 13) '*Nevolus* P *a 2 m*'. sunt autem hae correctiones multo frequentiores; iam in primis scholiis eadem manus ad verba schol. I. 1 'hos ab ipso' *Oasin* (sic.) *Sat. 4* addidit; schol. ad I. 5, ubi prima manus rasura facta 'Ovidius' exhibet, integrum nomen adscripsit. eadem manus schol. ad II. 53 omissum lemma '*Colyphia*' addidit, item schol. ad V. 112 '*civiliter*', ad VI 20 '*duae sorores*'; in schol. ad III. 214 'non incandiunt lares' adiecit verba '*non incendii, sed*' (cf. id quod Valla exhibet), schol. ad III. 267 verba '*Trictem* (sic) *Charon*' adposuit; schol. ad IV. 53, cum in Sp. inter voces 'filius' et 'sub' spatium exstet 12 fere litterarum, eadem manus '*in agone cum virgine Lacedaemonia Vall.*' supplevit; schol. ad VI. 506 haec manus corr. *adiuta*, ad IX 5 *placentam linguat*, ad X. 36 ἄφλαϲτα, ad XIII. 33 *puer* emendavit. multo magis autem nos miros habere debet, quod fusiores quoque adnotationes ab eadem sine dubio manu profectas in margine exaratas invenimus; sunt autem scriptura cursiva et atramento ita pallido, ut hodie singulae litterae vix clare dignosci possint. Sic in marg. inferiore fol. 17ᵃ legitur glossa ab his verbis incipiens; *In vet exemplari Claud. Faltati (?) qd. posuit glossas, sed quo .. in aetate posteriores, hoc loco in margine hac* (sic) *nota ad scripho cp. Versus* ... deinde fol. 62ʳ ad vs. *exspectent — ipsis* (vs. XI 165 sq.) *In exep.* (sic.) *Falc* (sic.) *hi duo Versus scripti et deleti enĩ pop* (sic.) *illis s. Hic tibi vina dabū* (sic., vs. 159) *et adscripti sunt in margine. in aliis repertos,* (= *repertis* i. e. *reperti sunt?*) *hoc autem loco desut* (sic). quibus rebus respectis statim oriri debet quaestio, hae notae omnes, doctae sine dubio et utilissimas interdum adnotationes continentes, ad quom potissimum pertinere possint. num sciolo cuidam librario tribuendae sunt? quae quaestio facili negotio solvi potest. legimus enim in cod. P folio ultimo verso (80ᵛ) post verba saec X. exarata *Codex sci Nazarii Martiris XPI.*

Qui cupit hunc librũ sibimet contendere pum
Hic flegetonteus patiatur sulphure flammas

ab eadem manu de qua disputavimus scripta haec: *Monasterii D. Nazarii Bergstrasse Wormacensium agri/Lauria////utere/m////* ubi *Thassilo Baiuvarum dux.* et prorsus similibus ductibus eodemque atramento infra hanc glossam annum *1576* et nomen scriptum *Pithou*, celeberrimi illius viri, quem quondam huius libri possessorem fuisse libroque ipsi nomen indidisse notissimum est. eundem Petrum Pithoeum harum glossarum et emendationum auctorem habeamus necesse est. probatur autem haec observatio eo, quod ex ipsa Iahnii adnotatione ad X. 136, ubi ἄφλαϲτα ab illa manu in cod. correctum esse demonstravimus, Pithoeum hanc emendationem primum in editionem recepisse edocemur, optimeque etiam cum nota supra allata conveniunt ea, quae Pithoeus de fatis cod. P profert (cf. Steph. p. 4 [7]) '(*exemplar*) *quod de Budensis cladis reliquiis in Thassilonis quondam ducis coenobium relatum fuisse ex Matthiae adscripto nomine facile adductus sum ut crederem*'. nimirum, cum in libro suo legisset notas *Matthias 1469* et *codex sci Nazarii* de aetate huius scripturae pro captu illorum temporum minus eruditus adnotationem a vero alienam adscripsit.

Videmus igitur iam in ipso libro vestigia, quae Pithoeum scholia in Iuvenalem accurate pertractasse editionemque principem diligenter praeparasse demonstrant; accedit autem alia res propius ad scholia Persiana, quae eidem insunt codici, spectans. atque iam

---

[7]) Neque Pithoei editionem (Parisiis 1685) neque Vallae commentarios (Ven. 1486) me in huius urbis bybliothecis invenisse aegerrime fero.

Stephan accuratiore de his scholiis quaestione instituta quae Bonneti liberalitate ei innotuerunt publici iuris fecit (l. c. p. 14 sq). inveniuntur enim in P scholiorum Persianorum classes duae; quarum altera scholia continet ab eadem qua antiqua scholia Iuvenaliana manu exarata; ampliora eaque ad recensionem 'Cornutianam' pertinentia manus saec. X adscribere coepit, sed opere vix incepto destitit [8]). scholia autem, quae inde sequuntur (ad eandem recensionem Cornutianam pertinentia) suppleta sunt a manu recentissima. sed licet hic illic litterae aliam formam exhibeant atque eae, quas ipse Pithoeus in scholl. Iuv. depinxit, — sunt enim magis fastigatae et confertae — tamen mihi et haec scholia et illas glossas a Pithoeo descriptas iterum iterumque conferenti quin ab eodem viro docto etiam haec scholia Persiana suppleta essent dubium non erat. atramentum prorsus idem; scriptura magis conferta inde facile explicatur, quod Pithoeus in hac codicis parte non notulas suas ductibus cursivis celeriter addere potuit, sed potius angusto spatio relicto scholia pressius exarare debuit. Ea de causa quae catalogus bibl. prov. l. l. exhibet 'la glose de cette partie est moderne', quaeque Stephan tradit (p. 16) 'incipit inde tertia manus multo recentior, quae XV fere saeculo commentarium complerit' ita sunt supplenda vel corrigenda, ut ea scholia ad saeculum XVI vel si accuratius tempus definimus (vid. supra) ad annum 1576 pertinere dicamus, quo Pithoeus totum suum librum complere vel docte illustrare instituit.

Quod autem ad alterum scholiorum exemplum attinet, cod. Sangallensem 870, plurimas quae huius libri exstant descriptiones, in primis Wirzii et Stephani, quae fere omnibus numeris sufficiunt, nova augere nolumus, sed potius rationem, quae inter hunc librum et Pithoeanum intercedit, accuratius examinemus. constat enim et Sg. et P non solum in compositione scholiorum, sed etiam in minutiis et in ineptissimis erroribus ita conspirare, ut non ex uno eodemque exemplari satis iam depravato originem duxisse nequeant. nec defuere qui Sg. ex ipso P fluxisse adfirmarent (cf. Steph. p. 24). cuius sententiae cum Stephan suo iure et sano usus iudicio adversarius exstitisset, argumenta, quae in usum vocavit, non ita comparata erant, ut omnem dubitationem profligarent. nam ex varietate lectionum e. g. schol. ad II. 99. *vebricū* Sg. *vebrycum* P, *bebriacū vicū* Sg. *bebryacum vicum* P, schol. ad III. 117 *concubium* Sg, *concubium*

---

[8]) Monendum vero non solum usque ad sat. I. 4, sed etiam ad sat. III. 79 ab eadem manu saec. X adscripta esse scholia.

P, sch. ad III. 100 *minus* Sg *minus* P, sch. ad III. 196 *crepturus* Sg *crepturas* P vix quisquam codicem Sg ex cod. P descriptum non esse sibi persuadebit. accedit quod Stephanus, qui tot locis Jahnii notas falsas esse docuit, his ipsis, quas ex P in usum suum convertit, nimiam fidem habuit; aperte enim interdum hic codex iis locis cum cod. Sg conspirat, quibus J. aliam eius esse lectionem affirmat. sic schol. I. 155 *aleret* S *haleret* P (*haberet* J. f.) sch. ad II. 5. *invenies* S *inveniaes* (sic.) P (*inveniet* J. f.). contra schol. ad III. 308, ubi Stephanus Sg *pastus* praebere affirmat, ego quidem codd. Sg. et P revera id quod Iahnius adnotat *pastos* exhibere possum testari. — his igitur locis remotis ex quattuor vel quinque quae restant exemplis a Stephano propositis nihil fere redundare ad quaestionem disceptandam, vel adeo totius disputationis summam, quam verbis *Sequitur ergo codicem Sangallensem in edendis his scholiis minime esse negligendum* concepit, denuo in dubium vocari, facile quis colliget. neque sane res ita est comparata, ut paucis exemplis allatis diiudicari et absolvi possit: summi enim momenti est nullum prorsus exstare scholion in Sg., quin P exhibeat; contra scholia adsunt in P haud pauca eaque ad recensionem antiquam pertinentia, quae librarius cod. Sg oscitanter omisit. quam rem iam a Stephano detectam non solum adfirmare, sed etiam aliis exemplis, quae postea erunt proferenda, probare possum. neque silentio praeterire debemus locum sat memorabilem, ubi dum scholii ad XIII, 208 verba in P parvis colis (3 cm. fere latis) in sinistro margine adpicta sunt ita, ut litterae *quam commiserit* unum efficiant colon, hae ipsae litterae desunt in Sg.; neque hos libros conferenti obscura videri possit huius erroris causa. nempe librarius cod. Sg. ex P verba describens oculis a primo ad tertium colon aberrare potuit. ac sane quidem tales loci, cum contra non desint ubi Sg. et P magno opere discrepent, totam quaestionem difficillimam reddunt. eo diligentius reliquas lectiones Sg. et P variantes conferamus et examinemus necesse est. adscripsi autem, ubi hi libri discrepant, ex saturis I et II locos omnes, ex reliquis saturis gravissimos praetermissis iis, quos iam J. enotavit. exhibet igitur schol. ad I. 2 *traguidiam* P, *tragoediam* Sg. I. 3 *comidiae* P, *comediae* Sg. I. 5 *masculino dicit* P, *dicit.* om. Sg. I. 33 *dilacionem* P, *delationem* Sg. ibid. *prescribserunt* P, *proscripserunt* Sg. ibid. *disc·pulum* (sic) P, *discipulum* Sg. I. 39. *libidinosae* P, *libidinose* Sg. I. 47 *DAMNATVS INANI* exhibet P, om. Sg. I. 53 *LABYRINTHI* P *LABYRINTHY* Sg. I. 54 *dicit* P, *dicitur* Sg. I. 56. *CVM LENO A.* P, *CVM LENO ACCIPIAT* Sg. I. 59. . . . *dixit. Neronem tangit* P, *dixit. ETCARET* (lemma) *Neronem tangit* Sg. I. 65 *concitatus* P, *concitatur* Sg. I. 71 *RVDES. M. LVC.* P, *RVDES. M. L. C.* Sg. l. 71 fin. *uxorem* P, *uxores* Sg. I. 104 *Mesopotami* P, *Messepotameni* Sg. I. 107. *esset* P, *est et* Sg. I. 113 ante *quod funerum* ... ponit Plemma *TEMPLO*, om. Sg. contra I. 116 *QVAEQVE SALVTATOC* Sg., *QVAEQVE. S. C.* P. I. 138 *de hebore* P, *de ebore* Sg. I. 155 fin. *spectoribus* P, *spectatoribus* Sg. I. 158 *crassantur* P, *grassantur* Sg. I. 159 *extructis* P, *structis* Sg. I. 168 in sinistro margine *INDE IRAE Iracundia accenditur — lacessitus*; in dextro *INDE IRAE ET LACRIMAE Virgilius* ... P, *INDE IRAE ET. L. Iracundiam accendit* (sic) *— lacessitus. Virgilius* Sg. I. 169 *metafora tarde* P, *tandem* (om. voc. *metafora*) Sg. Schol. ad II. 1 *vicini* P, *vicinae* Sg. II. 13 *MARISCAE mariscc nam* P, *MARISCAE nam* Sg. II. 21 *CLVNEM AGITANT EGO TE CEVEVTEM* P, *CLVNEM AGITANT E. G. C. V. T.* Sg. ibid. *senator* P, *sanator* Sg. II. 29 *Germanni* P, *Germanici* Sg. II. 32 *quippe qui* P, *quippe quae* S. II. 35 *qua* . (a lineola deletum) P, *quia* Sg. II. 56 *Arachne virgo. Virgo Lydia* P, *Arachne virgo Lydia* II. 92 *SOLITIB;* (id est *solitibus*) *APTAE* P, *SOLITIBıAPTE* Sg. ibid. *Alciviade qua* P, *Alcibiade quia* Sg. II. 99 fin. *vicissimo* P, *vicesimo* Sg. II. 127 *VNDE NEFAS TANTVM* P, *INDE NEFAS TANTVM* Sg. II. 132 (J p. 194, l. 4. *CAMPI QVAEM NEGLEGIS* P, $\overline{IVG}$ (sic.) *CAMPI QVAM NEGLIGIS* Sg. II. 141 *in araneam conversa* P, *conversa in araneam* Sg. II. 142 (apud J.; recte 140) *NATVRA INDVLGET STERILES* P, *STERILES* om. Sg. II. 143 *quam* P, *qua* Sg. II. 155 (Jahn p. 195 l. 5) *QVID CREMERE LEGIO & CANNIS* P, *QVID — LEGIO* om. Sg. II. 160 *miria qua* P, *mari a qua* Sg. ibid. *horthades* P, *Orcades* Sg. II. 166 *summunt* P, *sumunt* Sg. — deinde ex reliquis saturis exempla depromo haec: III. 196 *RVINA. Id est crepturas* (sic) *parietum* ... *manere* .... *restaurass &* P, *RVINA crepturus pariaetum* ... *munere* ... *restaurassent* Sg. III. 206 *inutiles libros in arcula* P, *in arcula libros inutiles* Sg. IV. 8 *MAIVS* P, *MALVS* Sg. IV. 90 *Crispus* P, *Crispinus* Sg. VI. 94 *de Tyrreno ad* P, *de Tyrreno mari ad* Sg. VI. 154 fin. *depicta est* P, *depicte sunt* Sg. VI. 343 *SIMPVLVM R.* P, *SIMPVLVM RIDERE NVM* (sic) *NIGRVMQVE* Sg. VI. 498 *EMERITA Q. C. A.* P. *EMERITA QVAE C. A.* Sg. VI. 569 *Sutor nise secum stilla* P, *Saturni sese cum stella* Sg. VII. 32 ... *IVNONIS pavonem* ... *opitulatur* in sinistro margine, *AVEM. pavonem* in dextro P, *IVNONIS AVEM pavonem* contrahit Sg. VII. 214 *MALLOBROGA* P, *MALLOBROGA DIXIT* Sg. X. 293 *LVERET INQ.* P, *LVCRE-*

TIA Q. Sg. XIII. 139 *gemmas solent reponere* P, *solent reponere* ad XIII. 138 post *suum* ponit Sg. XIV 218 *CERERIS* P, *CÆTERIS* Sg. XIV. 307. *PHVRGIA* lemma om. P, exhibet Sg. atque inter hos sexaginta, quos attuli, locos 40 fere inveniuntur, quibus lectiones cod. Sg. ex P originem duxisse aut nullam aut exiguam admodum habet probilitatem (cf. locos scholl. ad sat. I. vss. 2, 3, 33 (ter), 54, 56, 59, 65, 70, 71, 104, 116, 155, 169; II. 1, 29, 32, 66, 99, 127, 132, 160 (bis), 196; III. 206; IV. 8, 90; VI. 94, 154, 569. VII. 214; X. 293; XIII. 139; XIV. 218, 309). remotis autem decem fere locis, ubi lemmata tantum ab utroque librario alio modo indicata sunt, in reliquis quinquaginta locis lectiones fere 30 codicis Sg. (cf. scholl. ad sat. I. vss. 2, 3, 33 (ter), 65, 71, 104, 107, 119, 138, 155, 158; II. 13, 29, 32, 56, 92, 143, 160 (bis), 166; III. 196, 206; IV. 8; VI. 94, 569; VII. 214; X. 293; XIV. 307), id est plus dimidia pars sine ulla dubitatione lectionibus cod. P sunt praeferendae. conspicitur autem eadem numerorum ratio et in his partibus, ex quibus codd. P et Sg. discrepantias attuli omnes, et in reliquis scholiis, quae non pleno excerpsi; neque vero alia ratio cernitur respectis omnibus omnium saturarum qui in censum veniunt locis. — Quae cum ita sint, iam omnia quae adhuc de codd. P et Sg. disputavimus comprehendere liceat his:
1. Codices Sg. et P et in universum et in rebus minutis plurimis tam fideliter conspirant, ut non ex uno exemplari fluxisse nequeant. 2. Codicem Sg. ex libro P originem duxisse non solum nullis indiciis certis probatur, sed lectionum diversarum codicis Sg., quae nullo pacto ex codicis P scripturis explicari possunt, numerus haud exiguus librum Sangallensem proprium obtinere locum plane demonstrat. 3. Etsi codex Sg. totis scholiis vel singulis voculis omissis non tam plenum nobis exhibet commentariorum corpus quam cod. P, in lectionibus ipsis ponderandis eius auctoritas si non maior, tamen non minor quam libri P est habenda.

Tertii autem quod in auxilium vocare possumus scholiorum exemplaris ut fragmenta tantum haud ampla nobis servata sint infelici factum est casu. continent enim 'schedae Argovienses', de quibus Wirz accurate disputavit (Herm. XV. 437 sqq.), partes satirarum Iuvenalis II. III. VI. VII. eodem quo cod. P modo scholiis veteribus in margine instructas. atque iam Wirz, cum Jahnii notis non satis tuto nos niti rectissime suspicaretur, denuo eam partem codicis, quam etiam schedae Argovienses (A) exhibent, contulit;

sed codicis P accuratiorem collationem in hac quoque quaestione indaganda vel maxime esse necessariam statim videbimus.
Ac primum quidem (l. c. p. 442 sq.) lectionibus nonnullis allatis neque versus ipsos neque scholia fr. A. ex P descripta esse demonstrare studet Wirz; qua in re ei prorsus adsentior. sunt vero talia velut scholion ad. sat. II. vs. 155 lemma in margine dextro scriptum *QVID CREMERELEGI ET GANNIS* et q. sq. III. 11 *camenas*, VI. 147 *EMVNXERIS EXI id est*, VI. 186 *posse videri*, VI. 330 *accepta cucullo*, VII. 62 *tantum*, quibus potissimum nisus ita iudicat: *Es ist also doch ein halbes Dutzend Lesarten, welche gegen PS ins Gewicht fallen.* concedendum quidem his locis A meliores lectiones praebere quam Sg., nisi quod VII 62 *tin*, quod Sg exhibet, non diversum est ab eo quod P et A recte praebent *tantum*. tribus autem locis (II. 155, VI. 147, VI. 186) prorsus idem exhibet codex P atque A. atque haec inter P et A cognatio multo magis conspicitur iis locis, quibus Wirz contrarium paene demonstrare studuit. pergit enim ita: *Wichtiger ist, dass trotz dieser Abweichungen von PS der Aarauer Codex dem verschollenen St. Galler Codex näher gestanden haben muss, wenn wenigstens die mit S bezeichnete Scholienabschrift aus diesem geflossen ist, wie allgemein angenommen wird...... Die Stellen nun, wo A und S übereinstimmen, sind folgende:...* atqui pluribus ad quos delegat nos Wirz locis cum A non solum S, sed etiam P conspirat, interdum hic liber propius ad A quam ad S accedit. eius generis autem sunt loci hi a Wirzio allati: III. 56, 57, ordo eodem modo turbatus etiam in P. III. 67 *luxuria* AP, *luxoria* Sg. VI. 136 *avaritia enim mariti* APSg. VI. 158 *neptes* APSg. 163 *posite* A, *positae* PSg. 164 *sic castior* AP Sg. 177 *tamquam fecunda .... troianorum alba* APSg. 192 *vult linguam* APSg. 261 *monstratos a campi doctore* om. ASg. et P a prima manu (cf. Steph. l. c. p. 9). 275 *iubeat* APSg. 281 *DICI* APSg. 296 sq. *civitates ut in Italia. ATQVE CONATVM* A, *ATQVECORONATVM* P Sg. 306 *revocata nnaribus* (sic) A, *revocata naribus* PSg. ibid. *roncho* APSg., 351 *CERVICE legimus* ante *VEHITVR* ponunt APSg. (in Sg. signa transpositionis), ibid. *CERVICE SYRORVM syrorum servorum* AP Sg. ibid. *lecticam ad* APSg. 468 *cotem* AP, *cutem* corr. Sg. — vel etiam in adscribendis scholiis conspirare P et A optime concluditur ex loco schol. Vl 474; tradit enim Wirz de illo scholio haec: *cognoscere — indiscere quid faciant a. d. operac— die, nocte. m. id est libidini — fecerit S, cognoscere toto rechts am Rande zu Vers 474, nocte. m. zu 475 ebenda, das Übrige hat wohl links am Rande gestanden, also dieselbe Reihenfolge in A*

codex P quidem non solum eodem ordine quo A exhibet scholia
COGNOSCERE TOTO — die NOCTE. M, atque ita, ut A illa
scholia in margine dextro adpicta, sed habet etiam id quod in A
fuisse suspicatur Wirz in sinistro margine *QVID FACIANT.* A.
D. *opere — dic.* 476 *perit libraria lanipendia* om. ASP (add. in
P alt. m. cf. Steph. l. c.), VI. 477 *aut certe lecticarius an* Sg. P (ita
mea quidem collatio), VII. 57 *CVPIDVS havid* (havidus P) APSg.
VII. 124 *ALTI NOS PAVPERES* APSg.

Inter quadraginta igitur quae Wirz attulit exempla, quibus
artior conexus codicum A et Sg. probaretur, vix plus decem
restant, ubi revera soli libri A et Sg consentiunt, diversa exhibet
codex Pithoeanus; reliquae fere omnes lectiones tribus his libris
sunt communes aut adeo hic illic P propius etiam ad fragmenta
Argoviensia accedit quam Sg. et his igitur et aliis locis, quibus meliores
lectiones nonnullas, quas A praebet, etiam in P inveniri, in Sg
vero abesse docuimus, respectis, vix maior necessitudo inter
A et Sg., quam inter A et P statuenda erit. praeterea libris
A et P accuratius collatis alios quoque inveniri posse locos, quibus
hi codd. consentiunt, vix est quod moneam. qua de causa quod
Wirz ex exemplis suis concludit: *Aus diesen Angaben erhellt ferner
für S, dass er fehlerhafter ist, als nach Jahns krit. Apparat geschlossen werden möchte,* idem in librum P, quem tot locis cum Sg.
consentire demonstravimus, cadat necesse est, neque turbatur his
verbis quod de cod. Sg. auctoritate supra fecimus iudicium.

Iam brevius absolvere possumus scholia illa satis pauca, quae
in eodem codice Sg. integro commentario praemittuntur atque
a nobis littera E sunt insignita. optime autem qua ratione librarius
in his scholiis sine dubio ad antiquissimam recensionem pertinentibus conscribendis usus sit, perspicitur hoc illo scholio pleno ex
E allato et cum eodem, quale in P Sg. legitur, comparato. veluti
legitur cod. Sg. pag. 31 fere media (schol. ad. VII. 221): *Cadurci.
quidam cucullum dicunt, candidum ppter hiemes & nives comparatum,
alii tabernaculum aut tentorium quib; merces suas protegere consuerunt.* PSg autem praebent hoc scholion ita: *CADVRCVM cadur-
cum quidam — nives est* (sic) *comparatum, alii — aut tentorium
dixisse quibus* et q. sq; vel schol. ad X. 168 E pag. 32 fin.: *Pelleo
·|· alexandro magno, qui in pelle civitate macedoniq natus est.* contra
P Sg.: *VNVS P. L. Alexandro Magno. hic nam in Pella natus est,
Macedoniae civitate.* iam videmus ex his exemplis librarium, qui
haec scholia excerpsit, non ea insignem fuisse religione et dili-
gentia, qua librarii codd. P Sg. vel etiam A, sed textum

pro arbitrio suo immutasse. cave tamen haec scholia prorsus *neglegas. inveniuntur enim in iis non solum lectiones et formae sat memorabiles, quas P Sg. non exhibent (cf. X 199 *ceu infantibus* E, *ut infantibus* PS, XI. 27 *socratis* E, *socrate* P Sg.) sed etiam lemmata, quae in P Sg. frustra requiras; velut quod iam attulimus ad X. 168 *Pelleo*; deinde exhibet E ad XI. 126 *Natabeo*, ad X. 199 *Madidiq*; *infantia nasi*, ad VIII. 234 *Braccatorum pueri*, alia. quibus omnibus haec scholia ex nullo eorum, quae nobis nota sunt scholiorum exemplarium fluxisse, sed proprium iis locum attribuendum esse ut credamus facile adducimur. neque a veri specie absonum erit cum Stephano coicere (l. c. p. 18 sq.) librarium, qui glossarum et versuum farraginem commentario integro praemisit, ea scholia ex codice Sangallensi deperdito (olim Sang D nr. 304), hausisse, ex quo etiam integra scholia, quae statim in codice nr. 870 insequuntur, descripta esse vulgo putant.

Sed haec de singulis recensionis subsidiis dicta sufficiant; exemplarium autem singulorum et originem et cognationem hoc fortasse depingere possumus stemmate simplicissimo:

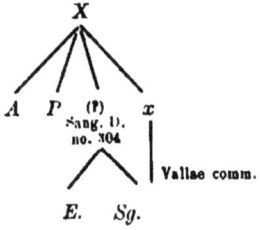

De hoc autem codice archetypo X, quem omnium exemplorum fontem esse statuimus, ut pauca verba faceremus paene ultro iam antea (pag. 303) nobis se obtulit occasio, neque abhorrere puto ab nostro incepto, si nunc in hac re indaganda paululum commoremur. atque iam supra diximus errores, qui totiens inveniuntur in codice P, quique positi sunt in verbis male coniunctis vel distinctis, sola fere explicari posse scriptura cod. archetypi, quae dicitur uncialis, continua. quorum vitiorum etiam cod. A haud minus insignis testis (cf. Wirz l. c. p. 442). exemplis autem iam prolatis commutationis litterarum *c* et *g*, *c* et *g*, *i*, *l*, *t* addere possumus locos, ubi litterae *Y* et *U* confunduntur (cf. V. 158 *gyla* pro *gula* P, simili modo in scholiis ad. IV. 23 *gyle* Ssg., IV. 53 *Syra* pro *Sura* Sp.), litterae *O* et *G* (in P IV. 93 *Ignium* pro *Ionium*), *R* et *P* (IV. 43 *torpentis* P *torrentis* recte S). compendia ut in scriptura unciali erant pauca; lectio autem XV. 112 *Rhetor & hyle* (recte *rhetore Thyle*), qui error et in Sp. et in Sg. repetitur, ex eodem compendio *c·* in codice arch. originem duxisse videtur; praeterea etiam notam *B·* = *bus* ut saepe in codd. uncialibus [9]) ita in hoc cod. archetypo usurpatam fuisse docent loci duo: I. 38 exhibet P *nontib*, pro *noctibus* et illo cod. archetypi compendio accepto plana fit erroris causa; deinde II. 92 P praebet, *soliti* ////// *aptae*; quid scriptum fuerit facile cognoscitur ex lemmate integro adscripto: *solitib*; *aptae* id est, *solitibus aptae*. in exemplari enim continue scripto legebatur *SOLITIB· APTAE* indeque natus est error. interpolationum quidem vestigia inveni nulla, nisi quod X. 221 illud '*tutor*', quod P post vocem novissimam '*uno*' falso exhibet, ad vocem '*Hirrus*' explicandam (vs. 222) irrepsisse Jahn suo iure suspicatur. addere etiam possumus nimis strenue librarium cod. archetypi observasse linearum schema certis sine dubio finibus circumscriptum. aliter enim explicare nequimus, qui factum sit, ut tot locis novissimae longiorum versuum litterae vel voculae perierint; cf. I. 35 *palpat* om. P, add. p. VIII. 1 *Pontice lo* P, *ngo* supplevit p. IX 82 *nullum* om. P, suppl. p. item IX. 97 *ferrum*, 99 *quod*, X. 176 *altos* (postea ab ipso P suppl.), alios locos permultos [10]). scholia autem nobis servata in margine codicis archetypi adscripta fuisse cum per se sit probabile, exempla codicum P et A ipsa nos edocent. ordinem etiam scholiorum haud paucis locis turbatum et hi libri et Sg. tam fideliter servaverunt, ut dubitare non possimus, quin haec confusio iam in codice archetypo ipso fuerit. neque absunt indicia, quibus ducti etiam rationem scholiorum et lemmatum adpingendorum enucleemus. nuper enim J. Vahlen, vir clarissimus, optime intellexit (cf. Index lect. univ. Berol. a. 1884, p. 22 sq.) scholiorum lemmata non ita exhibere '*poetae verba aut sententias vel sententiarum particulas*', quae in scholiis explicentur, sed omnino a librario versuum in quibus declarare aliquid suscepit interpres '*initia aut extrema*' esse indicata. quae quidem observatio certissima fulcitur etiam et probatur tota scholiorum in cod. archet. conscribendorum ratione ac natura. nam si quid video et si quid valent codd. P et A testes

---

[9]) Cf. ipsius Iuvenal. fragmei.tum antiquissimum Bobiense (Vat. 5750) XV 22 *REMIGIB·* in Zangemeister u. Wattenbach. Exempla codd. lat. tab. 5. lin. 5.

[10]) Etiam numerum versuum in cod. archet. folio unoquoque depictorum satis certis indiciis enucleasse sibi visi sunt vv. dd. (cf. Ribbeck *Der echte und unechte Iuvenal p. 175* et Bucheler mus. Rh. XXIX. 636); sed hae coniecturae tam arte cohaerent cum saturae XVI totiusque textus historiae condicione, ut iam hic eas tractare et tempus deficiat et locus.

probatissimi, lemmata et quae ad ea pertinent scholia ita erant adpicta, ut versuum singulorum verba prima explicanda cum scholiis ponerentur in margine sinistro, in dextro verba versuum novissima cum suis explicationibus. doleo sane Wirzium non pluribus locis de scholiorum positione in A verba fecisse: tamen iam ea quae nobiscum communicavit ad id quod demonstrare volumus probandum sufficiunt. cf. schol. ad III. 56, 57. *PONENDAQVE PRAEMIA SVMAS* (verba versus 56 novissima) in margine dextro cod. A, *TRISTIS ET A MAGNO* (verba vs. 57 prima) in sinistro. praeterea schol. ad VI. 474 sq. *COGNOSCERE TOTO* et *NOCTEM* (novissima versuum verba) in dextro m., reliqua verba (prima versuum) in sinistro adscripta erant, nunc quidem deperdita. idem valere in cod. P iam ex primis quae fol. 13[v] leguntur lemmatis (ad vs. I 1—29) luce clarius adparet; legimus enim in margine sinistro: *SEMPER EGO* (vs. 1), *TELEPHVS A. S. P.* (vs 5) (altera quidem h. sch. pars etiam invenitur in m. dextro), *SCRIPTVS E. I. T. N. F. O* (vs, 6), *VVLCANI Q. A. VENTI* (vs. 9) *AEACVS* (vs. 10), *FRONTONIS* (vs. 12), *FIGAT APRVM* (vs. 23), *CVMPARS* (vs. 26), *VENTILETA. AE. D.* (vs. 28), contra in margine dextro: *CORDI* (vs. 2), *ILLE TOGATAS* (vs. 3) *ORESTES* (vs. 6), *QVAM MIHI LVCVS* (vs. 7) *CANOPI* (vs. 26). — sed haec exempla satis superque id quod volumus demonstrant neque libet diutius commorari in re per se probabili. patet vero hanc lemmatum rationem a vetere interprete profectam non esse, sed librarium cod. archetypi ex suo textu verba scholiis praefixisse: sed iam quaestionem attigimus omnium gravissimam latissimeque patentem, rationem dico, quam inter versus ipsos et lemmata scholiorum intercedere statuamus oportet. verum de hac re et de singulis scholiis recte restituendis proxima disputatione agere in animo est.

Vindobonae. RUDOLPHUS BEER.

Miscellen.

Die Liste der ägyptischen Halbgötter in den Excerpta Barbari.

Deinceps Mitheorum regna sic
Prota Anube Samusim qui etiam Aegyptiorum
scripturas conposuit   ann. LXXXIII
Post hunc Apiona grammaticus qui secundum
Inachum interpraetatur   ann. LXVII
quem sub Argios initio regnaverunt
Post hec Ecyniorum reges interpraetauit
Imitheus uocans et ipsos   annos duo milia C
fortissimos uocans

So lautet nach der Ausgabe von A. Schöne (Eusebios I, 215) das Verzeichniss der Halbgötter in jener merkwürdigen Handschrift, welche man des barbarischen Lateins wegen, in der sie geschrieben ist, nach dem Vorgange Scaliger's Excerpta Barbari zu nennen pflegt. Einen Versuch diese ganz verworrene Stelle zu erklären hat Unger (Chronologie des Manetho, S. 163) gemacht. Er geht davon aus, dass eine Notiz, welche im griechischen Original der Excerpta am Anfange der 18. Dynastie gestanden hatte, in die Stelle über die Halbgötter sich verloren hat. Diese Notiz wäre etwa folgendermassen zu reconstruiren: μετὰ τοῦτον Ἄμωσιν ἔτη ΞΖ' (βασιλεῦσαί φασιν) ὃν Ἀπίων ὁ γραμματικὸς, ὃς καὶ τὰς Αἰγυπτίων ἀναγραφὰς συνέταξεν, κατ' Ἴναχον ἐξηγεῖτο, τὸν πρῶτον Ἀργείων βασιλεύσαντα. (Vgl. Gelzer, Julius Africanus, S. 202.)

Wir wollen im Folgenden die ursprüngliche Form dieser Stelle der Excerpta Barbari nachzuweisen und damit die Erklärung für diese scheinbar so sinnlosen Zusätze zu geben versuchen.

Die Liste lautete ursprünglich so:
1) Anubis
2) Amusis
3) Apis.

Wir wissen aus dem Turiner Königspapyrus, dass die Halbgötterdynastien, welche nach ägyptischer Priesterlehre den menschlichen Regierungen vorausgegangen waren, auch heilige Thiere umfassten. Fragment 41 giebt uns ausdrücklich den Hapi (= Apis) und daneben einen anderen Stier mit Namen Mena. Aus zahllosen Texten kennen wir ferner die Namen der vier Todtengenien. Der erste derselben wird in dem demotischen Theile des bilinguen Papyrus Rhind Nr. 1 (Brugsch, A. Henry Rhind's zwei bilingue Papyri, S. 15 und 35) Tafel 16, Z. 2 A-MoS-T geschrieben. Der mittlere Bestandtheil ist mit demjenigen identisch, der ⲛⲙⲱⲥ⸗ lautete, in dem Namen Ἀμωϲιϲ. Der Name des ersten Todtengenius ist sonach Amoset zu lesen, der Name des zweiten lautete Hapi-Apis. Aus der ägyptischen Mythologie ist uns der innige Zusammenhang bekannt, in welchem Anubis, der ägyptische Hermes Psychopompos, mit den vier Todtengenien stand. Nach Plutarch de Iside et Osiride, c. 14 war Anubis der Sohn des Osiris und der Nephthys; ebenfalls als Kinder des Osiris erscheinen die Todtengenien in zahlreichen Texten, so vor allem im Todtenbuch. Es ist daher nach dem Gesagten gewiss begründet, wenn wir annehmen, dass in unserer Liste als Halbgötter neben Anubis die Todtengenien vorkamen, von denen in dem Exemplar, welches dem in der Zeit der Merowinger lebenden Autor der Excerpta vorlag, nur mehr die zwei ersten erhalten waren. Die zwei anderen fehlten in demselben wie die übrigen Halbgötter und die Summenzahl.

Es fragt sich nun, wie sind die Zusätze, welche unsere Stelle giebt, zu erklären. Der Sinn der Bemerkung „qui etiam Aegyptiorum scripturas composuit“ ist klar. Sie besagt, dass Amusis die ägyptische Schrift erfunden habe; eine Angabe, welche nicht unwichtig ist für die ägyptische Mythologie. Gewöhnlich wird Gott Thoth (Hermes) als Erfinder der Schrift angeführt (Cicero, de nat. deorum III, 22, 56: Mercurius dicitur Aegyptiis leges et litteras tradidisse. Hunc Aegyptii Theuth appellant. Vgl. Plinius VII, 192). Daneben gab es Ueberlieferungen auderer Art. So lesen wir bei Plinius VII, 193: Anticlides in Aegypto invenisse (litteras) quendam nomine Menon tradit XV annis ante Phoronea antiquissimum Graeciae regem idque monumentis adprobare conatur. Mit Recht bemerkt Unger, Chronologie des Manetho, S. 82, dass hier schwerlich Menes, sondern vielmehr ein Aegypter vor ihm gemeint sei und dass die Zahl voraussichtlich um Tausende zu klein ist. Man kann hier an einen Privatmann nicht denken. Da Menes als erster menschlicher König Aegyptens galt, so liegt es nahe anzunehmen, dass uns hier der mit Menes gleichnamige Halbgott und König Mena vorliegt, der, wie bereits bemerkt, im Turiner Papyrus neben Apis erscheint. Parallel mit dieser Angabe bei Plinius geht der Zusatz der Excerpta, welcher die Erfindung der Schrift auf den Halbgott Amusis zurückführt. Ebenso werthvoll wie dieser Zusatz ist auch der Beiname, der in der Götterliste der Excerpta Gott Horos gegeben wird, nämlich Ptoliarchos. Es ist hier auf den analogen Titel „Verwalter des Landes“ zu verweisen, den Horos auf einer Stele des Louvre führt (Vgl. Brugsch, Supplement zum hier.-demot. Wörterbuche, S. 1058.)

Standen in der Liste der Halbgötter Amusis und Apis neben Anubis, so findet der Zusatz „qui secundum Inachum interpraetatur quem sub Argios initio regnaverunt“ seine Erklärung. Es liegt hier entweder eine Verwechselung des Halbgottes Apis mit dem gleichnamigen König von Argos, dem zweiten Nachfolger (dann: δεύτεροϲ μέτ' Ἰναχον) des Inachos vor — dann müsste man den Zusatz „grammaticus“ und die Form „Apiona“ auf eine Randnotiz eines

Lesers, der an den aus der Lectüre des Josephos ihm bekannten Apion dachte, zurückführen. Oder aber — und wir halten diese zweite Möglichkeit für viel wahrscheinlicher — auf eine Verwechselung des Halbgottes Amusis mit dem ersten König der XVIII. Dynastie der Tomoi, wobei der Zusatz nur irriger Weise um eine Zeile zu tief stehen kam und der Name Apion das ursprüngliche Apis verdrängte.

Allem Anscheine nach entsprang der Zusatz dem Bestreben der späteren Chronographen, das Alter des ägyptischen Reiches möglichst herabzudrücken. Hatte bei Anführung des manethouischen Fragments, in welchem die Geschichte der feindlichen Brüder Armais und Sethosis erzählt und der erstgenannte mit dem Danaos der griechischen Sage gleichgesetzt war, Josephos bemerkt: καίτοι τοῦτον ἀρχαιότατον Ἀργεῖοι νομίζουσι (Contra Apionem I, 16) so lag hier der entgegengesetzte Fall vor. In einer Schrift, in welcher Zeus-Picus mit Sarapis, Pluton Aidoneus, Poseidon Chthonios und Ninos, oder Semiramis-Rhea mit Hera Zygia, Nemesis und Hekate, endlich Hermes Faunus mit Hermes Trismegistos identificirt wurde (Excerpta Barbari, ed. Schöne S. 199), ist es gewiss nicht auffallend, die Könige Amosis von Aegypten oder Apis von Argos den gleichnamigen ägyptischen Halbgöttern gleichgesetzt zu finden.

Es steht uns fest, dass das Verzeichniss der ägyptischen »Potestates«, welches die Excerpta Barbari geben, neben Africanus und Eusebios einen selbstständigen Werth beansprucht; es ist eine dritte ἔκδοσις, deren Angaben man nicht einfach in den Text des Africanus einsetzen darf.

Wir haben zum Schlusse einiges über die Summe von 2100 Jahren, welche als Regierungsdauer der Νέκυες angegeben werden, zu bemerken. Die gewöhnliche Ansicht geht dahin (Lauth, Manetho, S. 8, Unger, Chronologie des Manetho, S. 67, Gelzer, Julius Africanus, S. 196) dass diese Summe nur irrthümlich von dem Ende des ersten Tomos an die Stelle gerückt wurde, welche sie gegenwärtig einnimmt. Wir glauben dagegen, dass der Autor, dem die Liste ihren Ursprung verdankt, die Könige des ersten Tomos von Menes bis auf Amenemes einfach als Νέκυες auffasste und erst mit den Königen des zweiten Tomos die menschlichen Regierungen begann. Es ist klar, dass ihn dabei das Bestreben leitete, die Ansätze der Aegypter mit der Chronologie der Bibel in Uebereinstimmung zu bringen. Das ist die Zwischenstufe zwischen den ursprünglichen Ueberlieferungen und den Aufstellungen, welche uns z. B. im Vetus Chronicon und im Sothisbuche entgegentreten, wo die Könige des ersten Tomos einfach gestrichen sind.

Wien, 24. Februar 1884.   J. KRALL.

Eine Versverstellung in der Elektra.

Weder v. 1007 f., noch 1053 f. stehen an ihrem richtigen Platze. Bezüglich des ersteren Verspaares ist dies allgemein anerkannt. Nauck, Blaydes und Dindorf tilgen dasselbe, während Wolff es nach 822, Pflügel (Jahrb. f. Phil. 1877, p. 240) nach 1170 stellt: letzteres sehr mit Unrecht; denn nimmermehr konnte der Dichter in solcher Situation, nach dem Gefühlssturme, dem die ganze Rede von v. 1126 an einen so ergreifenden Ausdruck gibt, in einem Momente, wo der Lebensüberdruss Elektras sich zur entschiedensten Todessehnsucht gesteigert hat, ihr eine so nüchterne, verstandesmässige Reflexion in den Mund legen. Aber auch nach Wolff's Umstellung enthält der Gedanke: οὐ γὰρ θανεῖν ἔχθιστον, ἀλλ' ὅταν θανεῖν | χρῄζων τις εἶτα μηδὲ τοῦτ' ἔχῃ λαβεῖν eine Abschwächung des kräftigen Redeschlusses ὡς χάρις μέν, ἢν κτάνῃ, | λύπη δ' ἐὰν ζῶ· τοῦ βίου δ' οὐδεὶς πόθος, in welchem das Sterben so entschieden als eine χάρις bezeichnet wird, dass darauf von einer — wenn auch nur relativen — Widerwärtigkeit des Sterbens nicht mehr die Rede sein kann.

Ihre richtige Stelle haben die fraglichen Verse nach v. 1052, wo sie durch die dort ganz ungehörigen Verse 1053 und 1054, welche nach Morstadt's und Nauck's sehr begründetem Urtheile in solchem Zusammenhange nur baaren Unsinn enthalten, verdrängt worden sind. Diese Verse wieder (1053, 1054), hinter 1006 versetzt, kommen nun auch ihrerseits zu voller Geltung. Elektra hatte in ihrer Leidenschaft und wohl auch um die Chrysothemis nicht in vorhinein zu entmuthigen in der Rede 947—989 die Möglichkeit des Misslingens ihres Planes (den Aigisthos zu tödten) gar nicht ins Auge gefasst: höchstens in ψυχῆς ἀφειδήσαντε (980) war das Gefahrvolle des Unternehmens angedeutet. In geradem Gegensatze hiezu gilt der bedächtigeren Chrys. der Anschlag als gleichbedeutend mit sicherem Tode, den sie, ganz entsprechend ihrem nüchternen Wesen, gegen Nachruhm einzutauschen nicht gesonnen ist. Das Streben darnach (nach dem θανεῖν μετὰ καλῆς βάξεως) ist ihr etwas ganz nutzloses (1005 f.) und bleibt es in ihren Augen, auch wenn Elektra noch so sehr darnach begehrt (und sich durch das Schwelgen in diesem Gedanken innere Befriedigung verschafft) — denn eben schon das Jagen nach eitlen Zielen ist die grösste Thorheit (1053 f.). Die beiderseitigen Standpunkte werden auch durch die Wechselrede 1017—1051 nicht ausgeglichen und so kann Elektra 1052 sagen: 'Nie werde ich dir folgen (vgl. 817 ff.); denn nicht das Sterben gilt mir als das ärgste (wie dir), sondern, wenn man, nach dem Sterben sich sehnend, auch das nicht zu erreichen vermag.' (Ihr ist also der im Falle des Misslingens zu gewärtigende Tod gerade ein willkommenes Mittel, von einem Leben befreit zu werden, das ihr nunmehr — nach Orest's vermeintlichem Tode — doppelt widerwärtig ist). Die beiden Verspaare haben also ihre Stellen zu tauschen.

Ausser den inneren Gründen wird diese Annahme empfohlen durch den Umstand, dass zwischen 1006 und 1052 gerade 47

Verse liegen, also ungefähr so viel, als jede der beiden Doppelcolumnen des Laurentianus enthält. Nehmen wir auch schon in der Handschrift, aus welcher die Vorlage des Laur. A. abgeschrieben ist, solche Doppelcolumnen an, so dass die fraglichen Verspaare in derselben etwa in gleicher Höhe neben einander standen, so konnte durch Abirren des Auges aus einer Columne in die andere in der unmittelbaren Vorlage des Laurentianus jene Versversetzung entstehen, die überdies durch den Umstand unterstützt ward, dass sowohl v. 1006, als auch der jetzige v. 1007 (= dem ursprüglichen Verse 1053) mit demselben Worte θανεῖν schliessen. Das Zeichen, welches in der Vorlage des Laur. die richtige Versfolge angedeutet haben mag, blieb von dem Abschreiber, dem wir den Laur. verdanken, unbeachtet. Durch die Gleichheit des Schlusswortes θανεῖν in v. 1006 und 1007 (= den ursprünglichen vv. 1006 und 1053) erklärt sich auch, dass v. 1007 (d. i. ursprünglich 1053) anfänglich (in der Vorlage des Laur.) weggelassen und wohl am Rande nachträglich notirt wurde. Im Laur. ist derselbe erst von jener Hand, welche die Scholien schrieb, am Rande nachgetragen. — Zur Erläuterung dieser Darstellung diene folgendes Schema:

x:

βάξιν καλὴν λαβόντε δυcμόρωc[1]) θανεῖν,   1006
οὐδ' εἰ cφόδρ' ἱμείρουcα
τυγχάνειc, [2]) ἐπεὶ   1007
πολλῆc ἀνοίαc καὶ τὸ θηρᾶcθαι
κενά.   1008

ἀλλ' εἴcιθ'· οὔ coι μὴ μεθέψομαί ποτε·   1052
οὐ γὰρ θανεῖν ἔχθιcτον, ἀλλ'
ὅταν θανεῖν   1053
χρῄζων τιc εἶτα μηδὲ τοῦτ'
ἔχῃ λαβεῖν.   1054

y (Vorlage des Laur.):

irgend ein Zeichen der richtigen Versfolge.

βάξιν καλὴν λαβόντε
δυcμόρωc θανεῖν   1006
Am Rande nachgetragen   1007
    (richtig 1053)
χρῄζων τιc εἶτα μηδὲ
τοῦτ' ἔχῃ λαβεῖν.   1008
    (richtig 1054)

ἀλλ' εἴcιθ'· οὔ coι μὴ
μεθέψομαί ποτε   1052
οὐδ' ἦν cφόδρ' ἱμεί-
ρουcα τυγχάνῃc, ἐπεὶ   1053
    (richtig 1007)
πολλῆc ἀνοίαc καὶ τὸ
θηρᾶcθαι κενά.   1054
    (richtig 1008)

irgend ein Zeichen der richtigen Versfolge.

---

[1]) So ist wohl nach Nauck's Vorschlag statt des überlieferten δυcκλεῶc zu schreiben.

[2]) εἰ..τυγχάνειc möchte ich schreiben st. ἦν..τυγχάνῃc nach den Spuren im Laur. Vittorio Lami bemerkt in seiner Collation: τυγχάνῃc m¹, la m² sbarrò l
εἰ
ει soprascritto, oppure ne fece un' η.

Laurentianus A.:

das Zeichen der richtigen Verfolge weggelassen.			das Zeichen der richtigen Verfolge weggelassen.
	βάξιν καλὴν λαβόντε δυςκλεῶς θανεῖν 1006 οὐ γὰρ θανεῖν ἔχθιςτον, ἀλλ' ὅταν θανεῖν (nachgetragen vom Schreiber der Scholien) 1007 (richtig 1053) χρήζων τις εἶτα μηδὲ τοῦτ' ἔχῃ λαβεῖν. 1008 (richtig 1054)	ἀλλ' εἴςιθ'· οὔ coι μὴ μεθέψομαί ποτε 1052 οὐδ' ἢν cφόδρ' ἱμείρουcα τυγχάνῃς, ἐπεὶ 1053 (richtig 1007) πολλῆς ἀνοίας καὶ τὸ θηρᾶcθαι κενά. 1054 (richtig 1008)	

FRIEDRICH SCHUBERT.

Eine Handschrift des Geschichtschreibers Herodian.

Habent sua fata libelli. — Ein glücklicher Zufall spielte einen griechischen Papiercodex, der schon einmal dem Brandunglücke entkommen war und nun in die Papierstampfe wandern sollte, in meine Hände. Die Hds. enthält zuerst Ἡρωδιανοῦ τῆς μετὰ Μάρκον βαcιλείας ἱcτοριῶν βιβλία ὀκτώ, dann Τοῦ θεοφιλεcτάτου καὶ λογιωτάτου ἐπιcκόπου Κυθήρων Μαξίμου τοῦ μαργουνίου ἐπιcτολαὶ καὶ ἄλλων τινῶν. Eine Randbemerkung auf f. 1 nennt einen früheren Besitzer καὶ τόδε ἐκ τῶν cτ[ε]ριάδου δημητρίου, in dem man nach den Schriftzügen zu urtheilen, auch den Schreiber oder sicher einen der Correctoren der Hds. sehen kann. Der Schreiber corrigirte an einigen Stellen selbst, so die Dittographie III 1 καὶ μάλιστα ἐλπίζων, VII 9 ἐκέ-
λευcε ἐπέτρεπε, VII 4 παϊάντες παίcαντες, VII 12 τῶν θηρῶν; I 5 εἰκόc zeigte er mit dem Striche den Fehler an. Auch einige Marginalglossen stammen von ihm her, vgl. I 11 zu Θύμβριδοc: θύμβρις ὁ Τίβερις ποταμὸς ὁ διὰ ῥώμης ῥέων; I 12 zu Λαύρεντον: λαῦρόν φαcι τὴν δάφνην. Eine zweite Hand corrigirte einige Lesearten; sie schrieb I 5 zu εἰκόc an den Rand ἴc: εἰωθόc; I 15 zu μονοειδεῖc, ἴc: μηνοειδής; II 1 zum undeutlichen cχήματος, ἴc: cχήματοc; V 5 zu τὰ ἀρκτῷα, ἴc: ἑῷα, machte auch einige Marginalglossen wie I 14 ἀμαζόνιος. ἀνίκητος. εὐτυχής. εὐςεβής
αὐρήλιος. κόμμοδος. αὔγουστος. ἡράκλειος u. ä.; bemerkte IV 8 zum Texte ἀπεκαρτέρησε: ἀπέθανεν ἀπὸ τὴν πείναν, ἀοιτίαν (ἀcιτίαν?) καὶ ἀφαγίαν; III 6 zu Περινθίοις: ἡ νῦν Ἡρακλεία. An dieser Stelle zeigt sich die Schrift einer dritten Hand, welche mit blasser Tinte Πέρινθος über die Glosse schrieb. Dieselbe Hand schrieb IV 2 ἐπιθέωςι an den Rand (ἐπιθέουcι im Text), IV 8 ποιούμενος (μὴ ποιούμενος im Text); sie corrigirte wiederholt im Text selbst.

Bei der ersten Betrachtung schien der Text eine Abschrift der Aldina[1]) (1503) zu sein, da bisher einzig durch die Aldina bekannte Lesearten in dieser Hds., die wir mit h bezeichnen wollen, zu finden sind, vgl. I 1, 1 ἐνίων, 5 δυναςτείας; 2, 1 κόμμοδον; 3, 2 καινάς *om.*; 3, 5 ἐρᾷ γάρ; 4, 3 πρὸς ὑμᾶς, 5 ἀνύποπτοι, ἐπὶ τούτῳ, τοιοῦτα δὲ, 7 ἀρετῆς τε *om.*; 8, 2 καὶ πᾶcαν, 3 τοιοῦτο, ὀχυρώτατον, IV 2, 1 τελετήν u. a. — aber bei genauerer Untersuchung traten ebenso bedeutende Differenzen zu Tage, nicht bloss bei einzelnen Lesearten, vgl. I 1, 4 φθοράς (φοράς a); 8, 3 μενόντων (μελόντων a), 4 τὰς τιμὰς (τὰς *om.* a), sondern insbesondere an zwei verderbten Stellen, von denen die eine I 17, 5 lückenhaft in a überliefert ist (es fehlen die Worte Ἐκλεκτον—εἰποῦσα τὸν), während sie in h vollständig erhalten ist; die andere IV 4, 3 lückenhaft in allen bis jetzt bekannten Hds. überliefert ist, während in h sich keine Lücke findet. Die Stelle lautet in h also: Τῆς οὖν μητρὸς μεταπεμψαμένης τοὺς παῖδας, ὁ μὲν Γέτας πεισθεὶς τοῖς τῆς μητρὸς λόγοις μόνος ἀφίκετο· ὁ δ' Ἀντωνῖνος πονηρὸς ὢν ἧκε πρὸς τὴν μητέρα μετὰ τῶν χιλιάρχων. ἐν δὲ τῷ παραινεῖν αὐτὸν τὴν μητέρα νεύει τοῖς χιλιάρχοις τὸν τοῦ Γέτα θάνατον. ὁ δὲ Γέτας ἐπεθέει τοῖς τῆς μητρὸς στήθεςι καὶ βοᾷ· μᾶτερ, μᾶτερ cῶcον. καὶ τῆς μὲν κωλυούσης διὰ στοργήν, τοῦ δὲ Ἀντωνίνου μὴ πειθομένου δι' ἐπιβουλὴν ὁρμήςαντες οἱ χιλίαρχοι αὐτὸν κατέκτειναν.

Der handschriftliche Fund ist schön, doch der Inhalt desselben leider nicht neu. Ueber die Geschichte dieser Stelle hat Ritschl im Rhein. Mus. XII. p. 157 ff. (vgl. Opusc. I 541 ff.) in geistreicher Weise -- ut eius est mos -- gehandelt. Daselbst erzählt Ritschl, dass diese Ergänzung zuerst der Archimandrit Gazes in seiner Βιβλιοθήκη Ἑλληνική II 50 bekannt gegeben hat mit der Bemerkung, dass sie ihm ein guter Freund aus einer Handschrift des seitdem zerstörten Klosters Elasson in Thessalien abgeschrieben und mitgetheilt habe. Ritschl brachte der Notiz des Gazes, der ein Zeitgenosse des Dukas und Kumas war, wenig Vertrauen entgegen; er bewies aus dem Wortlaute, dass die Ergänzung nach dem Excerptor des Dio, Xiphilinus (LXXVII 2), ziemlich ungeschickt von einem Abschreiber zurecht gemacht worden sei. Wir wollen über die Echtheit der Worte hier nicht weiter verhandeln, sondern vielmehr die Frage beantworten, ob wir in h vielleicht jene thessalische Handschrift gefunden haben, von der Gazes berichtet. Die Frage muss verneint werden; denn die Ergänzung der Stelle II 2, 10 in demselben Codex (vgl. darüber Ritschl a. O.) findet sich in unserer Handschrift nicht.

Die vielbestrittene Ergänzung der Stelle IV 4, 3 findet in h zum ersten Male handschriftliche Gewähr, und da ferner die Hds. mit der verschollenen Quelle der Aldina in naher Verbindung steht, so können wir diesen Fund immerhin mit Freuden begrüssen,

---
[1]) Ueber den Codex, aus dem die jetzt seltene Aldina (=a) stammt, bemerkt der jüngste Herausgeber Herodians, L. Mendelssohn, praef. VIII (ed. Lips. 1883): Unde autem codex ille (a), quem Politianoi fuisse simillimum dixi, Aldo obtigerit, ego explorare non potui, poterunt fortasse qui maiorem illorum temporum habent notitiam.

der vielleicht für die Textgeschichte des Herodian von noch weiterer Bedeutung werden wird.

Die Handschrift enthält ausserdem gegen 170 Briefe und zum Schluss ein Gedicht (πρός τινα κακῶς λέγοντα τοὺς "Ελληνας ἐμμανουήλου) des bekannten Bischofs von Kreta, Maximos Margunios (vgl. Fabricii bibl.), der 1602 starb.

Die Handschrift gehört demnach im günstigsten Falle an das Ende des XVI. Jahrhunderts; doch darf dieser Umstand nicht zu Ungunsten der Handschrift angeführt werden, da selbst die von Mendelssohn als beste bezeichnete Handschrift, der Codex Mon. gr. 157, dem XV. Jahrhundert angehört.

Die Handschrift h, welche gegenwärtig Eigenthum meines Freundes und Collegen Dr. J. Wallentin ist, wird wahrscheinlich in den Besitz der Wiener Hofbibliothek übergehen.

Wien, Ostern 1884. J. HUEMER.

Ad panegyricos Latinos.

I. Plin. pan. c. XXVII p. 24, 12 (ed. Baehr.): contra largiatur et auferat, alat et occidat: ne ille *in tam* (CW, uitam BV, siquidem recte legit Baehr.) brevi tempore offecerit ut omnes non posterorum modo sed sui parentumque paeniteat. Quae sic tradita a scriptore profecta esse non posse iam antiquissimi editores intellexerunt. Nam neque *in* suum habet locum neque *tam* explicari potest. Cum igitur aliis *in*, aliis *tam*, aliis utraque particula esset offensioni, locus variis temptatus est coniecturis. Livineius *inquam*, Buchner *quam*, Gronovius *tum in*, Schwarzius et Keilius (in ed. min.) *etiam*, idem postea (in ed. mai.) Gesnerum secutus solum *iam*, Rittershusius tantummodo *in*, Behrius *ita* [1]) aut scribendum proposuerunt aut in textum ipsum receperunt. Sed nulla ex his coniecturis multum habet commendationis. Nam omissis verbis *tum in, etiam, iam, inquam, quam, ita,* quas illi loco *in tam* posuerunt, non solum nullum damnum adfertur sententiae, sed ea magis explanatur et quasi expeditior efficitur. Adde quod complures coniecturae non satis premunt vestigia librorum. Hoc vitium quamquam eo vitavit Baehrensius, quod Gesneri coniectura adsumpta *mihi iam* scripsit, tamen scriptoris manum restituisse mihi non persuadebit. Displicet enim *mihi*, quod talis usus dativi, quem vocant ethicum, Plinianis [2]) exemplis vix firmari potest. Quibus de causis cum neque in scriptura tradita neque in emendationibus a viris doctis propositis acquiescere possim, aliam commendaverim coniecturam

---

[1]) Quam coniecturam haud dubie ignorans Schnelleus in progr. Miscn. a. 1879 ed. (»Kritisches z. Panegyricus d. Plinius«) pag. 28 ut suam proposuit.

[2]) Nam loci ep. I 5, 5 oc co *tibi* Regulus 'quaero' inquit, 'Secunde, quid de Modesto sentias.' et IV 11, 2 quos *tibi*, Fortuna, ludos facis, quos solos Krautius (progr. Schönthal. a. 1872 cm. p. 14) adfert, ad hunc locum non quadrant.

quae mihi incidit in mentem deliberanti, an particulae *in tam* ex
substantivo quodam sint depravatae. Suspicor enim Plinium hoc loco
miseriam scripsisse, quod ut nostrum *unglücklicher Zustand,
unglückliche Situation, Elend* acceptum velim. Quod substantivum
codicum scriptura maxime comprobatur, si vocem *miseriam* compendio *miam*, quo librarios usos esse Livineius (ad. inc. (VIII)
grat. act. c. V 3) et Wattenbachius (Anleit. z. lat. Paläogr. p. 72)
contendunt, expressam esse putamus. De constructione verborum
cf. Cic. Lael. 19, 68 *si spem adferunt ut tamquam in herbis non
fallacibus fructus appareat*; de nat. deor. I 9, 21 *ne in cogitationem
quidem cadit ut fuerit tempus aliquod nullum cum tempus esset*.
(Kühner. gr. Lat. II² p. 818). Vox *miseria* etiam ep. VII 5. 2 invenitur.
II. (IX) incerti pan. Const. Aug. d. c. XXVI p. 212, 17—21
et certe summa in te bonitas est [pietas], et ideo quae
iusta sunt velle debes, nec abnuendi est causa cum
possis. nam si est aliquid quod a te bene meritis denegetur, aut potestas cessavit aut bonitas. Qua in scriptura
libris tradita mendum latere idque in enuntiato altero nam
— bonitas conlatis iis quae antecedunt et — possis negari
nequit. Namque minime defendi potest lectio volgaris interpretatione
Jaegeri: *Est in te summa bonitas et potestas. Ideo quia bonus es,
iusta velle debes et quia potens es, non debes abnuere merentibus; alioquin aut potestas aut bonitas defuisse videtur*, in qua maxime offendunt verba *alioquin* et *defuisse videtur*, quibus per vim aliena sententia in enuntiatum quod incipit a particula *nam* infertur. Quod
cum animadvertisset Baehrensius loco, ut ita dicam, laboranti
emendatione succurrendum esse ratus ex *aut* — *aut* fecit *haut* —
at. At haec coniectura rationi obsistit repugnatque. Nam orator cum
in priore enuntiato contendisset summam bonitatem in imperatore
esse, ut iusta velle debeat, nonne secum ipse pugnaret, si statim
diceret bonitatem ei defuisse, cum bene merentibus aliquid negaret?
Quae cum ita sint, alio ad locum sanandum utendum est medicamento, quod me invenisse arbitror, cum *nec* loco *nam* (*nā*) reponerem.
Iam vide quam bene omnia conveniant. Summa est, orator inquit, in te bonitas et potestas, ut quae iusta sunt et velle debeas
et perficere possis; si tamen interdum movearis, ut etiam bene meritis aliquid deneges, neutiquam ex repulsa conligi licet tibi aut
potestatem aut bonitatem defuisse. Poterat enim imperator aliquid
negare, si negandi necessitatem esse intellexerat. — At si quis
necessariam putet particulam *nam*, ita sanaverim locum ut *numquam*
post *denegetur* inserendum esse statuam.

III. (XII) Pacati pan. Theodos. Aug. d. c. XLI, p. 308, 20 num
amplius speravisti quam ut Maximus tibi nuntiaretur
occisus quam, ut semivivum eius caput nondum clausis
tota morte oculis ex acie referretur, quam *ad* summum ut fugiens resistensve caperetur? Per mihi
mirum videtur Baehrensium veteres editores secutum librorum optimorum scripturam repudiasse praepositione *ad*, quam solus corrector
Vaticani (w) exhibet, ante *summum* restituta. Licet enim *ad summum*

non male dictum sit, tamen *summum* eadem significatione nude positum cum aptum, tum multo usitatius est. Quapropter hoc retinendum esse censeo. Tamen est aliquid, quod in verbis traditis offendat. Turbatur enim servato ordine verborum figura anaphorae, quam ubicumque licebat panegyristae admiserunt[3]). Quam hoc quoque loco reponamus enuntiata antecedentia, in quibus *quam ut* bis legitur, postulare videntur. Igitur scribendum esse duxerim *quam ut summum*, nisi forte. Pacatus ut magis efferret vocem *summum* de illa figura decessisse putandus est.

IV. Locum, qui paulo infra l. 23 volgo exhibetur ita: ceterum quando quod factum est vel optasti ut se tibi ipse servaret, ut consciscere sibimet interitum nollet et posset? Baehrensius emendavit, cum verba *nollet et posset*, quae carent intellectu, in *nollet, licet posset* mutavit. Etenim lenissima est haec coniectura et sententiae et sermoni scriptoris apta neque a scriptura codicum diversa. Quae minime de Acidalii emendatione *vellet nec posset* dici possunt, quam probabilem esse ne ipse quidem persuasum habebat. Baehrensii igitur coniecturam aut *nollet etsi posset*, id quod ego excogitavi non minore, opinor, veri similitudine — saepius enim particula *si* in his libris excidit[4]) — restituere suaserim.

Vindobonae   CAROLUS BURKHARD.

Zu Columbanus und zur Anth. lat. 676 R.

Die Gedichte des Columbanus, gestorben wahrscheinlich 615 als Abt zu Bobio, waren gleich denen des Eugenius von Toledo[1]) wegen ihres paraenetischen Inhaltes im Mittelalter viel verbreitet und schon frühzeitig, wie es scheint, anonym in die Sentenzensammlungen gerathen. Umgekehrt wurden diesem angesehenen Mönche moralisierende Gedichte zugeschrieben, deren Verfasser in Vergessenheit gerathen waren. Dahin gehören die praecepta vivendi per singulos versus quae monastica dicuntur, mit Unrecht[2]) von Dümmler unter Alcuins Gedichte aufgenommen, die in der Sang. Hds. 197 s. X die Aufschrift tragen: Incipit libellus cuiusdam sapientis et ut fertur beati *Columbani*, ähnlich auch in anderen Mss. (vgl. Dümmler, Poet. lat. aevi Car. I p. 165, 275).

Ein künftiger Herausgeber wird die Autorschafts- und Echtheitsfragen lösen. Hier soll auf eine unbekannte handschriftliche Quelle für die beiden sicher dem Columbanus angehörigen Gedichte,

---

[3]) Vide pan. VII, p. 173, 19—21; VIII, p. 188, 10—12; IX, p. 195, 27—31; XII, p. 273, 25 seq.; 274, 10 seq. 20 seq.; p. 312, 32 seq.; p. 314, 20 seq. (ubi etiam conversio, quam Graeci ἀντιστροφὴν vocant, invenitur), alios locos.
[4]) Cf. p. 88, 28; 127, 24; 157, 4, ubi *si*, p. 180, 5, ubi *etsi* intercidit.
[1]) Vgl. diese Zeitschr. 1883. 1. S. 168. Von den daselbst angeführten Räthseln (tilge dort ein) findet sich das erste auch im Cod. Vind. 608 f. 59 (man. rec.) in dieser Form:
    Est domus, o lector, bannitis scripta duobus:
        Una rapit furtim, gaudet et una dare. (= do-mus?)
Räthsel 2 (V. 10. 11) bedeutet: turtur; 3 (V. 12. 13) paries-aries; 4 (V. 14 f.) lapis-apis.
[2]) Vgl. R. Peiper, praef. ad. Alc. Avit. opp. p. LXXII.

die epistola ad Hunaldum und die epistola ad Sethum (vgl. Ebert, LdMA I 582) aufmerksam gemacht werden. Die Wienerhds. 806 s. XII beginnt f. 55 mit dem Verse (ohne Ueberschrift): Casibus innumeris decurrunt tempora uite (= V. 1 der epistola ad Hunaldum, vgl. Migne nach Gallandi, tom. 80 p. 285). Daran schliesst sich ohne Ueberschrift: Suscipe queso[3]) libens et perlege mente serena = V. 1 der ep. ad Sethum. Nach dem Verse: Pauperibusque piis caelestia regna patescunt folgt ein Gedicht de fraude et periurio, dann ein zweites mit dem Anfangsverse: Iutulit esyas missus clamare propheta, weiter ein Spruch

crux est mors hominis, crux est maceratio carnis;
crux est mens humilis, crux est conpassio mentis;

dann ein Gedicht de sancta Maria, ein Gedicht de fortuna (Allicit exaltat minitando mouet pede calcat) — erst auf f. 56ᵛ die Fortsetzung der Epistola: temnere diuitias monuit Salvator auaros. Darüber steht mit kleiner Schrift geschrieben: ecce hic sunt, quos alias dimisimus. An den letzten Vers: Omnia cum redeunt homini sua non redit etas schliessen sich verschiedene Sprüche, z. B.: Gaudia spem linque non sit timor aut dolor in te..., ferner ein Gedicht de Symonia (cf. Flac. Illyr. p. 234), ein Schmähgedicht auf die Weiber[4]) ohne Aufschrift u. a., meist gereimte Sprüche. F. 58ᵇ folgt nochmals ein Abschnitt aus der 2. Epistel des Columbanus: Quisquis amat Christum sequitur uestigia Christi — omnia cum redeunt homini sua non redit aetas; das weitere kommt nicht mehr in Betracht.

Aus dieser Uebersicht ergibt sich, dass wir es hier mit einer ungeordneten Sammlung von verschiedenen Gedichten und Sprüchen zu thun haben, die paraenetisch-moralisierenden Inhaltes hauptsächlich gegen Geiz und Habsucht, gegen die Anhänglichkeit an irdische Güter gerichtet sind. Dichter werden nirgends genannt. Nur der Name Columban ist durch das Akrostichon der I. Epistel (Columbanus Hunaldo) und durch Vers 2 der II. Epistel (dicta Columbani fida te uoce monentis) verbürgt.

In die Epistel II hat Columban Verse eines Dichters[5]) eingeschaltet, die in der Anthologie lat. Nr. 676 ed. Riese (Bährens, Poet. lat. min. V p. 349) enthalten sind (mit Ausnahme von V. 1 Me legat, annales cupiat qui noscere menses und 10, dafür folgt in Wienerhds. noch ein Vers des Columban: Omnia cum redeunt etc.). Die Lesearten zu den beiden Gedichten des Columban verdienen demnach auch von den Herausgebern der Anthol. lat. beachtet zu werden. Es sind folgende (nach Gallandi-Migne) Ep. 1 V. 10 uelle super 11 hos ego Ep. II V. 1 suscipe queso V. 13 Omnia quae dociles scripserunt ante magistri 14 Uel quae doctiloqui cecinerunt carmina uates (Gall. Migu. Omnia quae dociles scripserunt carmine uates!) 33 haec dum uita ualet 42 seruat cui 44 cura 49 cauallos 50 nec rapido tales uoluit 54

---

[3]) Sethe: Goldast; Hunalde: Gallandi-Migne.
[4]) Vgl. Hildebert. Cen. c. CX (Migne); ein Gedicht in mulieres steht unter den Gedichten Columban's a. a. O. p. 294.
[5]) Vgl. Pulchre veridici cecinit uox talia natis.

nudos quoque 59 est breuis 60 rapidus uelox 67 sic florum spisso; die letzten drei Varianten stehen auch in der zweiten Abschrift f. 58ᵇ, hier folgen aber die Verse in folgender Ordnung aufeinander: 65 (accipiunt), 68 (tempora gaudendi), 69 (tempora sunt u. 66 (tempora sunt fl.), 67 (sic florum).

Wien. J. HUEMER.

Ein Bücherverzeichnis aus dem XIII. Jahrhundert.

Der Wert alter Bücherverzeichnisse braucht Kundigen nicht näher auseinandergesetzt zu werden. Eine Zusammenstellung solcher Verzeichnisse verdanken wir R. Förster (im Rhein. Mus. 1882 p. 486 f.), eine Ergänzung derselben G. Schepss (in den Blättern für das bayrische Gymnasialschulwesen B. XX. H. 1). Ich habe schon früher das hiehergehörige Memoriale eines nicht näher bekannten Frater *Wigradus* aus einem Neapolitanercodex (s. XII) veröffentlicht (vgl. die Epitomae des Grammatikers Virgilius Maro p. 16). Ein Bücherverzeichnis aus dem XIII. Jahrhundert enthält weiter der Codex Vindobonensis 792 auf f. 8ᵃ, das hier zum ersten Male vollständig mitgetheilt wird.

Sunt mihi libri: I*) Vetus testamentum in duobus voluminibus. II Apocalipsis. III *Alexander* in uno uolumine. IV Gregorius in cantica. V Pascasius de sacris (?). VI Prognosticon in uno uolumine. VII Augustinus ad comitem. VIII De sancta uirgine. VIIII De sancta .... X De orando Deo. XI Origenes in librum Iudam. XII Icmarus. XIII Quindecim gradus. XIV Septem psalmi. XV Origenes in cantica. XVI Augustinus de caritate. XVII Gregorius super Ezechielem. XVIII Ambrosius de sacramentis. XIX Lamentationes Ieremię. XX *Adalgerus ad Nonsvindam.* XXI Excerpta ex decretis pontificum. XXII *Versus Wernheri.* XXIII Cantica canticorum. XXIIII Catalogus hereticorum. XXV *Sententię deprauatę.* XXVI *Sententię nigrę.* XXVII Questiones. XXVIII Pastoralis cura gregis. XXVIIII Omelie Orienis in genesim et exodum. XXX Augustinus de fide. XXXI *Villerammus in cantica canticorum. uersi- fice.* XXXII Ambrosianus de bono mortis. *Bernoldus* de diuinis officiis in uno uolumine. Paruus liber missalis. XXXIII Benedictus in uno uolumine. Officialis liber. XXXIIII *Oratius. Sedulius cum commento.* Sermones Bernhardi. Passiones apostolorum. Gregorius Nazanzenus et Ambrosius de coniunctione Ysaac et Rebecce et de historia nabute iezrahelite in uno uolumine. Ambrosius super beati. Sententię de triñ. Psalterium. Soliloquia Ysidori. Ordo babeb̄. Istorię Marię Magdalene et sanctę Afrę. Decreta pontificum. Sermones. Experimenta de fisica.

Ueber den Besitzer dieser Büchersammlung lässt sich aus der Handschrift nichts ermitteln.

Wien. J. HUEMER.

---
*) Die römischen Zahlen stehen in der Hds. über dem Texte, gegen den Schluss fehlen sie. 1 in duob' uolum oberhalb der Linie 2 Alexander] wahrscheinlich ist Alexander de villa Dei gemeint. 3 Paschasius Radbertus, de sacr̄ 5 sancta uid 6 Offenbar Hincmarus 9 Adalgerus] Adalherus bei Pez, thes. Anecd. II p. 19 13 Offenbar Homiliae Origenis in exod & genesim 15 Bernoldus um 1089.